U0415165

历史学的实践丛书

历史学的实践丛书

历史写作的新视野

New Perspectives on Historical Writing

〔英〕彼得·伯克（Peter Burke）主编

薛向君　译

北京大学出版社
PEKING UNIVERSITY PRESS

著作权合同登记号　图字：01-2005-4921

图书在版编目(CIP)数据

历史写作的新视野/（英）彼得·伯克主编；薛向君译.—北京：北京大学出版社,2023.6

（历史学的实践丛书）

ISBN 978-7-301-33930-5

Ⅰ.①历…　Ⅱ.①彼…②薛…　Ⅲ.①历史—写作　Ⅳ.①K

中国国家版本馆 CIP 数据核字(2023)第 083323 号

NEW PERSPECTIVES ON HISTORICAL WRITING (2nd Edition)

by Peter Burke

书　　名	历史写作的新视野 LISHI XIEZUO DE XIN SHIYE
著作责任者	〔英〕彼得·伯克（Peter Burke）　主编　薛向君　译
责任编辑	李学宜　修　毅
标准书号	ISBN 978-7-301-33930-5
出版发行	北京大学出版社
地　　址	北京市海淀区成府路 205 号　100871
网　　址	http://www.pup.cn　新浪微博：@北京大学出版社
电子邮箱	编辑部 wsz@pup.cn　　总编室 zpup@pup.cn
电　　话	邮购部 010-62752015　发行部 010-62750672 编辑部 010-62750577
印 刷 者	三河市北燕印装有限公司
经 销 者	新华书店
	965 毫米×1300 毫米　16 开本　21.25 印张　349 千字 2023 年 6 月第 1 版　2023 年 12 月第 2 次印刷
定　　价	76.00 元

目录

撰稿人列表

彼得·伯克(Peter Burke)是剑桥大学的文化史教授,也是伊曼纽尔学院的研究员。

罗伯特·达恩顿(Robert Darnton)是普林斯顿大学的历史学教授。

伊凡·加斯克尔(Ivan Gaskell)是哈佛大学艺术博物馆·福格艺术博物馆绘画、雕塑和装饰艺术系的玛格丽特·温思罗普馆长。

理查德·格罗夫(Richard H. Grove)是堪培拉澳大利亚国立大学高等研究所高级研究员。

乔瓦尼·列维(Giovanni Levi)是威尼斯大学的历史学教授。

罗伊·波特(Roy Porter)是伦敦大学学院惠康基金会医学史中心的医学社会史教授。

格温·普林斯(Gwyn Prins)是伦敦经济学院欧洲研究所首席研究员、英国国防部国防评估和研究局高级访问研究员、北约秘书长中欧和东欧事务特别顾问办公室高级研究员。

琼·斯科特(Joan W. Scott)是普林斯顿高等研究院的社会科学教授。

吉姆·夏普(Jim Sharpe)是约克大学的历史学教授。

理查德·塔克(Richard Tuck)是哈佛大学的政府学教授。

亨克·韦塞林(Henk Wesseling)是位于瓦塞纳尔的荷兰高等研究院(NIAS)的院长,也是莱顿大学的当代史教授。

前　言

为了更新罗伯特·达恩顿、理查德·塔克和乔瓦尼·列维的章节，我为《历史写作的新视野》的第二版就书籍史、思想史和微观史的最新研究情况写了几段话。由于是我对这些关于最新进展的评论负责，这些段落署了我的姓名。

彼得·伯克

第一章

序曲　新史学:过去和未来*

彼得·伯克

在过去一代人左右的时间里,历史学家的宇宙一直在以令人目眩的速度扩张。19 世纪曾经占主导地位的民族国家史,现在不得不与世界史和地方史(曾经留给古物学家和业余爱好者)争夺人们的关注。有许多新的研究领域涌现出来,通常受到专业期刊的支持。例如,社会史从经济史中独立出来以后,就像某些新国家一样,分裂成"历史人口统计学""劳工史""城市史""乡村史"等。

经济史又被分为"旧经济史"和"新经济史"。20 世纪 50 年代和 60 年代的"新经济史"(如果不算旧的话,现在是发展的中期阶段)是众所周知的,不需要在这里讨论。[①] 经济史学家也从关注生产转向关注消费,这种转变使人们越来越难以将经济史与社会和文化史分开。管理史是一种新的研究兴趣,但如果它不能消解经济史和行政史之间的研究界限,就会变得模糊。今天,经济史受到环境史或生态史这一年轻而又雄心勃勃的研究计划企图取代的威胁。

政治史也被划分为两大类,不仅有所谓的"高层"学派和"低层"学派之

---

* 这篇文章在很大程度上归功于与已故的拉斐尔·塞缪尔(Raphael Samuel)多年来的讨论,归功于与格温·普林斯和剑桥伊曼纽尔学院几代学生的讨论,归功于尼洛·奥达利亚(Nilo Odália)以及 1989 年我在圣保罗州立大学(Universidade Estadual de Sao Paulo)演讲时的活跃听众。

① 关于一个著名的(且值得商榷的)例子,请参见 R. W. Fogel and S. Engerman, *Time on the Cross*, Boston, 1974。在 D. C. Coleman, *History and the Economic Past*, Oxford, 1987 一书中,对今天经济史的地位进行了明智的评估。

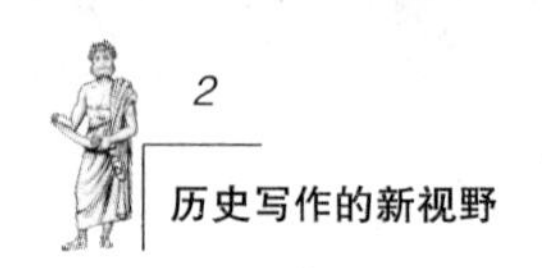

分,也有关注政府中心的历史学家和对基层政治感兴趣的历史学家之分。从某种意义上说,政治领域已经扩大,历史学家(追随米歇尔·福柯[Michel Foucault]等理论家)越来越倾向于讨论工厂、学校甚至家庭层面的权力斗争。然而,这种扩张的代价是一种认同危机。如果政治无处不在,是否还需要政治史?① 文化史家也面临着类似的问题,因为他们对文化的定义,从基于艺术、文学、音乐等所下的狭隘而精确的定义,转向更具人类学意义的定义。② 这是将我们的时代称为"历史意识危机"或历史方法危机的原因之一(其他原因将在本章后面关于后现代主义的一节中给出)。③

在这个不断扩张、支离破碎的宇宙中,人们对定位的需求与日俱增。什么是所谓的"新"史学?它新到什么程度?它是一种短暂的时尚,还是一种长期的趋势?它是否会取代(或者应该取代)传统的史学?或者这两个竞争对手能否和平共处?

本书正是为了回答这些问题而设计的。全面考察当代史学的方方面面无法深入,出于这个原因,本书决定将注意力集中在几个相对较新的运动上。④ 关于这些运动的文章涉及的基本问题大同小异,至少是含蓄的。从一开始就正视这些问题,并把它们放在历史写作长期变化的背景下,或许是有益的。

什么是新史学?

"新史学"一词在法国最为人熟知。"新史学"(*la nouvelle histoire*)是法国中世纪史著名作家雅克·勒高夫(Jacques Le Goff)编辑的一本论文集的

---

① D. J. Vincent, *The Formation of the British Liberal Party*, London, 1966.

② L. Hunt ed., *The New Cultural History*, Berkeley, 1989;P. Burke, *Varieties of Cultural History*, Cambridge, 1997.

③ P. Burke, "Two Crises of Historical Consciousness", Storia della Storiogrqfia, 33, 1998, pp. 3-16.

④ J. Gardiner, ed., *What is History Today?*, London, 1988 对其他方面进行了考察。

标题。勒高夫还编辑了一部三卷本的论文集,内容涉及"新问题""新方法"和"新对象"。[①] 在这些情况下,什么是新史学是显而易见的;它是"法国制造"的史学,这个国家有新浪潮(*la nouvelle vague*)和新小说(*le nouveau roman*),更不用说新菜肴(*la nouvelle cuisine*)了。更确切地说,它是与所谓的年鉴学派相关的史学,这群人围绕曾经被称为《年鉴:经济、社会、文明》(但在20世纪90年代更名为《年鉴:历史与社会科学》)的期刊聚拢在一起。

到底什么是新史学?很难对其下一个正面的定义,这场运动只有在它所反对的目标上才是统一的,本书接下来的几页将展示这些新方法的多样性。因而只能将新史学模糊地描述为总体史(*histoire totale*),或是结构史。因此,可以效仿中世纪的神学家选择通过否定的方式(*a via negativa*)来定义上帝,换句话说,根据新史学不是什么、它的实践者反对什么对其进行定义。

新史学是对美国科学史家托马斯·库恩(Thomas Kuhn)提出的传统"范式"(paradigm)做出深思熟虑的反应后撰写的历史,这种提法虽然不太精确,但却很有用。可以将这种传统范式非常方便地描述为"兰克史学"(Rankean history),以伟大的德国历史学家利奥波德·冯·兰克(Leopold von Ranke, 1795—1886)命名,尽管与其追随者相比,兰克本人受到这种范式的限制更少(就像马克思不是马克思主义者一样,兰克也不是兰克学派的一员)。我们也可以将这种范式称为"常识性"的历史观,不是为了赞扬它,而是为了表明一种观点——它往往被(过多地)假定为研究历史的方式,而不被认为是研究过去的各种可能方法中的一种。为了简明起见,新旧史学的对比可以归纳为七点。

(1)根据传统范式,历史本质上与政治有关。用剑桥大学钦定历史学教授约翰·西利爵士自信的维多利亚时代的话来说,"历史是过去的政治:政治是现在的历史"。人们认为政治本质上与国家有关;换句话说,它是国

---

① J. Le Goff, ed., *La nouvelle histoire*, Paris, 1978; J. Le Goff and P. Nora, eds., *Faire de l'histoire*, 3 vols, Paris, 1974. 这本论文集中的一些文章有英文版本:J. Le Goff and P. Nora, eds., *Constructing the Past*, Cambridge, 1985。

家和国际的,而不是地方性的。然而,它确实包括教会作为一个机构的历史,也包括军事理论家卡尔·冯·克劳塞维茨(Karl von Clausewitz)所定义的"通过其他方式延续的政治",换句话说就是战争。尽管其他类型的史学,例如艺术史或科学史,并没有完全被传统范式排斥,但它们被边缘化了,因为它们被认为处于"真正的"历史学家兴趣的边缘。

另一方面,新史学开始关注几乎每一项人类活动。正如科学家 J. B. S. 霍尔丹曾经写过的那样,"万物皆有历史,也就是说,万物都有一段过去,原则上可以重建,并与过去的其他部分联系起来"。[①] 因此有了年鉴历史学家非常珍视的"总体史"的口号。在过去的三十年里,我们看到了许多关于某些主题的非凡历史,这些主题以前被认为是没有历史的。例如,童年、死亡、疯狂、气候(理查德·格罗夫在下文第十一章讨论)、气味、污垢和清洁、姿势、身体(罗伊·波特在下文第十章讨论)、女性气质(琼·W. 斯科特在下文第三章讨论)、阅读(罗伯特·达恩顿在下文第七章讨论)、说话,甚至沉默。[②] 以前被认为一成不变的东西,现在被视为一种"文化建构",会随着时间和空间的改变而变化。

这里隐含的文化相对主义值得强调。新史学的哲学基础是这样一种观念:现实是由社会或文化建构的。许多社会史家和社会人类学家分享这一观点或假设,有助于解释最近这两个学科之间的趋同,这在随后的章节中会不止一次提到。这种相对主义也破坏了历史上"中心"和"边缘"之间的传统区别。

---

① J. B. S. Haldane, *Everything has a History*, London, 1951.

② P. Ariès, *Centuries of Childhood*, 1960: English trans.London, 1966; P. Ariès, *The Hour of Our Death*, 1977: English trans.London, 1981; M.Foucault, *Madness and Civilisation*, 1961: English trans. London, 1970; E. Le Roy Ladurie, *Times of Feast*, *Times of Famine*, 1963: English trans. New York, 1971; A.Corbin, *The Foul and the Fragrant*, 1982: English trans.Leamington, 1986; M. Vigarello, *Concepts of Cleanliness*, 1985: English trans.Cambridge, 1988; J. -C. Schmitt, ed., *Gestures*, special issue, *History and Anthropology*, 1, 1984; R. Bauman, *Let Your Words be Few*, Cambridge, 1984; P. Burke, "Notes for a Social History of Silence in Early Modem Europe", in Burke, *The Art of Conversation*, Cambridge, 1993.

(2)第二，传统历史学家认为历史本质上是对事件的叙述，而新史学更关注对结构的分析。费尔南·布罗代尔(Fernard Braudel)的《地中海》是最著名的历史著作之一，它把事件史(*histoire événementielle*)斥为历史海洋波涛上的泡沫。① 根据布罗代尔的观点，长时段(*la longue durée*)经济和社会变化以及非常长时期的地理历史变化才是真正重要的。尽管最近有人对这一观点有所反应，事件也不再像过去那样容易被忽视，但各种结构的历史仍然受到非常认真的对待。

(3)第三，传统史学提供了一种从上而下的观点，也就是说，它总是专注于伟人、政治家、将军，或者偶尔也会关注教士的伟大事迹。其余人被分配到这场历史戏剧中扮演次要的角色。这一规则的存在是通过对其逾越行为的反应来揭示的。当伟大的俄国作家亚历山大·普希金写一篇关于农民起义及其领导人普加乔夫的文章时，沙皇尼古拉的评论是，“这样的人没有历史”。20世纪50年代，当某位英国历史学家撰写一篇关于法国大革命中一场民众运动的论文时，一位审稿人问他，“你为什么要为这些强盗操心？”②

另一方面(正如吉姆·夏普在第二章中所展示的那样)，许多新历史学家关注的是“自下而上的历史”，换言之，他们关注的是普通人的观点及其对社会变革的体验。大众文化史受到了极大的关注。教会史家开始自上而下同时自下而上地审视教会的历史。③ 思想史家也把注意力从等同于伟人的伟大著作或伟大思想，转移到集体心态的历史，或者话语或“语言”的历

---

① F. Braudel, *The Mediterranean and the Mediterranean World in the Age of Philip* Ⅱ, 1949: English trans., 2 vols, London, 1972-1973.

② 审稿人的名字是刘易斯·纳米尔(Lewis Namier)。R. Cobb, *The Police and the People*, Oxford, 1970, p.81.

③ E. Hoomaert et al., *Historia da Igreja no Brasil: ensaio de interpretação a partir do povo*, Petropolis, 1977.

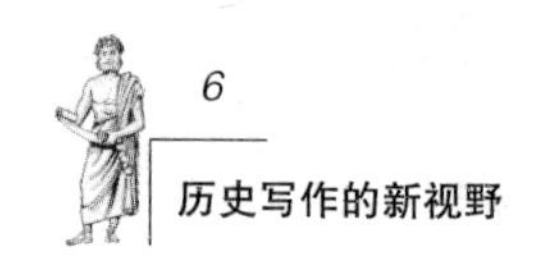

史，例如经院哲学的语言或习惯法的语言（见第九章）。[①]

（4）第四，按照传统范式，史学应该以“文献”为基础。兰克最伟大的成就之一是，他揭露了叙事来源——让我们称之为“编年史”（chronicles）——的局限性，并且强调了有必要将书面历史建立在官方记录的基础上，这些记录来自政府并保存在档案中。这项成就的代价是忽视了其他种类的证据。文字发明之前的时期被斥为“史前时期”而不屑一提。然而，“自下而上的历史”运动也暴露了这类文献的局限性。官方一般表达官方的观点。为了重建异教徒和反叛者的态度，这些记录需要其他各类来源的补充。

无论如何，如果历史学家比他们的前辈更关注人类活动的多样性，他们就必须研究更多种类的证据。这些证据有些是口头的，有些是视觉的（格温·普林斯和伊凡·加斯克尔在第六章和第八章探讨）。还有些统计证据：贸易数字、人口数字、投票数字等。量化历史的全盛时期大概是在20世纪50年代和60年代，当时一些狂热人士声称只有量化方法是可靠的。有人对这种说法做出了反应，在某种程度上也反对这种方法，但人们对更温和的量化历史的兴趣仍在继续增长。例如，在英国，1987年成立了一个历史与计算协会。

（5）根据哲学历史学家R. G. 柯林武德清晰阐明的传统范式，“当历史学家问‘布鲁图斯为什么刺伤凯撒？’时，他的意思是‘布鲁图斯是怎么想的，什么促使他决定刺杀凯撒？’”[②]这种历史解释模式受到了近代历史学家的批评，理由有很多，主要是因为它没有考虑到历史学家的多样性，他们通常既关注集体运动，也关注个人行动，既关注趋势，也关注事件。

例如，为什么16世纪的西班牙物价会上涨？经济史学家对这个问题的回答并不一致，但他们的各种回答（从白银进口、人口增长等方面）与柯林武德的模型相去甚远。在1949年费尔南·布罗代尔首次出版的关于16世

① J. G. A. Pocock, “The Concept of a Language”, in A. Pagden, ed., *The Language of Political Theory*, Cambridge, 1987.

② R. G. Collingwood, *The Idea of History*, Oxford, 1946, p.213 及以后。

纪地中海的著名研究中,只有致力于事件史的第三部分(也是最后一部分)提出了有点像柯林武德的一些问题,即使在这里,作者也给出了截然不同的答案,强调了其主人公菲利普二世所受到的限制,以及这位国王对他那个时代的历史缺乏影响力。[①]

(6)根据传统范式,历史是客观的。历史学家的任务是向读者提供"事实",或者,正如兰克用一句经常被引用的话所说的那样,告诉读者"它实际上是如何发生的"。他对哲学意图的谦虚否认被后人解读为关于不存"偏见"的历史的自豪宣言。在一封写给1902年以后陆续出版的《剑桥近代史》撰稿人国际团队的著名信件中,该书编辑阿克顿勋爵敦促他们说:"我们笔下的滑铁卢一定要让法国人、英国人、德国人和荷兰人都满意,读者应该分不清某位撰稿人在哪里停笔,另一位撰稿人又从哪里续写。"[②]

今天,这一理想通常被认为是不切实际的。无论我们如何努力避免与肤色、信仰、阶级或性别有关的偏见,我们都无法回避从特定的角度看待过去。文化相对主义适用于历史写作本身。我们的头脑并不能直接反映现实;我们只能通过一系列的惯例、图式和刻板印象来感知世界。在这种情况下,我们对冲突的理解是通过提出相反的观点来增强的,而不是像阿克顿那样试图通过表达共识来增强的。我们已经从"历史之声"的理想走向了"异语"(heteroglossia)的理想,后者被定义为"多样化和对立的声音"。[③] 因此,本书本身应该采取集体作品的形式,其撰稿人应该使用不同的母语,这是非常合适的。

(7)兰克史学是专业人士的领地。19世纪是历史职业化的时代,大学里有历史系,还有《历史杂志》(*Historische Zeitschrift*)和《英国历史评论》

---

① Braudel, 1949.

② 引自 F. Stern, ed., *Varieties of History*, New York, 1956, p.249。

③ 我从俄罗斯著名评论家米哈伊尔·巴赫金的《对话的想象力》(Mikhail Bakhtin, *Dialogic Imagination*, English trans. Austin, 1981)中摘取了这个词,见 pp.xix、49、55、263、273。请参见 Certeau, *Heterologies: Discourse on the Other*, English trans. Minneapons, 1986。

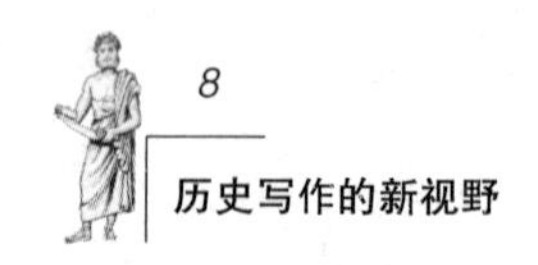

(*The English Historical Review*)等行业期刊。除了已故的菲利普·阿利埃斯(Philippe Ariès)喜欢称自己为“星期日历史学家”,大多数顶尖的新史学家也都是专业人士。描述年鉴学派成就的一种方式是承认,他们已经证明经济、社会和文化史可以达到兰克对政治史所设定的严格专业标准。

尽管如此,他们对人类活动整个范围的关注鼓励他们向社会人类学家、经济学家、文学评论家、心理学家、社会学家等学习,进行跨学科的合作。曾经或多或少脱离史家主体而追求个人兴趣的艺术史家、文学史家和科学史家,现在与他们的联系更加频繁了。自下而上的历史运动也反映了一种新的决心,要比过去的专业历史学家更认真地对待普通人对自己过去的看法。[①] 某些形式的口述历史也是如此。从这个意义上看,异语对新历史来说是必不可少的。

新史学有多新?

是谁发明或发现了新史学?这个短语有时被用来指称20世纪70年代和80年代的发展,在这一时期,对传统范式的反抗遍及世界各地,包括日本、印度、拉丁美洲和其他地方的历史学家。本书中的文章特别关注这一时期。然而,很明显,在这二十年里,历史写作发生的许多变化都是一个更长期趋势的一部分。

对许多人来说,新史学与卢西安·费弗尔(Lucien Febvre)和马克·布洛赫(Marc Bloch)联系在一起,他们于1929年创立了《年鉴》杂志,以推广他们的方法,而在下一代中则与费尔南·布罗代尔相联系。的确很难否认这些人领导的复兴史学运动的重要性。然而,他们并不是唯一反抗兰克史学的人。在20世纪30年代的英国,刘易斯·纳米尔和R. H. 托尼(R. H. Tawney)都为某种结构史学而拒绝叙述事件。在1900年左右的德国,卡

---

① 请参见几乎任何一期《历史工作坊杂志》(*History Workshop Journal*)。

尔·兰普雷希特(Karl Lamprecht)因挑战传统范式而在这个行业内不受欢迎。"以事件为中心的历史(*histoire événeruentielle*, *event-centred history*)"这个轻蔑的短语是在这一时期创造出来的,比布罗代尔、布洛赫和费弗尔所处的时代早了一代人。[①] 它表达了一群学者的观点,这些学者以伟大的法国社会学家埃米尔·涂尔干(Emile Durkheim)和他的《社会学年鉴》(*Année Socialologique*)为中心,这本杂志启发了《年鉴》。

即使是"新史学"这个词也有它自己的历史。据我所知,这个词的最早使用可以追溯到1912年,当时美国学者詹姆斯·哈维·鲁滨孙(James Harvey Robinson)出版了一本同名著作。书的内容与这个标签相符合,鲁滨孙写道:"包括人类首次出现在地球上以来所做或所想的一切痕迹和遗迹。"换句话说,他相信总体史。至于方法,"新史学"——我再次引用鲁滨孙的话——"将利用人类学家、经济学家、心理学家和社会学家对人类的所有发现"。[②] 这场新史学运动在当时的美国并不成功,但是如果我们记住这个地方背景,最近美国人对《年鉴》的热情就变得更容易理解了。

将追溯停留到1912年,甚至1900年,并没有充分的理由。最近有人争辩说,用新史学(更客观,文学性更少)取代旧史学是历史编纂史上反复出现的主题。[③] 19世纪的兰克学派、17世纪制定了新的史料批评方法的本笃会学者让·马比荣(Jean Mabillon)以及古希腊历史学家波利比乌斯(Polybius)都提出了这样的主张,波利比乌斯在基督诞生前150年就谴责他的一些同行仅仅是修辞学家。至少在第一种情况下,对新颖性的要求是自觉的。1867年,杰出的荷兰历史学家罗伯特·弗莱恩(Robert Fruin)发表了一篇题为"新史学"的论文,为科学的兰克史学辩护。[④]

---

① 请参见 P. Burke, *The French Historical Revolution*, Cambridge, 1990, p.113。

② J. H. Robinson, *The New History*, New York, 1912.

③ L. Orr, "The Revenge of Literature", *New Literary History*, 18, 1986, pp.1-22.

④ R. Fruin, De nieuwe historiographie,重新收录于他的 *Verspreide Geschriften*, vol. 9, The Hague, 1904, pp.410-418。

撰写一部比政治事件更广泛的历史的尝试也可以追溯到很久以前。19世纪末,作为民族国家史之外的另一种选择,经济史在德国、英国和其他地方建立起来。1860年,瑞士学者雅各布·布克哈特(Jacob Burckhardt)出版了《意大利文艺复兴时期的文化》一书,这是一项专注于文化史的研究,描述的是趋势,而不是叙述事件。19世纪的社会学家,如奥古斯特·孔德(Auguste Comte)和赫伯特·斯宾塞(Herbert Spencer),更不用说卡尔·马克思了,对历史非常感兴趣,但对职业历史学家却相当鄙视。他们对结构而不是对事件感兴趣,"新史学"受惠于他们,但人们往往不承认这一点。

反过来,他们又要感谢他们往往并不认识的前辈们,包括伏尔泰、吉本、罗伯逊、维柯、莫瑟和其他启蒙运动时期的历史学家。18世纪有一场国际运动,要求书写一种历史,不局限于军事和政治事件,而是关注法律、贸易、特定社会的思维方式(*manière de penser*)、风俗习惯和"时代精神"。特别是在德国,人们对世界历史有着浓厚的兴趣。[①] 苏格兰人威廉·亚历山大(William Alexander)和哥廷根大学(18世纪末新社会史的一个中心)教授克里斯托夫·迈纳斯(Christoph Meiners)发表了关于女性史的研究。[②]

因此,本书中讨论的另一种史学有着相当悠久的起源(即使曾曾祖父母可能也认不出他们的后代)。与其说它的存在是新的,不如说它的实践者现在极为众多,而且他们拒绝被边缘化。

关于定义的几个问题

本书的目的不是为了庆祝新史学(尽管作者们一致认为至少有一些是值得庆祝的,实际上也是必要的),而是为了评估其优势和劣势。变革运动

---

① M. Harbsmeier, "World Histories before Domestication", *Culture and History*, 5, 1989, pp. 93-131.

② W. Alexander, *The History of Women*, London, 1779; C. Meiners, *Geschichte des weiblichen Geschlechts*, 4 vols, Hanover, 1788-1800.

是由人们普遍感觉到传统范式的不足而产生的。除非我们超越历史学家的职业,着眼于更广阔的世界的变化,否则,这种不充分的感觉是无法理解的。例如,正如第三章和第四章所阐明的那样,非殖民化和女权主义显然是对最近的历史写作产生了重大影响的两场运动。在将来,生态运动可能会对历史书写方式产生越来越大的影响。

事实上,它已经启发了许多研究。1949 年布罗代尔关于地中海的名著首次出版时,因其用于描述自然环境——陆地和海洋,山脉和岛屿——的大量篇幅而受到关注。然而,今天,正如理查德·格罗夫在第十一章中指出的那样,布罗代尔的画卷看起来是静止的,因为作者没有认真考虑人类的存在对环境的影响(例如,为了建造在布罗代尔的笔下占据显著地位的战舰而破坏森林)。

出于内外两方面的原因,认为传统历史写作范式存在着"危机"并不是没有道理的。然而,新范式也有自己的问题,包括定义的问题、来源的问题、方法的问题、解释的问题。这些问题将在具体章节中重复出现,但在这里,可能值得对所有这些问题进行简要的讨论。

定义上的问题之所以会出现,是因为新史学家们正在进入一个陌生的领域。就像其他文化的探险家们通常所做的那样,他们一开始就对自己要找的东西有一种负面印象。西方历史学家一直认为"东方"的历史与自己的历史相反,消除了中东和远东、中国和日本等地区之间的差异。[1] 正如亨克·韦塞林在下文中(第四章)指出的那样,世界历史经常被西方人视为对西方与"其他国家"之间的关系的研究,忽视了亚洲与非洲、亚洲与美洲等之间的互动。同样,自下而上的历史最初被概念化为自上而下的历史的倒置,用"低层"文化代替高层文化。然而,在他们的研究过程中,学者们越来越意识到这种二分法所固有的问题。

---

① 关于该问题的一些尖锐评论,请参见 E. Said, *Orientalism*, London, 1978,最好参考 1995 年企鹅出版社的版本,该版本有一篇新的后记。

例如,如果大众文化是"人民"的文化,那么谁是人民?是所有人?是穷人?是马克思主义知识分子安东尼奥·葛兰西(Antonio Gramsci)曾经所谓的从属阶级?是文盲,还是没受过教育的人?然而,我们不能假定某一特定社会的经济、政治和文化分歧必然是一致的。而且,什么是"教育"?仅仅是某些官方机构(例如中小学或大学)提供的培训吗?普通人就"没有受过教育"吗?还是他们只受过不同的教育,与精英阶层有着不同的文化?

当然,不应该假设所有普通人都有相同的经历,琼·W. 斯科特在第三章中强调了区分女性历史和男性历史的重要性。在世界上的一些地方,从意大利到巴西,人类的历史通常被称为"被征服者的历史",从而将西方从属阶级的经验与被殖民阶级的经验同化。[①] 然而,这些经验之间的区别也需要讨论。

"自下而上的历史"这个词似乎提供了能够让人摆脱这些困难的方式,但它本身也会产生问题,在不同的语境中会改变它的含义。一部自下而上的政治史应该讨论每一个被排除在权力之外的人的观点和行动,还是应该处理地方或"基层"层面的政治?自下而上的教会史是否应该从俗人的角度看待宗教,而不管他们的社会地位如何?自下而上的医学史是应该关注民间治疗师而非专业医生,还是应该关注患者的经历和疾病的诊断?[②] 自下而上的军事史是应该关注普通士兵的阿金库尔或滑铁卢,还是应该专注于平民的战争经历?[③] 自下而上的教育史是应该从教育部长和教育理论家转向普通教师,还是应该从学生的角度来呈现学校?[④] 自下而上的经济史是否应该关注小商贩或小消费者?

新方法遇到定义问题的另一个例子是日常生活史,德国人称之为日常

---

① De Decca, *1930: o silêncio dos vencidos*, São Paulo, 1981.

② 请参见 R. Porter, "The Patient's View: Doing Medical History from Below", *Theory and Society*, 14, 1985, pp.175-198。

③ 关于普通士兵,请参见 J. Keegan, *The Face of Battle*, London, 1976。

④ J. Ozouf, ed., *Nous les maîtres d'école*, Paris, 1967,考察了 1914 年左右小学教师的经历。

历史(*Alltagsgeschichte*)。这个短语本身并不新鲜:例如,法国出版商阿歇特(Hachette)在20世纪30年代推出的一系列丛书的书名就是“日常生活”(*la vie quotidienne*)。当代历史写作新就新在对日常生活的重视,特别是自从1967年布罗代尔的著名研究发表以来。① 它曾经被认为是微不足道的,现在被一些历史学家视为唯一“真正的”历史,是其他一切都必须与之相关的中心。日常生活也处在社会学(从米歇尔·德·塞尔托[Michel de Certeau]到欧文·戈夫曼[Erving Goffman])和哲学(无论是马克思主义还是现象学)最新研究方法的十字路口。②

这些研究方法的共同之处在于,它们都以日常经历的世界(而不是抽象的“社会”)为出发点,同时试图将日常生活视为问题的来源,从某种意义上表明,在一个社会中被视为理所当然的行为或价值观在另一个社会却被视为不言而喻的荒谬。社会史家和社会人类学家一样,必须揭示日常生活的潜在规则(正如俄罗斯符号学家尤里·洛特曼[Juri Lotman]所说,日常生活的“诗意”),并且向读者展示如何在特定文化中成为父亲或女儿、统治者或圣人。③ 文化相对主义对历史写作的影响似乎是不可避免的。

然而,正如社会学家诺伯特·埃利亚斯(Norbert Elias)在一篇重要文章中指出的那样,日常生活这一概念并不像看上去那么精确,而是要更加复杂。埃利亚斯区分了目前这个词的八种含义,从私人生活到普通人的世

---

① Braudel, *Civilisation materielle et capitalism*, Paris, 1967;修订版 *Les structures du quotidian*, Paris, 1979;英译本 *The Structures of Everyday Life*, London, 1981。请参见 J. Kuczynski, *Geschichte des Alltags des Deutschen Volkes*, 4 vols, Berlin, 1980-1982。

② M. de Certeau, *Invention du quotidian*, Paris, 1980;E. Goffinan, *The Presentation of Self in Everyday Life*, New York, 1959;H. Lefebvre, *Critique de la vie quotidienne*, 3 vols, Paris, 1946-1981. 请参见 F. Mackie, *The Status of Everyday Life*, London, 1985。

③ J. Lotman, “The Poetics of Everyday Behaviour in Russian Eightecnth-Century Culture”, in J. Lotman and B. A. Uspenskii, eds., *The Semiotics of Rosian Culture*, Ann Arbor, 1984, pp.231-256. 关于更全面地讨论撰写文化规则史的问题,请参见 P. Burke, *Historical Anthropology of Early Modern Italy*, Cambridge, 1987, p.5 及以后,p.21 及以后。

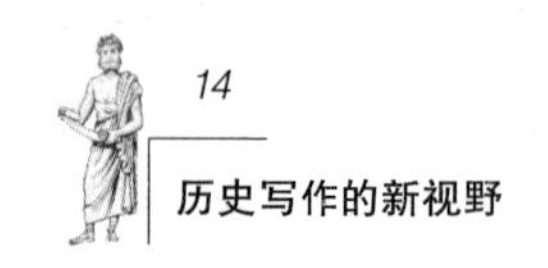

界。① 日常生活包括行动（布罗代尔将其定义为例行公事的领域）和态度（我们可以称之为心理习惯）。日常生活和仪式之间的关系并不容易描述。人们很容易将仪式定义为个人和社群生活中的一个标志性的特殊场合，而不是日常生活。另一方面，外国游客经常注意到每个社会生活中的日常仪式——饮食方式、问候方式等，当地人根本不把这些看作仪式。

同样难以描述或分析的是日常结构与变化之间的关系。从内部看，日常生活似乎是永恒的。社会史家面临的挑战是，如何展示它实际上是历史的一部分，将日常生活与宗教改革或法国大革命等重大事件联系起来，或者与西方化或资本主义崛起等长期趋势联系起来。社会学家马克斯·韦伯创造了一个著名术语，在这里可能很有用："日常化"（*routinization*，*Veralltäglichung*，字面意思是"日常化"[*quotidianization*]）。社会史家关注的一个焦点可能是重大事件和趋势与日常生活结构之间的互动过程。法国大革命或俄国革命（比方说）在多大程度上、以什么方式、在什么时期渗透到不同社会群体的日常生活中？对其抵抗到什么程度以及抵抗得有多成功？

资料来源的问题

然而，对于新史学家来说，最大的问题无疑是资料来源和研究方法的问题。已经有人提出，当历史学家开始对过去提出新问题，选择新的研究对象时，他们必须寻找新的资料来源作为官方文件的补充。一些人转向口述史（在第六章讨论），其他人转向图像证据（第八章），还有一些人转向统计学。事实证明，以新的方式重读某些类型的记录也是可能的。例如，大众文化史家就大量利用了司法档案，尤其是对嫌疑人的审讯。两个最著名的自下而上的历史研究都是基于宗教裁判所的档案——第二章要讨论的勒华·拉杜

---

① N. Elias, "Zum Begriff des Alltags", in K. Hammerich and M, Klein, eds., *Materiellen zur Soziologie des Alltags*, Opladen, 1978, pp.22-29.

里(E. Le Roy Ladurie)的《蒙塔尤》(1975),以及金兹伯格(Carlo Ginzburg)的《奶酪与蛆虫》(1976)。

然而,所有这些资料来源都带来了令人尴尬的问题。例如,大众文化史家试图重建对被告人生活与审讯和审判中的不寻常事件的日常假设。他们试图根据被告人(这些人可能不是一个典型群体)在发现自己处于不寻常(更不用说令人害怕)的情况下准备说的话来重建普通人的想法。因此,有必要读懂这些文件字里行间的意思。试图解读字里行间的意义并没有什么错,特别是当历史学家试图用金兹伯格或勒华·拉杜里的技巧进行这种尝试时。

尽管如此,这种解读背后的原则并不总是非常清晰。只有承认这一点才是公平的:描绘社会上"看不见的人"(例如职业女性)或是倾听不善表达的、沉默的大多数死者(不管作为总体史的一部分有多么必要),是一项比传统史学更加危险的事业。情况并非总是如此,例如,研究查理曼时代的政治史所依据的资料来源至少和研究16世纪的大众文化史所依据的资料来源一样稀少和不可靠。①

口头证据得到了大量的关注,其中一些是非洲历史学家,如简·范西纳(Jan Vansina),他们关注几个世纪以来口述传统的可靠性,另一些是当代历史学家,如保罗·汤普森(Paul Thompson),他们重建了爱德华时代的生活经历。史料采访者和采访情境对证人证言的影响问题已经得到讨论。然而,必须承认,对口头证词的批评还没有达到历史学家数百年来一直在实践的文献批评的复杂程度。通过将1961年范西纳口述传统研究的第一版与1985年完全改写的版本进行比较,或许可以对25年来所走过的路程以及还有很长的路要走有所了解。②

---

① 请参见 P. Burke, *Popular Culture in Early Modern Europe*, London, 1978, revised edn Aldershot, 1994,第3章。

② P. Thompson, *The Voice of the Past*, Oxford, 1978;J. Vansina, *Oral Tradition*, 1961: English trans. London, 1965;*Oral Tradition as History*, Madison, 1985.

在照片、图像和更广泛的物质文化证据方面,情况非常相似。最近关于摄影(包括胶片)的研究戳破了相机是对现实的客观记录这样一种假设,不仅强调摄影师根据自己的兴趣、信仰、价值观、偏见等做出选择,而且强调他们有意无意会受到摄影惯例的影响。如果维多利亚时代的一些乡村生活照片类似于17世纪的荷兰风景画,这很可能是因为摄影师了解这些画,并且据此摆出了他们的人物姿势,以便创作出"一幅荷兰学派的画",正如托马斯·哈代(Thomas Hardy)在他的《绿林荫下》副标题中所说的那样。和历史学家一样,摄影师提供的不是对现实的反映,而是对现实的再现。人们已经针对摄影图像的源头批评采取了一些重要措施,但在这方面,还有很长的路要走。①

就伊凡·加斯克尔在第八章中讨论的绘画图像而言,在欧文·帕诺夫斯基(Erwin Panofsky)和埃德加·温德(Edgar Wind)等艺术史家的时代,人们热衷于解读他们的"图像研究"(iconographic)或"图像学"(iconological),这种氛围已经被相对怀疑主义的冰河期所取代。尤其是,确实很难制定潜在含义的解释标准。② 当其他主题的历史学家试图将图片用于自己的目的,作为宗教或政治态度的证据时,图像研究问题就会变得更加棘手。把阿尔布雷希特·杜勒(Albrecht Dürer)的一幅画像解读为精神危机的征兆,然后把这幅画像作为危机存在的论据来呈现,很难争论出结果。③

当然,物质文化是考古学家的传统领域,他们研究没有文字记录的时

---

① P-Smith, ed., *The Historian and Film*, Cambridge, 1976; A. Trachtenberg, *Reading American Photographs: Images as History, Mathew Brady to Waller Evans*, New York, 1989; J. Tagg, *The Burden of Representation: Essays on Photographies and Histories*, Amherst, 1988; Robert Rosenstone, *Visions of the Past: The Challenge of Film to Our Idea of History*, Cambridge, Mass, 1995.

② E. Panofsky, *Essays in Iconology*, New York, 1939; E. Wind, *Pagan Mysteries in the Renaissance*, London, 1958. E. H. 贡布里希(E. H. Gombrich)在他的 *Symbolic Images*, London, 1972, pp. 1-22"Aims and Limits of Iconology"中表达了一种更持怀疑态度的观点。

③ C. Ginzburg, "Da Aby Warburg a E. H. Gombrich", *Studi medievali*, 8, 1966, pp. 1015-1065.他的批评特别针对弗里茨·萨克斯尔(Fritz Saxl)。关于心理史家的图像学,请参见 M. Vovelle ed., *Iconographie et histoire des mentalités*, Aix, 1979。

期。然而,没有充分的理由将考古方法局限于"史前时期",事实上,考古学家已经转而研究中世纪、早期工业革命,最近开始研究更广泛的时期,从殖民地时期的美国到今天的消费社会。①

历史学家开始效仿他们,如果不是通过挖掘过去(很高兴不需要挖掘凡尔赛和其他近代早期的主要建筑),至少是通过更多地关注实物。关于近代早期个人主义和隐私权兴起的争论,现在不仅基于写日记的证据,而且基于个人杯子(取代公碗)和椅子(取代公共长椅)的兴起以及专用卧室的发展等变化。②

然而,在这种情况下,我们很难不去怀疑物质文化是否被用来做任何事情,而不仅仅是为了证实最初建立在文学证据上的假设。1500 年以来的考古学(至少在西方)还能有更多的抱负吗? 已故的摩西 · 芬利爵士(Sir Moses Finley)曾经提出,"某些类型的文献使考古学或多或少变得没有必要",只用一句话就把工业考古学扫进了废纸篓。③ 他的挑战值得认真回应,但仍然有待彻底评估物质文化证据在后中世纪(post-medieval)历史中的价值。

具有讽刺意味的是,物质文化史在过去几年引起了极大的兴趣,该领域与其说是基于对艺术品本身的研究,不如说是基于对文学材料的研究。历史学家关注所谓的"事物的社会生活"或"商品的世界"——或者更确切地说,关注群体对商品的使用所揭示出的社会生活——在很大程度上依赖于旅行者的描述(这些描述告诉我们关于特定物品位置和功能的许多信息)或财产清单等证据,这些证据可以用量化方法加以分析。④

在上一代人中,最伟大也是最具争议性的方法革新无疑是量化方法的

---

① K, Hudson, *The Archaeology of the Consumer Society*, London, 1983.

② J. Deetz, *In Small Things Forgotten: The Archaeology of Early American Life*, New York, 1977.

③ M. I. Finley, *The Use and Abuse of History*, London, 1975, p.101.

④ A. Appadurai, ed., *The Social Life of Things*, Cambridge, 1986; J. Brewer and R. Porter, *Consumption and the World of Goods*, London, 1993.

兴起和传播,有时被讽刺地称为“计量史学”(Cliometrics),换句话说,就是历史缪斯女神的人口统计。当然,这种方法在经济史家和历史人口学家中由来已久。新颖之处无非是它在20世纪60年代和70年代向其他类型的历史推广。例如,在美国,有一种“新政治史”,它的参与者计算选票,无论是在选举中还是在议会中。[①] 在法国,系列史(*histoire sérielle*)之所以被称为系列史,是因为数据是随着时间的推移而排列的,它已经逐渐从价格研究(20世纪30年代)扩展到人口研究(20世纪50年代),再到所谓的宗教或世俗心态史的“第三层次”。[②] 一项关于现代法国所谓的“去基督教化”的著名研究从复活节圣餐人数的下降中汲取了大量证据。另一项研究聚焦18世纪的普罗旺斯,从大约30000份遗嘱的程式化用语趋势中(注意到提及“天堂”的次数减少了),或是在为死者精心举办的葬礼或弥撒的遗赠中,揭示出人们对死亡态度的变化。[③]

在计算机的帮助下,统计数据甚至侵入了兰克史学的堡垒——档案馆。例如,美国国家档案馆现在有一个“机器可读数据部门”,档案管理员开始担心穿孔磁带和手稿的保存和存储问题。因此,历史学家越来越倾向于把早期的档案,如宗教裁判所的档案,视为可以用量化方法加以利用的“数据库”。[④]

将大量的统计数据引入历史话语中,往往会使该行业两极分化为支持者和反对者。双方都倾向于夸大使用数字所带来的问题的新颖性。统计数据可以伪造,但文本也可以伪造。统计数据很容易被误解,但文本也是如此。机器可读的数据不方便用户使用,但许多手稿也是如此,它们几乎难以

---

① W. Aydelotte, *Quantification in History*, Reading, Mass., 1971; A. Bogue, *Clio and the Bitch Goddess: Quantification in American Political History*, Beverly Hills, Calif., 1983.

② P. Chaunu, “Le quantitatif au 3e niveau”, 1973: repr. in his *Histoire quantitatif, histoire sérielle*, Paris, 1978.

③ G. Le Bras, *Études de sociologie religieuse*, 2 vols, Paris, 1955-1956; M. Vovelle, *Piété baroque et déchristianisation*, Paris, 1973.

④ G. Henningsen, “El ‘Banco de datos’ del Santo Oficio”, *Boletin de la Real Academia de Historia*, 174, 1977, pp.547-570.

辨认,或是濒临破碎。我们需要的是帮助鉴别,发现哪些类型的统计数据是可靠的,可靠到什么程度,是出于什么目的。作为系列史的基础,需要把“系列”这个概念视为有问题的,尤其是在长期研究变化的情况下。研究的时段越长,系列中的单位——遗嘱、复活节圣餐记录或其他东西——就越不可能是同质的。但是,如果它们本身也会发生变化,又如何被用来衡量其他变化呢?

换言之,所需要的(就像已经讨论过的照片和其他新的资料来源一样)是一种新的“古文献学”。这是本笃会学者让·马比荣在他的宪章使用指南中使用的术语,当时,17 世纪末,这类证据的吸引力是新颖的,并且引起了更多传统历史学家的怀疑。[①] 谁将成为统计、照片或口述历史的马比荣?

解释的问题

已经有人提出,历史学家研究领域的扩大需要重新思考历史解释,因为不能像分析政治事件那样分析文化和社会趋势。它们需要更多的“结构上的”解释。不管他们喜欢与否,历史学家都不得不关注长期以来令社会学家和其他社会“科学家”感兴趣的一些问题。谁是历史上真正的“代理人”,是个人还是团体?他们能否成功地抵御社会、政治或文化结构的压力?这些结构仅仅是对行动自由的限制,还是使行为主体能够做出更多的选择?[②]

在 20 世纪 50 年代和 60 年代,经济和社会历史学家都或多或少地被历史解释的决定论模型所吸引,无论他们是把经济因素(比如马克思主义者)、地理因素(比如布罗代尔),还是把人口流动(比如所谓的社会变革“马尔萨斯模式”)放在首位。然而,今天,正如乔瓦尼·列维在第五章中所说

---

① J. Mabillon, *De re diplomatica*, Paris, 1681.

② C. Lloyd, *Explanation in Social History*, Oxford, 1986 提供了概括性的调查。对非哲学家来说,更容易理解 S. James, *The Content of Social Explanation*, Cambridge, 1984。

的那样，最具吸引力的模式是那些强调普通人的选择自由、他们的"策略"、他们利用社会和政治制度不一致或不连贯的能力的模式，从而寻找他们可以钻的空子或可以生存的空隙。一般来说，历史学家对解释的态度似乎越来越开放，更愿意进行实验，比如说考虑"反事实"，换言之，就是想象其他可能发生的情况。①

历史宇宙的扩张也对政治史产生了影响，因为政治事件也可以用不同的方式解释。比如说，自下而上研究法国大革命的历史学家可能会给出一种与那些专注于领导人的行动和意图的历史学家截然不同的解释。即使是专注于领导人的学者，有时也会偏离传统的历史解释模式，同时援引他们无意的和有意的动机，理由是这些模式高估了意识和理性的重要性。

例如，一群所谓的"心理史家"（psychohistorians），他们大多生活在美国（在那里，精神分析对文化的渗透比其他地方更深），试图将弗洛伊德的见解融入历史实践。在这群人中，有精神分析学家埃里克·埃里克森（Erik Erikson），他在20世纪50年代因研究"青年路德"的身份问题而引起轰动；也有历史学家彼得·盖伊（Peter Gay），他既宣扬又实践精神历史学。毫不奇怪，他们的做法引发了争议，并且被指责为"缩水的历史"，换言之，他们将成年人个体的复杂性（或成年人之间的冲突）简化为婴儿与父母之间的关系。②

为了说明当前关于历史解释的争论，不妨以希特勒为例。早期的争论，例如H. R. 特雷弗-罗珀（H. R. Trevor Roper）和A. J. P. 泰勒（A. J. P. Taylor）之间关于希特勒长期目标和短期目标的相对重要性的争论，都假定了传统的历史解释模式在有意识的意图方面是有效的。然而，最近，这场争论的范围已经扩大了。首先，一些历史学家，如罗伯特·韦特（Robert Waite），从无意识的意图甚至精神病理学的角度对希特勒进行了解释，强调了希特

① N. Ferguson, ed., *Virtual History: Alternatives and Counterfactuals*, London, 1997.

② E. Erikson, *Young Man Luther*, New York, 1958; P. Gay, *Freud for Historians*, New York, 1985; D. Stannard, *Shrinking History*, New York, 1980.

勒反常的性取向,他母亲的去世(经过犹太医生的治疗后)对其造成的创伤,等等。①

另一群历史学家对他们所称的“意图主义”(intentionalism)完全不屑一顾,因为他们把动机或驱动力问题视为相对次要的问题。根据这些所谓的“功能主义者”(functionalists,我更愿意称其为“结构史家”)的说法,对第三帝国政策的历史解释需要集中在希特勒周围的人身上,关注政府机构和决策过程,并将纳粹主义视为一种社会运动。② 还有一些历史学家将“结构”与心理历史学方法结合起来,专注于解释将纳粹分子吸引到希特勒身边的特质到底是什么。③

围绕希特勒的辩论之所以既令人兴奋又令人困惑——就像近年来许多其他历史辩论一样——是因为它不再按照“规则”进行。关于什么是“有说服力的”历史解释的传统共识已经被打破。这是否只是一个过渡阶段,将要被一种新的共识所取代?还是说,这是今后进行历史辩论的方式呢?

如果要达成这样的共识,那么所谓的“历史心理学”(集体心理学)领域就可能会特别重要,就像它所做的那样,将关于有意识和无意识动机的争论与关于个人和集体解释的争论联系起来。令人鼓舞的是,人们对该领域的兴趣与日俱增。最近的一系列专著集中在野心、愤怒、焦虑、内疚、伪善、爱、骄傲、安全和其他情绪的历史上。尽管如此,在追求这些难以捉摸的研究对象时,所涉及的方法问题还远未得到解决。④

---

① R. G. L. Waite, *The Psychopathic God: Adolf Hitler*, New York, 1977.

② 我从 T. 梅森的“意图和解释”中区分了“意图主义者”和“功能主义者”,该篇请参见 T. Mason, “Intention and Explanation”, in G. Hirschfeld and L. Kettenacker, eds., *The Fuhrer State: Myth and Reality*, Stuttgart, 1981, pp.23-40。感谢伊恩·克肖(Ian Kershaw)让我关注这篇文章。

③ P. Lowenberg, “The Psychohistorical Origins of the Nazi Youth Cohort”, American Historical Review, 76, 1971, pp.1457-1502.

④ J. Delumeau, *La peur en Occident*, Paris, 1978; id., *Rassurer et protéger*, Paris, 1989; N. Luhmann, *Love as Passion: The Codification of Intimacy*, 1982- English trans. Stanford, 1986; P. N. and C. Z. Steams, “Emotionology”, American Historical Review. 90, 1986, pp.813-836; C. Z. and P. N. Stearns, *Anger*, Chicago, 1986; T. Zeldin, *France 1848-1945*, 2 vols, Oxford, 1973-1977.

例如,为了避免心理上的不合时宜,换言之,假设过去的人的思想和感觉都和我们自己一样,就有可能走向另一个极端,彻底地使过去"陌生化",以至于它变得难以理解。历史学家面临着进退两难的境地。一方面,如果他们用意识态度或社会习俗的差别来解释不同时期社会行为的差异,就有可能会肤浅。另一方面,如果他们用社会性格"深层结构"的差别来解释行为的差异,就有可能否定过去个体行为者的自由和灵活性。

走出困境的一个可能方法是利用社会学家皮埃尔·布尔迪厄(Pierre Bourdieu)关于特定社会群体的"惯习"(habitus)的概念。布尔迪厄所说的"惯习"是指群体成员倾向于根据特定情境或"场域"的要求从特定的文化剧目中选择回应。与"规则"的概念不同,惯习有一个很大的优势,它允许使用者在文化规定的一定范围内认识到个人自由的程度。①

融合的问题

历史学家研究范围的扩张以及与其他学科日益增多的对话当然值得欢迎,但它们也是有代价的。这门学科现在比以往任何时候都更加支离破碎。经济史家会说经济学家的语言,思想史家会说哲学家的语言,社会史家会说社会学家和社会人类学家的特有用语。另一方面,这些历史学家发现彼此之间的对话越来越难。我们必须得忍受这种局面,还是有融合的可能性?

对于这个问题,我们不可能只提供局部的、个人的观点。我自己的看法可以归结为两种相对的观点,它们是互补的,而不是矛盾的。首先,子学科的激增在视觉上是不可避免的。这场运动并不局限于历史学。在我们晚期工业(或后工业)社会中,历史职业只是日益增加的众多劳动分工中的一个例子。激增有它的好处——它增长了人类的知识,鼓励更严格的方法,更专

---

① P. Bourdieu, *Outline of a Theory of Practice*, 1972; English trans. Cambridge 1977.

业的标准。

这既有成本,也有收益,但我们可以采取一些措施,尽可能降低这些智力成本。学科或子学科之间缺乏沟通并不是不可避免的。在历史的具体情况下,即使无法融合,也有一些令人鼓舞的和解迹象。

诚然,在人们对结构史的热情第一次高涨时,事件史几乎被抛弃。类似地,社会史的发现有时候和对政治史的蔑视联系在一起,这是对传统政治史家偏见的颠覆。女性史和大众文化史等新领域有时被视为独立于(甚至对立于)学术文化史和男性史。微观史和日常生活史是对研究宏大的社会趋势、没有人类的社会做出的回应。

在我引用的所有案例中,现在都可以观察到对这种回应的反作用,即寻找中心。大众文化史家越来越关注描述和分析不断变化的上下层关系,即“大众文化和受教育者的文化之间的交集”。[①] 女性史家已经扩大了他们的兴趣范围,将一般的性别关系以及男性气概和女性气质的历史构建包括在内。[②] 对事件和结构之间相互关系的关注正在取代它们之间的传统对立,一些历史学家正在尝试分析的叙事形式或叙事的分析形式。

也许最重要的是,政治史家和非政治史家之间的长期对立最终会消失。G. M. 屈威廉(G. M. Trevelyan)对社会史臭名昭著的定义是“政治受到忽略的历史”,现在几乎所有人都拒绝了这个定义。相反,我们发现人们关注政治中的社会因素和社会中的政治因素。一方面,政治史家不再将自己局限于“高层”政治、领导人和精英。他们讨论了选举的地理学和社会学以及“乡村中的共和国”,[③]考察了“政治文化”,即关于政治的假设,这些假设构成日常生活的一部分,但在不同时期或地区之间的差异很大。另一方面,社会和文化现在被视为决策的舞台,历史学家讨论“家庭政治”“语言政治”,

① A. Gurevich, *Medieval Popular Culture*, 1981: English trans. Cambridge, 1988.

② Editoral Collective, “Why Gender and History?” *Gender and History*, 1, 1989, pp.1-6.

③ M. Agulhon, *The Republic in the Village*, 1970: English trans. Cambridge, 1982.

或者仪式可以表达权力甚至在某种意义上创造权力的方式。① 我们距离布罗代尔所倡导的“总体史”还有很长的路要走。事实上，相信该目标能够实现是不切实际的，但我们已经为此采取了更多的步骤。

2000年的后记

这本文集出版至今已经有十年了。在这十年中，正如这些章节的作者所说的那样，本书中讨论的一些领域或方法，如口述史或女性史，尽管发表了许多新的实质性研究，但基本上保持稳定。其他领域在迅速扩张的过程中发生了重要的变化，如身体史（第十章），本书新写的一章环境史（第十一章），以及情感史，包括愤怒、恐惧，甚至无聊。② 更传统的领域（如战争和外交史）与所谓的“新文化史”之间的联系变得更加密切，上文引用的约翰·基根（John Keegan）的《战争的面目》就是一个例子，另一个例子是最近关于近代早期的外交史，它用相当大的篇幅来分析和平大会上使用的不断变化的语言和仪式的意义。③

历史与后现代主义

这本书中描述的那种规模实验和叙事实验常常被认为是所谓的“后现代主义”文化运动的特征。历史学家，尤其是英国的历史学家，比其他许多

---

① M. Segalen, *Love and Power in the Peasant Family*, 1980: English trans. Cambridge, 1983; O. Smith, *The Politics of Language 1791-1815*, Oxford, 1984; D. Cannadine and S. Price eds., *Rituals of Royalty*, Cambridge, 1987.

② P. Santangelo, *Emozioni e desideri in China*, Rome-Bari, 1992; P. M. Spacks, *Boredom: The Literary History of a State of Mind*, Chicago, 1995; W. G. Naphy and P. Roberts, eds., *Fear in Early Modern Society*, Manchester, 1997; B. H. Rosenwein, ed., *Anger's Past: The Social Uses of an Emotion in the Middle Ages*, London, 1998.

③ L. Bély, *Espions et ambassadeurs au temps de Louis XIV*, Paris, 1990，特别是 p.411 及以后，p.443 及以后。

学科(从文学到建筑学)的从业者参与这一趋势的速度都要慢得多。事实上,在本书的第一版中没有"后现代主义"这个索引条目(尽管吉姆·夏普在第二章、琼·W. 斯科特在第三章讨论了一些主要问题,我在最后一章也讨论了这些问题)。

然而,在过去十年里,人们很难避免参与到所谓的"后现代辩论"中,在这场辩论中,批评家们对利奥波德·冯·兰克等传统历史学家的作品不屑一顾,理由是他恢复和描述"实际发生的事情"的理想是不可能实现的。正如所谓的"叙事的复兴"一样,许多英国历史学家和学生的注意力都被劳伦斯·斯通(Lawrence Stone)吸引到了这场辩论上,这一次是在《过去和现在》(1991 年)中,一条"批注"引发了许多人的反驳。最近,理查德·埃文斯(Richard Evans)在《捍卫历史》(1997)中的一篇颇具特色的好斗文章,为这场辩论提供了指南并介入其中。①

这场辩论到底在争论什么?荷兰哲学家弗兰克·安克斯密特(Frank Ankersmit)将娜塔莉·戴维斯(Natalie Davis)和卡洛·金兹伯格描述为后现代或后现代主义历史学家,但他们都强烈反对这种描述——由此可以看出回答这个问题的困难之处。"后现代主义"是一把涵盖了一群人的保护伞,其中一些人追随德里达等文化理论家,另一些人则简单地反对经济和社会决定论,强调过去所谓的"社会现实"的脆弱性和流动性("现实"是一个标准的后现代主义者会像躲瘟疫一样回避的术语)。因此,区分三个问题或三组辩论可能是有用的,其中一个集中在选择上,第二个集中在解释上,第三个集中在虚构上。

第一,传统历史学家受到批评,理由是他们一直在讲述一个简单的"胜利者"的故事,一种"宏大的叙事"或"主宰者的叙事",通过关注西方及其精英,尤其是男性精英所取得的成就——文艺复兴、宗教改革、启蒙运动、法国

① 关于全面公正的概述,请参见 J. Appleby, L. Hunt and M. Jacob, *Telling the Truth about History*, New York, 1994。

大革命和工业革命、现代性等,使其享有特权。所提供的补救措施是一部“去中心化”的历史,为其他类型的人、被压迫者、从属的或“底层”群体及其观点留出一席之地。因此,有必要尝试下文第十二章讨论的多视角叙事。在这场辩论中,娜塔莉·戴维斯和卡洛·金兹伯格站在批评家一边,他们选择将农民贝尔特兰德·德罗斯(Bertrande de Rols)和磨坊主梅诺奇奥·斯坎代拉(Menocchio Scandella)等普通人作为其作品的主人公。

第二,无论是从领导个人(“伟人”)的目的出发,还是从社会力量的角度出发,传统的历史解释都受到了挑战。新的趋势(效仿20世纪60年代爱德华·汤普森[Edward Thompson]的例子)是强调普通人——无论是个人还是集体,作为国家等社会实体的文化“建设”或“创造”的参与者——在创造自己的历史中所起的作用,因此最近关于雅典、非洲、阿根廷、苏格兰、爱尔兰、欧洲等的创造的书籍层出不穷。① 这一趋势显然与前面几段提到的对文化史的兴趣与日俱增有关。

第三,从米歇尔·福柯到海登·怀特(Hayden White)的批评家们都认为,书面历史是一片土地或一部小说,历史学家(就像科学家一样)“建构”了他们所要研究的事实,他们的故事遵循经典的虚构情节,如悲剧或悲喜剧。在这场辩论中,金兹伯格和戴维斯站在历史学家的立场上,根据档案馆中保存的当代文献来构建自己的故事。然而,应当补充的是,在这场辩论中可能存在两种以上的立场。娜塔莉·戴维斯写了一本名为《档案中的虚构》的书,她很清楚,不能总是按照表面价值来对待文献。②

事实上,历史学家很早就意识到,很难界定证据的可信程度以及历史学家在多大程度上借助想象力来填补证据的空白。他们在传统主义和后现代

① N. Loraux, *L'invention d'Athènes*, Paris, 1981; V. Y. Mudimbe, *The Invention of Africa*, London, 1988; M. G. H. Pittock, *The Invention of Scotland*, London, 1991; N. Shumway, *The Invention of Argentina*, Berkeley, 1991; G. Delanty, *Inventing Europe*, London, 1995; D. Kiberd, *Inventing Ireland*, Cambridge, Mass., 1996.

② N. Z. Davis, *Fiction in the Archives*, Cambridge, 1988.关于这些问题,其参见 P. Burke, *History and Social Theory*, Cambridge, 1992, pp.126-129。

主义的极端之间采取了许多立场。出于这个原因,理查德·埃文斯给他的书取名为《捍卫历史》可能具有误导性——当然,这是一种有效的争辩策略——而这本书捍卫的是一种特殊的历史研究模式。对于本书其余章节的读者来说,应该清楚存在许多相互竞争的模式。

第二章

自下而上的历史

吉姆·夏普

1815年6月18日,比利时滑铁卢村附近发生了一场战斗。每一个研究过英国历史的人都知道,那场战争的结果是,一支由惠灵顿公爵指挥的盟军,最后在布吕歇尔(Blücher)领导的普鲁士军队的决定性援助下,打败了拿破仑·波拿巴指挥的法国军队,欧洲的命运由此决定。在战争结束后的几天里,那些帮助决定了一个大陆命运的人中的一位,英军第51步兵团的二等兵威廉·惠勒(William Wheeler),给远在家乡的妻子写了几封信:

> 三天的战斗结束了。我很安全,这足够了。现在只要有时间,我就会写下这个伟大事件的细节,那是在我眼皮底下发生的……6月18日天刚破晓,我们浑身都被雨水浇透了,四肢僵硬,冷得发抖……去年在家时你总怪我抽烟,但我必须告诉你,如果今晚没有大量烟草,我可能已经不在人世了。①

惠勒接着向妻子从头到尾讲述了一遍滑铁卢战役:遭遇法国炮火的经历,他所在的团一举摧毁了一支铁甲敌兵,霍古蒙城堡的废墟中一堆堆燃烧的英国士兵的尸体,从被他麾下一名分遣队员射杀的法国轻骑兵军官身上抢走的钱。历史书告诉我们惠灵顿打赢了滑铁卢战役。从某种意义上说,威廉·惠勒以及成千上万像他一样的士兵也打赢了这场战役。

---

① *The Letters of Private Wheeler 1809-1828*, ed. B. H. Liddell Hart, London, 1951, pp.168-172.

在过去的三十年，一些研究各种不同时期、不同国家以及不同历史类型的历史学家，开始认识到从威廉·惠勒写给妻子的信这类原始资料所提供的新视角来研究历史的可能性，并且，就像所发生的那样，逐渐受到这样一种想法的吸引：从列兵而不是从伟大指挥官的观点探索历史。传统上，从古典时代开始，历史一直被视为对伟人事迹的描述。直到19世纪，对更广泛的社会与经济史的兴趣才开始出现，但历史的主题仍然是精英政治的发展。当然，也有一些历史学家对这种局面感到不满，早在1936年，贝托尔特·布莱希特在他的诗《工人读史之问》（*Questions from a Worker Who Reads*）中，就提出需要一种新的视角，以取代所谓的"上层人物的历史"，这恐怕仍然是关于该问题最直接的陈述。① 然而，可以公平地说，直到1966年爱德华·汤普森在《泰晤士报文学副刊》上发表了题为"自下而上的历史"的论文②，才有一份严肃的声明将这种需要转化为行动。从那以后，自下而上的历史这个概念就成了历史学家的通用语。1985年，一部名为《自下而上的历史》的论文集问世。③ 还有一部关于英国内战及其影响的新版历史书，把关于这段时期激进派的最新研究的一章称为"自下而上的历史"。④ 从而，在过去20年左右的时间里，人们已经为威廉·惠勒的书信所提供的研究过去的视角找到了一个标签。

这种视角立刻引起一些历史学家的注意，这些历史学家急于拓展学科范围，开拓新的研究领域，而且更重要的是，探索那些在主流历史中常常被

---

① Bertolt Brecht, *Poems*, ed.John Willett and Ralph Manheim, London, 1976, pp.252-253.

② E. P. Thompson, "History from Below", *Times Literary Supplement*, 7 April 1966, pp.269-280. 关于汤普森思想背景的讨论见 Harvey J. Kaye, *The British Marxist Historians: An Introductory Analysis*, Cambridge, 1984，以及 Keith McClelland, eds., *E. P. Thompson: Critical Perspectives*, Oxford, 1990。关于对1966年在《泰晤士报文学副刊》上围绕历史的本质而展开的广泛辩论的评论，请参见 Charles Tilly, "Review Essay", *History and Theory*, 6, 1967, pp.247-252。

③ Frederick Krantz, ed. *History from Below: Studies in Popular Protest and Popular Ideology*, Oxford, 1988.这是1985年首次出版于蒙特利尔的一本文集的英文版。

④ R. C. Richardson, *The Debate on the English Revolution Revisited*, London, 1988，第10章，"21世纪：'自下而上的历史'"。

忽视、被认为理所当然或者附带提及的男人和女人们的历史经验。即使到了今天，在英国第六学级和大学（有人怀疑，可能还有其他地方的一些相应机构）教授的许多历史课，仍然认为大多数人过去的经验要么是不可能获得的或者不重要的，要么并没有把它看作一个历史问题，或者充其量只是把普通人看作“政府必须处理的问题之一”。① 1963 年，爱德华·汤普森在一部关于英国史的重要著作的序言中，有力地阐述了相反的观点：

> 我想把那些穷苦的织袜工、卢德派的剪绒工、“落伍的”手织工、“乌托邦式”的手艺人，乃至受骗上当而跟着乔安娜·索斯科特跑的人都从后世的不屑一顾中解救出来，他们的手艺与传统也许已经消失，他们对新出现的工业社会持敌对态度。这看起来很落后，他们的集体主义理想也许只是空想，他们的造反密谋也许是有勇无谋；然而，是他们生活在那社会剧烈动荡的时代，而不是我们。②

因此，汤普森不仅确定了重建“普通人”经历的一般问题，也抓住了在现代历史学家所能理解的范围内，根据他们自己的经历以及对这些经历的反应，努力理解过去的人们的必要性。

我写这篇论文的目的是，通过尽可能参考一些可能被视为重点出版的著作，探索自下而上的历史写作所固有的可能性和问题。在这样做的过程中，我应该了解两个相当不同但在很大程度上不可分割的主题。第一个是向读者介绍在更广泛的意义上被称为自下而上的历史方法所产生的研究主题的十足多样性。它的范围从重建中世纪比利牛斯山牧羊人的经历，到更早时期的产业工人的经历，这些工人的回忆构成了口述史的主要成分。第二个主题是把自下而上的历史研究所产生的一些证据问题、概念问题和意识形态问题分开。用这样一种方法来研究历史，这个想法非常吸引

---

① Thompson, “History from Below”, p.279.

② E. P. Thompson, *The Making of the English Working Class*, London, 1963, pp.12-13. 此处译文参照了钱乘旦译，《英国工人阶级的形成》，译林出版社，2013 年。——译者注

人，但正如经常发生的那样，研究过去所涉及的问题很快变得比乍看起来更加复杂。

因此，书写自下而上的历史，从历史学家完全忽视或汤普森所描述的“后世的不屑一顾”中拯救大多数人过去的经历，其前景非常吸引人。但是，正如我们所暗示的那样，试图用这种方法研究历史存在着许多困难。第一个困难是围绕证据展开的，人们只要阅读汤普森关于英国工人阶级形成年代的研究成果，就可以认识到，无论人们对他关于该主题的解释提出了怎样的批评，但毋庸置疑，他的研究是建立在非常广泛而丰富的原始材料的基础上的。然而，一般说来，历史学家越是向前寻求重建下层阶级的经历，他们所能利用的史料范围就越受限制。正如我们将要看到的那样，人们对早些年代留存下来的材料已经做了非常出色的工作。但现实的问题是：除少数时期（如英国的17世纪四五十年代）之外，18世纪末以前，据以重建下层阶级生活与志趣的日记、回忆录和政治宣言十分稀少。第二，还存在一些概念化的问题：“下层”应该如何准确定位？一旦写好了自下而上的历史，应该对它如何处理？

究竟哪些人的历史来自下层？这个问题所固有的复杂性在关于近代早期欧洲大众文化的研究中得到了简洁的解释，这是近年来社会史发展的领域之一。据我所知，除了将其视为某种残存的范畴外，还没有哪位历史学家就那个时期的大众文化到底是什么提出过一个全面的定义。[①] 其根本原因在于，至少在16世纪，“人民”是一个相当多样化的群体，按照经济地位、职业文化和性别划分。这些原因使得在大多数历史背景下，任何关于“下层”

---

① 关于这些讨论，请参见，例如，Peter Burke, *Popular Culture in Early Modern Europe*, London, 1978, pp.23-64; Barry Reay, “Introduction: Popular Culture in Early Modern England”, in *Popular Culture in Seventeenth-Century England*, ed., Barry Reay, London, 1985; James Sharpe, “Popular Culture in the Early Modern West”, in *Michael Bentley, ed.*, *Companion to Historiography*, London and New York, 1997, pp.361-362。

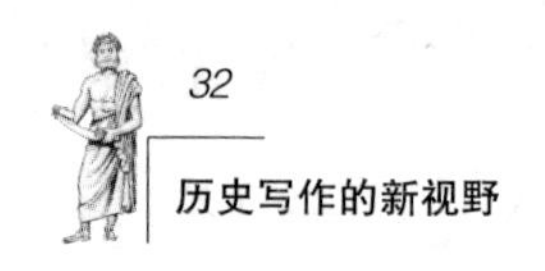

可能意味着什么的过于简单化的观点都变得毫无价值。①

同样重要的问题是:自下而上的历史研究方法更为广泛的目的或意义是什么。参读那些依照马克思主义传统或英国劳工史传统写作的历史学家的著作,或许能够为这些问题提供最好的解释。很明显,马克思主义历史学家的贡献在这里和其他地方一样巨大:事实上,一位马克思主义哲学家宣称,所有那些自下而上写作的历史都曾经受到马克思对历史的概念化的影响。② 尽管这种说法看起来可能有些夸张,但必须承认马克思的思想以及马克思主义历史学家对社会史家的影响,我当然也不打算加入当前流行的趋势,即贬低这个世界上最丰富的知识传统之一。然而,在其他人提出社会史家可以研究的主题的广泛性之前——这些人从不同的传统写作历史——马克思主义历史学家似乎倾向于将自下而上的历史研究限制为群众参与公开政治活动或经济发展的熟悉领域中的某些插曲和运动。尽管汤普森想要越过这些限制,但在很大程度上,这只是他 1966 年论文的出发点。埃里克·霍布斯鲍姆最近描述了这种思路的历史背景。霍布斯鲍姆认为,在 1789 年前后,他所说的"草根历史"的可能性还并不明显。"作为一个特殊的研究领域,"他写道,"普通人的历史开始于 18 世纪的群众运动……对于马克思主义者来说,或者更为普遍的,对于社会主义者来说,对草根历史的兴趣是随着劳工运动的发展而形成的。"他接着指出,这种趋势"给社会史家强加了某些非常有效的障眼物"。③

1957 年,理查德·霍加特在首次出版的《识字的用途》中描述了这些

---

① 解决这个问题的方法之一是考察下层阶级不同组成部分的经验,有时要通过孤立的个案研究。使用这种方法的两部著作都对研究自下而上的历史做出了贡献,请参见 Natalie Zemon Davis, *Society and Culture in Early Modern France*, London, 1975; David Sabean, *Power in the Blood: Popular Culture and Village Discourse in Early Modern Germany*, Cambridge, 1984。

② Alex Callinicos, *The Revolutionary Ideas of Karl Marx*, London, 1983, p.89. 相反,应该指出,马克思主义的方法没有理由不会产生非常有效的"自上而下的历史":请参见 Perry Anderson, *Lineages of the Absolutist State*, London, 1979, p.11。

③ E. J. Hobsbawm, "History from Below-Some Reflections", in Krantz, *History from Below*, p.15.

“障眼物”的某些特点,该书或许可以补充一个副标题“英国工人阶级的分裂”。在讨论研究工人阶级的不同方法时,霍加特竭力敦促阅读工人阶级运动史的读者们要谨慎。像其他许多人一样,很多这样的历史写作给霍加特留下的印象是:“它们的作者高估了政治活动在工人阶级生活中的地位,他们并不总是对工人阶级生活的基础有着充分的认识。”①1966年,汤普森注意到,与早些时候关注劳工机构、被认可的领袖以及意识形态相比,劳工史家关注的对象发生了一些转变,尽管他也指出,该进程可能会剥夺劳工史的某种连贯性。② 霍布斯鲍姆在根据劳工史后来的发展情况进行写作时,已经能够对这一点做出更为集中的评论。问题在于(正如霍加特所暗示的),研究劳工运动的历史学家,无论是否属于马克思主义者,都不仅研究了“任何普通人,而且研究了可能被视为这场运动的先驱者的普通人:与其说是工人,不如说是宪章主义者、工联主义者和劳工激进分子”。他认为劳工运动的历史以及其他机构化的发展,不应该“取代普通人自身的历史”。③

主流劳工史给自下而上的历史研究带来的另一个局限性是对时间的限制。汤普森早期的论文与霍布斯鲍姆后来的作品很容易给读者们留下这样的印象(不管作者的意图如何):自下而上的历史只能写作法国大革命以来的历史阶段。我们曾经指出,霍布斯鲍姆认为正是18世纪末群众运动的发展使学者们首次注意到了自下而上写作历史的可能性,他接着声称:“法国大革命,尤其自社会主义和马克思主义的启蒙使雅各宾主义恢复活力以来,已经成为这种历史的试验场。”在晚些时候被问及“为什么对法国大革命的研究产生了这么多的现代草根历史”时,霍布斯鲍姆列举了民众的群众行动,以及由“庞大而勤奋的官僚”所创建的档案,这些官僚记录了普通人的

① Richard Hoggart, *The Uses of Literacy: Aspects of Working-Class Life with Special Reference to Publications and Entertainments*, Harmondsworth, 1958, p.15.

② Thompson, “History from Below”, p.280.

③ Hobsbawm, “Some Reflections”, p.15.

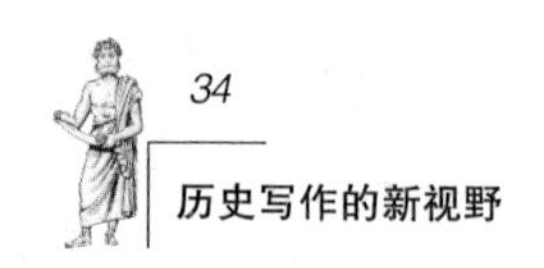

活动,并且“为了方便历史学家”而将这些记录分类归档。霍布斯鲍姆指出,这些文献资料为后来的研究提供了丰富的线索,并且“非常易读,不像16、17世纪那些不易辨认的字迹”。①

然而,自下而上的历史不仅仅被那些无法应对古字体挑战的历史学家用来写作熟悉的现代政治史。事实上,虽然在英国劳工史的传统年代学范围内进行写作的英国马克思主义历史学家们极大发展了自下而上的历史概念,但是,用这种方法研究过去并且取得最广泛影响的一本书是由一位法国学者写的,其主题是中世纪比利牛斯山的农民社会。这就是伊曼纽尔·勒华·拉杜里的《蒙塔尤》,该书于1975年在法国首次出版,和关于中世纪史的大多数著作相比,该书引起了更多的关注,更为畅销,也拥有更广泛的读者群。② 当然,它也受到学术界内部的一些批评,学者们对勒华·拉杜里的方法论以及他对史料的处理方法提出疑问。③ 毫无疑问,像其他历史学家一样,从事自下而上历史写作的历史学家在对待这些问题上必须非常严谨,但《蒙塔尤》确实成为从这种视角写作历史的著作的里程碑。就像其作者指出的:“虽然关于农民社会有着深入细致的历史研究,但几乎很难找到能被认为是农民本身的直接证明的资料。”④勒华·拉杜里回避了这个问题,他把自己的著作建立在普瓦捷主教雅克·富尼耶(Jacques Fournier)调查1318—1325年异教徒的过程中所作的审判记录的基础上。无论《蒙塔尤》

---

① Hobsbawm, “Some Reflections”, p.16. 尽管人们可能会对研究法国大革命的历史学家的独特贡献持怀疑态度,但很明显,以这一时期为基础的著作对自下而上的历史经典做出了重大贡献,这些著作包括乔治·勒菲弗尔(Georges Lefebvre)的开创性研究 *Les paysans du Nord*, Paris, 1924 和 *The Great Fear of 1789*, 1932; English trans., New York, 1973,也包括近期理查德·科布(Richard Cobb)的作品。

② 英译本为 *Montaillou: Cathars and Catholics in a French Village 1294-1324*, London, 1978。

③ 请参见,例如,L. E. Boyle, “Montaillou Revisited: Mentalite and Methodology”, in J. A. Raftis, ed., *Pathways to Medieval Peasants*, Toronto, 1981 以及 R. Rosaldo, “From the Door of his Tent: The Fieldworker and the Inquisitor”, in J. Clifford and G. Marcus, eds., *Writing Culture: The Poetics and Politics of Ethnography*, Berkeley, 1986。

④ Le Roy Ladurie, *Montaillou*, p.vi.

存在怎样的欠缺，它都不仅证明了自下而上的历史能够唤起公众的阅读兴趣，而且证明了能够使用某些类型的官方记录来探索过去数代人的精神与物质世界。

事实上，社会和经济史家们越来越习惯于使用各种类型的文献资料，这些资料作为历史证据的用处恰恰在于，其编纂者并没有刻意和有意识地为后人记录。人们不妨设想，在这些编纂者中，许多人可能会因为后世的历史学家利用了他们所记载的法庭案例、教区登记册、遗嘱以及庄园土地交易而感到吃惊，或者忧虑不安。人们可以酌情使用这些证据来探索明确的行动和想法，或者隐含的假定，并为过去的经验提供定量背景。正如爱德华·汤普森所指出的，

> 人们要交税，炉灶税的清单不是被税务史家所使用，而是被历史人口统计学家所使用。人们要交十一税，地籍册被历史人口统计学家当作证据利用。人们是负担劳役的佃农或是根据官册享有土地者，他们的保有权被登记在册，并且在庄园法庭的名册上交出。这些重要资料被历史学家们反复考证，不仅在寻找新证据的过程中，而且在他们提出新问题的对话中。①

正如这段引文所示，这些材料种类繁多。有时，就像口述史学家的磁带录音所起的作用一样，由于存在着《蒙塔尤》得以写成的那些材料，历史学家能够尽可能地接近人们的话语。口述史一直被历史学家用来研究普通人的经历，当然，尽管关于为什么口述史学家在主妇、矿工和工厂工人之外，不应该记载公爵夫人、财阀和主教的回忆，并不存在不言自明的原因。② 然而，口

① E. P. Thompson, *The Poverty of Theory and Other Essays*, London, 1978, pp.219-220. 关于英国历史学家得以构建自下而上的历史所依赖的记录类型的广泛讨论，请参见 Alan Macfarlane, Sarah Harrison and Charles Jardine, *Reconstructing Historical Communities*, Cambridge, 1977。

② 通过阅读《口述史：口述史学会学报》(*Oral History: The Journal of the Oral History Society*)的定期工作进展报告，可以对口述史学家所涉及的研究主题类型产生一些印象，该杂志创刊于1972年。

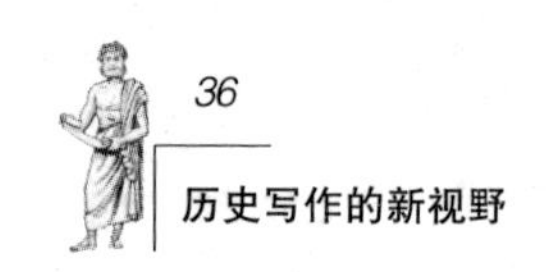

述史学家在处理那些在被记录之前就已经去世，或者关于他们的记忆已经被后人遗忘的人的时候，存在着明显的问题，而且，他们所能获得的直接证据类型并不为早期的历史学家所承认。相反，正如我们所说的那样，使这一时期的历史学家尽可能接近下层阶级经历的资料是存在的。

勒华·拉杜里使用了这些资料中的一种——雅克·富尼耶的登记簿。1976年出现了另外一部著作，说明这类法律记录如何能被用于不同类型的自下而上的历史写作，这就是卡洛·金兹伯格意文版的《奶酪与蛆虫》。[①]金兹伯格的目标并不在于重建农民社会的心态与生活方式，而是去探讨某位个体，一位名叫多梅尼科·斯坎代拉的磨坊主（绰号梅诺奇奥）的思想和精神世界，他出生于1532年，住在意大利东北部的弗留利。梅诺奇奥冒犯了宗教法庭（他可能最终于1600年被处决），与其案例有关的浩繁的文献资料是金兹伯格得以重建其信仰体系的大部分资料来源。该著作本身是一个杰出的成就，金兹伯格在序言中提供了关于重建工业化以前社会下层阶级文化的概念和方法论问题的讨论，这些讨论非常有用。尤其是，他坚持认为"资料并非'客观'的（就这一点而言，财产目录也不是客观的），这并不是说它毫无用处……简言之，即使是贫乏、散乱、令人费解的文献资料都能加以很好的利用"。[②] 他认为，和人们更加熟悉的研究社会史的整体方法相比，在这种深度上研究个人一样很有价值。当然，这些个体是否具有典型性依然存在问题，然而，如果处理得当，这类个案研究会带来很大的启发。

但是，历史学家在努力探索自下而上的历史时，还使用了其他类型的官方与半官方文献资料，而不是仅仅局限在单一的丰富来源上。例如芭芭拉·A. 哈纳沃特，她在重建中世纪农民的家庭生活时，广泛使用了英国社

---

① 英译本为 Anne and John Tedeschi, trans. *The Cheese and the Worms: The Cosmos of a Sixteenth-Century Miller*, London, 1980。金兹伯格的另一部著作 *The Night Battles: Witchcraft and Agrarian Cults in the Sixteenth and Seventeenth Centuries*, London, 1983; Italian edition, 1966 也展示了如何利用法庭审判记录来揭示大众信仰。

② Ginzburg, *The Cheese and the Worms*, p.xvii.

会史研究中被严重忽略的一种资料——验尸官调查。[①] 哈纳沃特指出,这些记录不存在皇家、教会或庄园法庭的记录中所包含的偏见,同时也证明了一个重要观点(这又回到了以前的主题):这些记录中包含的物质生活与家庭活动的细节,是与记录的主要目的相关的,因此不太可能被歪曲。正如处理官方记录时常见的那样,当这些材料被用于编纂者从未预先想到的目的时,它们发挥了最大的作用。结合其他形式的文献资料,哈纳沃特使用这些调查结果构建了关于中世纪农民的物质环境、家庭经济、生命周期的各个阶段、抚养孩子的模式以及日常生活其他方面的一幅画卷。从某种意义上说,她的著作代表着对勒华·拉杜里与金兹伯格所遵循的策略的一种替代:对大量文献资料进行过滤,而不是基于一种特别有成效的资料去构建一个个案研究。但最终的结果是,它展示了如何使用其他形式的官方文献资料来构建自下而上的历史。

这种对自下而上的历史研究年代范围的拓宽,以及关注群众政治活动和政治运动以外更大范围的历史事务的动向,促使人们探索传统马克思主义或旧的劳工史模式以外的历史模式。虽然有必要保持与马克思主义学者之间的对话,但很明显,即使将阶级这么一个基本的马克思主义概念用于工业化以前的世界,有些问题也依然存在,而且很难想象,16 世纪约克郡的诽谤诉讼案或 17 世纪威尔特郡的斯金明顿游行(skimmington)有着鲜明的马克思主义路线。不幸的是,对替代模式的寻找(无可否认,几乎还没有开始)到目前为止收效甚微。许多历史学家,特别是欧洲大陆的历史学家,都受到法国年鉴学派的启发。[②] 在依照年鉴学派的传统创作出的不同作品中,许多作品不仅加深了我们对过去的理解,而且为展示如何创新使用人们

① Barbara A. Hanawalt, *The Ties that Bound: Peasant Families in Medieval England*, New York and Oxford, 1986. 关于哈内沃特的观点,更为简洁的陈述请参见其论文"Seeking the Flesh and Blood of Manorial Families", *Journal of Medieval History*, 14, 1988, pp.34-45。

② 关于该学派的著作,最好的介绍是 Traian Stoianavitch, *French Historical Method: The Annales Paradigm*, Ithaca, NY, and London, 1976,应该把它和彼得·伯克的最近作品(*The French Historical Revolution: The Annales School*, Oxford, 1991)结合起来阅读。

所熟悉的文献形式以及如何提出关于过去的新问题提供了巨大的方法论见解。此外,年鉴学派的学者们对心态概念的澄清,对于试图重建下层阶级精神世界的历史学家来说,无疑是非常宝贵的。然而,我认为,年鉴学派方法的最大贡献在于展示了如何构建自下而上历史的写作背景。例如,了解某一特定社会在特定时期的粮食价格波动,有助于为理解穷人的经历提供必要的背景,然而,这种量化的证据不可能代表全部事实。

其他一些历史学家则在社会学与人类学中寻找模式。这里的情况也是一样的,那些老练而敏感的人可能会获益匪浅,尽管一些问题依然存在;但对于另一些人来说,这可能意味着灾难。可能有人会认为,社会学与研究工业社会的历史学家更加相关,但它的一些假设并不总是很容易地适用于自下而上历史的从业者们所青睐的那类微观研究类型。① 人类学吸引了研究中世纪以及近代早期论题的许多历史学家,尽管这方面的研究结果也存在着很多问题。② 艾伦·麦克法兰关于都铎与斯图亚特时期埃塞克斯的巫术指控的著作揭示了其中一些问题。③ 麦克法兰着手写作可以称之为关于巫术的自下而上的历史。休·特雷弗-罗珀早就提供了上层人士对该主题的解释,他在关于近代早期欧洲巫术的研究中声称,他对"纯粹的巫术信仰:人类学家在任何时期、任何地方发现的那些初级的乡村轻信"缺乏兴趣。④

---

① 关于这两门学科之间关系的一般讨论,请参见 Peter Burke, *Sociology and History*, London, 1980 以及 Philip Abrams, *Historical Sociology*, Shepton Mallet, 1982。

② 关于历史学与人类学之间可能存在的联系的重要性,两部经典论述包括 E. E. Evans-Pritchard, *Anthropology and History*, Manchester, 1961 以及 Keith Thomas, "Anthropology and History", *Past and Present*, 24, 1963, pp.3-24。更持怀疑态度的观点,请参见 E. P. Thompson, "Anthropology and the Discipline of Historical Context", *Midland History*, 3/1, spring 1972, pp.41-56。

③ Alan Macfarlane, *Witchcraft in Tudor and Stuart England: A Regional and Comparative Study*, London, 1970, 1999 年的再版附有詹姆斯·夏普的序言。麦克法兰的著作应该与基斯·托马斯的著作一起阅读:Keith Thomas, *Religion and the Decline of Magic: Studies in Popular Belief in Sixteenth and Seventeenth Century England*, London, 1971,该著作论及广阔地区,也从人类学获益不少。

④ H. R. 特雷弗-罗珀:《16、17 世纪的欧洲巫术狂热》(H. R. Trevor-Roper, *The European Witch-Craze of the Sixteenth and Seventeenth Centuries*, Harmondsworth, 1967, p.9)。

相反，麦克法兰把自己沉浸在"纯粹的巫术信仰"中，他的作品是我们对该主题的理解上的一个重大突破。麦克法兰的计划中令人印象更为深刻的部分是将人类学研究用于历史素材。其结果是让我们更加深入地理解巫术在乡村社会中的作用以及巫术指控如何由一系列相当模式化的人际紧张关系引发。然而，人类学方法对于帮助读者理解乡村社会以外更广泛层面的主题来说，作用并不大：为什么1563年议会通过法令允许告发邪恶的巫术？为什么1736年又通过另一项立法使人们不能合法告发巫术？人类学模型所推崇的微观史方法很容易掩盖更普遍的问题，即权力在整个社会中的位置及其运作的性质。

在我们讨论的内容背后隐藏着一个基本问题：自下而上的历史构成的是一种历史研究方法还是一种独特的历史类型？这可以从两方面加以论证。作为一种方法，可以说自下而上的历史有两种重要功能。一是纠正上层人物的历史，表明滑铁卢战役不仅与惠灵顿公爵有关，也与二等兵惠勒有关，或者说，英国的经济发展（于1815年达到全盛时期）涉及汤普森所说的"工业革命中贫穷悲惨的儿童，没有他们的劳动和技能，工业革命仍将是一个未被验证的假设"。① 二是通过提供这种替代方法，自下而上的历史为历史理解的更丰富的综合、人民日常经历的历史与更加传统类型的历史主题的融合提供了可能性。相反，可以说，自下而上历史的主题、其文献资料问题、或许还有这类历史的许多从业者的政治取向，使其成为一种独特的历史类型。当然，从某种意义上说，通常很难在一种历史和一种对待历史学科的方法之间保持清晰的界限：如果将经济史、思想史、政治史、军事史等限制在密闭的空间，它们所能发挥的作用最小。任何类型的历史都得益于历史学家的思维广度。

这样看来，似乎只有将自下而上的历史放在一个语境中时，它的作用才是最大的。因此，在《历史工作坊杂志》——该期刊在很大程度上致力于这

---

① Thompson, "History from Below", p.280.

类历史的研究——的创刊号上,其编辑集体声称,“我们的社会主义价值观决定了我们对过去的普通人,对他们的生活、工作、思想和个性,乃至对其阶级经历的背景与成因的关注,”他们接着指出,“同样也决定了我们对资本主义的关注。”①这种观点提醒我们,“自下而上的历史”这个词确实意味着上层有些东西是与之相关的。这种假设反过来假定,“普通人”的历史,即使涉及他们过去的政治经验,也不能脱离对更广泛的社会结构和社会权力的考虑。这个结论随之又引出了一个问题,即如何将自下而上的历史融入更广泛的历史概念中。在对待自下而上的历史或任何其他类型的社会史的时候,如果忽视这一点,就有可能出现历史写作的严重碎片化,甚至可能出现某种当代好古癖的危险。1979 年托尼 · 朱特对这种危险作了很好的表述。人们不必完全赞同朱特的立场,就可以理解他的关切所在:“政治意识形态在大多数现代社会史中都没有立足之地,就像在使后者得以产生的社会学中也没有政治意识形态的位置一样……正如我之前所说,社会史已经转变成一种回顾性的文化人类学。”②

这种类型的自下而上的历史带来另外一个问题:拓宽职业历史学家的受众范围,使学术历史学家的同行及其学生之外的更多人得以接触具有专业水准的历史。汤普森在 1966 年的论文中指出,R. H. 托尼及其同时代的其他历史学家拥有“极其广泛的、参与性的读者群,这些读者并不属于学术界”,这是近代历史从业者所缺乏的,对此他显然感到遗憾。③ 最近,戴维 · 坎纳丁从完全不同于汤普森的思想立场出发,提到了这个问题。当谈到历史在战后英国作为一门大学学科得到大规模的发展时,坎纳丁评论说:

> 这种新的、专业版的英国历史的大部分内容完全脱离了广大普通读者,而满足这些普通读者对国家过去的好奇心曾经一度是历史的主

---

① “Editorial”, *History Workshop*, 1, 1971, p.3.

② Tony Judt, “A Clown in Regal Purple: Social History and the Historian”, *History Workshop*, 7, 1979, p.87.

③ Thompson, “History from Below”, p.279.

要功能。这一史无前例的发展时期所产生的一个自相矛盾的结果是，越来越多的学术历史学家正在写作越来越多的学术作品，而真正阅读这些作品的读者却越来越少。①

那些自下而上的历史写作，尤其从社会主义或劳工史立场出发进行的写作，其主要目的之一在于，试图通过扩大读者群，并且在可能的情况下，提供关于为我们国家历史的新综合的大众版本（坎纳丁哀悼其已经不复存在），来补救这种局面。到目前为止，他们的努力尚未取得成功，上层人物的历史似乎仍然非常符合公众的口味。霍布斯鲍姆本人也承认，他对政治精英人物的传记拥有广大的读者群感到困惑。②

即便如此，通过自下而上的历史让更多人得以了解我们的过去，这种念头依然具有很大的吸引力。但是，也存在着陷入历史知识的碎片化以及让朱特大伤脑筋的历史的非政治化的危险。任何必须在历史协会分支会议上回答这方面问题的历史学家都知道，大众对自下而上历史的兴趣，往往局限于所谓的对过去社会的“楼上、楼下”观，这个问题由于我们现在习惯描述为公共史学的某些方面而加剧。人们都知道：过去人们在做不同的（因此，言下之意有点奇怪的）事情，他们中的许多人遭受物质上的贫困，忍受艰辛，这使我们得以将过去的不幸与我们现在更加舒适的条件进行对比。但是，很少有人试图推动事态进一步发展，或是站在高于趣闻轶事或孤立的地方经验的层面来探讨历史问题。即使那些对人民的过去有着更加成熟的想法的人，也未能逃脱这种好古癖的指控：学术历史学家们非常热衷于用这个词来抨击那些观念上或思想上不那么完善的人。因此，在批评那些对人民

---

① David Cannadine, “British History: Past, Present-And Future?”, *Past and Present*, 116, 1987, p.117. 坎纳丁的作品引起 P. R. 克斯、威廉・拉蒙和尼尔・埃文斯的“评论”（P. R. Coss, William Lamont and Neil Evans, *Past and Present*, 119, 1988, pp.171-203）。拉蒙的观点，尤其第186—193页的那些，暗示了从自下而上的历史走向新国家史，而埃文斯（第197页）明确指出“英国历史……需要从底层开始塑造，进而形成对国家的理解”。

② Hobsbawm, “Some Reflections”, p.13.

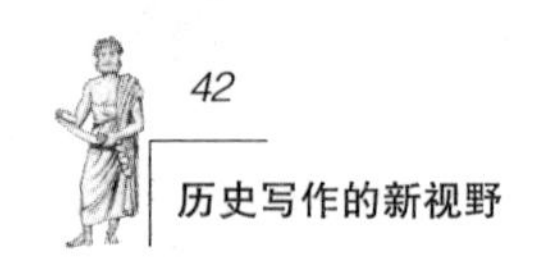

史的重要性有着非常明确定义的人的立场时,罗德里克·弗拉德能够声称:“实际上,有时候《历史工作坊杂志》的风格已经接近于左派好古癖,是对工人阶级生活中短暂事物的收集和发表。”[①]尽管人们可能不会赞同弗拉德论点的总体倾向,但毫无疑问,他分离出了一个真正的问题。

当然,对这种批评的可能回应是,在某些“左派好古癖”通过短暂事物的收集和发表得以构建坚实的相关材料体系之前,几乎不可能形成经过深思熟虑的综合,或是更为广泛的有意义的观点。另一种回应或许更加令人信服:独立的个案研究或其他类似研究,如果将其放在特定语境中,可能会导致比好古癖更有意义的东西的出现。在适当情况下(卡洛·金兹伯格关于多梅尼科·斯坎代拉的研究似乎提供了一个极好的例子),通过使用人类学家称之为深描(thick description)的方法,自下而上历史的写作者可以获益匪浅。[②] 对于社会史家来说,这种技巧所引发的智识问题是很熟悉的:将社会事件置于完整的文化背景中,以便能够在分析而非仅仅描述的层面上对其进行研究。但是很明显,这个过程是可以逆转的,一旦形成对目标社会的理解,孤立的社会事件或个人(在某种程度上,单个的、但资料丰富的弗留利磨坊主)可以用来提供更加深入地了解那个社会的途径。历史学家没有必要使用克利福德·格尔茨(Clifford Geertz)等人类学家所提倡的符号学的文化概念来体会这种技巧的潜在用途。格尔茨所提出的基本问题,即我们应该如何把社会现实转变为书籍、文章或讲座的学术结构,无疑是自下而上的历史的学生们所熟悉的问题。

希望以上论述能够使读者相信,如果不出意外,自下而上的历史写作是一项已经被证明卓有成效的计划。当然也存在很多问题。我在这里只能说明的一点是,在这方面,“下”这个概念最初是根据阶级结构或者社会分层

---

① Roderick Floud, “Quantitative History and People’s History”, *History Workshop*, 17, 1984, p.116.

② 请参见 Clifford Geertz, *The Interpretation of Culture*, New York, 1973,第一章,“深描:走向文化的解释理论”。

的其他相关形式构想出来的:显然,从女性的角度,或者实际上从儿童的角度来写历史,会使人们对从属关系的含义有着不同的见解。此外,我们所借鉴的例子大都来自西欧历史学家关于前工业化世界的著作。但是,研究圣多明各奴隶革命①、20世纪印度民族主义运动②以及俄国革命③的历史学家也采用了"自下而上"书写历史的概念。实际上,素密·萨卡在研究印度民族主义运动时指出,他的这项工作是"印度开始在全世界范围内富有想象力地使用各种资源的开端,同时也是对或多或少由官僚组织的、貌似成功的政治运动的某种不信任与愤世嫉俗"的一部分,④那些研究年代更为久远的欧洲文化的自下而上的史学从业者们也广泛持有这种态度。

因此,自下而上的历史概念引起了历史学家的注意,他们研究了一些过去的社会,这些社会在地理上是不同的,时间也横跨13世纪到20世纪。这些历史学家来自不同的国家,有着不同的知识传统和思想立场。在自下而上撰写历史的过程中,这些历史学家借助计算机和人类学理论,以量化等多种形式寻求帮助,他们的研究成果以完全不同于学术论文和畅销书的格式出现。此外,在其他学科工作的学者,尤其人类学⑤和英国文学⑥,已经公开着手"自下而上"地分析他们的研究主题。但是,或许正是在历史领域,这种研究视角才最令人信服地得以确立,现在,我们必须对在克利奥葡萄园这个硕果累累而又混乱的角落里所付出的劳动得出一些一般性结论。

---

① Carolyn E. Fick, *The Making of Haiti: The Saint Domingue Revolution from Below*, Knoxville, Tenn, 1990.

② Sumit Sarkar, "*Popular*" *Movements and* "*Middle Class*" *Leadership in Late Colonial India: Perspectives and Problems of a* "*History from Below*", Calcutta and New Delhi, 1983.

③ Daniel H. Kaiser, ed. *The Workers' Revolution in Russia: The View from Below*, Cambridge, 1987.

④ Sarkar, "*Popular*" *Movements and* "*Middle Class*" *Leadership*, p.1.

⑤ 请参见,例如,Gerrit Huizer and Bruce Mannheim, eds., *The Politics of Anthropology: From Colonialism and Sexism toward a View from Below*, Paris, 1979,以及论述更为集中的 Uwe Otzen, ed., *Development from Below: Anthropologists and Development Studies*, The Hague and Paris, 1976。

⑥ Bruce Robbins, *The Servant's Hand: English Fiction from Below*, Durham, NC, and London, 1993.

至少可以清楚地看到,一些历史学家已经成功克服了自下而上的历史实践中存在的某些不可忽视的障碍。更具体地说,许多学者已经认识到,有必要进行一次概念上的飞跃,以进一步了解过去社会中的下层阶级,然后,他们成功完成了这一智力体操上的壮举。爱德华·汤普森、卡洛·金兹伯格、伊曼纽尔·勒华·拉杜里和其他历史学家,从不同角度、不同史学目的出发,都证明了想象力如何与学术相互作用,拓宽我们对过去的认识。此外,这些历史学家与其他历史学家的工作表明,历史想象不仅可以用来形成关于历史主题的新概念,而且可以用来提出新的文献问题,并且用它们做不同的事情。三四十年前,许多历史学家可能会以证据为由,否认有可能就一些现在已为人所熟悉的主题撰写严肃的历史:犯罪、大众文化、大众宗教、农民家庭。从试图重建农民社区生活的中世纪学者,到 20 世纪记录并描述以前几代人生活的口述史学家,自下而上写作的历史学家们已经证明,富有想象力地使用原始材料能够给许多历史领域带来启迪,否则,这些领域注定要陷入黑暗之中。

然而,自下而上的历史的重要性不仅仅在于为历史学家提供了展示其想象力与创造力的机会,也提供了恢复某些社会群体的历史的手段,这些群体原本以为他们已经失去了历史,或者没有意识到他们也有自己的历史。我们曾经指出,最初将自下而上的历史置于法国革命史或英国劳工运动史之中的做法在这方面造成了一些问题,尽管对 18 世纪群众或 19 世纪工人阶级的研究确实提供了一些最有说服力的例子,说明如何才能揭示部分人口的预料之外的历史。历史写作的目的是各种各样的,但其中之一是,为写作或阅读它的人提供一种认同感和归属感。在最广泛的层面上,这可以表现为,通过成为民族文化的一部分,历史在国家认同的形成中所发挥的作用。自下而上的历史可以在这一过程中发挥重要作用,它提醒我们,我们的认同感并非完全是由君主、首相或将军形成的。这一点还有进一步的含义。在一部关于美国内战前黑奴这个无可否认的“下层”群体的历史著作中,尤金·D. 吉诺维斯指出,他的主要目的是探索民族—“认同”的问题,这个问题从殖民之初就一直困扰着非裔美国人的历史。① 正如汤普森关于英国工人阶级的著作那样,利用历史促进自我认同又一次被证明是非常重要的。但应该指出,吉诺维斯著作的副标题是“奴隶创造的世界”。对吉诺维斯来说,尽管构成其作品主题的那些人在社会上无疑处于不利的地位,但他们却能够为自己创造一个世界:因而他们是历史的参与者,他们创造了历史,而不是仅仅作为使白人政治家和军人卷入内战、并由白人政治家最终“解决”的“问题”而存在。在广泛的意义上,大多数自下而上写作历史的人都会接受这样一种观点:他们遵循这种方法所取得的成果之一是,证明了下层阶级的成员是这样一种力量,他们的行为影响了他们生活于其中的(有时是有限的)世界。我们又回到了爱德华·汤普森的观点,即普通人不仅仅是“政府必须处理的问题之一”。

但是,我们必须遗憾地承认,尽管这个概念已经存在了30多年,但是到目前为止,自下而上的历史对主流史学的影响相对较小,也没有改变主流历史学家的观点。如果把问题放到一个基本层面上,历史的入门读本对该主题几乎只字未谈。大多数想了解历史是关于什么的或者该怎样写作历史的学生,仍然得查阅或是被指导阅读现在已经相当古老的著作:E. H. 卡尔的《历史是什么?》,在那里,他们只能找到一种相当有限的观点,说明这个能够激起人们好奇心的问题的答案可能是什么。特别是,他们会发现,卡尔对于历史的主题并没有丰富的想象力,而这正是后来的历史学家所展示的,也是布罗代尔和早期年鉴学派的其他历史学家在他写作之前就已经确立的。因此,他所说的“凯撒渡过那条小河,卢比孔河,是一个历史事实,而在此前后,成百万的其他的人渡过这条河,却丝毫没有引起任何人的兴趣”,这句话表明,对他来说,关于运输、移民以及地域流动的历史根本就不存在。同样,他把1850年一位姜饼小贩在斯泰利布里奇守护神节被踢死之事作为历史事实加以接受(有人怀疑姜饼小贩对该问题的看法可能更有

① Eugene D. Genovese, *Roll, Jordan Roll: The World the Slaves Made*, London, 1975, p.xv.

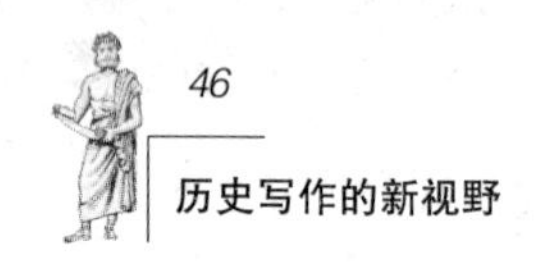

针对性),表明他并没有设想过犯罪史会成为历史研究的一个领域。①

如果有一部作品能够取代卡尔的著作成为基础的历史入门读本,那么很明显,从自下而上的历史和更广泛的近期社会史发展来看,它的作者必须以更广阔的视野看待过去。实际上,值得注意的是,理查德·J. 埃文斯最近一部广受好评的作品,在某种程度上是为了取代卡尔的著作,强烈要求关注自下而上的历史的影响。这种历史写作方法的结果是,埃文斯写道:"几乎所有对当代人类有意义或重要的东西,现在都有了书面的历史;这意味着对所有人,而不是只对有教养、有权势的少数精英来说非常重要的一切。"②

这样的断言让自下而上的历史从业者感到欣慰。但最后我们必须指出,在帮助确立下层阶级认同的过程中,自下而上的历史无论被证明多么有价值,都应该使它走出贫民区(或农民村社、工人阶级街道、贫民窟或塔楼),用来评判、重新定义和强化历史主流。那些自下而上书写历史的人不仅提供了让我们对过去有更多了解的大量著作,他们还清楚地表明,还有很多会被人知晓的历史,这些历史的很多秘密仍然隐藏在未经探索的证据中。因此,自下而上的历史保持了它的颠覆性光环。在遥远的未来存在着这样一种危险,正像年鉴学派曾经遇到的那样,这种历史可能成为一种新的正统学说,但目前它仍然对主流社会嗤之以鼻。当然也会有历史学家,无论是学术的还是通俗的历史学家,在酝酿写作一些历史著作,直接或含蓄地否定有意义地重建大众生活的历史的可能性,但他们这样做的理由会变得越来越不坚定。自下而上的历史使我们这些口里并未含着银匙出生的人相信,我们也有过去,我们来自某个地方。但随着时间的流逝,在帮助修正并扩展英国历史研究中仍被奉为圭臬的主流政治史的过程中,自下而上的历史也将发挥重要的作用。

---

① E. H. Carr, *What is History*? Harmondsworth, 1961, pp.11,12.

② Richard J. Evans, *In Defence of History*, London, 1997, p.165.

第三章

女性史*

琼・W. 斯科特

> 你可以写的女性研究的历史也是这场运动的一部分,它不是一种元语言,它的作用要么是保守的,要么是颠覆的……从理论上讲,女性研究史没有中性的解释。历史将在其中扮演一个角色。①
>
> 雅克・德里达,1984

主要从20世纪70年代开始,女性史已经成为一个可以定义的领域。尽管分配给它的资源、其机构代表性和在课程中的位置,以及大学和学科协会赋予它的地位存在着巨大差异,但女性史在世界上的许多地方已经成为一种研究惯例,这一点似乎已经毋庸置疑。虽然美国可能是独一无二的,因为女性史在学术界取得了显赫的地位和影响力,但在文章和书籍中,在国际会议上遇到的历史学家的自我认同中,以及在传递学术新闻的非正式网络中,都有明确的证据表明,女性史运动是全世界参与的。

---

* 我要感谢克利福德・格尔茨首先提出了一些问题,这些问题促成了这篇文章,并对其早期版本做了澄清性的评论。唐纳德・斯科特(Donald Scott)帮助我阐明了许多要点,伊丽莎白・韦德(Elizabeth Weed)提供了宝贵的批判性建议。我也要感谢朱迪思・巴特勒(Judith Bulter)、劳拉・恩格尔斯坦(Laura Engelstein)、露丝・莱斯(Ruth Leys)和玛丽・路易丝・罗伯茨(Mary Louise Roberts)的评论和建议。希尔达・罗默、塔妮娅・乌鲁姆和卡琳・维德伯格的批评提出了困难的挑战,这些挑战提升并加强了本文的论证,我非常感激他们。

① "Women in the Beehive: A Seminar with Jacques Derrida", Transcipрt of the Pembroke Center for Teaching and Research Seminar With Derrida, in *Subjects/ Objects*, spring 1984, p.17.

我故意使用“运动”一词，是为了将当前的现象与过去个人零散地书写女性的努力区分开来，暗示着研究女性的历史学家在跨国和跨学科的交流中所涉及的某种动态性质，并唤起与政治的联系。

女性史与政治之间的联系既明显又复杂。在这个领域起源的传统叙事中，女性主义政治是一个起点。这些叙述将该领域的起源定位在20世纪60年代，当时女权主义者呼吁撰写一部历史，以提供女主角、对女性能动性的证明、对压迫和激励行动的解释。据说，学术上的女权主义者响应了“她史”(herstory)的号召，将自己的学术研究引向一个更大的政治议程；在早期，政治和学术之间存在着直接联系。后来，大约在70年代中后期的某个时候，这种说法仍在继续，女性史远离了政治。它扩大了问题的范围，记录了过去女性生活的方方面面，因而获得了自己的发展势头。专著和文章的积累，内部争议和持续不断的解释性对话的出现，以及公认的学术权威的出现，都是一个新的研究领域的常见标志，该领域似乎在某种程度上是合法的，因为它与政治斗争相距甚远。最后(故事是这样说的)，20世纪80年代的性别转向是与政治的彻底决裂，从而使该领域得以独立，因为性别是一个看似中立的术语，没有直接的意识形态目的。女性史作为一个学术领域的出现，在这个过程中涉及从女权主义到女性再到性别的演变，也就是说，从政治到专门史再到分析的演变。

可以肯定的是，这个故事因讲述者的不同而有很大的差异。在一些版本中，这一演变过程被积极地看作从狭隘的政治兴趣、过于排斥对女性的关注或者天真的哲学假设中拯救历史。在另一些人看来，这种解读是消极的，向学院的“撤退”(更不用说转向性别和理论了)被视为去政治化的标志。“如果女权运动已死，女权主义会怎样？”伊莲·肖沃尔特(Elaine Shoualter)最近问道，“它变成了女性研究——不过是另一门学科。”[①]然而，尽管有不

① 引自Karen Winkler, “Women's Studies after Two Decades: Debates over Politics, New Directions for Research”, *Chronicle of Higher Education*, 28 Sept.1988, p.A6。

同的论调,但许多女权主义者和他们的批评者都认同这个故事,就好像事情就是这样发生的一样,无可争辩。

我想说的是,这个故事需要一些批判性的反思,不仅因为它太简单了,而且因为它歪曲了女性史的历史,以及它与政治和历史学科的关系。这个领域的历史需要的不是简单的线性叙述,而是更复杂的叙述,不仅要考虑女性历史地位的变化,而且要考虑女权运动和历史学科的变化。尽管女性史必然与女性主义的出现联系在一起,但女权主义并没有在学术界或整个社会中消失,尽管其组织和存在的条件已经发生了变化。事实上,许多使用"性别"(gender)这个词的人都自称是女权主义历史学家。这不仅是一种政治效忠,而且是一种理论视角,引导他们将性别视为一种更好的政治概念化方式。许多撰写女性史的人认为自己参与了一场高度政治化的努力,以挑战该行业和大学的权威,并改变历史的书写方式。而且,现在的许多女性史,即使是与性别概念相关的,也涉及当代女性主义政治的关注点(其中包括女性如今在美国的福利、儿童保育和堕胎权)。事实上,我们有充分的理由认为,女性史的发展与"女性主义作为一种政治运动的日益强大与合法性"密切相关①,正如有理由坚持认为,学术工作与政治之间的距离越来越远。但是,把女性史简单地看作女性主义政治在学术界之外发展的反映,也没有抓住重点。与其假设一种简单的相关性,我们更需要把这个领域看作知识生产政治学中的一种动态研究。

如今,"政治"这个词有好几种用法。第一,在其最典型的定义中,它可以指由政府或其他权力机构指挥的活动或针对政府或其他权力机构的活动,涉及呼吁集体认同、调动资源、战略计算和战术演习。第二,"政治"一

---

① Nancy Fraser and Linda Nicholson, "Social Criticism without Philosophy", unpublished MS, 1987, p.29.

词也被用来泛指权力关系以及旨在维持或争夺权力关系的战略。① 第三，政治一词被更广泛地应用于再现或挑战有时被称为“意识形态”的实践，即确立了个人和集体身份的信仰和实践体系，形成个人和集体与其世界之间的关系，并且被认为是自然的、规范的或不言而喻的。② 这些定义对应于不同类型的行动和不同的活动领域，但我用“政治”这个词来描述它们，表明定义和空间界限模糊不清，任何用法都不可避免地会产生多重共鸣。我想讲述的女性史的故事取决于这些多重共鸣；它始终是一个关于政治的故事。

“专业性”与“政治性”

女权主义是近几十年来兴起的一场国际性运动，但它具有独特的地域性和民族性。在我看来，把重点放在我最了解的美国个案的细节上，以便提出一些一般性看法，似乎是有帮助的。

在美国，女权主义在20世纪60年代重新兴起，部分原因是民权运动和政府政策的刺激，这些政策旨在为整个社会（包括各行各业和学院）预期的经济扩张提供女性劳动力。它在盛行的平等论调中形成了自己的吸引力和自我辩护。在这个过程中，女权主义假定并创造了女性的集体身份，即拥有共同利益的女性主体，希望通过创造平等、赢得对自己身体和生活的控制，来结束从属、隐形、无能为力的局面。

1961年，在劳工部妇女事务局局长埃丝特·彼得森（Esther Peterson）

---

① “深刻意义上的政治，作为人与人的关系在其现实社会结构中的集合，在于其建构世界的能力上。”Roland Barthes, *Mythologies*, Paris 1957, p.230，另外请参见 Michel Foucault, *The History of Sexality*, vol. 1 An Introduction, New York, 1980, pp.92-102。

② Gayatri Chakravorty Spivak, “The Politics of Interpretation”, in W. J. T. Mitchell, *The Politics of Interpretation*, Chicago, 1983, pp.347-366; Mary Poovey, *Uneven Developments: The Ideological Work of Gender in mid-Victorian England*, Chicago, 1988. 又见路易斯·阿尔都塞和艾蒂安·巴利巴的词汇表（Louis Althusser and Etienne Balibar, *Reading Capital*, trans. Ben Brewster, London, 1979, p.314）中的“意识形态”。

的要求下,肯尼迪总统成立了女性地位委员会。1963 年该委员会的报告记录了美国女性被剥夺平等权利和机会的事实,并建议成立 50 个州委员会。1964 年,平等就业机会委员会(EEOC)根据《民权法案》成立,性别歧视就被纳入其管辖范围(由一位对法案第 7 条怀有敌意的立法委员添加)。1966 年,出席全国女性地位委员会大会第三次会议的代表投票否决了一项决议,该决议敦促平等就业机会委员会,像禁止种族歧视一样,严肃地执行禁止性别歧视的规定。提出被否决的修正案的女性随后开会,决定下一步的行动,并成立了美国全国妇女组织。[①] 大约在同一时间,学生促进民主社会和民权运动中的年轻女性开始表达她们的不满,要求承认女性作为社会变革政治运动的积极(和平等)参与者的作用。[②] 在传统政治领域,女性已经成为一个可识别的群体(这是自 19 世纪 20 世纪之交的选举权运动以来的第一次)。

20 世纪 60 年代,大学、研究生院和基金会也开始通过提供奖学金和大量口头支持,鼓励女性获得博士学位。"很明显,"一位作者评论说,"对于需要优秀教师和研究人员的高等学府来说,女性是一个尚未开发的主要来源。"[③]尽管大学校长和女性主义学者等各种各样的作家都承认,"在学术界存在着对女性的偏见",但他们倾向于同意,如果女性接受高等教育,障碍就会消失。[④] 有趣的是(根据随后的理论探讨),这里假定女性的作用是自由择业的、理性的行为者,女性被要求进入以前排斥或未能充分利用她们的职业。

---

① Jo Freeman, "Women on the Move: Roots of Revolt", in Alice S. Rossi and Ann Calderwood, eds., *Academic Women on the Move*, New York, 1973, pp. 1-37. 又见爱丽丝 · 罗西(Alice Rossi)和凯 · 克罗茨伯格(Kay Klotzburger)在本书中的论文。

② Sara Evans, *Personal Politics*, New York, 1979.

③ 摘自布朗大学校长、彭布罗克学院校友巴纳比 · 基尼(Barnaby Keeney)的引语,27/4(1962 年 10 月),第 1 页。

④ 同上,第 8—9 页;Jessie Bernard, *Academic Women*, Cleveland, 1966;Lucille Addison Pollard, *Women on College and University Faculties: A Historical Survey and a Study of their Present Academic Status*, New York, 1977,尤其见 p.296。

在由女性招募开辟的空间中,女权主义似乎很快为女性争取了更多的资源,并且谴责持续存在的不平等现象。学术界的女权主义者认为,即便她们拥有学术或专业资格,对女性的偏见并没有消失,她们组织起来要求充分获得她们的学位可能赋予她们的权利。在各种学科协会中,女性成立了核心小组来推动她们的要求(这些要求包括在协会和学术会议中有更多的代表性,关注男女之间的工资差异,以及结束在招聘、终身教职和晋升方面的歧视)。学院中女性的新集体身份设定了一种基于性别差异的共同歧视经历,它还假定女性历史学家作为一个群体有着特殊的需求和利益,不能归入一般历史学家的范畴。女权主义者认为,女性历史学家不同于(男性)历史学家,她们的性别影响了她们的职业机会。因此,女权主义者对通常指称专业人士的通用和单一的术语提出了异议,并指责这些术语将以前的非政治组织"政治化"。

1969 年,新成立的历史行业女性协调委员会在高度紧张的气氛中,在美国历史协会(AHA)的业务会议上提出了旨在提高女性地位的决议。这些会议通常致力于讨论章程和组织政策——协会的业务(而不是政治),是友谊和礼仪的良好典范。当分歧出现时,可以归因于个人意见、品味甚至政治信仰的差异,归因于机构或区域的优先事项,但这些分歧都不是根本性的,也不是与整体不符的可识别的"利益"平台。通过她们的语气、她们的斗争意识以及她们声称代表着被系统剥夺了权利的集体实体,女性扰乱了程序,并且对"一切照旧"(business as usual)的含义提出了质疑。事实上,她们指责"一切照旧"本身就是一种政治形式,因为它忽视并且因此延续了对合格专业人员的系统性排斥(基于性别和种族)。对根深蒂固的权力的攻击至少产生了两种结果:它赢得了美国历史协会的让步,成立了一个特别委员会来调查提出的问题(该委员会在 1970 年发布了一份报告,承认女性的劣势地位,并建议采取一些纠正措施,包括成立一个女性问题常设委员会),这也导致了对女性行为的批评,认为她们不专业。

"专业性"和"政治性"之间的对立不是一种自然而然的对立,而是一种职业自我定义的一部分，它是建立在共享通过教育获得的广泛知识基础上的一种技能实践。职业定义有两个不同的方面，但通常又是不可分割的。一个涉及所产生的知识的性质，在这里，是指什么才是历史。另一个涉及把关功能，设定并执行该行业成员（在这里，是指历史学家）所遵守的标准。对于20世纪的专业历史学家来说，历史就是通过不偏不倚的调查（兴趣和偏好是专业精神的对立面）获得的关于过去的知识，任何掌握了必要的科学程序的人都可以普遍获得。① 然后，获取知识就取决于这种驾驭能力，对于那些已经是专业人士的人来说，拥有这种能力应该是显而易见的，并且只有他们才能做出判断。这种能力不可能是策略或权力的问题，而只能是教育和培训的问题。历史专业的成员资格赋予了个人责任，使其成为这些知识的守护者，这是他们的特殊领域。因此，守护和驾驭能力是获得自主权的基础，也是决定什么是知识、谁拥有知识这一权力的基础。

然而，专业和专业组织当然是分等级的；占主导地位的风格和标准致力于将一些人包括在内，并将其他人排除在成员之外。“精通”和“卓越”既可以是对能力的明确判断，也可以是对偏见的含蓄辩解；事实上，对能力的判断往往与对个人社会身份的评估交织在一起，而这些评估与专业能力无关。② 如何区分这些判断，实际上它们是否可以被区分，这不仅是策略问题，也是认识论问题。“政治”和“专业”之间的对立掩盖了认识论问题。

多年来，女性、黑人、犹太人、天主教徒和“非绅士人士”在美国历史协会中的代表人数一直不足。③ 这种情况不时被人们关注和抗议，一些历史

---

① Peter Novick, *That Noble Dream: The "Objectivity Question" and the American Historical Profession*, New York, 1988.

② 关于准入问题，请参见 Mary G. Dietz, "Context is All: Feminism and Theories of Citizenship"; Jill K. Conway, "Politics, Pedagogy, and Gender"; Joan W. Scott, "History and Difference"。三篇文章都载于《代达罗斯》（*Daedalus*, fall 1987），分别在 pp.1-24、137-152、93-118。

③ Howard K. Beale, "The Professional Historian: His Theory and his Practice", *Pacific Historical Review*, 22, Aug, 1953, p.235.

学家齐心协力纠正歧视,但抗议的措辞和风格与1969年以后所使用的不同。在早期,无论是拒绝参加在隔离酒店举行的大会,还是坚持要让女性参加专业会议,抗议的历史学家都认为,基于种族、宗教、民族或性别的歧视,阻碍了对合格历史学家的认可。他们接受了职业应该是什么的观念,认为政治在其中没有地位;他们声称,他们的行动是为了实现真正的职业理想。相比之下,1969年及以后的抗议活动意味着,职业是政治组织(在"政治"一词的多重含义上)——无论其成员的行为如何体面,而且只有集体行动才能改变普遍存在的权力关系。20世纪70年代,美国历史协会(和其他专业协会)中的女性将她们在当地争取承认和代表权的斗争与全国女性运动联系起来,特别是争取《平等权利修正案》(ERA)的运动,她们坚持要求专业协会作为一个整体在这些全国性问题上表明立场。她们驳斥了《平等权利修正案》与美国历史协会的业务无关的说法,理由是沉默不是中立,而是与歧视同谋。在这些组织内部,诸如"学术卓越"和"精神品质"这样的神圣观念遭到了抨击,因为它们掩盖了歧视性待遇,应该用平权行动的量化措施来取代。公正和无私的职业标准正在被特殊利益所推翻,或者在那些持有规范性观点的人看来是这样的。

然而,看待该问题的另一种方式是将女性的挑战视为重新定义职业的问题,因为有组织的女性的存在对历史职业是一个统一整体的观念提出了质疑。女权主义者坚持认为,女性历史学家的集体身份与男性不同(并且认为种族将白人男性历史学家与黑人历史学家区分开来),他们质疑是否有可能对驾驭知识的能力进行公正的评估,暗示了这种评估不过是一种有偏见的观点的霸道表达。他们并没有放弃专业标准;事实上,他们继续倡导教育和质量评判的必要性(包括为女性史的优秀作品设立评奖大赛)。尽管人们肯定可以举出关于女性历史学家存在着倾向性的证据,但这并不是整个领域的特征,也不是(或者说目前不是)女权主义者所特有的。即使那些具有倾向性的女性历史学家,也不主张为了"事业"而刻意歪曲事实或隐瞒信息。[①] 大多数女性历史学家并不排斥对精通和知识的追求，而这正是职业的终极理由。事实上，她们接受了学术界的法则，并且寻求人们对其作为学者的认可。她们运用语言、准确性、证据和调查的规则，使历史学家之间的交流成为可能。[②] 在这个过程中，她们寻求并且获得了历史领域的专业地位。然而，与此同时，她们质疑了这门学科的构成及其产生知识的条件，从而挑战和颠覆了这些规则。[③] 她们的出现不仅挑战了统一的、不可侵犯的专业标准的性质和影响，也质疑了代表历史学家的单一形象（白人男性）的性质和影响。

实际上，女权主义历史学家坚持认为"专业"和"政治"之间没有对立，他们提出了一系列关于支配历史事业的等级制度、基础和假设的令人深感不安的问题：谁设定的标准？谁对"专业主义"的定义在起作用？它们代表了谁的共识？这些共识是如何达成的？还有哪些观点受到排斥或压制？谁

---

① 这个问题以许多不同的方式提出，最近的一次与西尔斯案（the Sears case）有关。在针对西尔斯·罗巴克零售连锁店提起的性别歧视诉讼过程中，两名女性历史学家罗莎琳德·罗森伯格（Rosalind Rosenberg）和爱丽丝·凯斯勒-哈里斯（Alice Kessler-Harris）站在对立面作证。这起案件在历史学家中引起了关于女性历史的政治含义以及女权主义历史学家的政治承诺的巨大争议。双方都有不守信用的指控，但桑福德·莱文森（Sanford Levinson）和托马斯·哈斯克尔（Thomas Haskell）在为罗森伯格辩护时，最近的（也是迄今为止最具报复性的）指控坚称，凯斯勒-哈里斯为了政治利益故意歪曲历史，罗森伯格则勇敢地捍卫"真相"。"政治"与"真相"、"意识形态"与"历史"之间的对立构成了他们的论文（并赋予其论文看似客观、冷静的基调），同时允许他们掩盖案件提出的所有棘手的认识论问题（他们在脚注 136 中表示了这一点）。参见"Academic Freedom and Expert Witnessing: Historians and the Sears Case", *Texas Law Review*, 66/7, Oct. 1988, pp. 301-331。关于西尔斯案，另见 Ruth Milkman, "Women's History and the Sears Case", *Feminist Studies*, 12, summer 1986, pp.375-400; Joan W. Scott, "The Sears Case", in Scott, *Gender and the Politics of History*, New York, 1988, pp.167-177。

② Ellen Somekawa and Elizabeth A. Smith, "Theorizing the Writing of History or, 'I can't think why it should be so dull, for a great deal of it must be invention' ", *Journal of Social History*, 22/1, fall 1988, pp.149-161.

③ 关于女性史改变历史的可能性，请参见 Ann Gordon, Mari Jo Buhle and Nancy Schrom Dye, "The Problem of Women's History", in Berenice Carroll (ed.), *Liberating Women's History*, Urbana, Ill., 1976; Natalie Zemon Davis, "Women's History in Transition: The European Case", *To Feminist Studies*, 3, 1976, pp.83-103; Joan Kelly, *Women, History, and Theory*, Chicago, 1984; Carl Degler, "What the Women's Movement has Done to American History", *Soundings*, 64, winter 1981, p.419。

的观点决定了什么才是好的历史,或者说,什么是历史?

"历史"与"意识形态"

女性史作为一个研究领域的出现伴随着女权主义提高职业地位的运动,它涉及历史边界的扩展。但这不是一个直接或直截了当的行动,也不仅仅是补充以前缺失的东西。相反,女性史计划本身就有一种令人不安的模糊性,因为它既是对既定历史的无害补充,也是对既定历史的彻底替代。

在20世纪70年代初这一新领域支持者的许多声明中,这种双重优势都很明显,但弗吉尼亚·伍尔夫在1929年很好地表达了这一点。在《一个自己的房间》中,伍尔夫谈到了女性史问题,就像她的许多同龄人在英美女性获得公民权后的那段时期所做的那样。[①] 她思考着现有历史的不足之处,她说历史需要重写,因为它"常常看起来有点奇怪,不真实,一边倒",也就是说,内容匮乏,不充分,不完整。显然,她从重写历史的角度出发,试探性地提出了另一种解决方案:"为什么……不对历史增加一个补编?当然,用一个不起眼的名字来称呼它,这样女人们就可以毫无不妥地参与其中了?"伍尔夫提出的补编似乎提供了一个折中方案,但事实并非如此。她对一个"不起眼的名字"的微妙讽刺和对得体的需要暗示了方案的复杂性(她称之为"雄心勃勃,超出了我的胆量"),即使她试图限制困难,也会引发相互矛盾的暗示。[②] 女性既是历史的补充,也是改写历史的契机;她们提供了一些额外的东西,她们是完善历史所必需的,她们是多余的,也是不可或缺的。

伍尔夫使用补编这个词让人想起雅克·德里达的分析,这有助于我分析女性史与历史的关系。在解构西方形而上学的过程中,德里达指出了某

---

① 其中有 Ivy Pinchbeck, *Women Workers and the Industrial Revolution 1750-1850*, London, 1930 以及 Mary Beard, *On Understanding Women*, New York, 1931 和 *America through Women's Eyes*, New York, 1934。

② Virginia Woolf, *A Room of One's Own*, New York, 1929, p.47.

些“标记物”,它们抵制并瓦解了二元对立,却从未构成“第三项”或辩证的解决方案。它们之所以具有破坏性,是因为它们的不可判定性:它们同时暗示着相互矛盾的含义,这些含义永远不可能单独分类。补编就是这些“不可判定性”之一。在法语中,就像在英语中一样,它既有添加的意思,也有替代的意思。它是在已经完全呈现的东西之上和之外添加的,是额外的和多余的;也是对不存在的、缺失的、不完善的东西的替代,因此是完满或完整所必需的。“补编既不是加法也不是减法,既不是外部也不是内在的补充,既不是偶然也不是本质。”①它是(用芭芭拉·约翰逊[Barbara Johoson]的话说)“多余和必要的,危险和救赎的”,“无论在能指还是所指的层面上,都不可能区分过度与匮乏、补偿与腐坏”。②

我想说,通过思考补编的矛盾逻辑,我们可以分析女性史的模糊性及其潜在的关键政治力量,这种力量挑战并破坏了既定的学科前提,但没有提供综合或简单的解决办法。这种不稳定造成的不适感随之而来,不仅导致了“传统”历史学家的抵制,也引发了女性历史学家对解决方案的渴望。然而,没有简单的解决方案,只有不断关注制定颠覆性政治战略的背景和意义的可能性。正是在这样的分析框架下,我们才能更好地理解该领域出现的权力和知识之争。

大多数女性史都试图以某种方式将女性纳入研究对象,作为故事的主题。它把普遍的人类主体可以将女性包括在内这一概念作为公理,并对女性过去的各种行动和经历提供了证据和解释。然而,由于在现代西方史学中,这一主体大多体现为白人男性,因此女性史不可避免地面临着美国法律理论家玛莎·米诺所说的“差异困境”(the dilemma of difference)。③ 之所

① Jacques Derrida, *Positions*, *trans. Alan Bass*, Chicago, 1981, p.43. 又见 Derrida, *Of Grammatology*, trans. Gayatri Chakravorty Spivak, Baltimore, 1974, pp.141-164。

② 芭芭拉·约翰逊翻译的德里达的 *Disseminations*(Chicago,1981)的导论,第 xiii 页。

③ Martha Minow, “The Supreme Court 1986 Term: Foreword: Justice Engendered”, *Harvard Law Review*,101/1, Nov. 1987, pp.9-95.

以出现这种困境，是因为差异是“通过我们语言的结构来构建的，这种结构将……未经说明的比较点嵌入范畴中，而这些范畴掩盖了它们的观点，错误地暗示了它们与世界的自然契合”。[①]“普遍”意味着将特定的或特殊的白人男性与其他非白人或非男性、男性与女性进行比较。但这些比较通常被表述和理解为自然范畴、独立实体，而不是关系术语。因此，宣称女性在历史中的重要性，必然会与对历史及其主体的定义背道而驰，这些定义已经被确定为“真实的”，或者至少是对过去发生的事情（或重要事情）的准确反映。它要和由从未陈述过的比较、从未表达过的观点所确保的那些标准相抗衡。[②]

女性史的含义是对“历史”的修正，它仔细研究了这个一般术语的含义是如何确立的。它质疑了“他的故事”相对于“她的故事”的相对优先地位，暴露了许多历史记载中隐含的等级制度。而且，更根本的是，它不仅挑战了任何历史所声称的“讲述完整故事”的充分性，也挑战了历史的主体——普遍存在的人的完整性和自我存在。尽管所有研究女性的历史学家都没有直接提出这些问题，但她们的工作却暗示了以下问题：通过哪些过程，男性的行为开始被视为一种规范，普遍代表了人类历史，而女性的行为要么被忽视，要么被合并，要么被打发到一个不太重要的特殊领域？在“历史”和“历史学家”这类术语中，隐含着哪些未经说明的比较？是谁的观点将男性确立为主要的历史行动者？从其他学科立场来看待事件和行动对历史的既定实践有什么影响？例如，从女性的立场来看待事件和行动？历史学家与她或他所写的主题有什么关系？

米歇尔·德·塞尔托是这样看待这个问题的：

产生话语的场合的特殊性是相关的，历史编纂的话语在处理那些

① Martha Minow, “The Supreme Court 1986 Term: Foreword: Justice Engendered”, *Harvard Law Review*, 101/1, Nov. 1987, p.13.

② 关于历史表象的问题，请参见 Gayatri Chakravorty Spivak, “Can the Subaltern Speak?”, in Cary Nelson and Lawrence Grossberg, *Marxism and the Interpretation of Culture*, Urbana, Ill., 1988, pp.271-313。

> 使历史的主体生产者受到质疑的问题时——女性的历史、黑人的历史、犹太人的历史、文化少数群体的历史等——这一点自然会更加明显。在这些领域,人们当然可以认为,作者的个人地位是一个无关紧要的问题(相对于他或她作品的客观性而言),或者认为,他或她独自认可话语或是使话语无效(根据他或她是否"属于该话语")。但这场辩论需要的是被认识论掩盖的东西,即主体与主体之间的关系(女性与男性、黑人与白人等)对使用看似"中立的"技巧的影响,以及对组织或许同样具有科学性的话语的影响。例如,从性别差异的事实出发,我们是否必须得出这样的结论:女性创作的史学不同于男性?当然,我不回答这个问题,但我的确认为,这种拷问使主体的地位受到了质疑,并且要求对其进行处理,而不像认识论那样,将作品的"真实性"建立在说话人无关紧要的基础上。①

在这里,德·塞尔托的观点并不是只有女性才能书写女性史,而是女性史揭示了关于驾驭能力和客观性的所有问题,这些问题是建立学科规范的基础。这一看似温和的要求,即需要用关于女性的信息来补充历史,不仅表明历史本身是不完整的,也表明历史学家对过去的了解必然是片面的。而且,更令人不安的是,它对历史作为一种以学科为中心的认识论的本质进行了批判性的审视。②

对这些令人不安的哲学问题的讨论,在很大程度上已经转移到了另一种领域。所谓的"传统"历史学家通过引用"历史"(通过中立的调查获得的知识)和"意识形态"(被利益考量扭曲的知识)之间的对立,来捍卫自己作为这一学科的守护者(含蓄地说,他们对历史的驾驭)的权力。就其本质而言,"意识形态"被描述为具有感染力,因此不符合智力工作的条件。"意识

① Michel de Certeau, "History: Science and Fiction", in *Heterologies: Discourse on the Other*, Minneapolis, 1986, pp.217-218.

② Mary Hawkesworth, "Knower, Knowing, Known...", *Signs*, spring, 1989, pp.533-557.

形态”的标签将不可接受的概念附加在不同的观点上,并赋予主流观点不容置疑的法律或“真理”的地位。[①]

诺曼·汉普森永远不会承认,他将一本关于19世纪法国女性的书不屑一顾地描述为“子宫史”,对他来说,这意味着与阴茎史形成了对比,这是与“真实的”历史形成的对比。理查德·科布在对同一本书的评论中对西蒙妮·德·波伏娃进行了无端攻击,暗示了女权主义者不可能成为优秀的历史学家。劳伦斯·斯通关于女性史的十条戒律对整个领域的接受度要高得多,但它们强调了“歪曲证据”以“支持现代女权主义意识形态”的危险,就好像证据的意义是明确的,否则就不会对历史学家的立场、观点和解释提出任何问题。罗伯特·芬利也同样拒绝这些问题,指控娜塔莉·戴维斯为了促进对马丁·盖尔故事的女权主义解读,无视“消息来源的权威”,违背了“文件法庭”(the tribunal of documents)的规定。[②] 毋庸置疑,女权主义者试图揭露历史写作中根深蒂固的“男性偏见”或“男性主义意识形态”,但往往遭到嘲笑或反驳,认为这是“意识形态”的表现。[③]

学科内部不平等的权力关系使那些寻求专业地位与学科合法性的人受到“意识形态”的指控,这是十分危险的。这一点(以及学科形成的规则)最初让许多女性史家不愿直面其著作中最激进的认识论含义;相反,她们强调女性是额外的历史题材,而不是对该学科方法论前提的挑战。(在那一刻,

---

① “只有把反对的意见视为意识形态,才能取得思想上的成功;盛行的观点才是真理。” Minow, *Justice Engendered*, p.67.

② Norman Hampson, “The Big Store”, *London Review of Books*, 21 Jan. -3 Feb. or 1982, p. 18; Richard Cobb, “The Discreet Charm of the Bourgeoisie”, *New York Review of Books*, 17 Dec. 1981, p.59; Lawrence Stone, “Only Women”, *New York Review of Books*, 11 April 1985, pp.21-27; Robert Finlay, “The Refashioning of Martin Guerre”和 Natalie Zemon Davis, “On the Lame”,均刊登在《美国历史评论》(*American Historical Review*, 93/3, June 1988)上,分别在第553—571页和第572—603页。

③ “西方自由主义对基于性别和种族的权利斗争的顽固性……显示了女权主义者已经非常清楚的一件事:自由主义者(男性)对缺陷暗示的抵制,特别是当这些暗示本身通过性别表达出来的时候。” Elizabeth Weed, *Introduction to Coming to Terms: Feminism, Theory, Politics*, New York, 1988,(打印本)p.6。

我们试图成为守法公民，而不是颠覆分子。）女性史是一个新的研究领域，就像区域研究或国际关系一样，例如，1975 年，我在一个大学课程委员会为关于女性的新课程辩护时，就提出了这样的观点。① 在某种程度上，这是一种战术策略（一种政治举动），试图在特定的背景下将女性研究与女权运动过于密切的联系分离开来。在某种程度上，这源于这样一种信念，即过去积累了足够多的关于女性的信息，必然会使她们融入标准历史。社会史的出现鼓励了后一种动机，它侧重于广泛的社会群体的集体身份。

社会史这一较新的领域的存在为女性史提供了一个重要载体；一个新主题与一套新方法相结合，加强了对女性研究的重要性，或者至少是合法性的声明。尽管诉诸关于公正科学分析的学科先入之见，但它却使历史研究的对象多元化，将历史主体的地位赋予农民、工人、教师和奴隶之类的社会群体。在这种背景下，女性史家可以针对女性生活经历的现实，并假定其具有内在的趣味性和重要性。他们将女性定位于政治组织和工作场所，并引入了新的活动舞台和机构（家庭和住户），认为它们值得研究。一些女性史试图证明女性和男性力量的相似性。其中一些强调女性的不同；这两种方法都把女性视为一个固定的社会范畴、一个独立的实体、一种已知的现象，这些人在生理上是女性，她们在不同的环境和角色中进进出出，她们的经历发生了变化，但她们作为女性的本质存在却没有改变。② 因此，社会史家（我也是其中一员）记录了工业化对女性的影响，我们因此假定了这个群体

---

① 琼·斯科特对北卡罗来纳大学教堂山分校课程委员会的证词，1975 年 5 月，引自 Pamela Dean, *Women on the Hill: A History of Women at the University of North Carolina*, Chapel Hill, 1987, p.23。

② 我并不是要低估女性史的各种研究方法，以及所采取的不同解释和理论立场。在女性史中，马克思主义女权主义者、自由派女权主义者、利用不同精神分析学派见解的人等之间存在着很大的分歧。我在这里不是要回顾这种多样性，而是要指出她们所有人中的一些共同点——对女性作为主体的关注，对女性身份的关注——以及该领域作为一个整体与历史学科的关系。我在其他地方已经回顾了这种多样性。见 Joan W. Scott, “Women's History: The Modern Period”, *Past and Present*, 101, 1983, pp.141-157，以及“Gender: A Useful Category of Historical Analysis”, *American Historical Review*, 91/5, Dec. 1986, pp.1053-1075。

的共同身份。(在那个时代,我们很少询问"女性"这个词本身的历史变化,它是如何变化的,例如,在工业化进程中,如何将"女工"作为一个独立的类别与"工人"区分开来,从而让社会对女性的含义有了新的认识。①)另一些人则把女性文化视为女性社会历史经验的有形产物,他们也倾向于认为"女性是一个同质的范畴"。② 结果,在与"男性"这一类别的历史定位的概念关系之外,"女性"这个类别还作为一个社会实体而存在。③ 女性史用较少的时间记录女性的受害,而用更多的时间肯定"女性文化"的独特性,从而创造了一种历史传统,女权主义者可以诉诸女性力量的种种例子,来证明她们创造历史的能力。④

对女性的历史现实的记录呼应并促成了使20世纪70年代女性运动成为可能的集体身份话语。这一话语产生了一种共同的女性经历,虽然考虑到了社会差异,但强调了性的共同点以及与之相关的需要和利益。意识的觉醒涉及发现女性的"真实"身份,摆脱盲目性,实现自主性、个性,从而获得解放。女性运动假定女性作为一个独立的、可定义的社会类别存在,其成员只需要被动员起来(而不是看到一群生物上相似的人的不同集合,她们的身份正在

① 关于女性工作史,见 Louise A. Tilly and Joan W. Scott, *Women, Work and Family*, New York, 1978, 1987; Alice Kessler-Harris, *Out to Work: A History of Wage-Earning Women in the United States*, New York, 1982; Thomas Dublin, *Women at Work: The Transformation of Work and Community in Lowell, Massachusetts, 1826-1860*, New York, 1979; Sally Alexander, "Women's Work in Nineteenth-Century London: A Study of the Years 1829-1850", in Juliet Mitchell and Ann Oakley, eds., *The Rights and Wrongs of Women*, London, 1976; Patricia A. Cooper, *Once a Cigar Maker: Men, Women, and Work Culture in American Cigar Factories, 1900-1919*, Urbana, Ill., 1987。

② Linda Kerber, "Separate Spheres, Female Worlds, Woman's Place: The Rhetoric of Women's History", *Journal of American History*, 75/1, June 1988, pp.9-39.

③ 这并不是说研究女性的历史学家没有书写女性与男性的关系——作为妻子、情人、母亲、女儿、雇员、病人等。这是说,她们往往忽视概念问题——"女性"没有内在的定义,只有一个背景的定义(该定义在其理想化和现实化方面总是有争议的),而且只有通过对比才能加以阐述,通常是与"男性"对比。关于这一点,请参见 Denise Riley, *Am I that name? Feminism and the Category of "Women" in History*, London and Minneapolis, 1988。

④ 例如,见《女权主义研究》(*Feminist Studies*, 6, 1980, pp.26-64)关于"女性文化"与政治学的专题讨论会。

被该运动创造出来）。因此，女性史通过赋予女性一部历史，确认了女性范畴的现实性，它先于当代运动的存在，以及它内在的需要、利益和特点。

因此，女性史的出现与“女性”范畴作为一种政治身份的出现交织在一起，并伴随着一种分析，该分析将女性的压迫和她们缺乏历史可见度归因于男性的偏见。和“女性”一样，“男性”也被视为一个同质的利益集团，他们对平等要求的抵制是出于一种有意保护其支配地位赋予他们的权力和资源的愿望。对多样性、阶级、种族和文化的关注，在父权制主题上产生了变化，但仍然固定了男性/女性的对立。与男性统治制度对女性的影响以及女性对这些制度的抵制相比，人们对“父权制”的概念基础、文化知识中性别差异的形成方式关注较少。男性与女性的对立是政治和历史的一个中心焦点，这产生了若干影响：它在含蓄地肯定了男女二元对立的本质的同时，使一种有影响力的、广泛传播的政治动员成为可能。女性史的模糊性似乎通过两个独立构成的、相互冲突的利益集团之间这种直截了当的对立而得到了解决。

矛盾的是，尽管这种冲突令那些认为职业是统一的共同体的人深恶痛绝，但它作为历史的一个特征是可以接受的。（至少在一定程度上，这是因为该领域本身正在发生变化，其焦点正在转移，其统治的正统观念受到了挑战和取代。）事实上，可以说，女性史作为一项历史事业获得了一定的合法性，因为它肯定了女性的独立性质和独立经历，也就是说，它巩固了女性的集体身份。这既保证了女性史在学科中的一席之地，又肯定了它与“历史”的区别。女性史被自由多元主义者所容忍（至少部分原因在于，来自女权主义历史学家和学生的压力使它值得容忍），他们愿意相信许多话题的历史趣味；但它仍然不在学科的主要关注范围之内，它的颠覆性挑战似乎限制在一个单独的领域内。

“政治”与“理论”

对女性史的明显遏制和隔离从来没有完成，但在20世纪70年代末，它

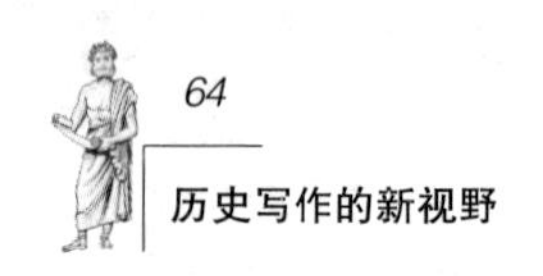

开始明显受到一些压力的破坏,其中一些来自学科内部,另一些来自政治运动。这些压力共同挑战了"女性"这一范畴的可行性,并且将"差异"作为一个需要分析的问题纳入进来。对差异的关注通过指出性别范畴内在的关联意义,使女性历史上一直隐含的一些模糊性变得明显。它突出了权力与知识之间的联系问题,并展示了理论与政治之间的相互联系。

女性历史学家的目标——即使她们建立了女性的独立身份——也是要将女性融入历史。20世纪70年代和80年代初,政府和私人基金会的资助推动了这方面的进程。(这些机构不仅对历史感兴趣,而且对历史研究可以给当代女性政策带来的影响感兴趣。)融合不仅假定女性可以融入既定的历史,而且需要有她们的存在才能纠正历史。在这里,女性史的补充地位所造成的相互矛盾的影响正在起作用。女性史汇编了过去关于女性的资料;它坚称当女性被考虑在内时,公认的历史分期是行不通的;它有证据表明,女性影响了事件并参与了公共生活;它坚持认为,私人生活具有公共维度和政治维度,但是它隐含着一个根本性的不足:历史的主题并不是一个普世性人物,如果历史学家认为自己撰写的历史的主题就是这样的人物的话,他们再也不能声称能够讲述整个故事了。将女性融入历史的计划清楚地说明了这些含义。

事实证明,尽管有着极大的热情和乐观的态度,但融合很难实现。历史学家的抵制似乎不仅仅是出于简单的偏见或成见,尽管这肯定是问题的原因所在。[①] 相反,女性历史学家自己发现,很难将女性写进历史,改写历史的任务要求重新定义概念,然而对此她们最初并没有准备好或是接受过训练。我们需要的是一种思考差异的方式,以及这种差异的构建如何定义个人和社会群体之间的关系。

"性别"是用来对性别差异问题进行理论化的术语。在美国,这个词既

---

① Susan Hardy Aiken et al., "Trying Transformations: Curriculum Integration 55.75S and the Problem of Resistance", *Signs* 12/2 (winter 1987), pp. 255-275,另见同一期中 Margaret L. Anderson, "Changing the Curriculum in Higher Education", pp.222-254。

借用了语法——语法的含义是关于(人为的)语言习惯或语言使用规则,也借用了社会学对男女社会角色的研究。尽管“性别”在社会学上的使用可能带有功能主义或本质主义的色彩,但女权主义者选择强调性别的社会内涵,而不是性的自然内涵。① 他们还强调了性别的关系方面:除非将女性定义为与男性相关,否则无法将其定义为女性,除非认为男性不同于女性,否则无法将其定义为男性。此外,由于性别的定义是相对于社会和文化背景而言的,因此可以从不同的性别体系以及这些体系与种族、阶级或族裔等其他类别的关系来考虑,也考虑到变化的存在。

性别范畴最初用于分析两性之间的差异,后来扩展到差异中的差异问题(the issue of differences within difference)。20 世纪 80 年代的身份政治带来了多重效忠,挑战了“女性”范畴的单一含义。事实上,“女性”一词很难不加修饰地使用:有色人种女性、犹太女性、同性恋女性、贫穷的劳动女性、单身母亲只是其中的一些类别。② 它们都质疑了白人中产阶级对“女性”这

---

① 请参见 Gail Rubin, “The Traffic in Women: Notes on the Political Economy of Sex”, in Rayna R. Reiter (ed.), *Towards an Anthropology of Women*, New York, 1975。另见 Joan W. Scott, “Gender: A Useful Category of Historical Analysis”, *American Historical Review*, 91/5(Dec. 1986),以及 Donna Haraway, “Geschlecht, Gender, Genre: Sexualpolitik eines Wortes”, in Kornelia Hauser, ed., *Viele Orte überall? Feminismus in Bewegung*, Festschrift fur Frigga Haug, Berlin, 1987, pp.22-41。

② Teresa de Lauretis, “Feminist Studies/Critical Studies: Issues, Terms, and Contexts”; Cherrie Moraga, “From a Long Line of Vendidas: Chicanas and Feminism”; Biddy Martin and Chandra Talpade Mohanty, “Feminist Politics: What's Home Got to Do with It?”,均载于 Teresa de Lauretis, ed., *Feminist Studies/Critical Studies*, Bloomington, Ind., 1986,分别在 pp.1-19、173-190、191-212。另见 Combahee River Collective, “A Black Feminist Statement”, in Gloria T. Hull, Patricia Bell Scott and Barbara Smith, eds., *But Some of Us are Brave: Black Women's Studies*, New York, 1982; Barbara Smith ed., *Home Girls: A Black Women's Anthology*, New York, 1983。也参见 Barbara Smith, “Toward a Black Feminist Criticism”, Deborah E. McDowell, “New Directions for Black Feminist Criticism”, Bonnie Zimmerman, “What has Never Been; An Overview of Lesbian Feminist Criticism”,都收录于 ZavIe Elaine Showalter ed., *The New Feminist Literary Criticism: Essays on Women, Literature, Theory*, New York, 1985, pp.168-224; Nancy Hoffman, “White Women, Black Women: Inventing an Adequate Pedagogy”, *Women's Studies Newsletter*, 5(spring 1977), pp.21-24; Michele Wallace, “A Black Feminist's Search for Sisterhood”, *Village Voice*, 28 July 1975, p.7; Teresa de Lauretis, “Displacing Hegemonic Discourses: Reflections on Feminist Theory in the 1980s”, *Inscriptions*, 3/4, 1988, pp.127-141。

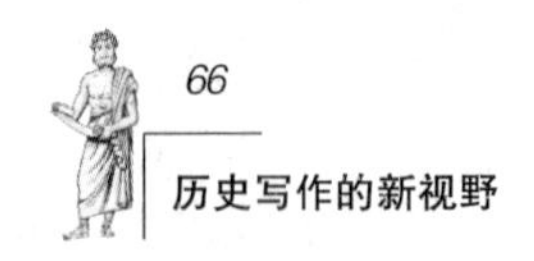

一术语的异性恋的霸权,认为根本的经验差异使其不可能宣称单一的身份。在从巴勒斯坦到色情制品等一系列问题上,女性运动内部存在着严重的政治分歧,使得按照种族、族裔、阶级、性别划分的普遍女性观念更加支离破碎。① 女性之间日益明显和激烈的差异使人们对统一政治的可能性产生了疑问,并且表明,女性的利益并非不言而喻的,而是一个争论不休的问题。实际上,对承认不同类型女性的经历和历史的所有要求,都体现了一种补充性逻辑,这一次是关于普遍的女性范畴,涉及任何一般女性历史的充分性,以及任何研究女性的历史学家涵盖所有领域的能力。

差异中的差异问题引发了一场关于如何以及是否将性别作为一种分析范畴的辩论。其中一种表述借鉴了社会科学中关于性别制度或结构的研究成果;它假定男女之间存在着固定的对立关系,并且为不同性别设定了独立的身份(或角色),这些身份(或角色)在社会生活的所有领域都是一致的。它还假定男女社会范畴与男女主体身份之间存在着直接关系,并将其变化归因于其他既定的社会特征,如阶级或种族。通过关注男女关系,关注如何看待性别问题,建立性别化制度的过程是什么,以及种族、阶级、族裔和性别在女性的历史经历中所造成的差异,它扩展了女性历史的重点。社会科学对待性别的方法使"女性"的范畴多元化,并产生了一系列繁荣的历史和集体身份;但它也遇到了一系列看似棘手的问题,这些问题源于承认女性之间的差异。如果存在如此多的阶级、种族、族裔和性别差异,那么,女权主义者能够用来组织一致的集体行动的共同点是什么?在似乎无限扩散的不同(女性的)故事中,女性历史或女性研究课程在概念上有什么联系?(这两个问题是相互联系的:女性有没有共同的身份?她们有没有我们可以书写

---

① 一些分裂发生在美国宪法平等权利修正案(ERA)失败之后,这场运动为不同的女权主义者群体提供了统一战线。当然,ERA 运动本身表明女权主义者和反女权主义者之间的分歧是多么深刻,并质疑任何固有的女性团结的概念。部分差异归因于"错误意识",但不完全如此。关于 ERA 运动,参见 Mary Frances Berry, *Why ERA Failed*, Bloomington, Ind., 1986; Jane Mansbridge, *Why We Lost the ERA*, Chicago, 1986; Donald G. Mathews and Jane Sherron de Hart, *ERA and the Politics of Cultural Conflict: North Carolina*, New York, 1989。

的共同历史?)

一些女权主义者试图通过用文学和哲学方法分析性别来解决这些问题,尽管这些方法多种多样,但都被一并归入后结构主义的范畴。在这里,重点从记录男性和女性的二元对立转变为询问它是如何建立的,从假设"女性"预先存在的身份到探究它的构建过程,从赋予"男性"和"女性"等范畴的固有意义到分析它们的意义如何得到保障。这一分析以意义为研究对象,考察产生性别差异意义的实践和语境。它经常使用精神分析理论(特别是拉康对弗洛伊德的解读)来讨论任何主体认同的复杂性和不稳定性。男子气概和女性气质被认为是主体身份,不一定局限于生物学上的男性或女性。①

最重要的是,一些女权主义者借用后结构主义来思考差异。差异是关于意指的各种语言学理论的核心。这些理论认为,所有的意义都是通过对比和对立以不同方式产生的,也是通过赋予一个词优先地位、赋予另一个词从属地位而按照等级产生的。不对称关系的相互联系是必须考虑的,因为它表明,变化不仅仅是一个从属群体的社会资源调整的问题,更是一个分配正义的问题。如果男性的定义建立在女性的从属地位上,那么,女性地位的改变需要(并带来)我们对男性认识(简单的累积多元论是行不通的)的改变,女性史所带来的根本威胁就在于对既定历史的这种挑战,如果不能从根本上重铸以往客观、中立、普遍的历史的术语、标准和假设,就不能简单地将女性加入其中,因为这种历史观本身就包含了对女性的排斥。

那些借鉴后结构主义教义的人认为,必须从产生差异的话语过程来理解权力。关于差异的知识是如何产生、合法化和传播的?身份是如何构建的,又是以什么方式构建的?女权主义历史学家在特定的语境中找到了这些问题的答案,但她们不会简单地创作单独的故事。相反,政治和学术上的共同点是女权主义者分析差异的基础,也是她们组织起来抵制差异化制度

① 请参见 Judith Butler, *Gender Trouble: Feminism and the Subversion of Identity*, New York, 1989。

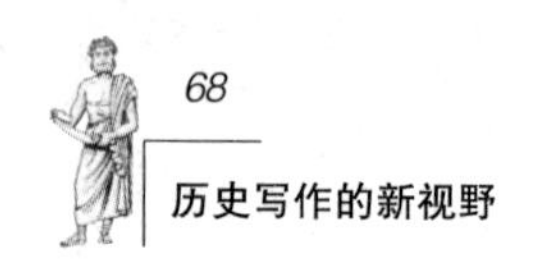

所造成的排斥、支配或边缘化的基础。

与将女性的身份和经历视为理所当然的社会科学方法不同，后结构主义方法将身份相对化，并剥夺了它在本质化“体验”中的基础，在大多数标准的政治定义中，这两个要素都是动员政治运动的关键。通过对身份和经验概念的质疑，女权主义者运用后结构主义分析方法，对性别进行了动态阐释，强调了竞争、意识形态冲突以及权力关系变化的复杂性。在许多方面，与那些依赖社会科学概念化的著作相比，她们的作品坚持性别一词本身具有更大的历史可变性和背景特殊性。但是，受后结构主义影响的作品遇到了一些与喜欢社会科学方法的人所遇到的同样的问题。如果像丹尼斯·莱利(Denise Riley)所说的那样，“女性”这一范畴，以及女性的身份和经历，由于历史的变化而不太稳定，那么政治动员的依据是什么？如何在没有一个固定的、共同的女性概念的情况下写出连贯的女性历史？我认为莱利的回答是正确的，她说，可以用不稳定的范畴来思考和组织政治，事实上，一直都是这样做的，但到底是如何做到的，这是需要讨论的。然而，具有讽刺意味的是，20 世纪 80 年代女权主义历史学家面临的困境与其相似，即我们需要从新的角度来思考政治，相反，关于后结构主义对女权主义有用性的两极分化的辩论被塑造成了“理论”和“政治”之间的较量。

反对后结构主义的女权主义者将其批判概括为对“理论”的谴责，并将其贴上抽象、精英主义和男权主义的标签。相比之下，她们坚持认为自己的立场是具体的、实际的和女权主义的，因此在政治上是正确的。任何关于女权主义的理论在这个对立中都被重新命名为“政治”，因为(根据最近的一篇报道)它的见解“直接来自对我们自身的反思，也就是说女性的经历，来自我们在不同的表现方式之间(甚至是对我们自己)所感受到的矛盾，来自我们在所处环境中长期经历的不平等”。[1] 通过把问题归结为一个棘手的

① Judith Newton, “History as Usual? Feminism and the ‘New Historicism’”, *Cultural Critique*, 9, 1988, p.93.

二元对立,这种表述排除了考虑各种理论方法对女权主义历史和女权主义政治是否有用的可能性,也排除了认为理论和政治之间的联合密不可分的可能性。

我认为"理论"和"政治"之间的对立是一种错误的对立,它试图通过只让一种理论被接受为"政治"来平息我们必须进行的关于哪种理论对女权主义最有用的争论。(在那些使用这种二分法的人的语言中,"政治"实际上意味着可以接受的理论;"理论"则意味着令人不快的政治。①)"好的"理论把女性和她们的"经验"作为不言而喻的事实,这些事实是集体认同和行动的根源。实际上(这一举动与历史对女性史的反应相反),那些利用这种对立的人将"政治"确立为规范立场,对一些人来说,这是对女权主义和女性史的有效性的伦理检验。而在那些以"政治"名义拒绝"理论"的研究女性的历史学家与那些认为后结构主义(并且发现女性史)和其学科宗旨背道而驰的传统历史学家之间存在着奇怪的联系。② 在这两种情况下,这些历史学家都是在捍卫"经验"的概念,拒绝对其质疑;通过反对"理论"和"政治"的对立,他们将"经验"从批判性审查中剔除,并将其作为政治和历史解释的无可争辩的基础加以保护。③

---

① "理论"和"政治"之间的对立也表明理想主义和唯物主义之间的对立,这歪曲了当前所涉及的哲学问题。关于唯心主义/唯物主义对立的无效性,请参见 Joan W. Scott, "A Reply to Criticism", *International Labor and Working Class History*, 32, fall 1987, pp.39-45。"理论"和"政治"之间的对立还间接涉及人类代理的问题,这是历史学家们最近非常坚持的。后结构主义理论并不否认人的行为或他们对自己的行为有一定的控制力;相反,它批评了自由主义的个人理论,该理论假设个人是完全自主的、理性的、自我创造的行为者。问题不在于代理本身,而在于自由主义代理理论的局限性。

② 这一奇怪之处令人震惊。然而,接受了该学科的普遍性(在现有的"男性"范畴的基础上增加普遍的"女性"范畴)和主导性(假设历史学家能够做到对过去的无私的或完全的了解)概念的女性历史学家将她们的地位定性为"政治性"——这一术语表明了她们与这一学科的颠覆关系。我认为这是增补逻辑的又一例证,女性历史学家(无论其认识论立场如何)既不完全属于历史专业,也不完全脱离历史专业。

③ 参见 John Toews, "Intellectual History after the Linguistic Turn: The Autonomy of Meaning and the Irreducibility of Experience", *American Historical Review*, 92(Oct.1987), pp.879-907;另见 Joan W. Scott, "The Evidence of Experience", *Critical Inquiry*, 17/4, 1991, pp.773-797。

然而,对历史学家来说,经验的概念一直是有问题的,需要进行批判性的讨论。后结构主义不仅质疑经验是否具有语言惯例(或文化构建)之外的地位,而且女性历史学家的著作也使历史学家传统上诉诸经验的方式变得多元化和复杂化。此外,对我的论点来说,最重要的是,20 世纪 80 年代女权主义政治运动的多样化世界使人们不可能对女性的经历进行单一的定义。一如既往地,理论上提出的问题都是关于政治的问题:有没有超越阶级和种族界限的女性经验?种族或民族差异如何影响“女性的经验”?这些差异如何影响关于女性需求和利益的定义(我们可以围绕这些定义组织起来或进行写作)?我们如何才能确定那种“经验”现在和过去都是什么?如果没有从理论上思考经验的方法,历史学家就无法回答这些问题;如果没有某种方法从理论上思考女性历史与历史的关系,女权主义将很容易丧失潜在的批判性和破坏稳定的影响,我们就会放弃彻底改变构成我们实践的历史和政治的知识的机会。

对于女权主义历史学家来说,后结构主义并非不存在两难困境。我认为,那些坚持认为后结构主义无法处理现实,或是认为它对文本的关注排斥了社会结构的人,她们没有抓住理论的要点。但我确实认为,它并没有给历史学家提供现成的答案,来回答它所引发的一些问题:如何在不含蓄地赞同本质化概念的情况下援引“经验”?如何在不诉诸非历史身份的情况下描述政治动员?如何在承认人的语言和文化的决定性的同时描述人的能动性?如何将幻想和无意识纳入社会行为研究?如何识别差异并使差异化过程成为政治分析的焦点,而不会以不相关的多重叙述、也不会以阶级或“被压迫者”之类的总体范畴收场?如何承认一个人的故事(实际上是所有故事)的偏好性,并且仍然带着权威和信念来讲述它?这些问题不是通过否定“理论”或者宣称它与“政治”对立来解决的,而是需要持续的、同步的讨论(讨论既是理论性的又是政治性的),因为这些问题归根结底是所有书写女性历史的人的问题,不管她们采取什么方法。

它们是常见的问题,因为它们遵循增补的逻辑,这是女性史所特有的,

并且赋予女性史批判的力量。随着女权主义历史学家致力于产生新的知识，她们必然会不仅质疑现有历史实质内容的充分性，而且质疑其概念基础和认识论前提的充分性。在这一点上，她们在历史学家和其他人文科学和社会科学学者中找到了盟友，他们之间正在就因果关系、解释、动因和决定等问题展开辩论。然而，在大多数情况下，女权主义者并没有被视为这些辩论的完全合作伙伴。[①] 即使在这些批判性的话语中，他们的立场仍然是补充性的：这既是一个普遍现象的具体例子，也是对其术语和实践的充足性的激进评论。增补地位是一种反复出现的不确定性和潜在的不稳定性。它需要不断关注权力关系，在试图实施一个或另一个相互矛盾的立场时保持一定的警惕性。研究女性的历史学家经常发现，自己在抗议将其贬低到无关紧要位置的企图；她们也抵制那些认为她们的所作所为如此不同因而算不上历史的论点。因此，她们的职业生活和工作必然带有政治色彩。归根结底，没有办法将政治（权力关系、信仰体系和实践）从知识及其产生过程中分离开来；因此，女性史不可避免地成为一个政治领域。

20 世纪 90 年代

本书自首次出版十年以来，女性史领域发生了哪些变化？大量关于女性的历史著作证明了历史学家在这一领域的专业资格，而我所称的社会科学性别研究方法的成功，减轻了那些将女性研究等同于女权主义论战的人的恐惧。尽管很少有流行的评论（例如《纽约书评》或《泰晤士报文学增刊》）给严肃的女性和/或性别历史留出太多篇幅，但学术期刊的版面现在

① 在《美国历史评论》（*American Historical Review*，94，June 1989）关于历史和批评理论的特别论坛中可以找到忽视女权主义对史学辩论贡献的一个例子。没有一篇文章承认女权主义历史（或非裔美国人历史或同性恋历史）对该学科所面临的认识论问题的影响。请参见 David Harlan，"Intellectual History and the Return of Literature"；David Hollinger，"The Return of the Prodigal：The Persistence of Historical Knowing"；以及 Alan Megill，"Recounting the Past：'Description'，Explanation，and Narrative in Historiography"，分别见 pp.581-609、610-621、627-653。

经常提供评论和文章——这是来之不易、当之无愧的学术声望的信号。然而,如果女性历史学家已经成功地划定了自己的领域,她们就没有将自己的主题融入过去被称为主流历史的领域。这在很大程度上是因为历史领域本身在不断变化。在旧标准仍然盛行的地方,女性的经历还不能算作创造历史的核心。在新标准产生的地方,主流思想——对国家发展的单一叙述——不再是对历史写作和教学的恰当描述(如果曾经是这样的话)。女性史同时促进了历史的主体和作者的多元化,并且从中受益,这既挑战了学科界定中心的存在,也挑战了女性的边缘地位。[①]

随着历史观念和实践的变化,权力关系和辩论用语也发生了变化。女性历史学家开始在学科领域中占有一席之地:颁发奖项、评审书籍和文章、选举专业组织的领导人、评估职位和任期的候选人。与我在前面几页中描述的女性历史学家和传统历史学家之间的紧张关系不同,现在的冲突发生在女性史本身的领域内。其中一种冲突是“历史”与“理论”的冲突,另一种是“普遍主义”与“特殊主义”的冲突,还有一种是“女性”与“性别”的冲突。

关于“历史”和“理论”的争论再现了学科内部关于理论关注(或哲学)在历史实践中的地位的长期争论。一方是女性历史学家,她们认为理论与历史背道而驰,支持遵守学科承诺,讲述“群体和个人过去的真实经历”;另一方是这样一些人,他们对与米歇尔·福柯的著作相关的范畴(包括“女性”)进行激进的历史化。第一类人认为,将女性合法化作为历史研究的对象是为了实现女权主义目标(在20世纪70年代和80年代被反复提出),以改变历史实践。第二类人认为,除非对历史解释本质的批判性反思有所启示,否则女权主义对历史的挑战将是不完整的。当然,这些对立掩盖了“历史”的实践者在多大程度上解决了理论提出的问题,也掩盖了那些自认为是理论家的人在多大程度上撰写了历史;但构成争论的不是历史学术的内

① 美国成立了一个保守的替代美国历史协会的机构,就是这种变化的征兆。具有讽刺意味的是,新的历史学会声称体现了旧中心的所有价值观(一致性、统一的历史学科、不受意识形态和政治党派的影响),是一个绝对边缘和小众的组织。

容,而是这些对立。第一类人认为,女性史仍然处于前几十年的反叛模式,因此需要统一的女权主义存在,这使分歧变得更加复杂,有时会导致对所谓的理论家的惩罚性对待,并冒着将某种教条主义引入对女性和历史的讨论的危险。

“普遍主义”与“特殊主义”是关于女性史的争论中的另一对对立面。(这种对立也以“平等”与“差异”的形式出现。)这些争论是由包括女性史在内的多元文化主义的兴起而引发的,它们围绕以下几类问题展开:在讲述过去的故事时,我们是否应该将女性与男性区分开来,或者,这是否会人为割裂了种族、宗教和阶级身份?多元文化主义坚持承认根本的差异,这些差异也许是不可化约的,对于那些想要证明所有女性都有共同经历的女权主义者而言,这是不是“令人不快的”(借用苏珊·奥金的话)?[1] 有没有可能在书写女性历史的时候,不具体描述哪些女性?“女性”是不是历史知识的合法范畴?普遍主义与特殊主义是不是一种准确或有用的方法,可以就先前被排斥的群体和个人(其中包括女性)的历史经验或权利要求提出疑问?在女性历史学家中,围绕女性史是否应该成为一个独立的研究领域,是否可以成为女权主义历史学家而不把女性作为自己写作的主题,以及对女性和性别的关注是否应该例行成为所有历史调查的一部分,存在着特别激烈的争论。

“性别”与“女性”是一个相关的争议。在这里,性别意味着两种不同的东西:一是对性别差异的知识生产和社会组织的质疑,二是历史研究对象的多元化,包括对性和性行为以及同性恋历史的看法。在美国,由于很多女性研究项目已经选择成为性别研究项目,反对这一改变的人担心这可能会导致对女性关注的减少。[2] 在某种程度上,性别被理解为对产生性别差异的不断变化的方式的一种分析,它在“理论”与“历史”的争论中取代了理论。

---

① Susan M. Okin, *Is Multiculturalism Bad for Women*? Princeton, 1999.

② 辩论中的各种立场发表在《差异》(*Differences*, 9/3, 1997)杂志的特刊“边缘的女性研究”(Women's Studies on the Edge)上。

(“历史”的代表是那些坚持认为女性及其机构的叙述应该成为女性历史学家关注焦点的人。)但是,当性别被简单地理解为多元化的话题时,问题就不同了。它以相互矛盾的方式涉及女性范畴的普遍性(相对于她们的种族或性取向的特殊性)以及女性性别经验的特殊性(相对于性别化的人类经验的普遍性)。“性别”与“女性”的对立也提出了关于女性历史与女权运动之间关系的问题。20 世纪 70 年代,女性史的一个项目是通过证明女性曾经是、也可能是自己命运的积极推动者,来帮助产生女权主义的主题。“性别”将注意力从女性机构转移到其他一些领域——关于性别差异的想法、性别认同的主观体验、接受和抵制规范性规则和理想的决定——这些领域可能会为政治运动提供洞察力,但不一定是主题。因此,“性别”与“女性”的对立反映了女权主义者之间关于身份作为政治动员基础的可行性的辩论。无可否认,在这些术语复杂多变的表述中,“性别”一词常常(但并非总是)表示对基于身份的政治的批判,“女性”则表示对这些政治的认可。①

有趣的是,尽管女权主义者之间存在着关于研究“性别”还是“女性”的争论,但作为对女性历史学家的描述,女权主义这个词现在已经不像十年前那么明显了。对一些人来说,这是因为女权主义被视为她们工作的动力,这是理所当然的,所以不需要提及。对另一些人来说,作为历史学家的立场,对女权主义保持沉默一直是加入历史协会的代价。对还有一些人来说,“女性”是一个更恰当的政治和历史意义上的称谓,部分原因可能是女权主义不再像以前在美国那样清晰和连贯。令我着迷的是,在后殖民、后冷战时代的国际政治中,“女权主义”已经成为一个争论不休的术语(女权主义是西方的输入吗?这是这些争论的核心问题),至少在北美学术界,它已经失去了作为历史学家自我认同的一个术语的部分价值。与此同时(或许是为了取代,或许是作为补偿,或许是为了纪念),关于国内和国际女权运动历

① 关于身份政治学,请参见 Wendy Brown, *States of Injury: Power and Freedom in Late Modernity*, Princeton, 1995。

史的书籍越来越多。①

在21世纪初,女性史的背景与我十年前描述的不同。尽管如此,它的特点仍然是关于权力和影响力的竞争,其中职业和学科问题都在发挥作用。该领域(与学科一样)的生命力取决于它对批判性思维的开放性,以及它容忍批判性观点交流所带来的争执和冲突的能力。人们希望,女性史在学术上的成功不会导致与试图扼杀这些交流的正统历史学家结盟;相反,女性历史学家将尊重并继续鼓励那些赋予了我们在历史创造中的公认地位的批评活动。

① 我不想列出长长的参考书目,而是想建议读者参考另一种新发展:互联网。现在越来越多的网站提供全面的参考书目和档案。其中包括:档案藏品中的女性史揭秘指南(http://vww.lib.utsa.edu/Archives/links.htm),About.com 的女性史主页(http://vomenshistory.about.com/education/womenhistory/),美国女性史:研究指南(http://www.mitsu.edu/~kmiddlet/history/women.html),国家女性史项目(http://ww.nwhp.org/),世界历史课程中的女性(http://www.womeninworldhistory.com/),ViVa:历史与女性研究期刊中的女性史书目(http://www.iisg.nl/~womhist/index.html),网络女性史原始资料集(http://www.fordham.edu/halsall/women/womensbook.html),学院和研究图书馆协会女性研究分会女性史链接(http://libraryweb.utep.edulacrlwss/history.html),哥德堡大学图书馆女性、男性和性别研究国家资源图书馆的女性史藏书(http://www.ub.gu.selkvinny/home.htm)。

第四章

海外史

亨克·韦塞林

这篇文章是关于海外史的,它非常有趣,但决不简单。关于什么是海外史,严格说来尚未有确切的定义,或者说,它是什么取决于人们所持的立场。例如,从英国人的角度看,几乎所有的历史都是海外史,包括联合王国自身的部分历史。从美国人的角度看,这个术语几乎毫无意义。借用一句众所周知的法语:每个人的历史对别人来说都是海外史。这显然不是我们在这里使用这个词语时头脑里的想法。那么它到底是什么?通过考察标题中使用这些词汇的出版物的内容,可以找到对该问题的实用解决办法。由同名学会出版的法文版《法国海外史评论》(*Revue française d'histoire d'outre-mer*)实质上是研究欧洲海外扩张史,尤其法国扩张及其前领地的历史的一份杂志。这并不令人吃惊,因为它最初的名字是《殖民史评论》(*Revue d'histoire des colonies*)。无独有偶,法国与比利时"海外科学院"(Académies des sciences d'outre-mer)以前叫作"殖民科学院"(Académies des sciences coloniales)。德语的"殖民史与海外史文集"(Beitrage zur Kolonial-und Überseegeschichte)系列将这两个术语结合起来。英国很幸运有联邦共和国,这是《帝国与联邦史杂志》(*Journal of Imperial and Commonwealth History*)存在的原因,与"帝国与海外史"的结合相比,这要文雅得多。荷兰在非殖民化以后,皇家殖民机构改名为皇家热带机构,但"热带史"这一术语不知何故从未被人接受。

不难理解这里发生了什么。1945 年以后,“殖民的”(colonial)这一术语越来越不受欢迎,想要继续存在的机构不得不改用其他名字(最好是中性色彩的)。然而,这不仅仅是改名的问题,还包括方法和兴趣的改变。与殖民史相比,海外史发展成为更宽广的研究领域。它不仅包括殖民体系,以及欧洲人与非欧洲人之间一般意义上的冲突,还包括非欧洲人民的经济、社会、政治和文化史。正是在这里问题出现了,因为无论从理论还是实践上看,海外史都发展成为如此庞大的主题,以至于无法确定。当然也有某些元素给该领域带来某种内聚力。首先,在正常情况下,海外史学家处理两类资料:一类是欧洲资料,以档案为主;一类是非欧洲的书面或非书面的资料,这在非洲史研究中经常碰到。由于缺乏传统资料,必须向其他学科寻求帮助,因此考古学、语言学、人类学等学科在海外史研究中都发挥了作用。因此,海外史比其他领域更具有跨学科的特点。

除此之外,海外史学家也必须熟悉本国以外的文明。通常来说这意味着,与正常情况相比,需要更广泛的(在某种意义上极为不同的)知识,也需要掌握更多的语言技能。这就是为什么海外史学家经常来自东方学系或非洲学系,至少在欧洲是这样的(美国的情况有所不同)。即便他们被委任在历史系,海外史学家也感到有必要与研究同一领域的专家合作,如语言学家、人类学家或艺术史家。欧洲的历史学家情况并非如此。法国史专家通常不会在法国研究的院系工作,也不会感到有必要参加关于法国研究的大会。由于海外史学家通常要了解本国以外的文明,他们必须与其他学科进行合作,以便更好地了解特定的文明或社会。但他们也必须与其他历史学家保持联系,以便了解自己学科内部的进展。地区方法与学科方法之间的紧张状态是极为常见的现象。

从历史意义上说,海外史领域之所以存在着某种统一性,还有另外一个原因。大多数海外世界以前都属于殖民地社会,现在被看作第三世界的一部分。这就是在某些领域中“第三世界史”这一术语还在使用的原因。[①] 但“第三世界”这个观点本身现在正在分裂，因为它不再反映现实。因为都是前殖民地，现在仍然相对贫困，就认为印度、印尼之类的国家和苏丹、马里一起构成同一个世界，这似乎有些奇怪。因此，将海外史等同于第三世界史似乎不是个好主意。美国史尤其如此，因为它显然属于海外史，也确实属于殖民史，但它并不属于第三世界史。

可以提出一个问题：如果人们认为海外史包括除欧洲（或“西方”）以外的整个世界的历史，那么它是否还能构成一个研究主题？这个问题是二战后海外史大获成功的结果，当时海外史的兴起在某种意义上是出于对前殖民史的反应。一大堆积压的工作需要弥补，大的变动已经发生。新的国家要维护自己民族的过去。“没有历史的民族”最终找到了历史，这种变动的结果给人留下了深刻的印象。海外史变得如此浩瀚，如此多样，以至于不能再视其为历史的一个特定领域。为了继续存在，海外史需要某种形式的重新概念化。在谈论这个问题之前，我们应该简要概括一下该主题的历史。

海外史研究综述

历史以这样或那样的形式存在于大多数文明中。在印度尼西亚，编年史或纪事（babads）可以追溯到遥远的过去。印度的印度教徒对历史毫无兴趣，但伊斯兰教徒们对年代纪（chronology）却有着极大的兴趣和强烈的感觉，尽管他们很少排列事件的年代顺序。在日本和中国，史学的发展可以和欧洲传统史学相媲美，欧洲史学的现代科学形式，到 19 世纪才在西方发展起来。它的特点是所谓的“史学方法”（年代学、文献学、考据学、解释学）以及一种特定的历史思维。认识到事件的独特性，随着时间推移发展和继承

---

① 请参见，比如 M. Morner & T. Svensson, eds., *The History of the Third World in Nordic Research*, Göteborg, 1986。

的观念，以及每个阶段都有具体的特征，都有自己的价值观和标准，这些都是这方面的特点。德国历史学派在此发展过程中发挥了重要作用，这就是为什么许多最著名的历史观念至今仍以其德语形式著称于世：Historismus（历史主义），Verstehen（理解），Zeitgeist（时代精神）。

由此得出的历史解释是绝对以欧洲为中心的。Weltgeschichte（世界史）实际上可以归结为欧洲史，因为在整体历史的框架中，非欧洲人没有起到任何作用。他们被认为是没有历史的人（黑格尔）或者永远停滞不前的人（兰克）。除了传统的古代文明，他们只在屈从于欧洲、被欧洲人征服时才进入历史的画卷。这并不是说人们对西方以外的文明完全不感兴趣，因为这些文明以人们所了解的东方学研究的形式存在。这些研究的推动力一方面是《圣经》与语言学，另一方面是殖民主义。在文艺复兴之后，许多欧洲大学不仅设立了希腊与拉丁教席，而且设立了希伯来与阿拉伯教席。不久，中东和/或阿拉伯研究的院系从这些课程中产生。作为19世纪一门受欢迎的课程，比较语言学和历史语言学刺激了对梵语的研究，后者反过来促成了研究印度文明的教席和机构的出现。

更为重要的刺激来自殖民主义。对殖民地公务人员的培训成为19世纪欧洲大学教育的一部分。语言和殖民管理课程与帝国或殖民地历史课程并驾齐驱。虽然这些课程主要侧重于欧洲人的观点，但也对海外人士有所关注。有趣的是，早在1897年，为荷兰—印度群岛史寻找一个教席的委员会优先考虑了一位候选人，因为他也能关注“土著人的观点”。[①] 除了殖民地本身的人民，其他海外民族也成为研究的目标。例如，在荷兰，研究中国人是因为东印度群岛存在着重要的华人社区，研究日本人是因为“黄祸论”，研究伊斯兰人是因为“穆斯林狂热”。其结果是形成了两个历史学家群体：一个是东方研究院系中的一小群人，他们凭借自身能力研究其他文

---

① 请参见C. Fansseur, “Leiden and Empire: University and Colonial Office, 1825-1925”, in W. Otterspeer, ed., *Leiden Oriental Connections, 1850-1940*, Leiden, 1989, pp.187-203。

明,另一个是教授严格意义上的历史,即欧洲及其殖民地历史的一群人,这群人的规模要大得多。即便他们在同一所大学工作,这两群人也很少合作。

1945 年以后,情况发生了显著变化。部分是出于外部的原因,部分也是出于内部的原因。外部原因显而易见:非殖民化、欧洲衰落、新超级大国的出现。这些事件导致人们重新思考欧洲在世界历史中的作用,并对以欧洲为中心的研究方法提出疑问。欧洲的衰落和它以前的崛起一样成为重要的研究课题。荷兰历史学家扬·罗梅恩用他两本书的书名宣布了“**欧洲时代**”的终结和“**亚洲世纪**”的开始。①

但是除了政治与意识形态方面的原因,也有内部发展以及历史研究方法的变化等方面的原因。战后阶段见证了社会与经济史的兴起,历史学家对政治和军事史的兴趣越来越少,而对物质文明、心态、日常生活、普通人等主题更感兴趣。在这方面,至少在 18 世纪以前,欧洲史与非欧洲史没有什么太大的不同。在年鉴学派的影响下,历史变得不那么具有目的论或“辉格派”的色彩。结构取代发展成为关注的中心,连续性变得和变化一样重要,因而欧洲(变化)与亚洲(连续性)之间的对立变得不那么紧要。根据这种方法,民族国家不再是历史分析的中心单位,因此宗主国与殖民地之间的对立也不那么重要。新方法更多地从乡村、城镇、地区、社会群体方面进行研究,这使殖民主义和民族主义方法之间的对立变得不那么尖锐。此外,还存在实践上的变化。美国历史学家带来越来越多的影响,因为和欧洲相比,他们的历史系不那么狭隘,他们在亚洲和非洲史的研究中起到越来越重要的作用。此外,前殖民地自身也发展了自己的历史系。可以肯定的是,在很长一段时间里,西方历史学家仍然在这一领域占据主导地位,因为他们受过更好的教育,更容易接触欧洲档案馆的重要藏品。本土精英对历史以外的领域更感兴趣,因为和历史写作相比,发展经济、建设国家的任务显得更加迫切,也能够带来更多的回报。

---

① J. Romein, *Aera van Europa*, Leiden, 1954 and *De eeuw van Azië*, Leiden, 1956.

由此产生了一种奇特的局面。一方面,欧洲对历史概念本身的影响比以前更加强烈。亚洲与非洲的历史学家经常到欧洲研究历史,或者至少是去完成他们的学业。他们在西方档案馆工作,他们求助于西方模式以便学习应当怎样研究和写作历史。因此,像明治维新之后的日本人那样,他们向西方学习历史。[①] 在他们自己的文明中,他们找不到参照物。另一方面,他们的解释当然是非常不同的,有时甚至是强烈反西方的。年轻的国家需要“可用的过去”,“可用的”意味着民族主义和反殖民主义。[②] 因此,这不仅仅是殖民主义对决民族主义史学的问题。它关系到西方在世界历史中的地位。欧洲历史学家自己也质疑欧洲中心主义的海外历史观。这场辩论的新动力来自对欠发达根源的讨论,后者源自对后殖民时代一些变革的失望。殖民主义已经结束,人们原先对美好未来的乐观情绪逐渐消失,因为人们清楚地看到,前殖民地的经济和社会问题是永久性的(或结构性的),而不是暂时的。套用 A. G. 霍普金斯的贴切表述,自由的乐观主义被激进的悲观主义所取代。[③] 这次的对立不再是殖民主义和民族主义之间的,而是左派和右派之间的对立。新马克思主义对殖民主义的批判在西方世界产生了很大的影响。

因此,1945 年以后海外史的发展是一个辩证的过程。首先,非西方史学界掀起了一场解放运动,使亚洲和非洲的史学研究和生产出现了惊人的爆炸式增长。非欧洲国家发现了自己的过去,并提出了自己的解释,但正是在那时,海外史的问题以一种新的形式表现出来。今天,所有人都承认非洲和亚洲有自己的历史,其历史和欧洲的历史一样丰富有趣。然而问题在于,我们是否可以就此止步,把世界历史简单地看作许多独立存在的地区史的

① L. Blusse, “Japanese Historiography and European Sources”, in P. C. Emmerand H. L. Wesseling, eds., *Reappraisals in Overseas History*, London, 1976, pp.193-222.

② 请参见 T. O. Ranger, “Towards a Usable African Past”, in C. Fyfe, ed., *African Studies since 1945: A Tribute to Basil Davidson*, London, 1976, pp.17-29。

③ 请参见 A. G. Hopkins, “European Expansion into West Africa: A Historiographical Survey of English Language Publications since 1945”, in Emmer and Wesseling, *Reappraisals*, p.56。

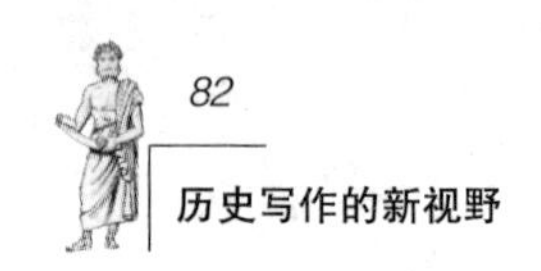

综合。大多数历史学家都同意,我们应该做得更多,研究这些不同的文明如何以某种方式相互联系,今天的世界局势是如何形成的。海外史的真正挑战是提供某种现代形式的世界史,这是一个雄心勃勃的目标。但是正如费尔南·布罗代尔所说,我们需要雄心勃勃的历史学家。① 关于这一点,或许可以在过去三十年左右发展起来的关于欧洲扩张的新历史中找到一个合理的解释。但在对此进行考察之前,我们首先要看一看同一时期亚洲和非洲史蔚为壮观的发展。②

亚洲与非洲史

无论是在印度还是在印度尼西亚,现代科学形式的历史都是由殖民国家引进的。在印度,1724 年孟加拉亚洲协会的成立可以被看作一个起点。英国官方的印度史学是高度的英国中心主义的。正像尼赫鲁评论英国时曾经指出的:"对他们来说,真正的历史是随着英国人到达印度时开始的;在此之前所经历的一切,都是以某种神秘的方式为这一神圣的结合而做的准备。"③然而,印度新知识阶层很快就开始对历史研究产生兴趣。19 世纪中期,作为对殖民地历史学家的屈尊态度的回应,印度历史学家发展了自己的史学,19 世纪末,民族主义运动的兴起有力地推动了这一进程,因此到 20 世纪二三十年代,出现了一大批职业历史学家。P. K. 慕克吉(P. K. Mookerji)、R. C. 马宗达(R. C. Majumdar)等著名学者的名字就证明了这一点,因此当 1947 年印度独立时,印度的专业史学已经处于强势地位。

权力的转移本身也刺激了历史的写作,对通俗文本和教科书也有需求。

---

① F. Braudel, *La Méditerranée et le monde méditerranéen à l'époque de Philippe II*, 3rd edn, 2 vols, Paris, 1976, vol. 1, p.17.

② 由于实践和理论两方面的原因,我们在此将不讨论美洲与加勒比海地区的历史。至于亚洲,我们只讨论两个大的前殖民地国家:印度与印度尼西亚,在这两个国家,民族史学的兴起最为引人注目。

③ J. Nehru, *The Discovery of India*, London, 1956, p.28.

政府鼓励研究近代史，尤其是民族主义运动。1952年，教育部命令编纂一部印度自由运动史，R. C. 马宗达被任命为这个项目的负责人。他的结论与政府的预期大相径庭，但他仍然出版了自己的历史解释。这种对民族主义神话的揭穿清楚地表明了印度历史学家所达到的高度专业水准。① 虽然英国历史学家在印度史研究中仍然起着主导作用，但印度历史学家本身也变得越来越重要。《剑桥印度经济史》与《新编剑桥印度史》就是对此的有力证明。

在印度尼西亚，情况有所不同。与印度相比，在殖民时期，受过大学教育的人普遍较少，几乎没有任何专业的历史学家。民族主义运动也比印度要弱一些，民族主义知识分子用文学作品而不是学术作品来表达他们的感情。因此，在独立以前，几乎没有专业的印尼历史学家。共和国的政府鼓励对过去的研究，但得出于一个明确的政治角度（意识形态方面的压力非常强大）。1957年召开了第一届全国历史学家大会，在那里，人们才清楚地发现，迄今为止所做的研究是多么的少。但从那以后，历史作为一门学术学科得到了发展，其中的主要人物是萨尔托诺·卡尔托迪尔乔（Sartono Kartodirdjo）。他提出了一种受社会科学启发的新历史形式，特别关注农村历史。②

与此同时，印度尼西亚的历史引发了新一轮关于亚洲中心主义的亚洲史研究态度的有趣辩论。约翰·巴斯汀在吉隆坡发表的就职演说极大地促进了这种讨论，1959年，该演说作为《现代东南亚历史研究》出版。③ 但这个问题本身在早些时候就被提出来了，它是由J. C. 范鲁尔在其1934年发

---

① 见S. Ray, “India: After Independence”, *Journal of Contemporary History*, 2, 1967, pp. 125-142。

② H. J. Klooster, *Indonesiërs schrijven hun geschiedenis: De ontwikkeling van de Indonesische geschiedbeoefening in theorie en praktijk, 1900-1980*, Leiden, 1985.

③ J. Bastin, *The Study of Modern Southeast Asian History*, Kuala Lumpur, 1959. 又见其 *The Western Element in Modern Southeast Asian History*, Kuala Lumpur, 1963。

表的关于早期亚洲贸易的论文中提出的。[①] 范鲁尔英年早逝,34 岁时死于爪哇海战役,他对印尼历史乃至整个亚洲历史产生了持久的影响。范鲁尔作品的独到之处在于两个方面:一是摈弃以欧洲为中心的观点,二是运用社会学概念。他反对完全殖民主义的态度,认为这种态度构成了一种扭曲的视角,忽视了历史现实的广阔领域。他写到,大多数历史学家都是通过荷兰统治者的眼睛,"从船的甲板、堡垒的围墙以及交易所高高的走廊"来看待亚洲世界。[②]

然而,范鲁尔的批评又更为笼统,更加根本,他对历史的分期以及亚洲在其中的历史地位提出疑问。例如,在一篇著名的论文中,他探讨了为什么将"18 世纪"之类的时代标签应用于印度尼西亚的历史。他的结论是:这样做毫无意义,因为这一时期欧洲历史上的任何重大变化都无法在印度尼西亚的历史中找到痕迹。直到 1800 年,印度尼西亚的历史仍然是亚洲史的一部分。[③]

这就引出了范鲁尔历史方法的第二个主要特征,即对社会学概念的应用,尤其是马克斯·韦伯的概念。范鲁尔使用了韦伯关于理想类型的概念——例如,关于"农民文化""家产官僚制国家""兜售贸易"的概念——他试图将亚洲史描述成世界史的一部分,但具有自己的特点。这样做就可以公正地对待不同文化的独特性,而不必把它们完全归纳为一系列过于抽象和笼统的范畴,或者仅仅把它们当作外来的、难以理解的东西来讨论。

欧洲在亚洲历史中的角色问题当然是独立后史学研究的重要问题。在这个方面,我们可以区分两种流派:极简派和感伤派。极简派将西方因素在亚洲历史中的作用最小化,声称这些因素实质上并不存在,感伤派则将西方

---

① J. C. Van Leur, *Eenige beschouwingen betreffende den ouden Aziatischen handel*, Middelburg, 1934. 该书及作者其他作品的译文请参见 J. C. Van Leur, *Indonesian Trade and Society: Essays in Asian Social and Economic History*, The Hague, 1955。

② Van Leur, *Trade and Society*, p.261.

③ Ibid., pp.268-289.关于这一点,也请参见 L. Blussé and F. S. Gaastra, eds., *On the Eighteenth Century as a Category of Asian History: Van Leur in Retrospect*, Aldershot, 1998。

的罪行和恶行最大化。虽然从逻辑上讲，这两种观点似乎是相互矛盾的，但有时，它们可以在同一学者的著作中同时被发现，例如荷兰社会学家 W. F. 韦特海姆或印度历史学家 K. M. 帕尼卡。[①] 因此，总的来说，这些辩论还不是很清晰，概念本身也是模棱两可的。但有两个问题（西方的影响是好是坏？是大是小？）至今仍在被激烈地辩论，这是可以理解的。正如我们将在后面看到的那样，它们对于我们解释过去和理解现在都是至关重要的。

19 世纪，欧洲人对亚洲历史的态度越来越被欧洲优越感和亚洲落后的信念所支配。然而，这只是一个相对近期的现象，因为在传统上，欧洲历史学家对古代亚洲文明表现出了极大的尊重。这与欧洲对非洲的态度大相径庭，后者一直被视为一个没有历史的大陆，而非洲人民则被视为没有文明，因而也没有历史的民族。对这种观点最著名的表述可以在 1830—1831 年黑格尔在耶拿的演讲中找到，这些演讲后来作为《历史哲学》出版，他在这本书中写道：

> 在这个问题上，我们离开了非洲，不再提它了。因为它不是世界历史的一部分；它没有任何运动或发展可以展示……我们对非洲的正确理解是，它是一种非历史的、未经发展的生命力（Unhistorical Undeveloped Spirit），仍然处于纯粹的自然状态，在这里只能作为世界历史的一个起点来呈现。[②]

当然，黑格尔对卡尔·马克思有很大的影响，马克思主义经典著作也反映了同样的思想路线。这一点在匈牙利马克思主义非洲史学家安德烈·希克（Endre Sik）的著作中得到了印证，他在 1966 年写道：

> 在和欧洲人遭遇之前，大多数非洲人仍然过着原始、野蛮的生活，

① K. M. Panikkar, *A Survey of Indian History*, London, 1947; W. F. Wertheim, *Asian History and the Western Historian: Rejoinder to Professor Bastin*, *Bijdragen tot de Taal-, Land-en Volkenkunde*, 119, 1963, pp.149-160.

② G. W. F. Hegel, *The Philosophy of History*, New York, 1944, p.99.

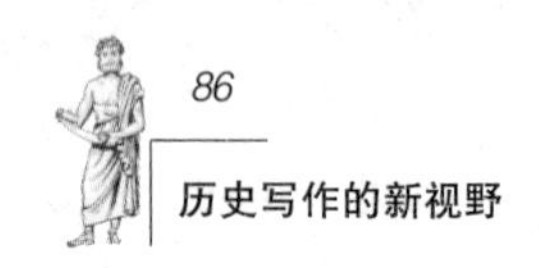

> 他们中的许多人甚至生活在最低级的野蛮状态中。一些人与外界完全或几乎完全隔离。与其他人的接触即使存在,也仅限于和邻近地区人们的零星冲突。**国家**,从这个词的真正意义上说,仍然是大多数非洲人尚不知道的概念,因为阶级也尚未形成。或者说,两者都已经存在,但只存在于胚胎状态。因此,从这个词的科学意义来看,在欧洲入侵者出现之前谈论他们的"历史"是不现实的。①

毫无疑问,这种观点绝非马克思主义历史学家所独有。就在希克的著作出版的前一年,牛津钦定近代史教授 H. R. 特雷弗-罗珀比较了英国和非洲的历史,认为后者不过是"一些野蛮部落在地球上风景如画但无关紧要的角落毫无意义的打转"。②

但自从 20 世纪 60 年代以来,情况已经改变了!任何理智的人都不会再说非洲史并不存在,即使是在牛津。非洲历史获得了惊人的发展。它或许是 20 世纪二三十年代新社会经济史出现以来最生动、最有活力、最具创新性的历史领域。可以说,《非洲史杂志》是自《年鉴》创刊以来最具创新性的期刊。实际上,两者的发展在某种程度上具有可比性。社会历史学家,例如年鉴学派和其他一些历史学家,开始提出以前从来没有被问过的问题,这些问题在传统资料中也从未被提及。历史学家必须发现新的史料来源,发展新的技巧,并且用新的眼光重新审视旧的史料。非洲史研究也存在同样的问题。可用的资料非常稀少,至少传统史料是这样。由于文化方面的原因,与欧洲人相比,非洲人留下的关于非洲历史的书面材料要少很多,而且由于气候方面的原因,很少有这方面的资料能够流传到我们手中。这意味着大多数资料来源是外生的。它们来自外国人,这些人可能是希腊、罗马或阿拉伯的旅行者或地理学家,也可能是欧洲的商人或管理人员。从技术上说,大部分非洲历史都是史前史或原始史(或者有时被称

---

① E. Sik, *The History of Black Africa*, 2 vols, Budapest, 1966, vol. 1, p.17.

② H. Trevor-Roper, *The Rise of Christian Europe*, London, 1965, p.9.

为民族史)。①

资料的匮乏极大地刺激了新技巧和新方法的发展。历史学家必须使用其他手段来考察过去。我们可以再次与年鉴学派及其新史学(nouvelle histoire)进行比较,这样做很有意义。在这两种情况下,考古学、地图学、语言学、拟声学都得到了应用。人类学在非洲史研究方面也发挥了重要作用。事实上,人类学家和历史学家之间的区别并不是很明显。

在为提供非洲史研究的新材料而发展起来的新的史学技巧中,最著名的是对口述传说的研究。1961年,简·范西纳的《口述史学方法论》的出版具有划时代的意义。这本书很快被译成英文,对非洲史的研究产生了巨大的影响。② 介于朴素与怀疑论之间,范西纳形成了一种批判性使用口述传说的方法,并将其用于严肃的历史写作。他把口述传说分为五类(惯用语、诗歌、列表、故事、评论),每一类都有不同的细分。他认为,口述传说不应该按其表面价值加以接受,只有经过批判性审查后才能使用,还要注意社会涵义、文化价值和作者个性的影响。还应该尽可能与其他资料进行核对,例如考古发现或书面档案。一些历史学家(以及人类学家)对口述传说持怀疑态度,并且怀着对范西纳应有的敬意,指出他高估了这类研究的可能性,但不可否认的是,范西纳的著作与思想极大影响了非洲史的研究。③

无论口述传说与其他非正统资料来源提供了怎样的可能性,事实仍然是,就书面材料而言,非洲相当匮乏。当然,这也适用于欧洲历史的某些时期(这些时期的文献也非常稀少),以及哥伦布时代以前的美洲和库克时代以前的澳大利亚等,因此,非洲史的情况非常特殊,但并非独一无二。尽管

---

① H. Brunschwig, "Un faux problème: l'ethnohistoire", *Annales E. S. C.*, 20, 1965, pp.291-300.

② J. Vansina, *De la tradition orale. Essai de méthode historique*, Tervueren, 1961. 英译本 *Oral Tradition: A Study in Historical Methodology*, London, 1965。

③ 在其最近的一些作品中,范西纳在某种程度上更加持怀疑态度。请参见 P. Salmon, *Introduction a l'histoire de l'Afrique*, Brussels, 1986, 126ff.。关于此,也请参见 J. 范西纳的自传 *Living with Africa*, Madison, Wis., 1994。

如此,可以和欧洲史学相比拟的非洲史学似乎仍然是不可能实现的。历史学家可以研究长期的发展,但严格意义上的事实或大事记(événementiel)的历史却往往不可能实现。目前,结构性或长时段方法在欧洲史研究中也很盛行,但这只是一种选择问题。但是在非洲,结构史却并不是一种选择,而是唯一的可能。人们不是受其吸引,而是只能这样进行研究。①

在过去几十年,一些非洲史学家在国际论坛上开始出现,他们的作用越来越重要。但我们应该承认,非洲史的大发展主要是由于欧美历史学家的贡献,尤其是英国历史学家。正如特伦斯·兰杰(Terence Ranger)所说,1960年创刊的《非洲史杂志》是"该领域宣言、宪章、计划与橱窗的结合体"。② 罗兰·奥利弗(Roland Oliver)在伦敦大学亚非学院举办的研讨会,被称为"世界上展示非洲历史研究新作的首屈一指的场所"。③ 奥利弗与费奇的《非洲简史》售出几十万册,可能是关于非洲史研究最具影响力的一本书。

法国历史学家也发挥了重要作用,尽管更为适度。1961年,亨利·布伦瑞克(Henri Brunschwig),以前是马克·布洛赫与吕西安·费弗尔在斯特拉斯堡的学生,曾受费尔南·布罗代尔的邀请,在社会科学高等研究院(École des Hautes Études)介绍非洲史。他的研讨会成为法国学者和非洲学者的聚会场所。伊夫·珀森,关于萨摩里历史的一部宏伟且创新著作的作者,还有凯瑟琳·科克里·维德罗维奇,他们不仅自己撰写了重要的作品,而且将该主题带到了巴黎大学。④ 其他大学(艾克斯-普罗旺斯、波尔多)也

---

① 请参见 H. Brunschwig, "Une histoire de l'Afrique noire est-elle possible?" in *Mélanges en l'honneur de Fernand Braudel*, 2vols, Toulouse, 1973, vol. 1, pp.75-87。

② 请参见 Ranger, "Usable Past", p.17。

③ *The Blackwell Dictionary of Historians*, Oxford, 1988, p.308s. v. Oliver, R. 又见罗兰·奥利弗的自传 *In the Realms of God: Pioneering in African History*, London, 1997。

④ C. Coquery-Vidrovitch, *Le Congo au temps des grandes companies concessionaires*, Paris, 1972;Y. Person, *Samori: une Révolution dyula*, 3 vols, Dakar, 1968-1976. See also H. Brunschwig, "French Historiography since 1945 Concerning Black Africa", in Emmer and Wesseling, *Reappraisals*, pp.84-97.

开设了非洲史课程和研讨会,很多非洲学生在法国大学发表了博士论文。

美国大学的贡献也很重要,尤其是耶鲁大学、加州大学洛杉矶分校以及更为重要的威斯康星麦迪逊分校这三所主要学校的贡献。在第二代和第三代非洲历史学家中,起主导作用的美国历史学家以前大多是柯廷和范西纳在麦迪逊的学生。目前,非洲各大学也创办了一些重要的历史学院。欧洲主导的时期显然已经结束了。

回顾起来,关于非洲和亚洲史研究的可能性与不可能性的辩论,大部分看起来都是徒劳的,原因不仅在于欧洲优越感的减弱,而且在于历史研究本身的变化。在政治史的框架内,殖民主义与民族主义的对立是有意义的,但在其他历史领域,我们发现了另一种方法。社会史是从村庄、地区、族群的层面来研究的。文化史的分析范围比民族国家大得多。在这里,印度文明、爪哇文明或"伊斯兰世界"之类的概念变得非常重要。经济史以印度洋、东南亚乃至整个世界经济这样大的实体作为研究对象。在这种研究方法中,殖民与非殖民之间的对立意义不大。

这是否意味着殖民主义对海外史的影响已经结束,西方和非西方的态度已经找到了完全的平衡?并不一定如此,因为某种程度的西方决定论在两个方面依然存在。一方面,作为殖民扩张的结果,大量关于海外世界的书籍、文献和其他资料被带到欧洲,现在可以在欧洲档案馆和图书馆找到它们,这意味着为了研究自己的历史,非欧洲历史学家仍将不得不继续前往欧洲;在西方世界,在非西方研究领域建立了一个伟大的传统,它仍然发挥着重要作用,这在很大程度上也是殖民主义的结果。另一方面,几乎没有哪位非洲或亚洲历史学家研究欧洲的历史与社会。因此,只要西方拥有"东方学家",而东方却没有西方学家,就很难实现真正的平衡。

总而言之,我们可以说,非洲和亚洲历史的发展是一种自然而又必要的现象,但它也给我们留下了一个问题。虽然非洲和亚洲的历史在很大程度上是自主的,但自 1500 年左右以来,非洲和亚洲的历史就与欧洲的历史联系在一起了。亚洲历史远非欧洲历史的延伸,但它也不能完全孤立在欧洲历史之外。现代历史的最重要发展是以前彼此孤立的不同文明和经济之间日益增长的相互联系和相互交织。这导致了我们今天所拥有的“现代世界体系”(沃勒斯坦)和“现代性文明”(艾森斯塔特)的形成。仅仅考虑历史的孤立部分,是不可能理解这一过程的,因为这将错过现代世界历史的中心议题。我们不能把世界史看作等同于欧洲或西方的历史,也不能把它看作一系列孤立的发展。对该问题的处理是欧洲扩张史的核心问题,因为在殖民地独立以后的时期,这个问题已经得到了发展。

扩张与反应

对欧洲扩张的研究既受外部因素的影响,也受到内部因素的影响。例如,殖民帝国的迅速衰落导致了人们对先前这些帝国表面稳定性的质疑。美利坚帝国的崛起,一个没有殖民地的帝国,激起了人们对帝国主义正式与非正式手段的反思。中国的兴起导致了对该国在科学和海军方面的可能性的重新评估,并由此引发了关于中国与早期欧洲扩张之间差异的新问题。

另一方面,内部因素也改变了扩张研究的性质,社会经济史研究的大趋势也体现在这一领域。货币化、航运、黄金和白银、帝国的利润等问题都被以新的方式重新提出,这些问题通常可以借助计算机来回答。[①] 社会历史成为一门时髦的学科,它刺激了移民、奴隶贸易、种族关系、城市化和心态的研究。政治学通过研究决策、舆论、特殊利益集团的作用等议题,对政治史产生了影响。

尽管在理论层面上,扩张的第一阶段和第二阶段之间的传统划分受到了质疑,但在实践上,现代主义者与当代历史研究者之间的分工仍然非常明显。传统上,关于近代早期扩张的研究主要强调地理大发现、船舶与航海、

---

① 请参见 T. Lindblad, “Computer Application in Expansion History: A Survey”, *Second Bulletin of the ESF-Network on the History of European Expansion. Supplement to Itinerario*, 12, 1988, pp.2-61。

公司与贸易、移民、种植园系统以及奴隶社会。查尔斯·波克瑟与 J. H. 帕里写了许多成功的著作,旨在提供关于海上帝国的概述。[①] 明尼苏达系列“扩张时代的欧洲和世界”也提供了一系列关于这些主题的教科书。在这些领域,许多新方法被提供,新问题被提出,新技巧被采用。格拉曼、斯滕加德和乔杜里出版了关于东印度公司的开创性研究,柯廷关于奴隶贸易做了许多先行性工作,还应该提及肖努关于大西洋世界、贝林关于移民以及更多人所做的研究。[②] 这里讨论的许多问题都与欧洲历史辩论中的主要争论话题密切相关,例如关于资本主义起源、“第一阶段和第二阶段”、17 世纪的大萧条、价格革命等理论。然而,我们应该承认,仍然缺少关于欧洲扩张的一般理论。虽然在 19 世纪和 20 世纪的扩张史上,争论的焦点是帝国主义的概念,但至少在伊曼纽尔·沃勒斯坦提出他关于现代世界体系的理论之前,关于早期扩张的研究中却没有这一类的东西。

哥伦比亚大学的社会科学家伊曼纽尔·沃勒斯坦首先研究了非洲的非殖民化和发展问题。他对这些问题的思考方式受到依附理论和欠发达理论的影响。然而,沃勒斯坦把研究转向了历史,因为他相信只有在全球背景下并从历史的视角来看,这些发展问题才能得到全面的理解。他觉得最亲切的历史著作是年鉴学派的,尤其是费尔南·布罗代尔的著作。的确,沃勒斯

① C. R. Boxer, *The Portuguese Seaborne Empire, 1418-1825*, New York, 1969; C. R. Boxer, *The Dutch Seaborne Empire, 1600-1800*, London, 1965; J. H. Parry, *The Spanish Seaborne Empire*, New York, 1966.

② K. Glamann, *Dutch-Asiatic Trade 1620-1740*, 2nd edn, The Hague, 1980; N. Steensgaard, *The Asian Trade Revolution of the 17th Century: The East India Companies and the Decline of the Caravan Trade*, Chicago, 1974; K. N. Chaudhuri, *The Trading World of Asia and the English East Company, 1660-1760*, Cambridge, 1978; Ph. Curtin, *The Atlantic Slave Trade: A Census*, Madison, Wis., 1969; P. and H. Chaunu, *Séville et l'Atlantique, 1504-1650*, 12 vols, Paris, 1956-1960; B. Bailyn, *Voyagers to the West: Emigration from Britain to America on the Eve of the Revolution*, London, 1987. 最新的综合见 G. V. Scammell, *The First Imperial Age: European Overseas Expansion, c.1400-1715*, London, 1989。在和关于欧洲扩张研究的 26 位主要历史学家的访谈中,这些发展中有许多都曾经被讨论过,见 L. Blusse, F. -P. Van der Putten and H. Vogel, eds., *Pilgrims to the Past: Private Conversations with Historians of European Expansion*, Leiden, 1996。

坦的思想与布罗代尔在《物质文明、经济与资本主义》第三卷中提出的概念框架之间存在着极大的相似性。① 到目前为止，沃勒斯坦的主要出版物是一部(计划中的)四卷本的研究，他称之为《现代世界体系》。1974 年问世的该书的第一卷提供了这项计划的分析框架。② 这是其他许多学者的灵感来源，并引发了一场关于欧洲扩张和资本主义起源的有趣辩论。

沃勒斯坦认为，今天的世界经济可以追溯到 15 世纪末。这是一个全面发展于 16 世纪和 17 世纪、并在工业革命之前已经成熟的世界体系的开端。“该体系的转折点”大概可以确定为 1450—1550 年之间封建主义危机的解决。1550—1650 年间，资本主义世界体系的所有基本机制已经到位。从这一点来看，1760—1830 年左右发生的工业革命不再被视为资本主义世界经济史的一个重要转折点。

对沃勒斯坦来说，世界体系以国际经济秩序和国际劳动分工为特征。它由核心、半边缘地区和边缘地区组成，其地位随时间而发生变化(某个地区可以上升为核心地区，也可以下降为边缘地区)。现代史实际上就是世界上越来越多的地区不断融入这个世界体系的历史。世界体系的运作方式是，让核心地区获得利润，进而剥削边缘地区。这是国际贸易带来的结果，后者被视为一种零和博弈：一方的利润与另一方的损失相等。国际贸易的利润使工业革命成为可能，后者反过来又确认了现存的不平等关系，并强化了“欠发达的发展”。

沃勒斯坦的著作受到社会科学家的好评，但遭到了历史学家更为严厉的批评，他们尤其批评了国际贸易在该模式中所占的比重。一些人认为，前工业化经济体不可能产生如此巨大的顺差，从而使重要的国际贸易成为可能。在蒸汽船出现之前，运输设施极为有限。大约在 1600 年，欧洲各国商

---

① F. Braudel, *Civilisation matérielle, économic et capitalisme, XVe-XVlle siècle*, 3 vols, Paris, 1979.

② I. Wallerstein, *The Modern World System: Capitalist Agriculture and the Origins of the European World-Economy in the Sixteenth Century*, New York, 1974; vol. 2 1980; vol. 3 1989.

船船队的总吨位只相当于当今1—2艘超级油轮的吨位(1800年只相当于当今7—8艘超级油轮的吨位)。[①] 即使在英国、荷兰共和国这样的贸易大国,出口贸易也只占国民生产总值的很小比例(而对边缘地区的出口只占海外贸易总额的一小部分)。[②] 作为海外贸易的结果,英国积累起来的资本不会超过工业革命期间总开支的15%。[③] 总的来说,欧洲扩张对海外地区的影响并不十分重要。在亚洲,海外贸易的影响只是区域性的。在印度(纺织业)和印度尼西亚(经济作物),都只有有限的地区受到欧洲需求的影响。就非洲而言,产品贸易也十分有限。更重要的是大西洋奴隶贸易。然而,最近的研究倾向于将奴隶贸易的长期人口后果最小化。在美洲和加勒比海地区,欧洲扩张的影响最为显著,这与其说是因为贸易,不如说是因为原有居民的人口减少。

沃勒斯坦理论中一个有趣的观点是,他对工业革命的概念提出了疑问,从而对前工业殖民主义和工业殖民主义之间的区分提出了质疑。这种区分是古典帝国主义理论的一个中心论点,该理论支配了对19世纪末和20世纪欧洲扩张的史学研究。

帝国主义

尽管自19世纪60年代以来,帝国主义这个词就已经存在了,但作为一个历史概念,直到1902年J. A. 霍布森的《帝国主义研究》出版之后,它才开

---

① 请参见J. de Vries, *The Economy of Europe in an Age of Crisis, 1600-1750*, Cambridge, 1976, pp.192-193。

② 请参见R. Floud anf D. McCloskey, eds., *The Economic History of Britain since 1700*, 2 vols, Cambridge, 1981, vol. 1, pp.87-92。

③ 请参见P. K. O'Brien, *European Economic Development: The Contribution of the Periphery*, *Economic History Review*, 35, 1982, p.9,以及P. K. O'Brien, *Intercontinental Trade and the Development of the Third World since the Industrial Revolution*, *Journal of World History*, 8, 1997, pp.75-133。

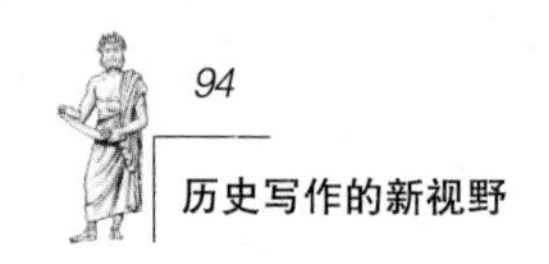

始出现。[1] 为了解释帝国主义,霍布森指出,作为资本主义制度的结果,英国经济出现了消费不足的问题。这意味着,剩余资本无法在英国本土进行有利可图的投资。因此,用他的名言来说,资本家在"寻找外国市场和国外投资,以吸收他们无法在国内出售或使用的货物和资本"。[2] 资本主义的帝国主义理论从而诞生。

霍布森的理论很快被马克思主义思想家,尤其卡尔·希尔弗丁(Karl Hilferding)与罗莎·卢森堡(Rosa Luxemburg)之类的德国马克思主义思想家继承、修改,并使之更加复杂。在这样做的同时,这些作者也改变了霍布森的论点。在霍布森看来,资本外逃是资本主义的典型结果,但不是必然结果,但对于马克思主义者来说,帝国主义成了无可避免的结果。最著名的系统阐述可以在列宁那里找到,他在1916年把帝国主义称作"资本主义的最高阶段"。尽管霍布森与列宁之间的区别是显而易见的,但"霍布森-列宁论"(Hobson-Lenin thesis)很快就变得司空见惯了。事实上,该"理论"在某种形式上成为20世纪20年代和30年代对欧洲帝国主义的标准解释。

直到20世纪60年代,关于帝国主义的普遍讨论才重新开始。很明显,这与非殖民化以及美国这一经济帝国的崛起有很大关系。1961年,英国历史学家J. 加拉格尔和R. 罗宾逊出版了《非洲与维多利亚时代》,[3]这是对英国帝国主义最具影响力的重新审视。一年之前,亨利·布伦瑞克出版了《法国殖民帝国的神话与现实:1871—1914》,为后来所有关于法国帝国主义的研究奠定了基调。[4] 随后,对比利时、德国、意大利、葡萄牙以及最终的

---

① J. A. Hobson, *Imperialism: A Study*, London, 1902.

② Ibid., p.85.

③ R. Robinson and J. Gallagher with A. Denny, *Africa and the Victorians: The Official Mind of Imperialism*, London, 1961. 关于瓜分非洲这段历史的最新综合研究,请参见 H. L. Wesseling, *Divide and Rule: The Partition of Africa 1880-1914*, Westport, Conn., and London, 1996。

④ H. Brunschwig, *Mythes et réalitiés de l'impérialisme colonial français*, *1871-1914*, Paris, 1960.

荷兰帝国主义的新解释接踵而至。因此,我们可以说发生了一场史学革命,对于其结论,这里只能对涉及的两个大国做非常简短的总结。

加拉格尔与罗宾逊延续了在其论文“自由贸易的帝国主义”中形成的思路,[1]他们认为,所谓的帝国主义阶段(1880—1914)和在它之前被称为反帝国主义的维多利亚时代中期自由贸易阶段之间的区别,只是手段的不同,而不是结果的不同:维多利亚时代中期,英国人不采取政治措施也能开展自由贸易,但在维多利亚时代后期,却不得不正式建立他们的帝国。这种形式化是由地方危机和边境局势造成的政治真空所推动的,这些真空必须由英国人来填补。他们的行动有战略背景,而不是经济背景,他们的政策基本上是防御性的和不情愿的。简而言之,加拉格尔和罗宾逊推翻了帝国主义阶段的概念,以及传统上与其相关的经济解释。

尽管布伦瑞克的结论在某些方面是相似的,但他对法国帝国主义的修正却大相径庭。就法国而言,布伦瑞克确实认为,有一个明确的帝国主义阶段,大致在1880—1914年之间。这的确很难否认。尽管布伦瑞克在这方面非常传统,但他对该现象的解释却是革命性的。在仔细考察了法国殖民主义者的经济利益,以及法国帝国主义的经济资产负债表之后,他得出以下结论:要想从经济角度来解释这一点,是不太可能的。帝国并未得到好处,在贸易保护主义和帝国主义之间并不存在联系,法国帝国主义没有任何经济动机或利益。从而必须对此做出不同的解释。对布伦瑞克来说,答案可以从深受1870年失败之痛的第三共和国的民族主义潮流中找到。因此,与加拉格尔和罗宾逊的著作一样,布伦瑞克的著作基本上是对帝国主义经济理论的一种反驳。

上述著作虽然没有对帝国主义的经济方面进行分析,但是从经济需要的角度推翻了传统上对帝国主义所做的简单解释。为了解决这个难题,不

---

① R. Robinson and J. Gallagher, “The Imperialism of Free Trade”, *Economic History Review*, 6, 1953, pp.1-15.

仅需要处理大量的理论和方法论问题,还要收集和分析庞大的数据。计算机再次使这种研究成为可能。两位与加州理工学院关系密切的美国历史学家 L. 大卫和 R. 胡藤拜克,恰好对英国帝国主义的主题做了这方面的工作。他们收集了庞大的数据,并且用非常娴熟的方法对其进行分析。他们的著作《物质财富与帝国的追求》[①]似乎为这个古老而又著名的问题提供了明确的答案:帝国是否得到了好处?在某种意义上答案非常令人失望:没有!1880 年以后,殖民地投资最初的高利润率开始低于其他海外目的地,甚至低于英国本身的可比回报率。因此,霍布森和列宁关于剩余资本和海外扩张冲动之间关系的观点是错误的。隶属的殖民地并不是伦敦资本的主要接受者,当然,这并非问题的全部答案。因为大卫和胡藤拜克也指出,对于一些资本家来说,这些投资非常重要。[②]

在法国,受布伦瑞克观点的影响,即便马克思主义历史学家也接受了这样一种看法,即对于法国帝国主义来说,经济方面无关紧要。为了补救马克思主义的解释,他们争辩说,法国帝国主义将在俄国、奥斯曼帝国等其他地方体现出来。这种辩证法的运用,得出了法国殖民主义不是帝国主义,法国帝国主义不是殖民主义的结论。[③] 为了找到对经济和帝国问题更具经验性的答案,凯瑟琳·科克里-维德罗维奇(Catherine Coquery-Vidrovitch)主动建立了法国殖民贸易数据库(1880—1960)。她的巴黎同事雅各·马塞(Jqcques

---

① L. A. Davis and R. A. Huttenback, *Mammon and the Pursuit of Empire: The Political Economy of British Imperialism, 1860-1912*, Cambridge, 1986. 关于帝国成本与收益的全面主题,请参见 P. K. O'Brien and L. Padros de la Escosura, eds., "The Costs and Benefits of European Imperialism from the Conquest of Ceuta, 1945, to the Treaty of Lusaka, 1974", *Revista de Historia Economica*, 16, 1998, no. 1。

② 关于更近时期的解释,请参见 P. J. Cain and A. G. Hopkins, *British Imperialism: Innovation and Expansion 1688-1914*, London, 1993 以及 *British Imperialism: Crisis and Reconstruction, 1914-1990*, London, 1993。关于总的观点,请参见 L. James, *The Rise and Fall of the British Empire*, London, 1994 以及 R. Hyams, *Britain's Imperial Century, 1815-1914: A Study of Empire and Expansion*, 2nd edn., London, 1993。

③ 请参见 J. Bouvier and R. Girault, eds., *L'impérialisme français d'avant 1914*, Paris/ The Hague, 1976。

Marseille）率先在其论文《殖民帝国和法国资本主义》[1]中广泛使用了这些丰富的文献资料。马塞的结论是，资本主义与殖民主义之间的关系出现了断裂。在初始阶段（1880—1930），法国工业需要受到受保护的殖民市场的销路，殖民主义与资本主义的结合是令人愉快的。在第二阶段（1930—1960），贸易保护主义成为迫切需要工业现代化的法国经济发展的障碍，分离因而成为必然。但非殖民化已经开始了。1960年帝国的终结是资本主义的一件幸事。

欧洲的情况大体如此。但是，帝国主义对海外世界有什么影响？这是一个复杂的问题。从这个问题被提出以来，围绕它而展开的激烈辩论就一直没有停止。辩论者几乎没有对任何事情达成一致看法，但有一个事实是无可否认的：西方对海外领地的真正影响只是在工业革命以后才发生。这有什么后果？当然，殖民主义的组织方式是为了促进殖民国家的利益。对于被殖民的人民来说，这必然意味着各种负担。然而，在这些基本事实的范畴之外，还有许多问题不能被简单地回答。有一种根深蒂固的去工业化现象（尤其印度的纺织业），还有经济作物的专业化问题。另一方面，还有基础设施（采矿、道路、港口）投资以及管理、教育和医疗的改善所带来的长期发展。要绘制一张殖民主义的经济平衡表是非常困难的，因为这不仅缺乏数据，也存在着理论方面的问题。

现代研究已经令人信服地证明，帝国主义是资本主义的结果这种简单的解释是不能令人接受的，如果是这样，那么问题仍然是：原因是什么？为什么会有“帝国主义时代”？就英国而言，加拉格尔和罗宾逊也给出了这个问题的答案，他们认为这个时代根本不存在。帝国主义时代（1880—1914）的概念本身就是一个谬论。把这个阶段看作英国帝国主义的鼎盛期，就是

---

① J. Marseille, *Empire colonial et capitalisme français: histoire d'un divorce*, Paris, 1984. 最近关于法国扩张的综述，请参见 R. Aldrich, *Greater France: A History of French Overseas Expansion*, London, 1996 以及两部多作者的著作：*Histoire de la France Coloniale*, 2 vols, Paris, 1990-1901 与 *Histoire de la France Colonisation francaise*, 2 vols, Paris, 1991。

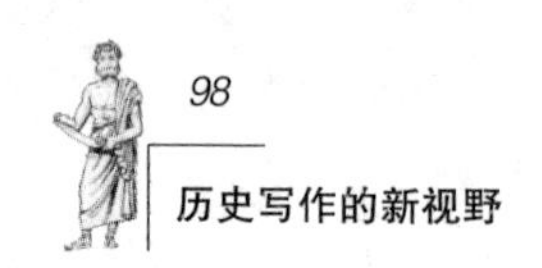

误解了它的真正本质。19 世纪八九十年代,世界地图上红色区域的数量不断增加,这似乎表明英国的力量正在增强。然而,事实上,这并非是力量的象征,反倒是虚弱的象征。19 世纪早期英国以非正式方式统治时,要比实施正式政治统治的后期更加强大。①

非正式帝国的概念是非常具有吸引力和启发性的,因为它解释了大量的重要现象,也赋予帝国主义一词更加广泛的含义。在这种分析中,帝国主义存在于不同的时期和不同的形式。历史学家的任务是解释从一种形式到另一种形式的转变。在加拉格尔和罗宾逊看来,原因并非欧洲的政客们更喜欢非正式的帝国,而在于不断变化的海外局势。帝国主义被看作欧洲与非欧洲力量之间的合作体系。帝国主义形式的变化来源于这种合作的变化。② 很明显,在这种分析中,非殖民化作为一个转折点也失去了许多重要意义。如果在帝国之前存在着非正式的帝国主义,那么从逻辑上说,在帝国之后也可能出现非正式的帝国主义。③ 在这里,关于帝国主义的辩论与关于非殖民化和欠发达的辩论是联系在一起的。

非殖民化及以后

非殖民化只是在最近才成为历史分析和辩论的主题。当然,关于这个主题已经有了不少著作,但所有这些著作都具有大事记的特点,都是从明显的意识形态角度写作的。各地的情况都一样。殖民地的人民想要获得独

① R. Robinson and J. Gallagher, "The Imperialism of Free Trade".

② R. Robinson, "Non-European Foundations of European Imperialism: Sketch for a Theory of Collaboration", in R. Owen and B. Sutcliffe, eds., *Studies in the Theory of Imperialism*, London, 1972, pp.117-140.

③ 请参见 W. J. Mommsen and J. Osterhammel, eds., *Imperialism and After: Continuities and Discontinuties*, London, 1986。当然,关于帝国兴衰的一般主题有着大量的文献,其中 Paul Kennedy, *The Rise and Fall of the Great Powers: Economic Change and Military Conflict from 1500 to 2000*, London, 1987 可能最为人所知。

立。二战后他们起来反抗压迫者,摆脱了殖民统治的枷锁。很长一段时间以来,似乎没有什么比这更重要的了。最近发表了一些集体研究和比较研究,提供了新的解释,提出了新的问题。非殖民化最终成为历史分析的主题,而不是上帝的杰作或自然法则的结果。①

被讨论的问题基本上非常简单。非殖民化为什么会发生?为什么它会以不同的形式呈现?非殖民化不再仅仅被描述为政治领袖在短时段内(1947—1962)的行为的历史,它的长期的、结构的、多重因素汇聚的方面也受到了人们的关注。对各种形式的非殖民化的分析集中在三种正在发挥作用的力量上:殖民势力、殖民地局势和国际因素。这三种力量的相互影响决定了非殖民化的形式,而不是该过程的结果。因为无论存在着怎样的差别,结果都是一样的——独立。但这里出现了一个问题,独立到底意味着什么?帝国的终结是否就是帝国主义的终结?还是它的不同方式的延续?在这里,非殖民化问题遇到了另一个主题:依附理论。

依附理论最初于 1947 年由阿根廷经济学家保罗·普雷比什(Paúl Prebisch)提出,然后在 20 世纪 60 年代由拉美学者和对拉美感兴趣的北美人进一步发展。该理论脱胎于对拉美一些根深蒂固的问题的观察:贫困、不平等、贫民窟、外债、外国资本的主导地位——用一个词来说就是"依附"(dependency)。依附理论认为,这种局面并不是缺乏发展的结果,而是欠发达的结果。这一理论起源于拉丁美洲的研究,后来被进一步发展和完善,成为一个不仅适用于拉丁美洲,而且适用于整个第三世界的普遍性理论。第三世界被看作世界经济体系的边缘地区,其中心地区,也就是西方,正在不

---

① 关于此,请参见 H. L. Wesseling, "Towards a History of Decolonization", in H. L. Wesseling, *Imperialism and Colonialism: Essays on the History of European Expansion*, Westport, Conn., and London, 1997。关于非殖民化问题,最近的一些作品包括 R. F. Holland, *European Decolonization, 1918-1981: An Introduction Survey*, London, 1985; J. Darwin, *Britain and Decolonization: The Retreat from Empire in the Post-War World*, London, 1988; J. Darwin, *The End of the British Empire: The Historical Debate*, Oxford, 1991; A. Clayton, *The Wars of French Decolonization*, London, 1994; Ch. -R. Ageron, *La décolonization française*, Paris, 1991。

断地积累利润,并使边缘地区永久处于依附状态。因此,欠发达并不是一种局面,而是一个过程。第三世界并不是不发达,而是西方使其处于欠发达的状态。安德鲁·贡德·弗兰克提出了最具感染力的表述:"欠发达的发展"(the development of underdevelopment)。①

依附理论很快被适用于第三世界的不同地区,尤其是非洲。萨米尔·阿明(Samir Amin)关于该主题写了大量的文章,沃尔特·罗德尼(Walter Rodney)就此出版了一部成功的著作,其书名《欧洲如何使非洲欠发达》非常引人入胜。② 该理论的问题在于,为了解释非洲的特殊(欠)发展,必须使该大洲在其大部分历史时期依附于外国势力。在某种程度上,这种思路和同一时期非洲史发展中的主要趋势相矛盾,这种趋势强调非洲历史的自主性。非洲人不再被视为欧洲扩张的纯粹牺牲品,而是在很大程度上成为自己命运的主人。在新马克思主义者接受依附理论的同时,经典马克思主义历史学家与人类学家强调非洲历史的自主性,甚至试图发现"非洲的生产方式"。③

依附理论与非正式帝国的概念都具有很大的启发价值,因为它们对海外史的一些基本假设提出疑问,并因此改变了我们的历史解释。具有非常清晰的起点和终点的帝国主义时代这一概念本身值得商榷,至少对英国来说是这样的。现在,英帝国的鼎盛期有时被认为是在18世纪,它的衰落则始于19世纪。毫不奇怪,有人会问这样一个问题:"英帝国为什么会持续这么久?"④这

---

① A. G. Frank, "The Development of Underdevelopment", in R. I. Rhodes, ed., *Imperialism and Underdevelopment: A Reader*, New York, 1960. 又见 M. Muchie, H. L. Wesseling and Om Prakash, *North-South Perspectives: Debates on Colonialism and North-South Relations*, Amsterdam, 1989 以及 L. Blusse, H. L. Wesseling and G. D. Winius, eds., *History and Underdevelopment*, Leiden, 1980。弗兰克关于该问题的最新见解,请参见 A. G. Frank, *ReOrient: Global Economy in the Asian Age*, Los Angeles and London, 1998。

② W. Rodney, *How Europe Underdeveloped Africa*, London, 1972.

③ 关于该主题有大量文献。对该主题的简介,请参见 A. G. Hopkins, "Clio-Antics: A Horoscope for African Economic History", in Fyfe, *African Studies*, pp.31-48。

④ P. M. Kennedy, "Why Did the British Empire Last So Long?", in P. M. Kennedy, *Strategy and Diplomacy, 1870-1945: Eight Studies*, London, 1983, pp.197-218.

样一些概念和理论的危险在于,它们的意义被高估了,变成了新的正统观念。把帝国主义开始、政权交接等转折点的重要性相对化,是对现有解释的有益纠正,但也不应低估其历史意义。政治独立性的丧失和最终恢复是一个足够重要的历史问题,使其具体的历史意义在某些相当抽象的依附概念中消失是没有益处的。在这里,我们面临着这类概念的另一个问题:它们的表述方式如此抽象,以至于可以包罗一切。罗纳德·罗宾逊对这场辩论的最新贡献(帝国主义的偏心理论,无论帝国是否存在)就受其影响。在这个模式中,帝国主义是“根据国际经济和政治市场的作用而构想的,其中,世界、大都市和地方各级的垄断程度和关系竞争决定了帝国主义的必要性和盈利性”。[①] 这也许是对帝国主义的正确描述,但也是相当抽象的描述。权力的不对称与合作形式的变化贯穿于整个历史。或许,更有益的做法是,更加接近具体的历史进程,并且充分关注欧洲扩张具体而独特的方面。这使我们回到最初的问题:“什么是海外史?”或者更确切地说,“它的未来将会怎样?”

结　论

1979 年当 P. C. 埃美和我出版了一卷名为《重新评价海外史》的论文集的时候,我们也不得不问自己这样一个问题:“什么是海外史?”我们接着指出,与海外扩张史相比,它是一个更为宽泛的概念,因为它“不仅研究欧洲人与非欧洲人之间的接触,也研究非欧洲人自身的经济、社会、政治与文化制度”。[②] 事实正是如此。正如我们在这里看到的那样,海外史实际上有两种截然不同的形式,即亚非自治史和欧洲扩张史。但是,我们也看到,这种

---

① 又见 R. Robinson, “The Excentric Idea of Imperialism, With or Without Empire”, in Mommsen and Osterhammel, *Imperialism and After*, pp.267-289。

② P. C. Emmer and H. L. Wesseling, “What is Overseas History?”, in Emmer and Wesseling, *Reappraisals*, p.3.

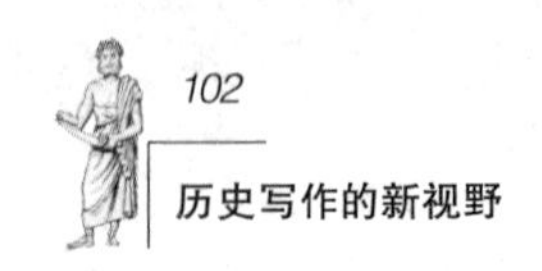

情况并不令人满意。如果有关于非洲、亚洲、美洲、澳大利亚等的独立历史,那么,仅仅因为它们不是欧洲的历史,就把所有这些历史都放在一个篮子里,并称其为"海外史",这是没有意义的。之所以这样做,是因为1945年以后,海外史必须找到一个新的焦点,殖民地历史学家和他们的学生转向了亚洲史和非洲史本身。这些研究领域要证明其存在的价值,还需要一段时间。与此同时,"海外史"一词作为这些活动中性的因而也是方便的掩饰在起作用。因此,这种形式的海外史可以看作一场解放运动。它可以和女性史或黑人史,或早些时候工人阶级史、农民史等的出现相提并论,一旦解放完成,主体就改变了性质。从职业历史学家的角度来看,它将继续作为一个专门领域、一个特殊的兴趣领域存在,但对公众来说,它成为"一般"历史的一部分。

非洲和亚洲的历史显然也是如此。正像欧洲或美国史那样,它们已经证明了自己的存在价值。因此,海外史这一特定分支必然会分裂为非洲史与亚洲史等。但事情还存在着另一面。正如欧洲历史的某些部分(但不是全部)可以理解为自主的历史,海外世界也是如此。在过去的五个多世纪,世界各地的历史相互联系,各种文明相互影响。这是海外史的另一个话题,现代史这方面的重要性越来越被人们所理解。在这种形式下,海外史在现代史领域获得了独特的地位,不是作为一门特殊的学科或分支学科,而是作为世界历史的一种特殊形式。

目前,处理世界历史问题似乎有两种态度,两种方法。其中之一也许可以称其为历史的宏观社会学。这类历史的特点是其社会科学方法,挑出一个特定的社会现象或话题,比如国家的形成、革命或独裁,并在各种历史背景下进行分析。因此,我们可以区分出(例如)在16世纪的欧洲和20世纪的中国所发生的一些事件之间的相似之处和不同之处。这样做的目的在于,更多了解一般的社会过程。[①] 另一种方法则更为传统,它试图辨认出现

① 请参见 T. Skocpol & M. Somer, "The Use of Comparative History in Macrosocial Inquiry", *Comparative Studies in Society and History*, 22, 1980, pp.174-197。

代历史发展的某种模式,并且将历史写作视为对具体历史过程和事件的描述。在这里,也会使用一种比较的方法研究历史,但会限制在时间发展的框架内。人们对各种事态发展之间的差异以及某些事件的独特性,比对它们的相似性更感兴趣。这一概念框架是欧洲扩张和西方崛起导致世界统一的概念框架。[①] 这两种方法都具有强烈希望超越传统界限、狭隘观点和民族主义偏见的特点。最后,它们有着共同的目标,使特定的西方历史学科适用于世界历史。这很有必要,因为"我们的文明是第一个使其历史成为世界历史的文明,我们的历史是第一个成为世界历史的历史"。这些话是荷兰历史学家约翰·赫伊津哈(Johan Huizinga)在60多年前写的,从中汲取前因后果是我们今天仍然面临的挑战。

① 还可参见 Eric R. Wolf, *Europe and the People without History*, Berkeley, 1982; Ph. Curtin, *Cross Cultural Trade in World History*, Cambridge, Mass., 1985; W. McNeill, *The Rise of the West: A History of the Human Community*, Chicago, 1963; D. S. Landes, *The Wealth and Poverty of Nations*, New York, 1998; J. Diamond, *Guns, Germs and Steel: The Fates of Human Societies*, London, 1997。

第五章

微观史

乔瓦尼·列维

无穷无尽的怀疑甚至谈不上是怀疑。

——L. 维特根斯坦,1969 年

关于微观史的争论并不是以理论文本或宣言为基础的,这并非偶然。微观史本质上是一种史学实践,但它的理论依据是多种多样的,并且在某种意义上是博采众长的。事实上,这种方法首先与构成历史学家工作的真实的琐碎程序有关,因此微观史不能按照其主题的微观维度来定义。读者因此可能会对这篇文章某种程度的理论性质感到吃惊。实际上,坚持微观史研究的许多历史学家一直在与社会科学进行不断的交流,并且建立了一些史学理论,但他们并不认为有必要参考任何连贯的概念体系或原则。微观史,和所有实验性工作一样,没有现成的正统学说可以借鉴。所产生的材料的广泛多样性清楚表明了其共同要素的范围多么有限。然而,在我看来,微观史中这些极少的共同要素非常重要,我在这里尝试探讨的也正是这些共同要素。

微观史具有一些独特的特征,这些特征源自 20 世纪 70 年代,当时它从一场更为广泛的政治和文化辩论中产生。这并没有什么特别不同寻常之处,因为 20 世纪七八十年代几乎是普遍存在的危机年代,人们普遍乐观地认为,世界将沿着革命路线迅速而彻底地发生转变。当时已经证明,大多数

以前曾经引导文化辩论(包括历史学领域)的希望和神话,在结果难以预测的政治事件和社会现实面前,与其说是无效的,不如说是不充分的——这与伟大的马克思主义体系或功能主义体系所提出的乐观模式相去甚远。我们仍在经历这一过程最初的戏剧性阶段,历史学家被迫对自己的方法论和历史解释提出新问题。最重要的是,变革的自动性假设受到了破坏,更具体地说,人们已经对那种经过一系列统一的、可以预测的阶段有规律地向前发展的观点提出了质疑,在这些阶段中,社会主体被视为与某种意义上既定的、自然的、不可避免的团结和冲突相一致。

各种流派的社会科学家用来解释当前或过去变化的那些概念工具已经被继承的实证主义负担所压垮。事实证明,对社会行为的预测显然是错误的,现有体系和范式的这种失败,与其说需要建立全新的一般社会理论,不如说需要彻底修正现有的研究工具。然而,无论这种想法看起来多么陈腐和简单化,这种对危机的洞察力是如此普遍,以至于只需要进行最简单的提醒就足够了。

然而,对这场危机有许多可能的反应,微观史本身只是这些可能反应中的一种,它强调重新定义概念,深入分析现有的工具和方法。与此同时,还有其他更为极端的解决办法,这些办法往往转向极度的相对主义、新唯心主义,甚至回归充满非理性的哲学。

那些将自己列入微观史阵营的历史学家通常根源于马克思主义,[①]政治上倾向于左翼和激进世俗主义,很少倾向于形而上学。尽管这些特征以广泛多样的方式表现出来,但我相信,它们有助于坚定历史学家的想法,认为历史研究并不是一种纯粹的修辞和审美活动。

他们的作品始终致力于探讨对人类行为更加现实的描述,采用人类在世界上行为的一种行动与冲突模式,承认人的相对自由,超越(而不是不

---

① 这项工作围绕两种出版物展开,1981年埃诺迪(Einaudi)在都灵出版的微观史(Microstorie)系列,以及部分地,博洛尼亚的伊尔·穆利诺(Il Mulino)发表的评论《历史手册》(*Quaderni Storici*)。

受)规定性和压迫性规范体系的约束。因此,所有的社会行动都被视为个人面对规范性现实时不断协商、操纵、选择和决定的结果,尽管这种现实无处不在,但为个人解释和自由提供了许多可能性。因此,问题在于如何界定一个人的自由界限,无论这些界限多么狭窄,都是由规范体系的间隙和矛盾所赋予的。换言之,是对人类社会总体结构中自由意志的范围和性质的探究。在这种类型的研究中,历史学家关注的不仅仅是对意义的解释,而是定义符号世界的模糊性,对它的多种可能解释,以及围绕象征资源和物质资源发生的争斗。

因此,微观史在所谓的新史学中有着非常明确的定位。它不仅仅是对学术史学中似乎不再发挥作用的那些方面进行纠正的问题,更重要的是,要驳斥相对主义、非理性主义以及将历史学家的工作简化为解释文本而非事件本身的纯粹修辞学活动。

按照维特根斯坦的观点,“无穷无尽的怀疑甚至谈不上是怀疑”。[①] 问题在于找到一种方法,既能够承认知识和理性的局限性,又能构建一种组织和解释过去世界的历史学。因此,主要的冲突并不是新历史和传统历史之间的冲突,而是被视为一种解释实践的历史意义上的冲突。[②]

微观史作为一种实践活动,本质上是建立在缩小观察规模、微观分析和深入研究文献资料的基础上的。这个定义可能已经造成了意义上的模棱两可:它不是一个简单地解决不同维度在每个社会系统中并存这一事实的原因和影响的问题,换句话说,描述极为复杂的社会结构而不忽略每个人的社会空间尺度(scale)并由此关注人们及其生活状况的问题。因此,这并非一

---

① L. Wittgenstein, *On Certainty*, Oxford, 1969, p.625.

② 因此我不赞同胡安娜·W. 斯科特的观点(Joan W. Scott, “History in crisis? The Others’ Side of the Story”, in *American Historical Review*, 94, 1989, pp.680-692),她认为所有前卫的历史著作都是积极的。她的文章最后呼吁在没有任何特定观点的情况下开启一个更新阶段:“如果基于不同历史经验的许多不同的历史故事确实是不可调和的,那么是否仍然存在连贯地、系统地思考历史的办法?……这些问题是可以回答的,但前提是我们接受历史学本身是一门不断变化的学科这种观点。”(第691—692页)但除了“创造性的调查”,我们还能获得怎样的答案呢?

个概念化的问题——把尺度的观念概念化为所有社会系统所固有的一个因素,概念化为包括不同数量维度和空间维度的社会互动环境的一个重要特征。人类学家对这个问题进行了充分讨论,他们从以下视角提出尺度的概念:作为一种分析对象,尺度用来衡量关系领域中的各个维度。例如,弗雷德里克·巴特(Fredrik Barth)组织了一场关于该主题的基础研讨会,但问题在于,我们是否有能力"描述尺度在不同经验社会组织中的不同组合,以便衡量它们在其塑造的不同生活领域中所起的作用"。[1] 对于微观史来说,缩小尺度是一种分析步骤,可以独立于被分析对象的维度而应用于任何地方。

我想更仔细地研究一下这个问题,因为在讨论微观史时,尺度是研究对象这个想法容易让许多人产生误解。例如,人们通常认为,可以将地方社区作为小规模系统的对象进行适当的研究,但应该使用更大的尺度来揭示某个地区内的不同社区之间、某个国家内的不同地区之间的联系等。当然,事实上很明显,即使表面看来最微小的行动,比如有人去买一条面包,实际上也包含了整个世界粮食市场的更广泛的体系。只有看似矛盾且意义重大的视角扭曲,才能说明一个村庄的商业生活在其当地层面的意义以外没有任何意义。对此,可以从弗朗哥·文图里(Franco Venturi)对社区研究,尤其对微观史的有趣抨击中窥见一斑:[2]

> 研究一个村庄的历史,正如现在经常做的那样,是完全没有意义的。历史学家的职责是研究那些影响我们生活的思想的起源,而不是写小说。我只需要举一个例子来说明:今天有很多人在谈论重返市场的必要性。是谁发明了市场?18世纪的那些人。在意大利,谁会关心这个问题?启蒙思想家吉诺维斯和维里。把现代生活的根基牢固置于我们研究的中心,这一点非常重要。

人们可以通过套用格尔茨的一句话作为回应:"历史学家并不研究村落……

---

① F. Barth, ed., *Scale and Social Organization*, Oslo, Bergen, Tromso, 1978, p.273.

② F. Venturi, "Lumi di Venezia", *La Stampa*, Turin, 27 Jan.1990.

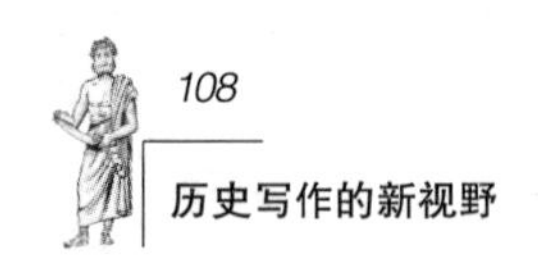

他们只是在村落里研究。”①

如果只是把内部维度归为分析目标的一种手段，那么，描述社会现象中不同但一致的尺度组合自然十分重要。然而，分析目标的特定维度未必反映了所提问题的独特尺度，这一点是不言自明的，甚至是无关紧要的。尺度在现实中有它自己的存在，即使那些认为微观分析纯粹通过示例起作用的人也接受了这个观点，也就是说，把微观分析看作一种简化的分析过程——选择现实生活中某个特定的点作为一般概念的例证——而不是更广泛地走向概括(generalization)的起点。不同类型的人和不同结构的关系领域组成了各种社交圈，这些社交圈的不同维度展示了在现实中运作的尺度的确切性质。因此，从这个意义上讲，人们在描述复杂社会的划分时，并没有借助于先验的假设和框架；但是按照这种方法，只能构建一种仅仅基于类比的概括，这种概括比起所争论的要更具隐喻性。换言之，在我看来，我们在讨论尺度问题时，不仅要把它看作被观察的现实世界的尺度，还要把它看作出于试验目的可变的观察尺度。个人对大规模系统规则的不可简化性(irreducibility)将尺度问题置于辩论的核心，这是自然而然的，也是正确的。针对一种过于简单的功能主义，我们应该强调社会矛盾在导致社会变革中所起的作用，这一点十分重要。换言之，强调不同规范体系在约束力方面存在的差异(例如国家与家庭规范之间)的解释价值，以及除此之外，强调以下事实的解释价值：任何人都有一套不同的社会关系，这些社会关系决定了人们对规范结构的反应，以及根据这些规范结构所做的选择。

尽管尺度作为现实的固有特征，在微观史的争论中肯定不是一个不相干的因素，但它却是无关紧要的；②因为真正的问题在于，为了实验目的而缩小观察尺度的决定。所有微观历史研究的统一原则是，相信微观观察将揭示以前未观察到的因素。关于这种深入细致的研究步骤的一些事例包括：重新

① 全文写道：“人类学家不研究村庄(部落、城镇、社区……)；他们在村庄里从事研究。”见 C. Geertz, *The Interpretation of Cultures*, New York, 1973, p.22。

② G. Levi, “Un problema di scala”, in *Dieci interventi di Storia Sociale*, Turin, 1981, pp.75-81.

解释伽利略案，作为对亚里士多德物质观和圣餐的辩护，反对原子论，因为原子论将不可能使葡萄酒和面包变成血和肉；[①]聚焦一幅画，并确定其人物是谁，以此作为考察皮耶罗·德拉·弗朗西斯卡（Piero della Francesca）文化世界的一种手段；[②]研究科莫地区一个小乡村的同族通婚策略，以揭示17世纪农民的心理世界；[③]介绍机械织机（就像在一个小纺织村观察到的那样），以解释发明创新的主题、节奏和影响；[④]研究一个村庄的土地交易，以发现在一个尚未去个性化的市场中起作用的商业交易的社会规则。[⑤]

让我们简单分析一下最后一个例子。关于土地商业化的讨论很多，人们普遍认为，在许多西欧国家和殖民地美洲，土地交易的早熟性和频繁性表明资本主义和个人主义的早期存在。有两个因素阻碍了对这一现象进行更充分的评估。首先，许多解释都是基于汇总数据，这种方法使我们无法审查交易本身的具体事实。其次，历史学家被他们自己的现代商业思想所误导，这使他们把在当代公证书中发现的大量土地货币交易解释为存在着自我调节的市场的证据。奇怪的是，没有人注意到或重视这样一个事实，即所涉及的价格极不稳定，即使考虑到土地的不同质量因素。因此，土地价格和一般市场通常是在毫无疑问地假设市场力量不受个人影响的情况下被提及的。只有将观察范围缩小到一个极为局限的地区，才有可能看到土地价格根据

---

① P. Redondi, *Galileo eretico*, Turin, 1983. 雷蒙德·罗森塔尔翻译的《异端伽利略》（Raymond Rosenthal, *Galileo Heretic*）1988年于伦敦出版。

② C. Ginzburg, *Indagini su Piero: Il battesimo*, *Il ciclo di Arezzo*, *La flagellazione di Urbino*, Turin, 1981. 马丁·赖尔与凯特·索珀翻译的译本《皮耶罗之谜：皮耶罗·德拉·弗朗西斯卡：洗礼、阿雷佐循环、鞭刑》（Martin Ryle and Kate Soper, *The Enigma of Piero: Piero della Francesca: The Baptism*, *The Arezzo Cycle*, *The Flagellation*）1985年于伦敦出版。

③ R. Merzario, *Il paese stretto: strategie matrimoniali nella diocese di Como secoli XVI-XVIII*, Turin, 1981.

④ F. Ramella, *Terra e telai: sistemi di parentela e manifattura nel Biellese dell' Ottocento*, Turin, 1984.

⑤ G. Levi, *L'eredita immateriale: carriera di un esorcista nel Piemonte del Seicento*, Turin, 1985，琳达·科克拉内将其译为《承袭的权力——一个驱魔师的故事》（Linda Cochrane, *Inheriting Power: The Story of an Exorcist*, Chicago and London, 1988）。

合同当事人之间的亲属关系而变化;也才有可能表明,对同样大小和质量的土地收取了不同的价格。因此才有可能得出结论:人们在研究一个复杂的市场,在这个市场中,社会和个人关系在确定价格水平、时间和土地易手的形式方面起着决定性的作用。在我看来,这个例子尤其能够揭示微观历史发展的大致路径。通过改变观察尺度,以前被认为已经得到充分描述和理解的现象现在获得了全新的意义。尽管最初的观察结果是在相对狭窄的维度内,作为实验而不是作为例子得出的,但使用这些观察结果可以得出更广泛的概括。

尽管起源于历史研究领域,但微观史的许多特征显示了历史与人类学之间的密切联系,尤其是克利福德·格尔茨视其为人类学研究工作的恰当视角的"深描"。[①] 这种观点不是从一系列的观察开始,并且试图将某种规律性的理论强加于这些观察之上,而是开始于一系列的象征符号,并且试图将它们融入一个可以理解的结构中。因此,深描有助于用书面形式记录一系列象征性的事件或事实,否则这些事件或事实很快就会消失,但可以通过插入语境来解释,也就是说,把它们置于社会话语的流动中。这种方法成功地利用了对最细微事件的微观分析,从而得出了最深远的结论。

根据格尔茨的说法,这是民族学家所采用的步骤,他们的志向极为远大,又非常谦虚。说他们志向远大,是因为民族学家解释材料的权威实际上是无限的,大多数解读是民族志作品的精髓。人类学著作是极具想象力的作品,在这些作品中,作者的能力是通过他们能否让我们接触到外国人的生活,能否以某种方式组织事件或社会话语以便让我们清楚地审视它们来衡量的。因此,解释者的力量变得无穷无尽、不可估量,并且不易被窜改。[②] 一些难以理性评价的因素会不可避免地被引入,从一种冷淡的移情到一种文学交际技巧。

---

① C. Geertz, "Thick Description: Toward an Interpretive Theory of Culture", in Geertz, *Interpretation of Cultures*, pp.3-31.

② J. Clifford, "On Ethnographic Authority", *Representations*, 1, 1983, pp.122-139.

由于理论不受重视,相对主义的危险更加突出,而不是被减至最小。对格尔茨来说,寻找规律和一般概念是没有用的,因为文化是由一整套符号构成的,对文化的分析不是探索普遍规律的实验科学,而是寻求意义的解释性科学。那么,理论的作用是什么?格尔茨拒绝承认解释性方法必须明确抛弃理论构想。然而,他接着立即指出,“使这些构想能够得到系统阐述的术语,即便不是完全不存在的,也差不多是这样的……文化解释的许多特点使其理论发展比通常来说更加困难”(第24页)。首先是“理论需要更贴近实际,而不是让科学更容易沉浸在富于想象力的抽象中”(第25页)。“理论构想低低地盘旋在它们所支配的解释的上空,以至于离开这些解释,理论构想就失去了意义,也无法引起人们的兴趣。”(第25页)因此,理论是合情合理的,但用处不大,“因为在这里,理论建设的根本任务不是整理抽象的规律,而是要使深描成为可能;不是越过事例进行概括,而是在事例中进行概括”(第26页)。某种类似于临床推理的事情正在发生:这不是一个将被观察到的事实适用于现有规律的问题,而是从重要的符号着手(就民族学而言,它们是象征性行为),这些符号已经在一个可以理解的框架内组织起来,以便使对社会话语的分析能够“找出事物不言而喻的重要性”。因此,这不是一个精心构建能够产生预测的理论工具的问题,而是组织一个理论框架的问题,“在新的社会现象出现时,能够继续产生有说服力的解释……理论观点并不是在每一项研究中全部重新创造的……它们是从其他相关研究中汲取养分,并在此过程中加以改进,用于解释新的问题”(第26—27页)。

> 我们的双重任务是,揭示影响我们主体行为的概念结构,即社会话语的“被表达”;并且构建一个分析系统,借此,这些结构的共性因素,所有由于它们就是它们自身而属于这些结构的东西,能够突显出来,与人类行为的其他决定因素形成对照。对民族志来说,理论的功能是提供一套词汇,通过这套词汇,象征性行为关于其自身所要表达的东西——也就是说,关于文化在人类生活中的作用——可以表达出来。(第27—28页)

因此,理论是"一套非常笼统的、由学术界提出的概念和概念体系的集合……编入深描的民族志的文本中,以期使微不足道的事件能够产生科学的说服力"(第28页)。因此,概念是从学术科学的包袱中取出来的冰冷工具:它们在解释中是有用的,但只有在这个功能中,它们才能获得具体的现实性和特殊性。理论并非源于解释。与解释者的作用相比,理论只起到很少的辅助作用。将符合学术语言的一般概念体系纳入深描的生命体中,是为了把简单的事件科学地表达出来,而不是为了创造出新的概念和理论的抽象体系。那么,一般理论的唯一重要性就在于,作为构建不断扩大的深描的全部材料的一部分,通过语境化使其变得容易理解,这将有助于拓宽人类话语的范围。

在我看来,解释人类学和微观史与历史学和人类学一样有很多共同点。尽管如此,我在这里想强调两个重要的区别,一个来自人类学传统上对深入的小范围研究更加积极的使用,另一个来自我称其为某种存在于格尔茨思想中的自我限制,对此,我将在下文做出解释。这两种区别关系到人类理性在实践中的运作方式以及在社会科学中进行概括的合法性。

让我们先来看看对待理性的不同方式。由于否认了对认知过程进行具体分析的可能性,解释人类学以理性为基准,认为离开了人类行动,离开了被视为有意义的象征性行动的人类行为,或是离开了解释,理性就无法描述。到这里,我们可能会同意。然而,格尔茨从这些思考中得出了极端的结论。我们唯一能做的就是先尝试着去理解,然后通过深描,把行动的可能含义弄清楚。这种方法的拥护者并不认为有必要质疑理性本身的局限性、可能性与可衡量性。相反,任何这种固有的限制或界限,都被认为是由无价值的解释在理想主义和相对主义之间进行的无休止的博弈所设定的,而不是以某种人类理性的明确概念来评估。

我们可以更进一步地说,格尔茨的概念是由他从海德格尔那里继承的某些特征所揭示的[1],特别是,他否认彻底解释的可能性,并试图建构一种

---

① J. Heidegger, *Holzwege*, Frankfurt, 1950,意文译作 *Sentieri interotti* (Florenca, 1968)。

倾听的解释学;也就是说,倾听诗意的语言,换句话说,在努力创造新意义时所使用的语言。[1] 实际上,对格尔茨来说,如果没有公共的、象征性的情感模型的指导,人类就无法形成心理系统,因此,这些模型是他理解世界的基本要素。此外,这些象征性模型并不是在所有人类语言中都能找到的,因为语言通常已经退化为一种单纯的交流手段。格尔茨和海德格尔一样,在诗歌的精髓语言中找到了这些象征性模型,它代表了人类对现实体验的最重要的表达。格尔茨特别提到神话、仪式和艺术语言:“为了下定决心,我们必须知道我们对事物的感受;要想知道我们对事物的感受,我们需要只有仪式、神话和艺术才能提供的公众情感形象。”[2]格尔茨清晰明了的立场是,人类心智无限的象征可能性,使我们能够通过一系列无限小的步骤来接近现实,但从未达到过现实。这种观点与海德格尔的反黑格尔理论是一致的,海德格尔认为,认知主体不应该使他者的存在融入自我,相反,思想作为“解释学量词”(hermeneutic classifier)的恰当功能是使他者仍为他者。我相信,要想理解格尔茨解释人类学中解释的力量和微妙之处,以及解释世界的相对弱点,这种海德格尔式的联系是必不可少的。通过这种方式,格尔茨设法避免了理性及其局限性的问题,这些局限不仅仅是通过对信息的差别访问来定义的。区别在于“真实的思想”与“充分理性”原则支配的思想。有鉴于此,民族学家似乎应该满足于将其研究停留在对意义的描述阶段。

显然,人们必须承认,从生物学的角度来看,所有人都拥有基本平等的智力,但智力要想发挥作用,完全依赖于文化资源。这种对文化的强调,使人们得以避免任何关于文明人优于原始人的理论,也避免考虑这种想法:文化在进化阶段的某些点上是有序的。文化,被定义为象征性思维的能力,是人的本性的一部分。文化不是对人类思想的补充,而是人类思想的内在组成部分。然而,格尔茨认为,避免“绝对的”文化相对主义,从而使不同文化

---

① G. Vattimo, *Introduzione a Heidegger*, Bari, 1985.

② C. Geertz, “The Growth of Culture and the Evolution of Mind”, in J. Sclier, ed., *Theories of the Mind*, Glencoe, ILL., 1962, pp.713-740;重印于 Geertz, *Interpretation of Cultures*, pp.55-85。

之间的比较成为可能——这个问题是无法解决的,甚至不应该得到解决。他把自己局限在将智力的功能定义为“寻找信息”:使用特定文化成员共同的材料进行的情感化阐述。“总而言之,在指导性推理(directive reasoning)的特定意义上,人类的智力依赖于对某种文化资源的操纵,从而产生(发现、选择)有机体所需的环境刺激物,无论出于何种目的,它是对信息的搜索”,因此是对信息的选择性收集。事实上,人类需要持续不断的情感和智力刺激,但同时,这些同样的刺激需要持续的文化控制,从而将它们组织成有意义和可理解的秩序。因此,它不仅是一种信息的收集,也涉及信息的情感组织。然而,这个过程并不是私下进行的,因为符号的意义在于,它们是由群体(无论大小)的成员所共享的,因此是可以交流的:首先,思想是按照手头的公共符号结构组织起来的,只有在那之后,才变成私人的。但格尔茨无法逾越这些考虑,因为对理性的功能进行更具体的探究,将不可避免地引入文化等级划分的威胁性含义。

格尔茨为文化相对主义在破坏民族中心主义中所起的作用进行了辩护,对此我们只能表示赞同。然而,他甚至把文化相对主义与相对主义简单地相提并论,而且,他认为,所有的反相对主义都是一种危险的倾向,认为某些文化的等级高于其他文化。在1984年一篇发人深省的文章“反对反相对主义”中,[①]他把所有的反相对主义都归结为“那种立场,认为跨越时空的文化多样性等同于对既定的基本现实、人类的本质……的一系列表达”。格尔茨在这个掩盖着深层同质性的表面多样性的幻象中,看到了对关于人类思维和人类本质的那些理论的依赖,对此他是反对的,因为这些理论不可避免地会导致“原始思想”和“社会偏差”等错误概念的重新建立,换言之,就是根据不同的理性水平对信仰和行为形式进行等级划分的假设。因此,新理性主义者声称,无论以何种形式,都有可能确定形式恒常性(认知共性)、发展恒常性(认知阶段)和操作恒常性(认知过程),只会削弱正确强调文化

① C. Geertz, “Anti Anti-Relativism”, *American Anthropologist*, 86, 1984, pp.263-278.

多样性和差异性的那些概念的力量。“如果由于我们已经确认的距离和已经发现的其他地方开始发挥影响，开始改变我们的感觉和感知，我们就老调重弹，那将会是一个很大的遗憾。”格尔茨宣称自己不是相对主义者，而是反对反相对主义者，因为在我们所处的阶段(也许很短暂)，只有深描和对各种意义的阐述才是可能的。

然而，在我看来，他把每一个理性主义的论点都简化为文化等级观念的潜在复兴是站不住脚的；事实上，很难把格尔茨所指的盖尔纳、列维-施特劳斯、李约瑟、温奇、霍顿和斯珀伯看作是文化等级秩序的所有代表。为什么认知过程或认知共性只会导致种族中心主义的结论？为什么理性过程的形式化描述，或是理性的局限性这一概念，会阻碍对文化的非等级化描述？为什么允许不同文化之间进行比较的形式化和泛化必然意味着对差异性的破坏？危险自然是存在的，但解决办法难道真的是接受相对主义这种令人麻痹的非理性主义威胁，以此作为摆脱种族中心主义——这个无论如何现在基本上已被驱除的幽灵——的代价吗？相反，我认为，正是对统一认知过程的认同，使人能够接受文化相对主义，同时拒绝那些限制我们认识现实可能性的人的绝对相对主义，结果是陷入了一场没完没了的毫无必要的游戏。

在我看来，微观史和解释人类学在视角上的一个主要区别在于，后者认为公共标志和符号具有相同的意义，而微观史则试图根据它们产生的多重社会表征来定义和衡量它们。因此，问题不仅仅是智力的功能问题。还有一种危险是，忽视了象征意义的社会差异性及其部分模棱两可的性质。这也导致了在特定情况下如何定义人类理性的不同运作形式的问题。无论是组织和定义文化所需的信息量，还是行动所需的信息量，在历史上都是可变的，在社会上也是易变的。既然公共的象征性结构框架是一个抽象概念，那么，这是一个需要面对的问题。因为在不同的社会条件下，这些象征性结构产生了一种支离破碎的、有区别的表现形式，这些正是我们应该研究的对象。

和简单的社会或过去的社会相比，当代社会的可用信息量和实证观察的机会可能要广得多，也更加复杂。然而，主要问题始终是福柯以一种非常具有启发性的方式提出的问题:[1]从一个占主导地位的系统或分类必须施加的各种可能的备选含义中做出选择的问题;更不用说选择我们可以称之为自我保护的信息,这些信息使我们能够赋予世界一定的意义,并使其有效运行。然而,这些信息的数量和质量在不同的社会并不是统一的,因此,有必要考察在所观察的特定现实中起作用的有限理性形式的多种性。这种多样性的存在,除其他外,是在面对过多信息时所启用的保护机制的结果,这些机制使人们能够摆脱纯粹的信息量,以便做出决定。例如,人们会想到因果关系简化的过程,以及在政治选择中使用简化的口号、流行医学中使用的病因学系统,或是广告业中使用的说服技巧。

因此,在我看来,仅仅根据格尔茨对文化的定义,即无休止地寻找信息,对象征功能进行一般性讨论是不够的。我认为,有必要对有限理性的机制进行测量并使之形式化——有限理性的边界位置随着获取信息的不同形式而发生变化——以便了解在不同时代和地点的个人、群体和社会文化中存在的差异。格尔茨的体系非常重要但并不完善,带有某种影射的性质,忽略了这一目标。

近年来,以解释人类学为幌子出现在科学界的大量自传体相对主义就是这种不足的例证(拉比诺的《摩洛哥实地考察反思》在我看来是一个最好的例子[2])。更进一步的证据是,深描的集合(repertoire)并没有比较的目的,而仅仅是一个集合,从中可以挑出一些事例,根据未指明的规则加以澄清。因此,解释往往是开放的、无法估计的,也是有限的。这种无法估量性的某些例子更多出现在格尔茨的追随者身上,而不是格尔茨本人身上。就我而言,一个经典的例子是罗伯特·达恩顿的《屠猫记》。[3]

---

① M. Foucault, *Les mots et les choses: archéologie des sciences humaines*, Paris, 1966.

② P. Rabinow, *Reflections on Fieldwork in Morocco*, Berkeley and Los Angeles, 1977.

③ R. Darnton, *The Great Cat Massacre and Other Episodes in French Cultural History*, New York, 1984. 又见其论文“The Symbolic Element in History”, *Journal of Modern History*, 58, 1986, pp.218-234,以及 R. Chartier, “Text, Symbols, and Frenchness”, *Journal of Modern History*, 57, 1985, pp.682-695,还有 G. Levi, “I pericoli del Geertzismo”, *Quaderni Storici*, 20, 1985, pp.269-277。

已经提到的第二个方面是，放弃建构模型与陈述解释性和交际性游戏的形式规则的任何尝试。格尔茨最后建议尝试性地使用一般的学术概念化方法，只是为了使深描这一概念在具体例子中重新焕发生机。通过这种方式，一系列的概念被编织到一系列有待解释的事件中，希望它们能够共同起作用，使简单的事件在科学上具有说服力，反之，可以从大量的简单事实中得出影响深远的结论。这种方法往往导致缺乏社会分析的文化史，或是从经过深入考察的文化史中得出极其刻板的社会分析。这一行动得到了深入的研究，但是没有对所涉及的社会机制进行复杂的、正式的重新概念化，因此，分析仅仅停留在社会史的起步阶段，仿佛受到了惊吓。例如，在一个没有社会差异的社会，加冕仪式中权力的超凡魅力和象征意义对于每个人来说都是共同的信仰。[①] 或者，再举一个例子，斗鸡被作为对整个社会具有单一普遍意义的现象加以描述，尽管赌博的形式在社会上是多种多样的。[②]

另一方面，微观史并没有像解释人类学那样拒绝考虑社会分化，而是认为有必要对行动、行为、社会结构、角色和关系进行尽可能正式的解读。换句话说，尽管习俗和符号的使用总是多义的，但它们从流动的、不断变化的社会分化中获得了更加精确的涵义。个人不断创造自己的身份，群体则根据冲突和团结来定义自己，尽管这些冲突和团结不能被假定为先验的，而是源于分析对象的动态性。

现在我想讨论一下微观史学家作品的另一个共同特点，那就是与读者沟通的问题——叙事的问题。叙事的复兴不应仅仅从定性的、个性化的历史与定量的历史之间的选择来看待，后者的目标是建立法律、规则和正式的集体行为。微观史专门讨论了沟通的问题，并且敏锐地意识到，历史研究并

---

① C. Geertz, *Local Knowledge: Further Essays in Interpretive Anthropology*, New York, 1983, pp.121-146.

② C. Geertz, “Deep Play: Notes on the Balinese Cockfight”, *Daedalus*, 101, 1972, pp.1-37, 重印于 C. Geertz, *Interpretation of Cultures*, pp.412-454。

不仅仅和一本书中结论的交流相一致。这是斯通在一篇著名文章中忽视的一个中心问题。① 总而言之,历史上通过讲述具体事例来证明和论证的问题,一般与论述的技巧有着密切联系。这不仅仅是一个修辞问题,因为历史著作的意义不能归结为修辞,而是具体来说与读者沟通的问题,这些读者永远不是白板一块,因此,总会存在着接受的问题。② 在我看来,叙事的特殊功能可以概括为两个特点。第一个特点是,通过对确凿事实的描述,试图证明社会某些方面的真实功能,这些功能会被其本身所使用的一般化和定量形式化所扭曲,因为这些操作将以功能主义的方式强调规范体系和社会变革的机械过程的作用。换言之,展示了规范体系与为个人创造的行动自由之间的关系,这些行动自由是通过那些始终存在的空间以及作为任何标准和规范体系一部分的内部矛盾获得的。第二个特点是将研究过程本身、文献的局限性、说服技巧和解释性结构纳入叙事主体。这种方法显然打破了历史学家传统上所采用的自信的、威权的话语形式,他们把现实作为客观存在加以记述。相反,在微观史中,研究者的观点成为叙事的内在部分。对研究过程进行了清晰的描述,文献证据的局限性、假设的提出以及所遵循的思路不再被掩盖起来,而为外行所了解。读者参与了某种对话,参与了建构历史论据的全过程。(关于该过程,一个令人获益匪浅的例子是金兹伯格和普罗斯佩里的著作。③)亨利·詹姆斯在他的小说《在笼中》里采用了类似的方法,④该书是对历史学家作品的一个杰出隐喻。在这个故事中,詹姆斯描

---

① L. Stone, "The Revival of Narrative: Reflections on a New Old History", *Past and Present*, 85, 1979, pp.3-24.

② 我想起了 A. 莫米利亚诺(A. Momigliano, "La retorica della storia e la storia della retorica: sui tropi di Hayden White", in Momigliano, *Sui fondamenti della storia antica*, Turin, 1984, pp.464-476)与 H. 怀特(H. White, *Metahistory*, Baltimore, 1973)之间的论战,然而,在这场论战中,莫米利亚诺过于强调了真实与修辞之间的对立。正如我在文中所说,论证理论的问题在实际的史学中是重要的,而不是像怀特所说的那样,不符合对历史事实的现实参照。

③ C. Ginzburg and A. Prosperi, *Giochi di pazienza: un seminario sul "Beneficio di Cristo"*, Turin, 1975.

④ H. James, *In the Cage*, London, 1898.

述了伦敦某区的一位电报员在其狭窄的工作场所对现实进行解读的整个过程,她所使用的原始材料是其贵族客户每天交流的电报文本所呈现的贫乏、零碎甚至谬误的资料。这个关于理解世界的过程的故事是对历史学家作品的一种隐喻,但它也提供了一个例子,说明叙事在这类工作中所能起到的作用。

微观史方法所要解决的问题是,我们如何借助各种线索、符号和象征获取关于过去的知识。这是一个以某一特定事物为出发点(通常是高度具体化和个性化的,不可能作为典型案例进行描述),继而根据它自身的具体语境来确定其含义的过程。

然而,语境化(contextualization)可以有许多涵义。最连贯的语境理论是功能主义的语境理论,其最具特色的方面可能是关注语境来解释社会行为。对功能主义来说,分析的对象与其说是行为的原因本身,不如说是在一个连贯的系统内对某种行为形式的规范化,这个系统解释了这种行为、它的功能以及它如何运作。涂尔干的语境化模式强调了我们某些一般概念的约束性质,但语境化是一种功能主义元素,即使它把自己局限在强调一种制度、一种行为方式或一种概念与其所属系统之间的契合性。正如盖尔纳指出的,[①]甚至维特根斯坦也是涂尔干的"追随者和继承者",因为就连他也认为,"范畴是通过成为'生命形式'的一部分而得到验证的"。

我要指出的是,与功能主义强调社会一致性相反,微观史学家关注的是规范体系的矛盾,并因此关注使所有体系变得流畅开放的那些观点的碎片化、矛盾化和多元化。变化是通过在相互矛盾的规范体系的间隙中进行微小而无止境的策略和选择而发生的。这确实是一种视角的颠倒,因为它强调了最细微和最局部的行动,以展示所有系统复杂的不一致性所留下的空白和空间。回到前面提到的例子,在巴厘岛文化的连贯体系中思考斗鸡的

---

① E. Gellner, "Concepts and Society", in B. R. Wilson, ed., *Rationality*, Oxford, 1970, pp. 18-49, 尤其 p.24。

意义,而不是把斗鸡本身的社会碎片化的多重意义作为从整体上解读巴厘文化及其所有不一致性的一种手段,最终更具有功能主义的意义。①

事实上,即使我们想到的是一组相互之间无法比较的地方文化,只能以某种纯粹武断的方式从中推断出一般的、或多或少有些抽象的规则,但如果将地方文化视为一种连贯的、同质的、系统的整体,这种方法仍然有可能产生极为功能主义的解释。因此,有两种可能的方式来解读社会语境:一种是通过揭示其隐藏的意义,进而揭示它们与系统的契合,将意义赋予看似"奇怪"或"反常"的细节;另一种是作为某种发现社会背景的问题,在这种背景下,当一个明显统一的社会系统中隐藏的不一致性被揭示出来时,一个明显不正常或不重要的事实就有了意义。尺度的缩小是一个实验性的操作,正是因为这个事实,它假定语境的描述及其连贯性是显而易见的,它带来了只有在参照尺度发生变化时才会出现的矛盾。顺便说一句,正如雅克·雷维尔(Jacques Revel)正确观察到的那样,②通过尺度的扩大也可以实现这种阐释。微观维度的选择是宏观语境解释传统优势的直接结果,从这个角度来看,这是唯一可能采取的实验方向。

语境化的另一个概念是将文化语境理解为在现有语言规定的范围内将某种思想进行组合的过程。例如,我在这里思考的是英国语境主义者的思想史。③ 该理论认为,语境是由可以利用的语言和习语所决定的,而这些语言和习语是特定人群在特定情况下用来组织(例如)其权力斗争的。这一学派对社会理论本身产生了巨大的影响,并引发了如此多的讨论,以至于在

---

① Geertz, "Deep Play".

② J. Revel, "L'histoire au ras du sol",作为 G. Levi, *Le Pouvoir au village*(Paris, 1989)一书的导言, pp.i-xxxiii。

③ 请参见 J. G. A. Pocock, *The Machiavellian Moment: Florentine Political Thought and the Atlantic Republican Tradition*, Princeton, 1975 以及 *Virtue, Commerce and History: Essays on Political Thought and History, Chiefly in the Eighteenth Century*, Cambridge, 1985。又见 Q. Skinner, "Hermeneutics and the Role of History", *New Literary History*, 7, 1975-1976, pp.209-232,以及 Skinner, *The Foundations of Modern Political Thought: The Renaissance*, Cambridge, 1978。

我看来重申这些论点是多余的。然而,微观史的视角再次有所不同,因为它把活动、行为方式和制度看作最重要的东西,这些活动、行为方式和制度提供了一个框架,在这个框架内,习语可以得到适当的理解,也可以对那些概念和信仰进行有意义的讨论,否则,即使话语被概念化为行动而不是反思,这些概念和信仰仍然会被封闭起来,而不是恰当地接受社会的检验。

语境化可能还有第三层含义:这包括将某个事件、行为方式或概念正式地、比较地放在一系列相似的其他事物中,尽管它们在时间和空间上可能是分开的。这种语境化的前提是,正式的和明确的结构是可以比较的,但它不仅涉及对以一个或多个共同方面为特征的单个项目进行分组,还涉及通过类比基于"间接"相似性的分类。在这里,语境不仅涉及对一组具有某些共同特征的事物的识别,还可以在类比的层面上起作用,也就是说,在这个领域中,完美的相似性存在于联系事物的各种关系之间,而不是在事物本身之间,这是非常不同的。相似性存在于涉及不同要素的各种关系体系之中,可以说,这是对家族相似性的认同(我在这里特别指的是李约瑟的观点①)。

微观史已经证明了传统定义的社会背景的不可靠性和不连贯性:例如,我们可以参考 M. 格里鲍迪对工人阶级社区的社会划分所做的批评。② 格里鲍迪指出,团结与其说是基于社会地位的相似性,不如说是基于关系系统中社会地位的相似性。另一个例子是分析 17 世纪科莫地区婚姻规则和血亲关系的影响。③ 在这个分析中,强烈的社会语境化和尺度的缩小,显示了使婚姻的形式化抽象规则成为社会分类基础的重要性。另一个例子见阿戈对一个大地产的研究。④

这些观察提出了进一步的问题,有必要简要地加以考虑。首先,个体化

---

① R. Needham, *Reconnaissances*, Toronto, Buffalo, London, 1980.

② M. Gribaudi, *Mondo operaio e mito operaio: spazi e percorsi sociali a Torino nel primo Novecento*, Turin, 1987.

③ Merzario, *Il paese stretto*.

④ R. Ago, *Un feudo esemplare: immobilismo padronale e astuzia Contadina nel Lazio del'700*, Rome, 1988.

知识与普遍化知识的对比问题,这是社会历史学家们反复讨论的问题。只要回顾一下围绕家族的定性或定量历史所展开的辩论,或者从更宽泛的角度,回顾一下动摇了20世纪60年代广泛流传的一种信念(即量化社会事件和制定严格的社会行为法则的可能性)的那场危机,就足以说明问题了。在这里,我只想集中探讨一个方面,尽管它本身很独特,却能说明一个重要问题。我想研究什么是量化历史,或者更确切地说,研究那些隐含在社会现实的机械论概念中的量化特征。

微观史并不打算牺牲有关个人元素的知识来进行更广泛的概括,事实上,它强调了个人的生活和事件。但是,与此同时,它尽量不反对各种形式的抽象,因为最低限度的事实和个别案例可以揭示更普遍的现象。在一门根基不牢的科学中,如果实验本身并不是不可能的,一旦将实验中涉及再现原因的能力方面排除在外,那么,即使是最小的不和谐,也被证明是意义的指示器,可能具有普遍的维度。爱德华多·格伦迪(Edoardo Grendi)将这种观点定义为对"特殊常态"(the exceptional normal)的关注。[1] 因此,牺牲特殊性来换取一般性,或者只专注于特殊性的独特之处,这是一种不恰当的区别。问题在于,我们如何才能详细阐述一种范式,这种范式依赖于对特定事物的了解,同时又不排斥对特定事物本身的正式描述和科学知识。[2] 然而,定量和定性、事件和系列、特殊性和一般性之间的比较,已经导致了对什么是适当的形式化工具的错误看法。社会史传统上认为,自己能够把僵化的模型应用于历史,能够使用一种定量的形式化,其中,因果关系的概念不会因为关注个人选择、不确定性、个人和群体策略而被削弱,这些策略被认为是为了换回一种不那么机械论的观点。由于这种通过量化来识别形式化的

---

① E. Grendi, "Microanalist e storia sociale", *Quaderni Storici*, 7, 1972, pp.506-520,以及 *Polanyi: dall'antropologia economica alla microanalisi storica*, Milan, 1978。

② C. Ginzburg, "Spie: radici di un paradigma indiziario", in A. Gargani, ed., *Crisi della ragione*, Turin, 1979, pp.59-106,重印于金兹伯格的著作 *Miti emblemi spie: morfologia e storia*, Turin,1986, pp.158-209。书名为 *Myths, Emblems, Clues* 的英译本 1990 年于伦敦出版。

倾向已经流行了很长一段时间,历史落后于其他社会科学,这是自相矛盾的。在我看来,微观史更加坚定地向数学的非量化分支靠拢,是为了提供更加现实的、不那么机械论的表述,并因此拓宽了不确定性的领域,而不一定拒绝形式化的阐述。令人难以置信的是,诸如那些与关系网络图、不确定情况下的决策、概率计算、游戏和策略有关的问题,在关于所谓计量史的争论中都被忽略了。如果人们决定用一种不同的、更为复杂和现实的社会行为体的理性图景来工作,如果考虑到社会现象在本质上相互交织的性质,那么,就有必要立即开发并使用新的形式化抽象工具。这一领域对历史学家来说仍然是大有可为的。

因此,以下是微观史所特有的常见问题和立场:尺度的缩小,关于理性的争论,作为科学范式的小线索,特殊性的作用(但不是和社会性的对立),对接受和叙事的关注,语境的具体定义以及对相对主义的排斥。在许多方面,这些典型要素和雅克·雷维尔在最近一篇关于微观史的文章中概述的相似,这篇文章也许是迄今为止对这项实验性工作进行解释的最连贯的尝试。[①] 雷维尔将微观史定义为研究社会的一种尝试,不把社会当作具有内在属性的客体,而是当作存在于不断调整的结构之间的一组不断变动的相互关系加以研究。他认为,微观史是对那些社会史解释所具有的明显局限性的一种回应,这些解释在探寻规律性的过程中突出了过于简单的指标。微观史试图构建一种更加流畅的概念化,一个更少偏见的社会和文化分类,以及一个拒绝简化、二元假设、两极分化、僵化的类型学和寻找典型特征的分析框架。"当一个人可以把事情变得复杂时,为什么要把事情变得简单?"是雷维尔给微观史提出的口号。他的意思是,对历史学家来说,真正的问题是如何成功地表达现实的复杂性,即使这涉及使用描述性技巧和推理形式,与以前相比,这些技巧和推理形式在本质上更加自省,也不像以前那样武断。问题还在于选择重要的研究领域:把传统历史主题放到一个地

---

① Revel, "L'histoire au ras du sol", p.xxiv.

方性变体中去看(这种想法类似于阅读特定文献的字里行间,或是在一幅画的人物之间进行解读),以辨别先前回避解释的那些意义;或是以前似乎仅仅由于环境或需要而产生的那些事物的真正重要性;或是先前表现得被动或漠不关心的那些个人的积极作用。

关于雷维尔的定义,我试图更加清楚地强调微观史的反相对论推力和对形式化的渴望,这些都是微观史学家工作的特征,或者在我看来应该成为微观史学家工作的特征。这一点很重要,因为我们在历史和社会科学中使用的概念往往是不精确的,而且是隐喻性的。例如型构(configuration)这个概念,埃利亚斯贴切、直观的套话,在我看来是典型的,因为它极具表达力,但仍然十分隐晦,它并没有靠近我认为可以用更正式的术语来表达的那些东西,正如我在这篇论文中试图展示的那样。

我不知道这种对微观史的表述是否可靠。我想用具有较强特征的术语来描述一群人,他们实际上参与了20世纪70年代和80年代意大利社会史上许多不同的辩论。我也许应该更充分地解释所涉及的各种不同的意见,并提及一场远远超出意大利框架的历史辩论。因此,我必须通过告诉读者我的指导原则是强烈的个人主义,来澄清一些事实;这是一幅自画像,而不是一幅集体肖像。我不能不这样做,我在此提醒读者,这是事实。

微观史辩论(彼得·伯克)

微观史的一位主要倡导者在这里所讨论的微观史,随着越来越多的此类研究以多种语言发表,而在某种意义上继续蓬勃发展。

在过去十年,意大利的贡献包括奥斯瓦尔多·拉焦(Osvaldo Raggio)的《仇与亲》(*Faide e parentele*, 1990),从丰塔纳波纳村的角度研究热那亚共和国;法国的贡献包括阿兰·科尔班(Alain Corbin)的《食人族村落》(*The Village of the Cannibals*, 1990)和贝努瓦·加尔诺(Benoît Garnot)的凶杀小说《18世纪的婚姻犯罪》(*Un crime conjugal au 18e siècle*, 1993);美国的贡献包括戴维·萨宾(David Sabean)的《内卡豪森的财产、生产和家庭,1700—1870》(*Property, Production and Family in Neckarhausen, 1700-1870*, 1990),克雷格·阿尔兰(Craig Harline)的《玛格丽特修女的负担》(*The Burdens of Sister Margaret*, 1994)以及玛格丽特·金(Margaret King)的《儿童瓦莱里奥·马尔切洛之死》(*The Death of Child Valerio Marcello*, 1994);西班牙的贡献包括热姆·孔特雷拉斯(Jaime Contreras)的《索托斯诉里克尔梅斯》(*Sotos contra Riquelmes*, 1992);德国的贡献包括沃夫冈·贝林格(Wolfgang Behringer)的《奥伯斯多夫的沙曼》(*Shaman of Oberstdorf*, 1994)以及汉斯·梅迪克(Hans Medick)的《莱辛根的编织与生存:1650—1900》(*Weben und Überleben in Laichingen, 1650-1900*, 1996),这些可能是其中最重要的作品。

通过浏览这个很容易扩展的清单,我们已经清楚地看到,乡村研究仍然是人们关注的主要焦点,正如上面提到的丰塔纳波纳、莱辛根、内卡豪森的个案研究,或者荷兰历史学家特奥·范·德乌森(Theo van Deursen)关于17世纪贪污的著作(1994)。对被遗忘的个体的研究也很常见,不仅包括对儿童瓦莱里奥·马尔切洛的研究,也包括对看见鬼魂的康拉德·斯特克兰的研究;还有阿尔内·亚里克(Arne Jarrick)关于斯德哥尔摩启蒙运动研究(1992)①的主人公约翰·耶佩(Johan Hjerpe);写日记的青春期少年埃弗特·威廉斯祖恩(Evert Willemszoon),威廉·弗里霍夫(Willem Frijhoff)在其日记的基础上撰写了一本大约700页的书(1995);路易斯·莫特(Luis Mott)研究的女奴罗莎·埃基普西娅卡(Rosa Egipcíaca)(1993),她在18世纪的巴西被奉为崇拜的偶像;还有克雷格·阿尔兰和贝努瓦·加尔诺对女修道院的研究,以及热姆·孔特雷拉斯对家庭的研究。

尽管非常吸引人,但微观历史研究的大量涌现提出了一个问题,即智力回报递减规律是否尚未确立?《蒙塔尤》(1975)和《奶酪与蛆虫》(1976)令

① A. Jarrick, *Back to Modern Reason: Johan Hjerpe and other Petit Bourgeois in Stockholm in the Age of Enlightenment*, 1992: English trans. Liverpool, 1999.

人大开眼界;乔瓦尼·列维本人的《承袭的权力》(1985)开拓了新的研究方向。但是现在,在前辈们从事了长达25年的研究之后,是时候停下来了吗?对这个问题的回答必然是,“这取决于”——微观史研究是出于自身考虑,还是因为有人在档案中发现了一个很好的“人类利益”故事,或者这类研究是否被用作解决历史问题的方法,就像口述史那样(格温·普林斯在本书第六章讨论)。特别是,微观史研究技巧正在揭示两个重要的历史问题。

其中之一是历史解释的问题,这是由于在历史微观范围内而不是通过肉眼观察到的事件可能因不同的原因而发生。乔瓦尼·列维在上文对此进行了讨论,雅克·雷维尔主编的一本论文集《等级游戏》(*Jeux d'chelles*,1996)已经着手研究这个问题,该书把(历史学或社会学的)微观研究视为接近于人类经验的一种“知识策略”。另一个解释问题通过上文提到的孔特雷拉斯研究“索托斯诉里克尔梅斯”提出。这位历史学家把对洛卡镇寡妇玛格达莱娜·洛佩兹的异端审判解释为该地区社会群体和主流家庭之间冲突的标志。他或许是对的,但这是否就是事情的全部真相?读了这篇关于西班牙的记述,我想起了一两代人之前在英国掀起的一场关于18世纪政治的争论。刘易斯·纳米尔爵士批评了对英国政治史,特别是18世纪政治史的主流解释,认为这是政党与计划的冲突,并主张地方利益的重要性(他也因此招致了将理想简化为自身利益的批评)。他用于解释的证据来自现在被称为“微观史”的家庭研究,这当然绝非偶然。

以类似的方式,一项关于1530年至1885年间莱斯特郡政治的研究聚焦于家庭之间的竞争,并将宗教改革、内战以及辉格党与托利党、自由党与保守党之间的斗争描述为不同时期黑斯廷斯诉格雷或曼纳斯诉格雷这类真实冲突的各种伪装。① 列维认为,显微镜下的人类似乎比正常人更自由,但也不那么理想化。矛盾的是,微观视角的使用似乎鼓励了与纳米尔相关的

---

① J. H. Plumb, “Political History, 1530-1885”, in *Victoria County History*, *Leicestershire*, vol. 2(London, 1954), pp.102-134.

"还原论"解释模式。

或许,历史学家应该像物理学家那样,学会接受不同的、明显不相容的概念,微观史学家的颗粒应该与宏观史学家的长波共存。我们所缺乏的只是历史学中的尼尔斯·玻尔(Niels Bohr),能够把互补性转变成一种优势。不管这种情况是否会发生,我们至少应该扪心自问,就像许多历史学家、社会学家与人类学家已经在做的那样,是否有可能将微观社会与宏观社会、经验与结构、面对面的关系与社会系统、地方与全球联系起来?如果不认真对待这个问题,微观史可能会成为一种逃避现实的方式,一种对支离破碎的世界的接受,而不是试图去理解这个世界。

将地方和全球联系起来的一种方法可能是更多关注社区与外部世界之间各种各样的"代理人"或"看门人",另一种方法可能是在这两个层面之间来回移动,正如史景迁、西蒙·沙玛和奥兰多·菲格斯在分别叙述中国、法国和俄国革命时所做的那样。

第六章

口述史

格温·普林斯

生活在现代、大众文化、工业社会中的历史学家,也就是大多数职业历史学家,通常对口头资料在重建历史中的价值持怀疑态度。“在这个问题上,我是个十足的怀疑论者,” A. J. P. 泰勒(A. J. P. Taylor)辛辣地指出,“是老年人垂涎他们的青春吗?不!”许多人现在可能会稍微宽宏大量一些,承认口述史是用从活人身上收集的证据而不是从书面文献中收集的证据写成的,这是令人愉快的、有益的例证,但很少有人会承认,这些材料在研究有文献记载的现代社会中能起到关键作用。他们认为,斯托克·特克尔(Studs Terkel)关于大萧条和二战的“人民史”永远无法推动对这些重大事件的重大历史假设。

人们认为口述资料先天的缺点是普遍存在、无法弥补的,因此,对于那些没有书面记录的社会来说,传统的评判是苍白的。一方面,亚瑟·马威克(Arthur Marwick)在《历史的本质》中承认,“完全基于非文献资料写作的历史,例如关于某个非洲社会的历史,和以文献资料为基础写成的历史相比,要更为粗略些,也不那么令人满意,但它仍然是历史”。另一方面,直到文献资料出现以前,都不可能有严格意义上的历史。从历史产生开始(也就是说,遵从兰克的方法写作的历史),非洲就被看作伟大的没有历史的大洲。从1831年黑格尔的判断“它不是世界历史的一部分”到1965年休·特雷弗-罗珀著名的观察——他认为非洲没有历史,只有野蛮部落无意义的回转,这在将近二三十年的时间里刺痛了当时迅速扩散的非洲反殖民主义的宗派——这种看法一直为人们所持有。① 这不仅仅是右派的看法,也不仅仅是对非洲的看法。用马克思的那句名言来说,代表亚细亚生产方式的印度村落只是在太阳下炙烤,毫无成效地自我繁殖而"不受政治天空的乌云影响"。从那以后,反殖民运动的马克思主义支持者们就一直在为这句话的含义争论不休,试图解释马克思显然已经表明的意思并不是他真正的想法。

赞成和反对的双方都使用了基本的兰克式的检验。按照兰克的资料分级体系,如果能够获得官方的、书面的资料,这些资料就更为可取。如果不能得到这些资料,人们不得不使用退而求其次的材料,远离官方文本的纯正来源来填补资料的空缺。就此而言,口述资料毫无疑问属于这类资料,因此它们的作用是,促进那些资料缺乏的社会形成退而求其次的历史。在这些标准上,黑格尔、特雷弗-罗珀和马克思都是一丝不苟的。

那些使用口述资料的人对这种怀疑态度有两种不同的反应,一种非常激动,一种不那么敏感。保罗·汤普森是口述史"运动"(这种自我描述已经有了一些忠实的拥趸)的主要人物之一,他捍卫口述资料在现代社会史中的价值,因为口述资料为那些观点和价值被"自上而下的历史"所剥夺的人们提供了历史存在,他在其宣言《过去的声音》中愤怒地写道:

> 对口述证据的反对,既建立在感情上,又建立在原则上。那些握有职位和钱袋的老一辈历史学家们本能地对新方法的出现感到忧虑。这意味着他们不再掌握该领域的所有技术。因此关于年轻人拿着录音机在街上晃来晃去的批评声才会此起彼伏。②

因此,在关于当代史中口述资料使用问题的辩论中,无节制的语言揭示了双方投入的感情之深。但是,关于口述资料对缺乏读写能力的那些社会的历

---

① 关于从同一点出发经不同思路得出的观点,请参见本书第四章《海外史》。
② P. Thompson, *The Voice of the Past: Oral History*, Oxford, 1978, p.63.

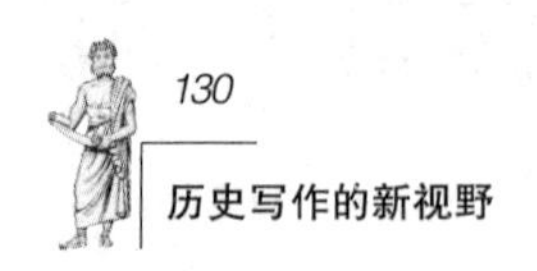

史所起的作用，非洲口述史最杰出的代表简·范西纳在其宣言《作为历史的口头传说》中主动承认了马威克的观点：

> 在缺乏文字，或几乎没有文字的地方，口头传说必须承受历史重建的冲击。它们不会这样做，就好像它们是书面材料一样。写作是一种技术上的奇迹……口头传说的局限性必须得到充分的认识，以便在经过长期研究后依然只能得出不是很详细的历史重建时，才不会令人感到失望。当缺乏独立的资料来源可以进行交叉核对时，从口述资料中重建的历史可能只有较低程度的可靠性。①

请注意，只是在口述资料单独存在的情况下人们的看法才是一致的；既然范西纳在这部书和他的许多专著中都表明，情况往往并非如此，事实上，他的论点的主旨更加武断。他认为书面资料与口述资料的关系不是“歌剧中的女主角和她的替角之间的关系：当女主角不能演唱时，替角就会上台；当书面资料不能使用时，口头传统就会派上用场。这是不正确的。（口述资料）可以修正其他观点，就像其他观点对它的修正一样”。

为什么口述资料的使用会引起如此大的争议？保罗·汤普森认为，老一辈的教授不喜欢学习新的技巧，他们抵制所有他们认为可能会危及兰克史学方法的特殊地位的东西。这可能是事实，但我怀疑可能还有更深层次的、不那么尖锐的原因。历史学家生活在有读写能力的社会里，像这些社会中的许多居民那样，他们会不假思索地对口头表达的东西持轻蔑态度，这是我们对书写能力感到骄傲并且尊重书面文字的必然结果。为什么不呢？正像范西纳指出的，通过象征性的书面语言进行交流是一项了不起的成就。有读写能力的人往往会忘记这一点。新西兰的毛利人为我们提供了一个悲惨但很能够说明问题的例子，这在欧洲扩张时期是非常普遍的现象：不识字的人先是观察，然后用旺盛的精力来领悟，却未能控制这一权力工具。

---

① J. Vansina, *Oral Tradition as History*, Madison, Wis., 1985, p.199.

赤裸裸的事实尤其引人注目。1833年,只有大约500名毛利人能够阅读,仅在一年之内这一数字就上升到1000人。1840年,在《怀唐伊条约》签订的那一年,毛利酋长们失去了他们的土地(或者说从英国的吞并中获得了好处,这取决于你的观点),一位旅行者表达了对毛利人身体健康的担忧,这对那个时代的白人(pakeha)来说并不寻常。他们不再锻炼身体(这与高贵的野蛮人相称),而是久坐不动,已经"成为读书人"。1837年,印刷商威廉·科伦索(William Colenso)——一位著名的传教士家庭的成员——完成了《毛利新约》的第一版,到1845年,新教传教士们已经使半数毛利人人手一册《毛利新约》了。1849年,总督乔治·格雷(George Gray)认为,毛利人口的识字比例比欧洲任何一个国家都要高。那么,毛利人在文字中看到的并且热切追寻的力量到底是什么呢?

这是一种三个层面的力量,但是和许多新近被征服、又刚刚部分掌握了读写能力的人一样,毛利人只是成功抓住了其一小部分力量。书本力量的第一个层面是图腾的力量。目不识丁的毛利人把书本(任何书籍)带到教堂,或者把书页塞进耳垂上的大洞里,这是一种通过发生联系来获得力量的尝试,这在殖民冲突的早期阶段是很常见的。第二个层面是操控性力量。1840年,同一位科伦索(用他曾经用来排版《圣经》的排字手托)制作了《怀唐伊条约》的文本。在讨论该条约的会议上,他没有能够说服总督相信,尽管所有毛利人可能都听得懂,有些人或许能够阅读英译草案中的文字,他们却不能够、也没有领会这些草案的法律意义,或是分享财产的基本概念,或是理解签署的后果。唐·麦肯齐指出,毛利人在争夺土地控制权的斗争中无疑输得更惨,耗时也更长,这正是因为他们在前十年获得的读写能力给他们留下这样的印象:他们可以而且确实接受了书面登记簿所设置的游戏规则,但却无法成功操控这些规则。①

---

① D. F. McKenzie, "The Sociology of a Text: Oral Culture, Literacy and Print in Early New Zealand", in P. Burke and R. Porter, eds., *The Social History of Language*, *Cambridge*, 1987, pp. 161-197.

第三个层面的力量是规范的和主动的力量。这是一种将知识外化、积累和固定的力量。直到下一代,这些毛利人才在政治上获得一席之地。这是写作奇迹的本质,在所有社区中,从被动到主动,从书面文字的受害者到主宰者,跨越这一门槛的能力是最具革命性的,但也是最难以捉摸的。

在令人难忘的法国拉斯科洞穴壁画中,人们可以看到,在动物的图像中间有一系列成对的圆点。这些可能是最早的象征性交流的例子:由个人进行的交流,但是在时间和空间上独立于他而存在。这样做的能力是把人类(智人)与其生物学上的祖先区分开来的主要标准:是人类历史上的第一次伟大分期。拉斯科圆点就像打磨过的手斧一样,或许是新石器时代革命的最初预兆,而新石器时代革命成为后来所有文明的基础。

在古代近东,人们学会犁耕技术。① 还有一项发明,它使书写的潜力得到了释放。符号文字在使人们超越话语的短暂性方面极为重要,但处理起来非常棘手。公元前7世纪,希腊首先出现了字母书写体系,这种体系促进了基本上识字的社会的最终发展。伯特兰·罗素(Bertrand Russell)称希腊文明的兴起是有史以来最难解释也最令人惊讶的事情。这当然是另一个分水岭,但也许不如新石器时代革命所代表的那样重要,也许不值得如此高的评价。

杰克·古迪(Jack Goody)在《野蛮心智的驯服》(*The Domestication of the Savage Mind*)中指出,在试图理解读写能力的力量时,采用马克思的术语,区分交流模式的两个组成部分是非常有用的:这两个部分是交流的手段和关系,分别代表自然维度和社会文化维度。此外,他认为,必须始终将它们放在一起考虑。用这些术语来说,希腊可以放在一个背景中。

我们发现自己处于一个大众文化的社会,拥有一套字母书写体系,追溯过去,我们可以区分三种交流模式。我们可以看到:

---

① 在泰国以及可能在中非大湖区附近,人们独立地学会了冶铁;近东发现的重要性在于它与马和谷物的结合。

1. 口头文化,其中语言采取纯粹的口头形式。这些文化以当地语言为代表;它们现在相对罕见,而且很长时间以来都是如此。

2. 书面文化,其中语言只采用书面形式,因为口头形式已经消亡。这些是典型的古典语言。

3. 复合文化,其中人口的全部或一部分既使用口头语又使用书面语。我们有义务进一步分类,并区分普遍识字的文化,例如我们经常很容易认为理所当然但在历史上并不常见的文化;以及受限制的识字文化,在这种文化中,大多数人生活在有读写能力的语域的边缘,但受其影响。

事实上,存在于复合文化中是当今所有伟大的世界语言的典型现象。人们要么是在大多数伊斯兰社会中的文盲或半文盲,但仍受到书本的支配,就像19世纪的毛利人那样;要么是在电子大众传播的新世界中的后文盲,受到收音机、电视和电话的支配。但历史学家是出类拔萃的有文化的人,对他们来说,文字是最重要的。文字设定了他们的标准和方法。它降低了口语词汇的等级,与文本的浓缩意义相比,口语词汇显得功利而平淡。他们没有看到口述资料的细微差别和不同类型。

生活在一个以书面文字为主导的文化中,其影响之一是,通过降低口语的等级来腐蚀口语。我们可能对许多复杂的、特殊的书面语言有着非常详细的了解:在英语中,古往今来,我们有乔叟或莎士比亚类型的语言,或者钦定本《圣经》(King James Bible)或祷告书的特殊语言,所有这些都将继续存在。在观察一种口述文化或复合文化时,我们必须有意识地努力尝试放慢我们的接受速度,把口头记述看作潜在的同样复杂的东西。我们必须认识到重要的语言和平庸的语言之间的区别,就像托马斯·哈代(Thomas Hardy)的《德伯家的苔丝》从多塞特方言转为标准英语那样,对于她的对话者而言,就像加勒比海的拉斯塔法里亚人为宗教圣歌保留了一种特殊的语域一样。

关于口头和书面语域中的具体语言如何在复合文化中交织的最古老和

最著名的事例之一是关于《古兰经》的口述传统,即圣训。在一项关于这种伊斯兰复合文化的卓越研究中,欧内斯特·盖尔纳展示了摩洛哥阿特拉斯山脉圣人或“圣徒”的巴拉卡(baraka,感召权威)是如何通过口头阐述伊斯兰教法(*shari'a*)而获得的,因为他们的邻居目不识丁。但伊斯兰教法是成文的法规,而这些圣徒本人可能也是文盲。然而,他们通过与书面文字的力量发生联系而获得了神授权力。

注重档案的传统历史学家在其资料来源中寻求三种特性,这些特性显然是口述资料所不具备的。因此,口述资料不被认真对待。他们要求形式的精确性。看到材料的稳定性非常重要。档案是人工制品。关于证据是什么,这一点毫无疑问,从外观上看,其形式是固定的。它也可以用不同方法加以验证,实际上(同样)可以通过一系列比较的、文本的、结构的和其他的方法加以验证。这就产生了所追求的第二种特性:时间顺序的精确性。

历史学家通过用日历和手表来衡量的系列时间(serial time)进行思考。文档可以提供这个维度的详细信息,由此可以让历史学家从中得出深刻的结论。历史职业中那些更传统的成员所声称的客观性,主要是建立在对精心构建的叙事逻辑进行仔细研究而得出的推论的假定强度之上的。但是,正如我们稍后会看到的那样,系列时间并非人们采用的唯一的时间类型,而且除了变化之外,还有其他事情需要解释。

第三,一旦你掌握了读写能力,写作就变得容易,而且会留下固定的痕迹,因此我们生活在一个书面信息的海洋中,我们指望阅读更多的文本来理解某个文本所提供的信息。只有一个证据等于没有证据(Testis unus, testis nullus)。我们通过数量倍增进行证明。在上述理由中,未经证实的口述资料排名都很低。形式不固定,时间顺序往往不精确,其传播通常得不到支持。对于不喜欢口述史的历史学家来说,这些足以构成驳回口述史的充分理由。但是,与研究对象有关的两个问题经常会被提及。一个是在本章开头提到的,口述史自我放纵地关注一些无关紧要的问题。另一个是,口述史不可能成为其他历史:它被锁定为小范围的枝节问题。

我认为，方法论前提对精确性的普遍抱怨常常反映了一种观点，即口述资料无法解释变化，而变化是历史学家主要研究的内容。但这并非完全正确，在某些情况下，尤其在文盲或半文盲社会，连续性比变化更有趣，也更难解释。对自我放纵的抱怨要么反映了对自下而上历史的偏见，要么是担心由于口述资料是以个人感知的尺度表达的，历史学家会被它们困在小范围内，可能会被误导，从而无法做出有效推断。简言之，我们只会越来越混乱，这是毫无益处的。口述史只能告诉我们关于伟人的琐事，以及小人物的重要事情（在他们自己看来）。

果真如此吗？正是为了摧毁这种轻视的立场，才把"口述史运动"的大炮推上了战场。在双方交战的早期阶段，它可能踌躇满志，但所争议的问题是真实存在的，同样明显的是，这些问题是和记忆的功能以及历史在有着不同交流模式的社会中所起的效用相联系的。除了兰克方法，还有其他的检验手段可以使用。

为了对这些抱怨加以评判，看看是谁在私下里贩卖关于历史学家目的的假设，我们在给术语下定义的时候必须准确，避免出现分类错误。因此，我区分了两种类型，并且仿效范西纳，对其中一类细分了四种不同形式的口述资料，我们必须准备面对不同类型的社会关于各类口述资料的不同观点。

更确切地说，到底什么是口述资料？一开始，我把它定义为从活人那里获得的证据，而不是无生命的证据，但这种定义已经不够详细了。存在着口头传统。在《口头传说》（*De la tradition orale*）一书中——它比其他任何一部著作都更加彻底地颠覆了人们对口头传统的看法，简·范西纳将其定义为"**从一代人向下一代人或更多代人**口头传颂的口述证词"（黑体字是我强调的）。这些材料是我们所拥有的物质，用来重建有着口述文化的社会的过去。当一种文化朝着普遍识字的方向发展时，口头传说变得越来越不明显，尽管一些口头传统可以在有读写能力的人占优势的环境中继续存在。

另一类口述资料是个人回忆。这是与信息提供者的生活经历具体相关的口述证词。这类资料不会代代相传，除非以非常有限的形式，例如私人家庭故事。19世纪70年代,我的外祖父小时候在康沃尔郡一所大房子里当园丁。管家是一个虐待狂,经常把小猫放在滚烫的炉灶上,快意地看着它们痛苦地挣扎。可以理解,我外祖父忘不掉这件事,事实上,因为这个管家,他离开了那所房子,到一座锡矿上工作。这个小故事我是从母亲那里听到的。直接的个人回忆构成了保罗·汤普森和口述史运动所使用的大多数口述证词。

口头传说和回忆之间有着另一种区别。数量众多、形态各异的口述资料从一代人传给另一代人,需要时间,也需要大量脑力劳动;因此其传承一定是出于某种目的。人们通常认为,这种目的是结构性的。一些理论家,例如涂尔干,认为口头传说的创造和传承与社会结构的再生产有着系统的依赖关系。其他人则看到更广泛、更自主的认知目的。但无论其目的是什么,在我们对其进行讨论之前,必须将口头传说细分为四类。①

		死记硬背 僵化的	措辞	非死记硬背 自由的
形式	僵化的	诗歌(包括歌曲) 和列表		史诗
			以及	
	自由的	惯用语 (名称、谚语等)		叙事

如果一段叙述是通过死记硬背获知的,那么这些措辞就属于传说;如果其表现形式是固定的,那么这些结构也属于传说。我将分别论述各种类型。

通过死记硬背获知的、一成不变的材料实际上给历史学家提出了最小的核查问题,因为对同一传说不同版本的严格考证将有助于获得形式和话语的共同内核。形式和语言的规则是可以识别的。非洲赞美诗,其中最广

① 这个表格来自 J. Vansina, "Once upon a Time: Oral Traditions as History in Africa", *Daedalus*, 2, spring 1971, pp.442-468, 451。

为人知的是祖鲁的《姓(isibongo)》,就是这种类型的最好例子。字词、形式和语调都有严格的规定。赞美诗常常描写统治者与被统治者之间的关系:它们调解了用通俗语言难以处理的一种关系。因此,它们的结构反映了它们的目的。下面是我在赞比亚西部收集的一首罗兹赞美诗的节选。它是用卢亚纳语演奏的,这是一种古老的语言,类似于罗兹人的日常用语西罗兹语,就像盎格鲁-撒克逊语和现代英语的关系那样。

> 虽然我离你很近,却不能和你说话。但我并不在意,因为我知道我的亲人来自哪里。我和你一脉相承。每首歌都有它的源头……
>
> 当国王上朝时,他就像荆棘丛中的大象,密林中的水牛,赞比西河漫滩土丘上的玉米田。把国家治理好!当国家灭亡时,你将罪责难逃。当国家兴旺时,它将为你欢呼,以你为豪。

当人们试图发现大众文化的各个方面时,公式化的材料尤其有用。无论是在现在的口头文化或复合文化中,还是在过去,研究谚语往往都是着手绘制这样一幅图画的有效方法。这是因为它们的措辞不容易被篡改,或者即便被篡改,也很容易被识别。这里有另一个例子,也和赞比亚的罗兹王权有关。不管怎样,非洲的殖民世纪一直是动荡的。和大多数其他社会一样,巨大的变革力量也触动了罗兹社会。因此,如果人们发现在这样的压力下保持不变的元素,那就特别有趣了;下面的例子就展示了这些元素。

1974 年,我住在布洛兹,经常把谚语记在笔记本里,起初主要是出于好奇。一个常见的谚语用类比方法指称王权。它是用卢亚纳语写的。

> Nengo minya malolo wa fulanga mei matanga, musheke ni mu ku onga.
> (河马[国王]搅浑了最深层的河水,浅滩的白沙暴露了它。)

几年后我在不同的语境中再次发现了这则谚语:它已经被狂热的治疗信徒变成了一首对歌,将现代西罗兹语和古代卢亚纳语混用。

> 治疗者(高唱):Mezi mwa nuka ki tapelo!(祈祷之水!)

被治疗者(唱):Kubu, mwana lilolo(河马,旋涡的孩子)。
合唱:　　　Itumukela mwa ngala!(它在中游浮出了水面!)
被治疗者:　　Musheke ni mu konga(白沙暴露了它)。
合唱:　　　Itumukela mwa ngala!(它在中游浮出了水面!)

因此在这里我们有两种变体,拥有同一主题,都明确地属于后殖民时代。这个例子清楚展示了措辞的水晶玻璃如何在适应各种特定目的的千变万化的结构万花筒中保持不变的。

当把这些现代版本放在同样的谚语旁边,但却采用了某位法国传教士在19世纪90年代殖民经历初期收集到的形式时,就可以看出公式化材料的力量了:"wa fulanga meyi matungu, musheke ni mu k'onga(搅浑了河水,浅滩的白沙暴露了它)"以及"Mbu ku mwan'alilolo, wa twelanga matungu, musheke ni mu k'onga(旋涡的孩子河马,搅浑了河水,浅滩的白沙暴露了它)"①。这种以口述资料的形式持续存在的生动例子证明了它在大众文化中的不断再生,这反过来证明了口述资料不断拥有某种持久的文化功能。②这又提出了关于口述资料的选择性记忆的重要问题,关于这一点我们将在下文讨论。

一些公式化的材料不像其他材料那样容易受到选择性记忆的影响。例如,一个人在个人文化中的身份经常在对物质边界的符号描述中被公开呈现和表达。因此,如果能够解码,移民所描绘的家园景观可以最生动地展示文化的再生现象。另一个非洲案例研究出色地展示了这一点。《西亚亚:非洲景观的历史人类学》(*Siyaya: The Historical Anthropology of an African Landscape*)进行了这样的解码,并且用它来挑战关于移民会导致关系破裂

① 为进一步阐明罗兹历史中可见的与隐藏的部分,请参见 G. Prins, *The Hidden Hippopotamus. Reappraisal in African History: The Early Colonial Experience in Western Zambia*, Cambridge, 1980。

② 关于谚语的意义和用处的进一步探讨,请参见 J. Obelkevich, "Proverbs and Social History", in Burke and Porter, *The Social History of Language*, pp.43-72。

的传统假设。①

使用和滥用口头传说的主要问题与那些并非通过死记硬背而获知的传说有关:史诗和叙事。史诗的固定形式意味着大多数非洲史诗都是这种图式化的叙事。这里所说的"史诗"是指"荷马史诗":是根据规则口头创作的英雄诗歌。当然,这些诗歌是后来被记录下来的,我们不可能知道它们在当时或以后有多大改动;但其结构非常强大,足以超越这些改动。这是一个拼凑物,一部狂想曲——字面意思是"缝合在一起"(来自希腊动词 ῥαπτῶ)——因此重复的套路在塑造这部作品的过程中起到了一定的作用,无论是对吟游诗人还是对读者来说都是如此。《伊里亚特》大约三分之一的篇幅由多次出现的诗行或一组组的诗行构成,《奥德赛》也是如此。《伊里亚特》的头25行出现了25个公式化的表达。例如,黎明几乎总是"玫瑰色手指触摸的",雅典娜是"具有猫头鹰般的眼睛的",伊萨卡岛是"海水包围的",阿喀琉斯是"洗劫城市的",最著名的是,大海是"深酒红色的"。但这并不是单调的重复。阿喀琉斯有36种不同的绰号,并且按照严格的规则选择和使用。② 因此,从这些材料碎片中,吟游诗人拼凑出了一件新的作品,尽管每一块碎片都可能是古老的,并且广为人知。但这种分类和方法针对口头传统所能包含或传递的知识量的局限性,再一次提出了明显的问题。这难道不是一种极其有害的局限性吗?

即便有许多替代形式,这些口述虚构也不能推动知识或精确性的发展。它被口头语言的短暂性和人类有限的记忆能力所束缚,即便有记忆工具的帮助;因此口述文化不能够创新,必须遗忘。这是杰克·古迪教授在《野蛮心智的驯服》一书中表达的核心观点。当交流的方式使改变**模式**成为可能时,"野蛮的"心智就变成了"驯化的"心智:

---

① David W. Cohen and E. S. Atieno Odhiambo, *Siyaya: The Historical Anthropology of an African Landscape*, London, 1988 以及《非洲事务》(*African Affairs*)中的一篇评论,188(Oct. 1989), pp.588-589。

② M. I. Finley, *The World of Odysseus*, Harmondsworth, 1962, p.34.

> 写作,尤其是基本的读写能力,通过使口语交流成为一种半永久的形式,使人们用不同方式审视话语成为可能;这种审视有利于扩大批评活动的范围,进而扩大理性、怀疑主义和逻辑的范围。它提高了批评的可能性,因为写作以一种不同的方式把话语摆在读者面前;同时它提供了积累知识的可能性,尤其是关于抽象思维的知识……记忆储存的问题不再支配人类的精神生活。人类的大脑可以自由地研究静态文本,而不受动态话语参与的限制。①

虽然口述历史学家很少会反对古迪关于写作的思想解放的论述,但许多人,尤其是范西纳在《作为历史的口头传说》中,质疑了古迪个案研究的广度,认为口头传说因此也是自我平衡的:不合时宜或不再具有功能意义的传说会被人们遗忘。他认为,结构性记忆缺失会影响口述文化,由于记忆的局限性,口述文化被迫具有选择性,因此传说不能成为令人满意的历史资料。

实际上,这些结构性记忆缺失很少是彻底的。在他的许多早期作品中,范西纳展示了人们如何能够解开并且破译存在于传播链条末端的几缕传说,这在他关于赤道中部非洲前殖民历史的杰作《雨林中的小径》中达到高潮。② 它包括将不同的变体进行对比,并且使口述资料和不同出处的资料相互映照。用来打破自我平衡的内部文本比较技巧是广为人知的。伊斯兰学者通过评估链条中每个传述世系(isnâd)的价值来评价圣训的各种版本,不会接受相关数据不存在或不合理完整的任何传说。但即使人们能够战胜这种自我平衡,并且确定证词中有哪些传说,也就是说,寻求形式的精确性,又该如何记载它们的日期呢?

时间顺序的精确性是注重档案的历史学家所追求的三个品质中的第二个。正是为了满足这一要求,从而获得体面的外衣,口头资料被严重滥用。这个问题很容易解释。

---

① J. Goody, *The Domestication of the Savage Mind*, Cambridge, 1977, p.37.

② J. Vansina, *Paths in the Rain-forest*, Madison, Wis., 1990.

叙事范畴通常包含三种传播方式,包括创世的传说、王朝的历史以及对社会组织的描述。现在,这三种类型的叙事并不共存于同一个时间概念中,尽管为了使问题复杂化,证据的呈现可能会与各种类型的材料相混杂,就像香肠中混合了不同的肉类一样。

未组织的时间

　创世的传说

“传说的”时间(连续但并未形成系列)

　王朝的历史

　　对国家结构的描述

系列时间

伟大的人类学家爱德华·埃文斯-普里查德曾在第二次世界大战前研究过苏丹南部的努尔人,他写了一篇开创性的论文,描述了他所说的“生态学的时间”,也就是说,人们根据季节的转换,而不是根据年份的推移来看待时间流逝的周期性的时间。社会历史学家 E. P. 汤普森进一步强调了这一点,他认为,从具体任务的时间观念——马达加斯加“煮米饭的时间”(半小时)、尼日利亚西部“烤玉米的时间”(15 分钟)、17 世纪智利天主教“几段信经的时间”——转变为普遍的、文化上自发的、有目的的钟表上的时间规则,这是社会意识的一部分,既是由于工业社会而形成的,也构成了工业社会的基础。[①] 人们立刻会想到口述资料的滥用问题:有文化的历史学家试图从存在于“传统”时间的传说中获得系列时间的年代顺序。在那里,主题在过去或当前的重要性可能会影响它的位置。例如,通过时间的压缩或拉长,非常重要的事情可以被认为很古老,或是很时新,这取决于背景和眼下

① E. E. Evans-Pritchard, *The Nuer*, Oxford, 1940; E. P. Thompson, “Time, Work Discipline and Industrial Capitalism”, in M. W. Flinn and T. C. Smout, eds., *Essays in Social History*, Oxford, 1974, pp.40-41. 又见 Jacques Le Goff, “Au Moyen Age: temps de l’Eglise et temps du marchand”, *Annales*, 15, 1960, pp.417-433。

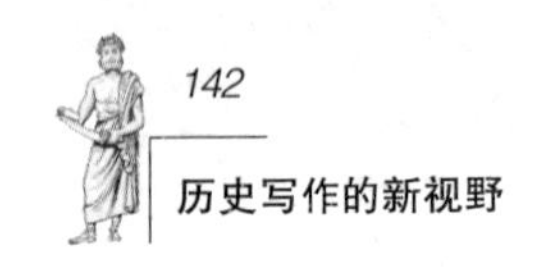

的目的。

但是,那些以19世纪绅士收藏家的坚定信念和献身精神追求年代精确性的历史探险家们却想不到这些。比如说,他们选取一个皇家传说,数了一下被提到的国王的数目,他们假定一代人的跨度为(例如)33年,并且把这两个数字相乘,然后,嘿!就得出了口述文化的年代!尤其是一位历史学家,大卫·赫尼格(David Henige),曾对这种简单的思维方式进行过探索和批判。《口述传说的年代学》,其副标题"对幻想的探求"非常引人注目,从非洲王国写到亚述王谱,除了传播反传统主义和怀疑论,赫尼格也传播了一些希望。① 因为,一旦人们明白自己在处理什么样的时间,以及是什么样的目的支撑着记忆中的传说,人们就能够采取防御性的措施,哪怕是粗略的措施。这样的知识几乎总是与背景有关的。

与其他大多数措施相比,有一项措施更为重要。赫尼格著作中最重要的一章是"历史即现在的政治"。承认传统的发明这个事实是上一代学术界人士关于欧洲以外历史最具破坏性的创造性见解之一,在这种观点的运用中,例如大卫·坎纳丁(David Cannadine)对英国君主制神话的重新审视,我们看到了欧洲以外的历史对欧洲史学一次重要的方法论输入,其中,更严格的跨学科和语言学要求推动了上一代学术界对历史研究方法论的开拓。②

传统的发明既不令人惊讶,也并非不诚实,尤其对那些缺乏真理的唯一标准的文化更是如此。就像囚犯通过装聋作哑来自卫一样,亚历山大·索尔仁尼琴(Alexander Solzhenitsyn)在《伊万·杰尼索维奇的一天》中生动地探讨过这一点。殖民地的情况也有些类似,也以拥有权力和丧失权力两个极端为标志。在某些特殊情况下,根本不可能恢复;在极权主义情况下,可

---

① D. Henige, *The Chronology of Oral Tradition: Quest for a Chimera*, Oxford, 1974.

② D. Cannadine, "The Context, Performance and Meaning of Ritual: The British Monarchy and the 'Invention of Tradition'", in T. O. Ranger and E. Hobsbawm, eds., *The Invention of Tradition*, Cambridge, 1983, pp.101-164;韦塞林于上文提出了相同的看法。

能是时间本身的顺序和节奏被扭曲了；在殖民背景下，对社会结构和王朝传说的叙述进行彻底改写是很常见的。

有些记忆因其失去的方式可能永远无法恢复。意大利作家、奥斯威辛集中营的幸存者普里莫·莱维关于大屠杀的记忆就是如此。他最后一部著作《被淹没和被拯救的》是对生命本质和死亡集中营的心理战方式最为精辟的见解之一。然而在这部书中，列维一再声称他本人回忆方面的怪癖以及由此产生的解释上的缺陷。通过释义，他无法从大多数人溺亡的深渊恢复记忆，没有人从那儿活着回来，他只是少数获救的人中的一个。最终，对他来说，就像对奥斯威辛集中营另一位幸存者、伟大的弗洛伊德心理学家布鲁诺·贝特尔海姆(Bruno Bettelheim)一样，似乎活着的心理负担太过沉重，两人都在晚年自杀身亡。或许对他们来说，过去既不能彻底改变，也无法进行交流。这简直无法形容。①

与保持沉默相比，我们更应该重建事实基础。研究苏联经验的历史学家杰弗里·霍斯金(Geoffrey Hosking)引用"亚美尼亚广播电台"的一句话来解释极权主义局势："所有关于苏联生活的基本事实都是用口头的秘闻轶事来解释的，其中有许多来自杜撰出来的亚美尼亚广播电台。因而，有人问亚美尼亚广播电台：'能否预知未来？'回答说：'是的，没有问题：我们非常清楚未来是怎样的。我们的问题是关于过去：它一直在变化。'"②自苏联开始实行开放政策以来，控制记忆的斗争就愈演愈烈。实际上，一派自称为记忆派(Pamyat)；另一派完全反对记忆派炽热的斯拉夫民族主义和反犹太主义，被称作备忘录派(Memorial)。已故的科学院院士安德烈·萨哈罗夫(Andrei Sakharov)激励备忘录派将斯大林治下的受害者从被遗忘的沉默中解救出来。在第二次俄国革命中，从思想的西伯利亚荒原恢复大众记忆成

① Primo Levi, *The Drowned and the Saved*, London, 1988; Michael Ignatieff, "A Cry for Help or of Release", *Observer*, 1, April 1990(关于1990年3月13日布鲁诺·贝特尔海姆的自杀)。

② Geoffrey A. Hosking, "Memory in a Totalitarian Society: The Case of the Soviet Union", in Thomas Butler, ed., *Memory*, Oxford, 1988, p.115.

为杰出的、绝非边缘化的政治运动。1989年底,改革力量促使一个委员会向全国人民代表大会的委员们汇报一个重要插曲——苏德互不侵犯条约的解救和重新解释工作。①

在英国也展开了关于历史本质的激烈论战。1985年,女王视察团发表了关于孩子们应该学习什么的观点。女王视察团"蓝皮书"综合了过去20年来学校最优秀的创新成果:诸如学校议事会历史项目之类的工作,教导11—14岁的孩子们区分有用的和无用的证据;识别各类材料的合理性,包括口述材料;质疑所有公认的真理;感同身受过去人们的困境,以此作为对历史想象的必要刺激。② 就像苏联的现代革命者那样,视察员们完全理解深入研究历史的政治意义,因此将尼基塔·赫鲁晓夫的这句话写在了蓝皮书的封底:"历史学家是危险的人,他们能够颠覆一切。"

撒切尔夫人的政府废除了学校议事会。撒切尔夫人和激进右派愤怒地、旷日持久地试图将其必胜主义的、辉格党式的、文件驱动的、目光狭隘的英国政治与宪法史教学大纲,设定为1990年桑德斯-沃森历史工作组就英国国家课程的内容向教育和科学部提供建议的专有条款,但并未成功。该大纲强调死记硬背日期和"事实",厌恶历史想象力,其中也包括否认口述史的合理性。

工作组报告的措辞与1985年女王视察团的类似,但在新上任的肯尼斯·克拉克(Kenneth Clarke)先生强行提出工作组、教师行业和视察团"蓝皮书"所反对的观点时,突然被内阁裁决推翻。在撰写报告的时候(1991年2月),业内人士对这种行为感到困惑和不满。③

这些情况说明了两点。思想的西伯利亚荒原不仅仅是一片死寂的区

---

① "On the Political and Legal Assessment of the Soviet-German Non-Aggression Treaty of 1939",委员会主席亚历山大·亚科夫列夫(Alexander Yakovlev)向第二届人民代表大会所作的报告,1989年12月23日(莫斯科,1990)。

② *History in the Primary and Secondary Years: An HMI View*, London, 1985.

③ Martin Kettle, "The Great Battle of History", *Guardian*, 4 April 1990, p.23(回顾1990年4月3日推迟出版的历史工作组报告引起的政治骚动)。

域,也是对合法性活生生的否定。它让没有发言权的人屈服于令人心智枯竭的傲慢态度和现任统治者剥夺公权的霸权主义。在这一点上,英国人冷冷地回应了苏联的辩论。其次,过去的脆弱性和在当代压力下的可塑性得到强调。这种虚构的范围可能很大。

尼日利亚中部的提夫人(Tvi)并非有教养的绅士。在20世纪初,他们击退了在其土地上铺设电报线的白人士兵,并因此获得了难以驯服、不可信任、当然也是极度缺乏启蒙的名声。此外,他们有点儿无政府主义的味道,因为他们没有明确的首领等级制度。因此,当1907年英国居民查尔斯·福布斯·戈登(Charles Forbes Gordon)首次描述他们的社会时,他看到并记录了提夫人部落的分裂特点。但是到第一次世界大战时,英国驻尼日利亚的政府严重捉襟见肘,发现不再把提夫人看作提夫人,而是把他们与其数量更多的邻居豪萨人混为一谈更加省事。在殖民者看来,提夫族的族长们非常善解人意地把自己"豪萨人化"了:说豪萨语,穿豪萨人的服装,等等。但随后在1930—1931年,政府人类学家R. C. 亚伯拉罕(R. C. Abraham)和地方官员R. O. 唐斯(R. O. Downes)访问了提夫族,并对其进行研究。

亚伯拉罕-唐斯报告提出了关于提夫人的新观点。他们看到了福布斯·戈登用等级相当森严的术语描述的没有首领的社会,反映在一系列新的分层议事会中。但是,将这些议事会及其负责人合法化,就等于切断了年轻一代有读写能力的提夫人的潜在政治庇护。因此,他们反过来又开始支持一项新的事业,即托尔提夫(Tor Tiv)的事业——用一位至高无上的提夫人族长来压倒议事会,并且(巧合的是)完全符合"正常"的本土权威模式,这种模式是在卢加德勋爵(Lord Lugard)的间接统治学校接受训练的英国军官所持有的。1940年,另一项人类学调查表明,提夫人实际上受族长们统治,这些族长构成了权力的金字塔。或许真的存在一位至高无上的本地族长?40年来,人们对提夫人社会结构的看法发生了翻天覆地的变化。然后,在20世纪40年代末,又出现了两位人类学家博汉南夫妇(the Bohannans),他们把提夫人看作一个分段谱系社会的经典研究至今仍然经得起考

验,就像第一次认识它时所描述的那样。

每一位欧洲考察者都在寻找“真正的”提夫社会,但每次局外人想出一个新的形象时,如果一些提夫人的支持者认为这符合他们的利益,就会重塑他们的过去来满足其要求。我们之所以了解这些情况,是因为历史学家 D. C. 多沃德认识到,考察者是历史互动的一部分,他们知道恢宏创作的传说是有可能的。[①] 显然,反对被发明的传统的理由不过是:不再轻信未经证实的口述证词,也不再轻信学术前辈的可靠性,除非他们有意识到这个问题的迹象。这一点也不仅仅局限于口述史。

另一个非洲的例子证实了范西纳对歌剧女主角及其替角这个比喻的反对。它表明,过于轻信未经证实的书面资料的观点,加上对历史学家的盲目尊重,同样会造成误导。朱利安·科宾(Julian Cobbing)通过使用系统怀疑方法,令人信服地质疑了南部非洲历史的三个中心原则:关于津巴布韦的马塔贝列人是一种尚武文化的普遍观点,关于津巴布韦民族主义的主要神话——其直接前因是 1896—1897 年的起义(这种看法主要源于注重档案的英国历史学家 T. O. 兰杰的观点),以及最近的姆费坎/弃土运动(Mfecane)的意义和存在——被认为是由于 19 世纪中期祖鲁国家的分裂造成的各族人的散居。[②] 在关于起义的个案研究中,现代津巴布韦被当作一种复合文化,兰杰的民族主义解释现在成为那些目不识丁者个人的口头语,并因此成为对这些事件的相关问题的回答,覆盖了其他任何传说。虽然了解传统被发明的原因可能会有所帮助,但看到由于缺乏足够的修史技巧,人们失去了对此类重要事件进行可靠叙述的可能性,也非常令人沮丧。同时,认识到这

---

① D. C. Dorward, “Ethnodraphy and Administration: The Study of Anglo-Tiv ‘working misunderstanding’”, *Journal of African History*, 15, 1974, pp.457-477.

② J. Cobbing, “The Evolution of the Ndebele Amabutho, Journal of African History”, 15, 1974, pp.607-631;“The Absent Priesthood: Another Look at the Rhodesian Risings of 1896-1897”, *Journal of African History*, 18, 1977, pp.61-84;“The Mfecane as Alibi: Thoughts on Dithakong and Mbolompo”, *Journal of African History*, 29, 1988, pp.487-519; T. O. Ranger, *Revolt in Rhodesia, 1896-1897*, London, 1979.

样一个社会对兰杰在别处(用他自己的话)称之为“可用历史”的需求,这也是不能原谅的。[①]

认识到注重档案的历史学家面对这类失败的脆弱性,人们更加关注口述资料在追求系列的年代顺序时的滥用问题。在这两种情况下,解决办法都是范西纳用来摈弃歌剧类比的那种办法:使用多样的、集中的、独立的资料来源。至于年代顺序,通过内部分析,正式的口头传统可能会形成连续的、但未必十分准确的历史。为了获得更高的精确性,人们必须寻求和外部资料的相关性,考古证据、日食、月食或重大自然灾难都是常见的参照点。创世的神话、各朝代的历史、普通人的家族史、谚语、赞美诗、史诗和叙事等都可以让我们窥探某种文化和时代的内部奥秘。当我们和外部资料相互印证时,可以保护自己免受虚构传说的影响,给出一些系列的年代时间,并以这种方式重建这类历史。

还有一种叙事有待考虑。它被慎重地另行归类,因为这是关于个人及其经历的历史。这种个人回忆是历史学家研究文字主导的社会时所使用的主要资料。它的范围从生物学上可能的临界点(大约 80 年)向前延伸。

尽管它是口述资料的主要种类,但在有读写能力的社会里,回忆并不是唯一类型的口述资料。在刚才讨论过的意义上,正式的口头传统仍然存在。艾娜·奥佩(Iona Opie)和彼得·奥佩(Peter Opie)的作品就是典型的例子。在《学童的知识和语言》中,他们确立了游戏场谜语可以完整地通过长链传播。小学生的一代人比上文提到的王室谚语的罗兹讲述者要短一些,因此,一首传诵了 130 年的音韵铿锵的诗需要通过 20 代小学生流传,也就是 300 位讲述者,相当于成年人 500 多年的时间。[②] 这样的计算有力地证明了一个观点:由这种不断更新的再生力量支撑的连续性,需要的是更多的解释,而不是改变。奥佩夫妇发现,在 1916 年诺曼·道格拉斯(Norman Douglas)

---

① T. O. Ranger, “Towards a Usable African Past”, in C. Fyfe, ed., *African Studies since 1945: A Tribute to Basil Davidson*, London, 1976, pp.17-30.

② I. and P. Opie, *The Lore and Languge of Schoolchildren*, Oxford, 1959, p.8.

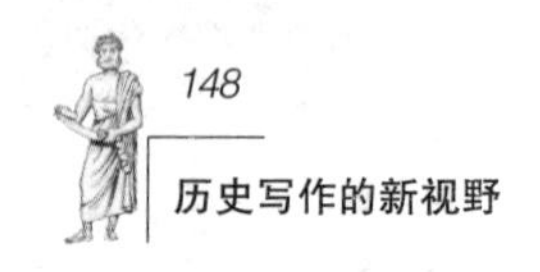

记载于《伦敦街头游戏》(*London Street Games*)里的137首唱诗中,有108首在20世纪50年代仍在使用。其中一首是关于一位掷弹兵的韵文,奥佩夫妇拥有的不同版本可以将稳定的基本元素回溯到1725年。反过来说,个人回忆在没有读写能力的社会并不是不存在,而是说它在有读写能力的社会所起的作用引起人们最大的关注和兴趣。个人回忆是否只是对过去美好时光的垂涎?是,又不是这样。

注重档案的历史学家的批判大多是沿着这样的思路:名人的回忆很容易在事后得到方便的自我辩护,普通人的回忆又太容易流失。在这两种情况下,记忆都是众所周知的不可靠,和关于相应年份的无生命的、不变的档案记载相比,记忆是一个不值得相信的存储库。第一种情况被大家广为接受,存放政治自传的书架可以证明这一点,第二种情况却并非如此,因为档案资料并不像人们想象的那样,是无意地、不自觉地遗赠给我们的。

第五代罗斯伯里伯爵(the fifth Earl of Rosebery)向他的日记倾诉内心深处的想法;治理意味着一个不相关联、可以识别的群体的思想备忘录和手写备忘录;历史学家怀着某种合理的自信,希望找到并阅读所有这些文献,认为自己可以相信它们——这样的日子在一个世纪前就已经结束了。从那时起,官方文件的数量已经多到无法控制。出于保存的目的,必须对其有所选择,所以"拣选者"(weeders)也一直在系统地工作着,因此,官方档案室里所收藏的,无论是出于有意识的目的(通常是恶作剧),还是由于错误地选择了哪些该保留,哪些该烧掉,都可能和其他资料一样具有误导性。英国政府部门武断的而且越来越隐秘的宣誓作证政策与根据《信息自由法》通过美国档案馆获得的对英国事务的访问权之间的对比,提供了一个长期客观的教训。例如,在1982年马岛战争期间,围绕该群岛的早期讨论的文件,尤其是20世纪30年代外交部的一份意见,质疑了英国合法主权要求的可靠性,这些文件突然从公众的视线中消失了,尽管在此之前,一位警觉的、结果证明其怀疑是有道理的历史学家设法将这份意见用铅笔抄录了下来,并在随后向媒体公布,这让撒切尔夫人大光其火。

对里根总统的助手、不可告人的伊朗门事件的策划者奥利弗·诺斯(Oliver North)的审判,生动地说明了传统历史学家对档案有效假设(working assumptions)的失败。在引人入胜的法庭上,人们听到了深夜关于销毁文件的密谈(shredding sessions),听到了诺斯先生迷人的秘书,名字未必确实的福恩·霍尔(Fawn Hall),穿着靴子和内衣从五角大楼窃取罪证文件,听到了诺斯试图利用计算机网络传送信息,避免留下任何文件痕迹。对他来说不幸的是,事实证明可以从计算机库中恢复被删除的信息。但问题的关键仅仅在于,通过电子信息技术重新回到口头上来做主要决策。当文件确实留存下来并且可以被读到时,他们往往会重新提及电话交谈中做出的决定。

有时,口头的原始资料与后来正式的书面文本之间的差距会被偶然发现。在大萧条时期,英国有一个重要的金融委员会,由麦克米伦法官担任主席。委员会公布的证据在当时的权威著作中被广泛引用。其中之一是罗伯特·斯基德尔斯基的《政治家与大萧条》。① 该委员会一位特别重要的见证人是英格兰银行行长蒙塔古·诺曼(Montagu Norman),但诺曼证词的公开版本却并非他实际上所说的那些话。诺曼的口头陈词在记录时被大量篡改。我们碰巧知道了这件事。公共档案局逐字证词的副本被销毁了,但另一份副本保存在英格兰银行的档案室里,一位寻找其他资料的经济史学家偶然发现了它。

在美国,由于国务卿约翰·福斯特·杜勒斯(John Foster Dulles)拒绝了他们提供的案情摘要,国务院官员们不得不重新修改他的口头证词,这种修改到了何种程度是广为人知的。在国会记录中,对美国的盟国进行如此刻薄的评判是不明智的,比如杜勒斯对拨款委员会的回应是"法国人都有情人,都在兜售肮脏的明信片",但同样的,"法国是一块有用的房地产"。(他对德国和英国的附带意见也值得推敲。)

---

① R. Skidelsky, *Politicians and the Slump: The Labour Government of 1929-1931*, London, 1967.

这样我们就能扭转局面了。我们可以争辩说,事实上,口述证据——无论是收集在磁带上的(不存在尼克松式的漏洞),还是通过对一群海军上将和国务卿进行实地研究获得的——更接近于真实。对于影响现代档案资料的那些严重问题,口述证据当然也很容易受其影响,但它们是不同的。两者的共同之处在于,它们都可能受到被发明的传统的影响(就像从公共关系报告中撤回关于马岛的观点所表明的那样),但滥用口述资料所带来的问题可能更容易发现,也更容易解决。

除了滥用(这是可以避免的),还有两个常见的资料考证问题会影响口述证据,这两个问题是不可避免的。一个是书面形式对口述证据不自觉的影响,这在复合文化中是不可避免的。这里存在着书面观点对没有读写能力者的口述证据解释学上的再植入。这在能够引起激烈反应的情况下最为常见,例如殖民遭遇的背景,以及上文提到的把兰杰的解释重新植入口述文化的津巴布韦的例子。这种影响还有另一个方面,当书面形式的主导地位削弱并最终抹去口头的回忆方式时,其影响尽管不同,但同样有害。这方面最广为人知的例子是关于音乐的。拉尔夫·沃恩·威廉姆斯(Ralph Vaughan Williams)、珀西·格兰杰(Percy Grainger)和本杰明·布里顿(Benjamin Britten)是20世纪早期许多作曲家中的一员,他们在自己的作品中收集和/或使用民歌,就在这些民歌即将消失于野外时,他们对这些民歌进行改编并使之长久地流传下来。此外,一些最杰出的现代收藏家——如伊万·麦考尔(Ewan Mccoll),他挽救了苏格兰和英格兰北部劳动人民的大量工作歌曲和民谣,并给它们注入新的活力——也都是体裁作曲家,听众和其他表演者无法区分他们的新歌和收集的歌曲,因此几乎可以肯定,现在人们在克里郡或盖勒韦的酒吧中听到的那些歌曲,经历了解释学上再植入的整个过程。然而,经过深思熟虑,这些问题可以被预见并且在关键技术中得到解决;与文献资料的情况相比,这可能相对简单些,因为兰克的溪流甚至在从地下涌出之前,就已经受到了传统的发明的污染。如果按照信息提供者认为重要的方式,对其生活的大致回忆加以组织,我们有可能获得最纯粹的记录。

关于记忆的生物化学,人们还知之甚少。但是,就不同种类的记忆所做的测试倾向于认为,长期记忆,尤其是已经进入心理学家称之为“人生回顾”阶段的那些个人的长期记忆,是非常准确的。人们获得了一个由个人关系填充的“信息池”。它受到社会语境的制约,显然形成了个人身份,具有显著的稳定性。大卫·洛文塔尔观察到,这一点尤其适用于儿童时期强烈的、无意识的回忆,那时人们只能看到并记住现有的东西,而不是(像成年人那样)看到并记住所期待的东西。[①] 人生回顾是一生回忆的最终产物,信息池中稳定的人生回顾记述是长期口头传说的开始。上文提到的关于我外祖父在康沃尔郡大房子里生活的片断记忆就是这样一种传说的结晶。

保罗·汤普森之类的历史学家迄今为止所做的最大贡献就是对这种回忆的使用。他们是社会史家,他们使用口述资料为那些在档案记载中没有发言权的人发声,尽管从本质上看,口述资料并不是一种激进的工具,但在当代社会,历史学家却怀着激进的目的广泛使用口述资料,就像汤普森在《过去的声音》第一句话中所说的那样,“所有的历史最终都取决于它的社会目的”,而口述史为希望这样做的人最好地重建了普通人生活的细枝末节,比如记录19世纪50年代伦敦穷人生活的梅休(Mayhew),研究1889至1903年间伦敦人生活和劳动的查尔斯·布茨(Charles Booth)以及研究1901年约克郡贫困问题的西博姆·朗特里(Seebohm Rowntree)。这种目的在意大利现代史上源自回忆的口述史实践中非常突出。[②]

个人回忆所能带来的新鲜感和丰富细节,是其他情况下无法发现的。它使小规模群体的历史(例如比尔·威廉姆斯[Bill Williams]关于曼彻斯特犹太人的著作)以及地理上小范围的著作(关于村庄或几条街道的地方史)

---

① D. Lowenthal, *The Past is a Foreign Country*, Cambridge, 1985, pp.202-203.

② G. Levi, L. Passerini and L. Scaraffini, “Vita quotidiana in un quartiere operaio di Torino fra le due guerre: l'opporto della storia orale”, pp.209-224; L. Bergonzini, “Le fonti orale come verfica della testimonianze scritte in una ricerca sulla antifascismo e la resistenza Bolognese”, pp.263-268,均见B. Bernardi, C. Poni and A. Triulzi, eds., *Fonti Orale: Antropologia e Storia*, Milan, 1978。

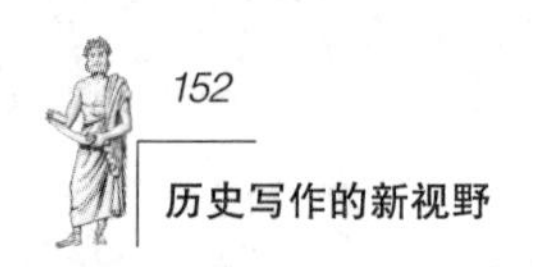

成为可能。它为历史学家提供了撰写人类学家克里福德·格尔茨称其为“深描”(丰富的结构描述,有深度和轮廓,允许进行大量的人类学分析)的历史的途径。

但是,撇开意识形态上的同情或者潜在的结构性分析不谈,即使源自追忆的口述史对社会史来说是最有影响力的,怀疑论者仍然会有一个问题,也就是我在本章开始时提到的那个问题:口述史可能是有用的,可能会起到解释性的作用,甚至可能在历史上起到解放的作用,但它是否构成了解释?通过奥斯卡·刘易斯的杰作《桑切斯的孩子们》,口头证词或许能够让人深刻地描述一个贫穷的墨西哥人的感受,但归根结底,它肯定是局限于小范围之内的,历史学家解释理论的推动力在这里是找不到的。①

对这一论断最好的验证是读一读保罗·汤普森自己的专著《爱德华时代的人》。② 这是一部重建第一次世界大战爆发之前几年生活的结构和感觉的尝试。在人们的记忆中,这是一个充满了玫瑰色浪漫主义的时期,人们仍然在茶水里放蜂蜜,格兰切斯特教堂的时钟仍然停留在2点50分,上帝依然在它的天国里,那个即将因战争而四分五裂的世界一切都还完好有序。但汤普森想说的是,事情很少是这样的。

这本书的中心资源是关于爱德华时代的人童年回忆的五段小插曲,选择了能够代表从富豪到赤贫的各个社会阶层的人。通过导致个体选择的抽样程序,这些插曲与档案记录紧密相关,它们非常生动,却未能体现汤普森关于这些年份的主要观点:保守阶级对爱尔兰问题的看法,以及1911至1914年深刻而广泛的劳工动乱,汤普森把这些看作爱德华时代的危机。然而,尽管这些小插曲提供了精彩的例证,但汤普森对社会不平等的维度的分析、他对危机驱动力的看法,以及该书在更大层面所依据的所有资料,都来自对书面资料的小心使用。

---

① Oscar Lewis, *The Children of Sanchez: Autobiography of a Mexian Family*, London, 1962.

② P. Thompson, *The Edwardians: The Remaking of British Society*, London, 1975.

所以,在这个意义上,我接受批评家们的观点。《爱德华时代的人》并不能够证明,围绕根据个人回忆写成的口述史的那些更加言过其实的说法是合理的。但随后,正如关于口述传说我们所看到的,这些言过其实的说法破灭了。口述史的力量是任何在方法论方面能够被接受的历史的力量,它来自合成使用各类资料的范围和智慧。这也并非一种不对称地强加在口述历史学家(作为一门次要艺术的实践者)身上的义务。我在前文中已经观察到,向识字后的、全新的、全球性的、电子化的口头和视觉文化的转变,削弱了注重档案的传统史学的职业自尊。在这种挑战面前,所有的历史学家都是平等的。

个人回忆允许历史学家做两件事。首先,很明显,成为全方位的历史学家,能够利用适当的原始材料,研究当代历史的各个方面和所有问题。如果不使用口述资料(人们可能会补充说,还有照片和电影资料),任何一位沉溺于公共档案的现代高层政治史学家,都不可能像吉普赛人的社会历史学家所期望的那样,充满自信地期待人们阅读他们的作品。

正如范西纳曾经指出的,口述资料是用来核实其他资料的,就像其他资料用来核实口述资料一样。它们还能提供否则将无法获得的一些细节情况,进而可能会刺激历史学家以新的方式重新分析其他资料。保罗·汤普森在《爱德华时代的人》中讨论社会阶层时就是这样做的。唐纳德·里根先生(Donald Regan,里根总统的白宫幕僚长)在为他的任期以及他与南希·里根夫人之间的争执进行自我辩护时,也是这样做的。他所发表的报告除了透露一些具体事项外,还揭示了在 1987 年 12 月超级大国首脑会议上签署《中程核力量条约》的时机实际上是由里根夫人的私人占星师决定的,这个事实在官方文件中是找不到的。克里斯托弗·李(Christopher Lee)即将出版的研究 1945 年以来英国国防决策的著作也是这种情况。

在任何情况下,根据英国灵活的“三十年左右”的规则,关于这类主题的官方档案记录都是保密的。根据该规则,如果当时的政府愿意,它可以为敏感的政府文件规定一段比正常的 30 年期限更长的保密期限,而国防事务是其中最重要的例子。据报道,撒切尔夫人认为,英国特工在沙皇俄国的任何情报活动都不应该公布,以免给敌人以援助和安慰。她和 1989 年《国家机密控制法》的修正案都是这样希望的。在李的个案中,他多年来作为英国广播公司国防通讯记者的身份,使他能够认识并获取采访对象的信任。他对这件事中所有核心参与者所做的采访记录本身将成为重要的档案来源。他的著作将成为任何一位大学出身的历史学家都无法撰写的作品,它将使我们对英国从权力巅峰滑落的关键时期的理解发生根本性变化。与其他类型的资料相比,口述资料进入赫克斯特(Hexter)教授所称的"二类记录"(second record)的速度更快。李跟踪、阅读和解释"一类记录"(first record)的能力主要取决于他拥有非常具体而且不常见的"二类记录"。[1] 这并没有使他成为新型历史学家,而是恰恰相反。许多 19 世纪的历史学家都是业余爱好者,因为他们主要在学院之外写作和生活。无论过去还是现在,田野调查都是对书本研究的宝贵补充。

其次,还会有相反的效果。拥有丰富多样的"二类记录",例如,通过亲身经历而不是通过采访获得的资料,可以使普通人成为历史学家。铁路历史学家就是极好的例子。阿德里安·沃恩(Adrian Vaughan)是布鲁内尔设计的从伦敦到英格兰西南部诸郡的铁路线上的信号工。他生活在 20 世纪 60 年代经济紧缩的阶段,见证了旧工作方式的消亡和对手工技艺的唾弃,他曾经几次失业,然后决定记录下他所失去的世界。他的第一批著作《信号工的清晨》和《信号工的黄昏》都是缅怀往事的作品。但随着他作为历史学家的技巧的提升,他深化了对作品的分析,现在已经成为关于布鲁内尔本人一部杰出的新传记的作者,沃恩在其研究对象的铁路线上极有教益的经历丰富了这本传记的内容,并为他提供了更多的信息。[2]

另一个也是最后一个例子,同样源于对技艺消亡的愤怒,是一位细木巧

---

① C. R. Lee, *Whitehall Warriors: Postwar Defence Policy Decision-making*(即将出版)。

② A. Vaughan, *Signalman's Morning*, London, 1983 与 *Signalman's Twilight*, London, 1983。两卷均有平装版文集(London, 1984);id., *Isambard Kingdom Brunal*, London, 1991。

匠撰写的关于建筑学的一部令人惊叹的著作。罗杰·科尔曼(Roger Coleman)来自伦敦北部一个技术精湛的工匠家庭。他成了一名熟练的细木工,但在这个过程中,他观察到了建筑行业的“去技能化”,并因此感到痛苦。他对建筑师的傲慢和技术上的无能感到愤怒,因为他不得不执行建筑师吩咐的工作,而建筑师却从来没有想过要征求他的意见。于是形成一种暗中较劲的情形,类似于殖民地围绕被发明的传统的争斗,在这场较量中,这位工匠假装无知,不予合作,而由眼高手低、纸上谈兵的建筑师发号施令。

事情总是这样的吗?在其“二类记录”的触发下,科尔曼开始了对艺术和劳动的长期调查。在此过程中,就像威廉·莫里斯(William Morris)那样,他获得了关于艺术史和艺术批评的常规技巧。但在他那本热情洋溢的著作《劳动的艺术:技术的墓志铭》中,那些开创性的段落不可能仅仅从书本学习中写成。一个引人注目的段落提出,为什么森斯的威廉(William of Sens)是在修复坎特伯雷大教堂事故中唯一受伤的人,答案是,他不仅是总承包商,而且是技术最娴熟的工匠,这表明当时的劳动分工并不像现在这样。这一点被编入科尔曼的叙述中,从恢复细木工被淹灭的文化(根据他在学徒时期从老年人的口述中得到的知识进行创作),到详细讲解他本人的技术(在我看来这是独一无二的)。他描述了制作一扇新窗户所涉及的实际步骤。了解如何标记号、如何使用“棒条”(细木工用以将砖砌体中孔的确切尺寸转移到窗框上的木材长度)方面的知识,即便有用,听起来也是平淡无奇的。但出人意料的是,科尔曼的叙述却不尽于此。细木工的棒条把同行业的森斯的威廉、维拉·德·洪内科特(Villard de Honnecourt,大教堂的设计者和建筑者,在某种意义上,其中世纪的工作笔记是科尔曼著作的直接前身)、18世纪为范布鲁和小约翰·伍德工作的那些无名木匠(除非你知道在哪里可以找到他们隐藏的记号)、科尔曼上了岁数的工匠师傅以及目前正在讨论的新窗户联系在一起。对制作与他同时代的这扇窗户所做的描述,从历史和分析的角度列出了任务的各个方面,这些任务通常是看不见的,因为它们的价值往往被低估了。

一些历史学家认为他们的工作是描述,或许是解释过去的事情为什么会发生。这个职责是必要的,但是还不够。历史学家的职业还有其他两个重要组成部分。必须对连续性进行解释。历史的连续性,尤其是口述文化中的连续性,需要得到更多的关注而不是改变。传统是一个过程,只有在不断被复制的过程中才会存在。它表面的寂静之下蕴含着勃发的生命力。其次,历史学家的任务是让读者相信他或她的方法论能力。为了证明他们了解被发明的传统的缺陷,因此在所提供的解释中,历史学家还必须揭示过去曾经是什么样子——荷马时代希腊的吟游诗人、白人入境前非洲的村民、维多利亚时代疲惫的火车司机、里根先生白宫的幕僚长——或者,如果做不到这一点,就不妨直言,并且说明原因。①

口述史(传说和回忆,过去和现在),连同它的细节,它的人性,常常还有它的情感,以及自始至终它对整个史学事业健全的怀疑态度,正是历史学家任务中这些重要部分的最佳解决方案。如果没有这些资源,生活在普遍有读写能力的现代工业社会的历史学家,也就是说,大多数职业历史学家,将会在他们自己的文化所限制的理解池中苦苦挣扎,就像黑夜寒风凛冽的街道上,站在昏暗孤独的路灯下被抛弃的恋人。

口述史:有什么新内容?

回顾这本书第一版问世以来的十年,口述史研究现在有什么新意?撰写这个续篇的理由在于,尽管无需改变原先论文的基本主张,但这并不应该使人自满。主要论点有效性的连贯存在是一种特殊类型的连续性,一种加速的、强化的连续性,它建立在西方社会的自我形象、所讨论的主题以及现代传播方式巨大而起伏的变化之上。它之所以连贯,是因为充满变化,而不是因为缺少变化。

① R. Coleman, *The Art of Work: An Epitaph to Skill*, London, 1988.

综合看来,这些变化对于希望了解当代历史的人来说是一个巨大的挑战,它们很可能会颠覆其他更久远的历史写作方法。事实上,有一些证据表明了这一点。然而,尽管它们对口述史学实践的影响巨大,但这些影响并不具有破坏性,而是恰恰相反。如果说有什么不同的话,过去的十年强化了最初提出的主张,即把口述史的技巧常规地纳入任何现代历史学家所要求的标准之中。伊丽莎白·汤金(Elizabeth Tonkin)在一篇文章中写道,"记忆造就了我们,我们创造了记忆",这篇文章完美展示了口述史方法的强大潜力,同时也让人们逐渐意识到注重档案的传统历史写作的脆弱性。

柯林武德观察到,所有事件都包括内在和外在:驱使它们的思想和所做的事情。要想理解问题的答案,必须重新构建得出该答案的问题。汤金向我们展示了如果我们希望被别人相信,我们应该如何积极地理解(这一原则)并据此展开行动。① 在普遍的方法危机中,口述史学的假设和技巧可以去除它们残存的异端成分。埃里克·霍布斯鲍姆在一篇文章中指出,"口述史方法论的重要性不仅仅在于检验老先生和老太太回忆的可靠性"。这篇文章将口述史作为全面应对危机的一部分。正如口述史学从它好斗、积极的早期阶段起就曾经断言的那样,现在既没有正统也没有异端邪说,而是更加生动地意识到,历史是为了明确的目的而产生的。②

米兰·昆德拉的《笑忘录》以一幅照片的故事作为开篇,这是关于1948年捷克斯洛伐克共产党领导层获取胜利的照片,从一个阳台俯瞰布拉格的老城市广场,纳粹占领期间曾在西方避难的弗拉基米尔·克莱门蒂斯(Vladimir Clementis)站在一边,把他的皮帽戴在莫斯科派系领袖、捷克新领导人克莱门特·戈特瓦尔德(Klement Gottwald)的头上,这幅照片后来成为一张海报。然而几年后,克莱门蒂斯遭到清除,他的形象被人用喷枪从图片中一扫而空,只剩下戈特瓦尔德头上的帽子,昆德拉据此得出的寓意是:

---

① E. Tonkin, *Narrating our Pasts: The Social Construction of Oral History*, Cambridge, 1992, pp.97-101; R. G. Collingwood, *An Autobiography*, Oxford, 1939, pp.29-30.

② E. Hobsbawm, "On History from Below", in *On History*, London, 1997, p.206.

“人与权力的斗争就是记忆与遗忘的斗争。”

1994 年,前殖民时期非洲学研究者戴维·威廉·科恩在他那本古怪而引起极大争论的著作中,开篇引用了昆德拉的开场白,他这样做的方式和我在原先的论文中提出的关于历史学家自我意识的呼吁不谋而合。在科恩看来,历史出于多种目的被制造出来,所有这些层次都是必须讲述的整体的一部分。历史是关于“对抹去和恢复的层压(laminate)过程及程序的重建与理解,包括昆德拉的叙述行为,包括我自己阅读昆德拉作品的行为,也包括使用喷枪的行为”。[①] 科恩同意,口述史是这里讨论的两种情况:“层压的”(laminate,按照他发明的那种有用的说法,并在下文更新的原始论文中用非洲的例子加以说明)和法医的(forensic,用我早期的术语):因为在当时科恩所探究的个案中,最早的报道之一是一位侦探对女性沉默的微观史学的元史学感兴趣。

小时候,卡梅拉·泰利(Camella Teoli)在马萨诸塞州劳伦斯的一次碾磨厂事故中受过重伤,然而她从未告诉过她的儿子或女儿受伤的原委和过程。科恩报道了一位历史学家对 1912 年碾磨厂罢工事件被压制的历史的恢复。复原是一种多层面、多来源、交叉性的工作。卡梅拉·泰利的儿子对保罗·考恩(Paul Cowan)说:“我母亲没有说过她的过去,因为她觉得这可能会给我们所有人带来麻烦。”考恩是一位历史学家,他的调查在 1976 年唤醒了公众们所失去的对 1912 年罢工记忆的认识。科恩描述了考恩记述的卡梅拉·泰利对她儿子说过的话。考恩的角色也是历史的一部分,就像我曾经描述的特伦斯·兰杰在创作津巴布韦的历史中所起的作用一样。科恩和我都同意,元史学(科恩可能会这样说)是口述史学家记录中的一个必要部分:出于当前的目的,对遗忘和记忆进行发掘和解释。过去十年已经出现了更多历史学家这样做的例子。遗忘和记忆总是具有两面性:考恩的碾磨厂工人的沉默说明了对记忆的压制,兰杰的“可用历史”建立在过于狭窄的

---

① D. W. Cohen, *The Combing of History*, Chicago, 1994, p.xiv.

资料类型的基础上,说明了虚构的危险性,无论这种虚构是有意的(为了宣传),还是无意的(由于方法论的缺陷)。

过去十年中发生的事件在非洲以及其他地区已经或明或暗地传达了这一信息。失败而独裁的罗伯特·穆加贝(Robert Mugabe)政权造成一种恐惧而墨守成规的氛围。在这种氛围下,关于津巴布韦历史的“可用”版本得以泛滥,以至于我们现在可能永远看不清它的真相。1967 年兰杰对 1896—1897 年起义所做的片面描述,在朱利安·科宾那些从未被驳斥过的论文中引起了激烈的争议(正如在原先的论文中描述的那样),兰杰的演绎将通过对独立游击战争所做的实地调查而受到重视,印在人们的脑海里,并且重新为人们所利用。事实上,在接下来一本方法论范围有限、资料来源狭窄的著作中,兰杰及时地向前推进,提出了关于在游击战争中津巴布韦农民革命的民族主义意识的观点,这种观点无疑迎合了继任政权的需要。[①]

幸运的是,某些认为“人们的言行事关紧要”的人,通过独立和施加给实地研究人员的控制之间的狭窄窗口溜进了津巴布韦。诺玛·克里格是一个例子,她意识到了其主题的层压本质以及我们由此对她产生的合乎常规的兴趣。她因此亲自进行了两年的口述史实地研究,对其进行了描述,并且和读者们讨论了自己这样做的优势和劣势,就像她认为的那样。[②] 从穆加贝先生的角度来看,她所撰写的历史并不是“可用的历史”,我们看到了惊恐的农民,他们受到双方的恐吓,尤其受到那些自称农民捍卫者的游击队员们的恐吓:在这里,没有革命意识作为政治动员的基础。她继续层层

---

① D. Lan, *Guns and Rain: Guerrillas and Spirit Mediums in Zimbabwe*, Oxford, 1985; T. O. Ranger, *Peasant Consciousness and Guerrilla War in Zimbabwe: A Comparative Study*, Berkeley, 1985.

② N. J. Kriger, *Zimbabwe's Guerrilla War: Peasant Voices*, Cambridge, 1992,第 1 章,“农民革命:理论与方法”,第 5—51 页;以及“附录:野外调查”,第 243—248 页。一个早期的例子和呼吁大家提供这样的附录是“关于实地工作”,在我自己关于西赞比亚的书第 239—248 页。在同样的脉络中发现更多是令人欣慰的。然而,在这方面,这十年中的大事是,那一代人中最有影响的一位非洲史学家出版了自己的“层压”式自传,该书描述了他本人关于非洲、非洲史以及学院“非洲”的经验:J. Vansina, *Living with Africa*, Madison, Wis., 1994。“可用历史”原则(范西纳称之为“范围主义”),在第 116 页、第 124—125 页讨论。

剥笋。兰杰和兰会有什么不同想法呢?(考虑到兰杰在穆加贝统治下的津巴布韦的地位,以及他在北亚特兰大学院的元老地位),克里格毫不畏惧,她不同意他们的观点,但正如标准的口述史方法论所要求的那样,她并不是主要从他们提出的术语的角度展开争论,而是从逻辑角度、从更高层次来看待其方法和证据的不足或缺陷。[①] 给历史学家的职业认同感带来最大威胁的恰恰是这种研究路线。在此之后,使克里格能够钻空子的研究机会之窗不复存在了。她对她拒绝接受的浮士德式协约的纠正,使人们不禁要问,津巴布韦人能否以某种方式重新获得自己的历史,这种方式在伊丽莎白·汤金看来,对于维持社会认同来说极为重要。第一次研究的方式直接决定了事态的发展,但十年来更大的运动发生在林波波河南部。

自20世纪90年代种族隔离制度结束以来,历史学家围绕南非历史的控制权展开了激烈的争夺。可以理解,人们对前殖民时代的种族动态兴致很高。据说这种动力的来源是"姆费坎"运动。前文提到的同一位朱利安·科宾将他的法医眼光转向人们对姆费坎运动的公认描述——那些塑造了该地区19世纪历史的假想中的大迁徙,从沙卡的祖鲁兰爆炸中抛出去的人类碎片。科宾认为,这是一个神话,不多也不少。[②] 更为可信的原动力与其说是魔鬼化了的祖鲁兰,不如说是奴隶贩子的掠夺效应。但这并非一种"政治正确"的观点,因为非洲人再次被视为牺牲品。然而,这正是证据所表明的。[③]

在这里,正如之前揭露对津巴布韦历史的杜撰一样,与其说科宾是在和那些轻信的历史学家争论,不如说他是在和问题本身争论。这些历史学家轻易接受了他们所能获得的叙述,并对其加以润饰,却没有从我原先论文所

---

① Kviger, pp.124-133.

② J. Cobbing, "The Evolution of the Ndebele Amabutho, Journal of African History", 15, 1974, pp.607-631;"The Absent Priesthood: Another Look at the Rhodesian Risings of 1896-1897", *Journal of African History*, 18, 1977, pp.61-84;"The Mfecane as Alibi: Thoughts on Dithakong and Mbolompo", *Journal of African History*, 29, 1988, pp.487-519;T. O. Ranger, *Revolt in Rhodesia, 1896-1897*, London, 1979.

③ J. Cobbing, "Grasping the Nettle: The Slave Trade and the Early Zulu", MSS, 1990年9月。

提倡的那类资料来源中寻找稳固的基础。结果,当剧团摇晃树木时,科宾为自己招来了暴风雨。1991 年 9 月,在威特沃特斯兰德大学召开的关于姆费坎运动余波的讨论会,是对原先论文中的提议更具说服力的精彩例证。在这次讨论会上,科宾遇到了他的批评者(他们人数众多,情绪激动,声音洪亮)。把塑造新南非的自我形象写入标准十年小学课本——各类历史书籍中最有影响的一类,没有什么比这更危险的了。①

当阴云继续笼罩着南部非洲,笼罩着昆德拉的昔日家园时,对那里的居民来说,荒谬的是,笑声和记忆伴随着天鹅绒革命而来,取代了对共产主义最后几年艰难的自我保存的遗忘。突然之间,重新记忆的问题在欧洲的中心和非洲的中心变得同样重要和紧迫。同样的问题也出现了。刚刚获得解放的人们不得不接受这段历史的个人记忆与史诗般的公众版本之间的脱节。并非每个人都是《七七宪章》勇敢的持不同政见的成员,甚至也不是朋克摇滚乐队"宇宙塑胶人"的粉丝,他们的歌曲就像燃烧的箭射向城堡的屋顶。但在 1989 年 11 月,许多人涌上了街头,这些活跃人群中的匿名成员与领导层进行了缓慢而又连贯的群众对话,先是在布拉格,然后在其他城市,当时一群演员通过无线电从瓦茨拉夫·哈韦尔(Vaclav Havel)和公民论坛临时领导层所在的幻灯剧院向外传递信息。②

捷克斯洛伐克事件发生在 1980 年从波兰格但斯克列宁造船厂大门汹涌而出的大洪水的中期,就在 1989 年欧洲"奇迹之年"即将结束之际,这场洪水将齐奥塞斯库一家扫进坟墓,淹没了戈尔巴乔夫在 1991 年 8 月一场失败的政变中对改革列宁社会主义的热切希望。许多重要的东西如果不及时发现就会丢失,这就需要熟练运用历史书写的形式,这些形式在撒哈拉以南

---

① J. Cobbing, "Debating post-Mfecane history: A Reply to Elizabeth Eldridge and Carolyn Hamilton", MS;以及"Overturning the Mfecane: A Reply to Elizabeth Eldridge",1991 年国际学术会议的 MS 论文。我很感激 1995 年在格雷厄姆斯敦附近山间散步时与朱里安·科宾的几次难忘的讨论,反思就姆费坎进行的几次战斗。

② J. Urban, "Czechoslovakia: The Power and Politics of Humiliation", in G. Prins, ed., *Spring in Winter: The* 1989 *Revolutions*, Manchester, 1990, 尤其 pp.117-122。

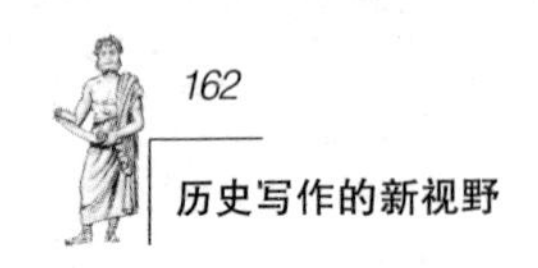

很熟悉,但在中欧相对新颖。①

过去十年,三种类型的口述史作品在苏联共产主义的废墟中开花结果。第一,人们对革命发生时的情况进行了参与式观察,这些观察植根于专业知识,并且超越了转瞬即逝的新闻印象。其中,蒂莫西·加顿·阿什的描述是当时最令人难忘,也是最深刻的作品之一。② 第二,又有在更为缓慢的时间里进行的参与性观察。当剧变发生时,欧内斯特·盖尔纳在俄罗斯默默无闻地居住过一段时间,随后在布拉格参与了中欧大学的建设,直到他英年早逝,这些经历使盖尔纳既能为新兴的后共产主义身份发声,又能对"公民社会"的性质和意义进行最明智的反思。③ 无论对他的读者,还是对他的东欧研究主题来说,这都是巨大的幸运,因为欧内斯特·盖尔纳是一位富有创新精神的实地考察工作者,他在年轻时就曾经创作了一部关于北非社会人类学的具有决定性意义的著作《阿特拉斯山脉的圣裔们》,最近还对政治学和人类学的关系进行了反思。④ 第三,不同寻常的是,一些革命领袖在他们做了某件事之后,在事件把他们带往其他关注点之前,往

① 事实上,对非洲实地调查的严格控制已经使社会人类学家,特别是剑桥系的社会人类学家,重新调整了他们自己的视线,然后是他们学生的视线,使其转向北欧和东欧。因此,当欧内斯特·盖尔纳来领导这个部门时,它已经通过雷伊·亚伯拉罕(Ray Abrahams,一位重新定位的非洲史学家)、克里斯·汉恩(Chris Hann)以及卡罗琳·汉弗莱(Caroline Humphrey)等学者们的田野调查,还有他们的学生及研究项目形成了一种新的认同。有一个有趣的关于亚当·库珀《人类学家与人类学:1922—1972 年英国学派》(Adam Kuper, *Anthropologists and Anthropology: The British School 1922-1972*, Harmondsworth, 1973)的模式的元史学口述史博士课题将研究该问题及其在当地的影响。

② T. Garton Ash, *We the People: The Revolutions of 1989 Witnessed in Warsaw, Budapest, Berlin and Prague*, Cambridge, 1990. 关于类型与时机的另一个有趣的例子,请参见 W. Echikson, *Lighting the Night: Revolution in Eastern Europe*, London, 1990。我一直推崇 N. Ascherson, *The Polish August: What has Happened in Poland*, Harmondsworth, 1981,将其视为这类著作如何写作而不易犯错的典范。

③ E. Gellner, *Encounters with Nationalism*, Oxford, 1994; *Conditions of Liberty: Civil Society and its Rivals*, London, 1994.

④ E. Gellner, *Saints of the Atlas*, London, 1969,尤其"关于方法的注解",第 303—304 页(又见原论文中的讨论);*Anthropology and Politics: Revolution in the Sacred Grove*, Oxford, 1995。

往脱离了政治，被哄骗着表达他们对自己所做事情的印象。[①]

正如原先论文中警告的那样，这些都是危险的事情，加顿·阿什关于“现在的历史”的观点并不容易被人们接受，但他单纯质朴、充满热情的报道风格应该受到人们的支持，这不是因为他所使用的分析术语，也不是由于其散文的优美，而是因为，正如克里格关于津巴布韦的描写那样，我们能够看到他所使用的技巧和资料来源，并对其加以评判。[②] 这种研究途径的重要性在其缺失的时候往往更加明显，过去十年很快为我们提供了一个令人不快的例子。

洪水抵达了巴尔干地区，带来了腐蚀性的蜕变。1991 年 11 月，欧盟各国外长威胁用武力阻止米洛舍维奇轰炸杜布罗夫尼克，但他们未能兑现这一承诺，此后，米洛舍维奇便得到了他们的支持，并继续前进。[③] 萨拉热窝的居民以令人困惑的速度被迫陷入了自相残杀。南斯拉夫的灭亡也让勉强参与的外部世界大为不解，因此，清晰的解释更能吸引人们的眼球。新闻记者罗伯特·卡普兰(Robert Kaplan)访问了该地区，并且进行了采访，从表面上看，卡普兰的采访方式就像加顿·阿什写作“现在的历史”的技巧那样，但他缺乏关于当地知识的语言或基础。他的观点发表在一部书中，威廉·哈根(William Hagan)友善地将其描述为关于该地区种族暴力的一种“本质化”的观点，不仅引起了大量公众的注意，也受到白宫椭圆形办公室的关注。[④]《巴尔干幽灵》告诉我们，我们正在应对一座古老的仇恨火山最近的一次喷发，这种观点无疑在一个敏感时刻影响了西方对该地区的政策(就像在

---

① G. Prins(ed.), *Spring in Winter*.

② T. Garton Ash, *History of the Present: Essays, Sketches and Dispatches from Europe in the 1990s*, London, 1999. Michael Ignatieff, *Blood and Belonging: Journeys into the New Nationalism*, London, 1994 也是如此，该书有着相似的传统。

③ 这不是一篇关于这方面的文章，但是留下一个没有根据的参考文献是任性的。关于其来龙去脉，请参见 M. Glenny, *The Fall of Yugoslavia: The Third Balkan War*, Harmondsworth, 1992: 3rd edn, 1996; L. Silber and A. Little, *The Death of Yugoslavia*, Harmondsworth/London, 1996；以及 G. Prins, *European Horizons of Diplomatic/Military Operations*, London, 1999, pp.23-31。

④ R. D. Kaplan, *Balkan Ghosts: A Journey through History*, New York, 1993; W. W. Hagan, “The Balkans' Lethal Nationalism”, *Foreign Affairs*, 78/4 July/Aug. 1999, p.61.

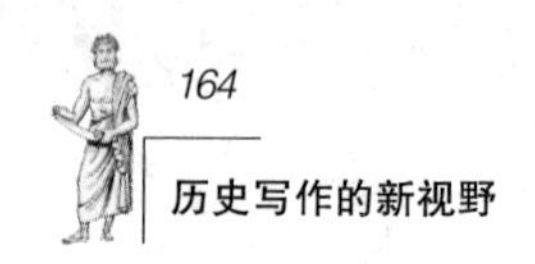

前面所举的例子中,兰杰的著作对罗得西亚军队在丛林战争中的战术产生了影响)。如果这些人无可救药地陷入了种族仇恨,为什么要试图干涉呢?

事实上,正如格伦尼(Glenny)记载和哈根指出的那样,奥斯曼帝国崩溃后,19 世纪晚期巴尔干地区的知识分子通过培养哈根所说的"民族主义生产方式"(通过服务于新兴民族国家变得更加富有,同时积累地位)来提升自己,是有着非常特殊的历史原因的。[①] 此外,争论不休的局外人倾向于在危机爆发时依次观察并摸索每一个危机地区(从克拉伊纳到达尔马提亚海岸,再到波斯尼亚南部、萨拉热窝、斯鲁本尼卡、科索沃,再到黑山或其他任何地方),这种倾向使他们忽略了巴尔干是一个相互联系的整体,在一个地方施压,其他地方也会受到影响。[②] 要想知道这一点,就意味着围绕巴尔干地区的历史需要了解一些传统的、书面的、细节的东西。没有哪种方法是十全十美的。鲜活的叙事不受约束地肆意铺展会造成很大的破坏。讲述、记录和阅读故事或许会比写作业更加有趣,但这样做的后果非常可怕。以牺牲他人为代价——这种代价可能是致命的——来吸取那些被忽视的教训,人们可能会因此受到谴责。

加顿·阿什用带有偏见的目光和辛辣的笔触,描绘了开着闪亮的吉普车、与人行道上无家可归的乞丐们紧挨在一起的国际救援官员们(科索沃富有的、困惑不解的、非常繁忙的匆匆过客)所造成的交通堵塞。[③] 对于那些想要在这种情形下提供帮助的人来说,必须研究关于如何收集口述证词作为参与式发展基础的一部手册,该手册由一位救灾权威人士和口述史发展的一位主要倡导者共同创作。它有一个非常含糊的标题:《倾听改变》。[④]

---

① Hagan, "'Balkans' Nationalisms", p.54.

② M. Glenny, *The Balkans: Nationalism, War and the Great Powers, 1809-1999*, London, 2000.

③ T. Garton Ash, "Kosovo: Anarchy and Madness", *New York Review of Books*, 47/2, 10 Feb. 2000, pp.48-53.

④ H. Slim and P. Thompson, *Listening for a Change: Oral Testimony and Development*, London, 1993.

雨果·斯利姆和保罗·汤普森按照口述史运动的创始传统,写了一本生机勃勃的书,为那些没有机会表达自己观点的人发声,也是为了纠正那种研究做得不好而不是根本不做研究的做法。他们的著作既提出教导,又给予警告:"有很多方法可以使我们从穷人、少数群体和没有权力的人所拥有的知识中获益。"他们写道:"人类学专业的学生获得了博士学位和学术成就,发展顾问签署了另一份免税合同,摄影记者获得了异国人物肖像的版权,环保主义者赢得了黄金时间的发言片段。但那些无偿地与大家分享观点和经验的人又得到了什么呢?"对专家的合理的不信任("X 是一个未知数,喷射是压力之下的滴落")一直是许多学科领域实地工作者所共有的一种情绪,这一点值得反复重申。但就本文的目的而言,值得注意的是这种正义的愤怒和怀疑与 20 世纪 90 年代史学方法普遍危机之间的趋同。

原先论文中所表达的对口述史的关注和需求已经被编入历史教学的结构中,成为不可缺少的一部分。在约翰·斯莱特(John Slater)的激励下——他是马修·阿诺德(Matthew Arnold)令人尴尬的独立传统中最伟大的(也是最后一位)皇家历史学首席视察员,《蓝皮书》于 1985 年出版,①它既让人感觉到,也被看作真实的描述性叙事和移情的历史想象之争的一部分。这种假想的对抗已经被超越了。叙事和移情在普遍危机中都面临同样的风险。1996 年皇家视察团报告在知识上(而不是机构上)的继承物的出版——由当今历史教学法领域一位主要专家创作——已经表明了口述史假设和方法的常规化可以走多远。②

原先论文中多次引用的简·范西纳,在他自传的封面被描述为非洲历史的"文化英雄"。他的历史研究实践的核心是对系统怀疑力量的认可。这种力量在沿着雨林中脆弱的口述史路径前行时变得更加锐利。它阐明了"我所认为的历史研究和推理的基础,并且把关于非洲史的'不同寻常的'

---

① *History in Primary and Secondary Years* (London, 1985).

② C. Husbands, *What is History Teaching? Language, Ideas and Meaning in Learning about the Past*, Buckingham, 1996.

资料来源置于那种背景下”。回顾自己的职业生涯,他最引以为豪的是方法论的创新。[①] 克里斯·哈斯本斯(Chris Husbands)不是在非洲的背景下,而是在英国主流历史教学的背景下对其加以引用,因为它能够在压力之下使解释和理解变得有力,也是安全释放学生们的历史想象力的最佳途径。人们还能想象出比这更高的赞美吗?[②] 用约翰·斯莱特的话来说,一个共同主题是“历史思维主要是开放思想,而不是参与社交”。这种观点和柯林武德的观点是一致的,后者认为,“严格说来,我们的确通过历史回顾和思考来唤醒过去,但我们是通过将其从它实际存在的现在中分离出来而做到这一点的”。[③] 口述史对方法与证据透明度的必然痴迷已经成为一般辩护的常见理由。

过去十年,口述史学家在不断创作、实际上在加速创作微观史,这种微观史试图从贫民窟里发掘明星。然而,正如亚历山德罗·普罗泰利(Alessandro Portelli)所言,与质疑声不断增加的其他各类体裁相比,延续这个续篇的主题,这种单个生命探索的案例,如果以适当的“层压”方式进行,既会更加自信,也会在等级体系中得到强化。[④] 在过去的十年里,社会历史学家中最出类拔萃的一位,通过以前极少体验的一种方式,凭着对直接经验的忠诚,用一组详尽的交叉证据构建了佃农的一生,以此来阐释20世纪南非农村的经历。[⑤] 用伊丽莎白·汤金的话说,这是一种深刻的叙事,它提供了能

---

① J. Vansina, “The Power of Systematic Doubt in Historical Enquiry”, *History in Africa*, 1/1, 1974, pp.109-127; *Living with Africa*, p.173.

② Husbands, *What is History Teaching*, pp.61-62.

③ J. Slater, “The Politics of History Teaching: A Humanity Dehumanised?”特别专业演讲,伦敦教育院,1998,出处同上,第vi页;R. G. Collingwood, “Some Perplexities about Time, and an Attemped Solution, Proceedings of the Aristotelian Society”, NS 26/150, 1926, p.11。

④ A. Portelli, “The Best Garbage Man in Town: Life and Times of Valtero Peppoloni, Worker”, in *The Death of Luigi Trastulli and Other Stories: From and Meaning in Oral History*, Albany, NY, 1991, pp.117-118.

⑤ C. van Onselen, *The Seed is Mine: The Life of Kas Maine, a South African Sharecropper, 1894-1985*, Oxford, 1996.

够动摇整个社会记忆大厦的支点。

是什么原因导致历史学家似乎自发地转向这类历史研究呢？想必是感觉到地面在我们脚下晃动吗？原先的论文发现，杰克·古迪借鉴马克思关于传播模式（包括传播手段和传播关系）的概念是有帮助的。在过去的十年里，传播手段发生了革命性的变化，这反过来又提出了一些悬而未决的问题，即狭义上对传播关系的影响以及广义上对政治关联和代理关系的影响。毫无疑问，作为这种新手段的结果，还出现了约翰·汤普森所谓的“可见性的转变”。但这会带来怎样的政治与社会后果呢？[①] 这个问题对现代历史学家来说至关重要，因为它可能会危及从证据到解释的普通推论的基础：因此，我建议谨慎地挖掘范·翁塞伦（Van Onselen）收集和展示的结构缜密、类型丰富的资料。但这个问题有更广泛的共鸣。

所有的政府，尤其是（人们可能会感觉到）民主政府，出于善意的原因，需要就态度如何影响政治形成某种看法；因此，关于史料来源的地位和等级的普遍危机，在学术历史学家群体之外变得越来越重要。[②] 原因很好理解。有一种普遍的假设，即无论广义还是狭义传播手段的激增，都超越了以往的政治行动方法和社交形式。果真如此，这对于个人如何能够而且确实能够构想自我并形成他们的关系网络来说，将具有深远的意义。[③] 然而，延斯·赖希（Jens Reich，德国 1989 年革命时期新论坛的领袖之一）认为，民主德国政治动员的实际模式根本不支持关于革命的媒体驱动理论。同样，广播、电视、录音机在埃及西部奥拉德·阿里沙漠贝多因人中的出现，似乎并未破

① J. B. Thompson, *The Media and Modernity*, Cambridge, 1995, pp.117-148.

② 为此，早在 1996 年，英国政府的一些机构，在国防部防御评估与研究机构下辖防御分析中心的领导下，已经开发并检测了基于对历史学家们的辩论的理解而形成的关于可能性的长期战略评估方法。G. Prins, “How Will Attitude Shape Politics?” Report CDA/HLS/WP095/1.0, DERA Farnborough, Nov. 1996 将本文的关注点放在这一背景下，特别是附录 B“信念、态度和价值观”。关于如何解释当时的媒体革命的争论在第 14—22 页。

③ A. Giddens, *Modernity and Self-identity: Self and Society in the Late Modern Age*, Cambridge, 1991.

坏、反而强化了原有的社交模式(这更加证实了欧内斯特·盖尔纳的观点,即在世界各大宗教中,伊斯兰教的构建使其能够很好地抵制同质化、全球化力量的影响所造成的破坏)。① 然而,从那以后,媒体革命迅猛发展。因特网在宣传和组织1994年1月墨西哥的恰帕斯起义中发挥了作用,在1999年西雅图反世贸组织的游行示威中更是如此。但并非所有的证据都指向一个方向。犯罪分子在网络空间合谋,这显然是新事物;但他们组织起来的方式似乎遵循众所周知的黑手党模式,尽管存在着关于"无领导的抵抗"的说辞。② 因此答案是,目前,我们还不太清楚传播模式会如何影响态度和政治之间的关系。它肯定不是对称的关系。③

原先的论文以几个异想天开的例子结束,这些例子说明了假定的史料来源等级体系是如何被倒置的。十年过去了,这一点可以加倍重申。应该假定书面的正式文件是先于所有其他资料来源为记录历史而构思的(除非能以其他方式展示),这一点现在是显而易见的,此外,转而使用非正式媒介进行严肃讨论(电话使用的美国化),在继续发展到使用电子邮件时,产生了具有讽刺意味的悖论。

电子邮件什么也不是。它既不是经过深思熟虑的成形的信件,也不是随意的聊天。它的奇怪的、类似电报的、缩略的写作方式,糟糕的语法,对打字错误的容忍,都证明了这种交流方式在交流双方头脑中的短暂性。这真是大错特错! 现在看来,电子邮件几乎是个人可以留下的永久记录。即使被发送者删除,电子邮件也会与信用卡交易、商店积分卡使用记录、电话记

---

① J. Reich, "Reflections on Becoming an East German Dissident, on Losing the Wall and a Country", in Prins, *Spring in Winter*; L. Abu-Lughod, "Bedouins, Cassettes and Technologies of Public Culture", *Middle East Report*, 159/4, 1986, pp.7-12; E. Gellner, *Muslim Society*, Cambridge, 1981。

② M. Joyc-Hasham, *Conspiracies on the Internet*, RIIA(即将出版);D. Mann and M. Sutton, "Netcrime: More Change in the Organisation of Thieving", *British Journal of Criminology*, 38/2, spring 1998, pp.201-229。

③ 对此进行的积极探索,请参见 J. Naughton, *A Brief History of the Future: Origins of the Internet*, London, 1999。

录、税务和医疗记录等一起保存在服务器的存储库中，并将保留几十年的时间。它也像明信片上的信息一样公开，而且更容易追踪。安全机构拥有庞大的电信和互联网追踪能力（尤其是英美梯队系统，1999 年被愤怒的法国消息人士揭露，他们担心法国公司可能会成为官方援助的盎格鲁-撒克逊商业间谍活动的受害者），这意味着，未来的历史学家要想写出这些时代高效的元历史，就需要既是一位电脑工程师，也可能是一位间谍人员！

然而，纸质页面依然是为了便于记录而发明的最好媒介，它容易获得，物美价廉，便于保存信息，不存在会被腐蚀的磁痕，也不会因为电池而损坏。实际上，正如简·范西纳所说，口述史学家应该尽快、尽可能全面地把资料记载于纸上。在 20 世纪大众文化社会的公共生活中，有一个领域比其他任何领域更加游离于推测性的口头语域中。情报和间谍活动的历史一直是一个缺失的维度，当故事的部分内容最终浮出水面时——例如，在第二次世界大战期间，布莱奇利公园的政府情报与密码学校在破解德国“谜团”机器代码方面取得了巨大成功——人们对战争的看法发生了改变。就好像白天看不到的指纹突然变得荧光闪烁。[①] 但是，如果没有书面的、隐藏的记录，谣言和猜测的范围就会非常巨大。

情报部门负责人罗杰·霍利斯爵士（Sir Roger Hollis）是不是苏联特工？有人说是，有人说不是。剑桥圈子里有多少卖国贼？三个？五个？还是更多？它为影射和暗示的接受者提供了赚钱的生计，也为大规模阴谋论提供了肥沃的土壤。[②] 因此，令人相当惊讶的是，多年来克格勃的档案保管员一直根据他对该机构文件的独特访问权限创建私人档案，特别是在这些文件

① C. Andrew and D. Dilks, eds., *The Missing Dimension: Governments and Intelligence Communities in the 20th Century*, Urbana, Ill., 1984; F. H. Hinsley and A. Stripp, *Codebreakers: The Inside Story of Bletchley Park*, Oxford, 1994.

② 值得注意的是两位作者，查普曼·平彻（Chapman Pincher）与“奈杰尔·韦斯特”（Nigel West）。P. Wright with P. Greengrass, *Spycatcher*, *Richmond*, Austrilia, 1987 在英政府笨拙地压制其出版之后获得地下出版发行的诱人魅力；但它读起来就像精神错乱者的胡言妄语，事实证明就是这样。

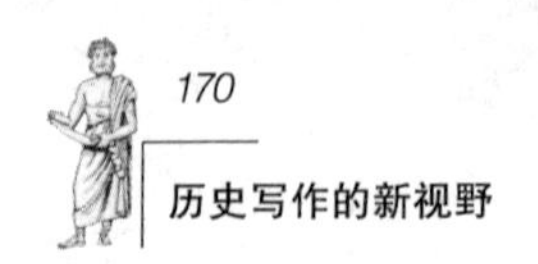

从卢比扬卡转移到莫斯科环路上的新克格勃总部期间,此外,他和这些档案都已经被英国秘密情报机构成功地偷偷带走,当1999年向公众披露这些情况时,才有可能对事件的真实性进行令人满意的核实。克里斯托弗·安德鲁(Christopher Andrew)受英国军情六处委托得以接触此人和这些档案,让这位历史学家明显感到高兴的是,在确认揭露一位长期服役、现已年迈的苏联特工时,许多神话都有可能被揭穿,安德鲁有可能在电视上宣布,任何曾经为苏联工作过的人都不应该再相信他们的秘密是安全的。①

在过去十年里,口述史无论作为一种技术,还是作为历史学家经典中的一种流派,都已经成熟起来。这意味着它已经摆脱了不可靠的异国情调的名声,尽管人们希望它没有失去其打破旧习的能量。这在一定程度上归功于其实践者的努力,在一定程度上归功于史学的普遍危机,而这种危机现在由于传播模式的进一步转变而加速了。本文认为,口述史对一般辩护的贡献是令人振奋的。但重要的是,应该像原先论文那样结束全文,谨防出现误导和夸大其词的危险。这些技巧需要娴熟地加以处理,但凡有一点儿粗糙或粗心,都可能会迅速而严重地误入歧途。揭露不存在的巴尔干幽灵,或是从米特罗欣先生别墅档案室的牛奶搅拌器里冒出来的东西,都已经说明了这些危险:书面文字拥有最后的发言权——这是理所当然的。但口头话语的地位和相关潜力已经比以前得到了更加清晰的表述。

① C. Andrew and V. Mitrokhin, *The Mitrokhin Archive: The KGB in Europe and the West*, London, 1999.

第七章

阅读史[*]

罗伯特·达恩顿

奥维德就如何阅读情书提供了一些建议:"如果你的爱人通过聪明的仆人递给你的牌子上的一些话来示好,那么仔细考虑一下,权衡他的措辞,然后试着去猜测他的爱是否只是假装的,或者他的祈祷是否真的来自一颗真心相爱的心。"这是非同寻常的。罗马诗人可能是我们中的一员。他谈到了任何时代都可能出现的一个问题,这个问题似乎存在于时间之外。在阅读《爱的艺术》中关于阅读的内容时,我们似乎听到了一个声音,它跨越两千年的距离直接与我们对话。

但是当我们继续往下听的时候,这个声音听起来越来越陌生。奥维德接着提出了背着丈夫与情人交流的技巧:

> 一个正直的女人应该敬畏她的丈夫,并被一个严格的护卫守护,这是符合道德和法律的……但是如果你的守护者多得像阿格斯的眼睛一样,只要你的意志足够坚定,你就可以骗过他们所有人。比方说,谁能阻止你的仆人和同伙把你的纸条夹在她的紧身胸衣里,或是夹在她的脚和她的鞋底之间?让我们假设你的守护者能够识破所有这些诡计。那么,让你的闺蜜用她的后背来代替便笺簿,让她的身体变成一封活生生的信。①

---

* 本文经善意许可,转载自 *Australian Journal of French Studies*, 23, 1986, pp.5-30。

① Ovid, *Ars Amatoria*, Book III,第 469—472 行和第 613—626 行。我采用了 J. H. 莫斯利在《爱的艺术和其他诗歌》(J. H. Mozley, *The Art of Love and Other Poems*, London, 1929)中的译本,并用赫金·德·盖尔《爱的艺术》(Heguin de Guerle, *L'Art d'aimer*, Paris, 1963)更现代的版本对其进行了修改。这篇文章中的所有其他译文都是我翻译的。

期待着情人脱去女仆的衣服,阅读写在她身上的信,不完全是我们今天和写信联系在一起的那种交流。尽管《爱的艺术》充满了迷人的当代气息,但它却把我们抛入一个我们几乎无法想象的世界。要想得到这个信息,必须对罗马神话、写作手法、家庭生活有所了解。我们必须能够把自己想象成一位罗马贵族的妻子,能够理解形式上的道德与世界沉溺于世故和玩世不恭的方式之间的反差,而当时的人们正在用一种远远超出罗马人理解范围的野蛮语言来宣讲登山宝训。

阅读奥维德就是要直面阅读本身的奥秘。无论是熟悉的还是陌生的,这都是我们与祖先分享的一种活动,但永远不可能与他们所经历的完全相同。为了与生活在几个世纪前的作家接触,我们可能会享受一种走出时间的幻觉。但是,即使他们的文本一成不变地流传到我们手里——考虑到版式和书籍作为实物的演变,这几乎是不可能的——我们与这些文本的关系也不可能跟过去的读者与这些文本的关系是一样的。阅读有着悠久的历史,但我们如何才能找回这些历史呢?

我们可以从搜索读者记录开始。卡洛·金兹伯格在宗教裁判所的文件中发现了一个人,一位 16 世纪弗留利的卑微的磨坊主。为了调查异端邪说,裁判官向受害者询问了他的阅读情况。梅诺奇奥回答了一连串的标题,并对每一个标题进行了详细的评论。通过比较文本和评论,金兹伯格发现,梅诺奇奥阅读过大量的《圣经》故事、编年史和旅行书籍,这类书籍存在于许多贵族图书馆。梅诺奇奥并不是简单地接收通过社会等级传递下来的信息。他积极地阅读,将他所掌握的材料内容转变为一种本质上非基督教的世界观。这种观点是否像金兹伯格所说的那样,可以追溯到一种古老的流行传统,这是一个有争议的问题;但金兹伯格无疑证明了,将阅读作为四百年前普通民众的一种活动进行研究的可能性。①

---

① Carlo Ginzburg, *The Cheese and the Worms: The Cosmos of a Sixteenth-Century Miller*, trans. Anne and John Tedeschi, Baltimore, 1980.

在我自己对18世纪法国的研究中,我偶然遇到了一位坚定的中产阶级读者。他是一位来自拉罗谢尔的商人,名叫让·兰森(Jean Ranson),是一位热情洋溢的卢梭主义者。兰森不仅仅是读了卢梭的书而哭泣;他在创业、恋爱、结婚和抚养孩子的过程中,将卢梭的思想融入了他的生活。在1774年至1785年之间兰森所写的一系列丰富的信件中,阅读和生活是并行的主题,这些书信展示了卢梭主义是如何融入旧政权下的地方资产阶级的生活方式的。《新爱洛伊丝》(*La Nouvelle Héloïse*)出版后,卢梭收到了大量来自兰森这样的读者的来信。我相信,这是文学史上粉丝来信的第一波浪潮,尽管理查森已经在英国掀起了一些令人印象深刻的波澜。这封邮件显示,法国各地读者的反应就像兰森一样,而且,他们的反应也符合卢梭在其小说的两个序言中所呼吁的。他已经指导过他的读者如何阅读他的作品。他给他们分配了角色,并为他们提供了一种接受他的小说的策略。这种新的阅读方式效果非常好,以至于《新爱洛伊丝》成为本世纪最伟大的畅销书,也成为浪漫情感最重要的单一来源。这种情感现在已经消失了。没有一个现代读者能像两个世纪前的前辈们那样,在阅读六卷本的《新爱洛伊丝》时痛哭流涕。但在他那个时代,卢梭通过革新阅读本身,吸引了整整一代读者。①

梅诺奇奥和兰森的例子表明,阅读和生活,解读文本和理解生活,在近代早期比今天更密切相关。但在下结论之前,我们需要查阅更多的档案,将读者对自己经历的描述与他们在书中的阅读礼节/规约进行比较,并在可能的情况下,与他们的行为进行比较。人们认为《少年维特的烦恼》在德国引发了一波自杀潮。重新审视阅读狂热(Wertherfieber)的时机不是已经成熟了吗?前拉斐尔派在英国提供了类似的生活模仿艺术的例子,这个主题可以追溯到《唐吉诃德》《包法利夫人》和《寂寞芳心小姐》。在每种情况下,小说都可以充实起来,并与文件(实际的自杀笔记、日记和写给编辑的信)

① Robert Darnton, "Readers Respond to Rousseau: The Fabrication of Romantic Sensitivity", in Darnton, *The Great Cat Massacre and Other Episodes in French Cultural History*, New York, 1984, pp.215-256.

进行比较。作者的书信和出版商的文章是关于真实读者信息的理想来源。伏尔泰和卢梭已发表的书信中有数十封读者来信,巴尔扎克和左拉未发表的文章中有数百封读者来信。①

简而言之,应该有可能发展出一部历史以及一种读者反应理论。这是可能的,但并不容易;因为文件很少展示工作中的读者,从文本中形成意义,而文件本身就是文本,也需要解释。文件中很少有足够丰富的内容,甚至可以间接接触到阅读的认知和情感因素,少数例外情况可能不足以让人重建这种体验的内在维度。但研究书籍的历史学家已经发现了大量关于阅读的外部历史的信息。把它作为一种社会现象进行研究后,他们可以回答许多关于"何人""何物""何地"和"何时"的问题,这对于回答更困难的"为什么"和"怎么做"的问题有很大帮助。

关于谁在不同的时代阅读什么的研究分为两种主要类型,宏观分析和微观分析。宏观分析首先在法国蓬勃发展,它以计量社会史的强大传统为基础。亨利-让·马丹(Henri-Jean Martin)、弗朗索瓦·孚雷(François Furet)、罗伯特·埃斯蒂瓦尔斯(Robert Estivals)和弗雷德里克·巴比尔(Frédéric Barbier)利用由法定送存(dépôt légal)、图书特权登记册和年度《法兰西书目》(*Bibliographie de la France*)构建的长期系列,追溯了从16世纪到现在阅读习惯的演变。人们可以从它们的曲线图波动中看到许多有趣的现象:拉丁语的衰落,小说的兴起,对自然现实世界和异国他乡遥远世界的普遍迷恋,这些都在从笛卡尔时代到布甘维尔时代受过教育的公众中传播。德国人构建了一个更长的统计系列,这要归功于一个特别丰富的来源:从16世纪中叶一直延伸到19世纪中叶的法兰克福和莱比锡书展目录。法兰克福书展目录从1564年到1749年从未间断出版,莱比锡书展目录可以追溯到1594年,1797年以后的时期可以被《欣里希目录》(*Hinrichs'sche*

---

① 作为这些主题的实例,见 Kurt Rothmann, *Erläuterungen und Dokumente*; Johann Wolfgang Goethe, *Die Leiden des Jungen Werthers*, Stuttgart, 1974 和 James Smith Allen, "History and the Novel: Mentalité in Modern Popular Fiction", *History and Theory*, 22, 1983, pp.233-252。

Verzeichnisse)取代。尽管这些目录有其不足之处,但它们为文艺复兴以来的德语阅读提供了一个粗略的索引,而且自从约翰·戈德弗里德里希(Johann Goldfriedrich)在 1908 年和 1909 年出版了他的不朽巨著《德国图书交易的历史》以来,一系列图书历史学家一直在挖掘这些书目。英国阅读界没有类似的资料来源,但在 1557 年之后的一段时间里,当伦敦开始主导印刷业时,伦敦文具公司的报纸为 H. S. 贝内特(H. S. Bennett)、W. W. 格雷格(W. W. Greg)等人提供了大量的资料,可以追踪英国图书贸易的演变。尽管英国的目录学传统不利于统计数据的汇编,但从 1475 年开始的简短书目中有大量的定量信息。贾尔斯·巴伯(Giles Barber)从海关记录中绘制了一些类似法国的图表,罗伯特·维南斯(Robert Winans)和 G. 托马斯·坦塞尔(G. Thomas Tanselle)通过改写查尔斯·埃文斯(Charles Evans)的巨著《美国书目》(1638—1783 年间有 18000 个条目,不幸的是,其中包括"无确实证据证明其存在的图书"的数量),来估量早期美国人的阅读情况。①

所有这些汇编和计算都为阅读习惯提供了一些指导,但这些概括有时

---

① 这类文献太庞大了,无法在这里详细引用,参见 Henri-Jean Martin, *Livre, pouvoirs et société à Paris au XVIIe siècle, 1598-1701*, Geneva, 1969, vol. 2; Robert Estivals, *La statistique bibliographique de la France sous la monarchie au XVIIIe siècle*, Paris and The Hague, 1965; Frederic Barbier, "The Publishing Industry and Printed Output in Nineteenth-Century France", in Kenneth E. Carpenter, ed., *Books and Society in History: Papers of the Association of College and Research Libraries Rare Books and Manuscripts Preconference, 24-28 June, 1980 Boston, Massachusetts*, New York and London, 1983, pp. 199-230; Johan Goldfriedrich, *Geschichte des deutschen Buchhandels*, Leipzig, 1886-1913, 4 vols; Rudolf Jentzsch, *Der deutsch-lateinische Büchermarkt nach den Leipziger Ostermesse-Katalogen von 1740, 1770 und 1800 in seiner Gliederung und Wandlung*, Leipzig, 1912; H. S. Bennett, *English Books & Readers 1475 to 1557*, Cambridge, 1952; id., *English Books & Readers 1558 to 1603*, Cambridge, 1965; id., *English Books & Readers 1603 to 1640*, Cambridge, 1970; Giles Barber, "Books from the Old World and for the New: The British International Trade in Books in the Eighteenth Century", *Studies on Voltaire and the Eighteenth Century*, 151, 1976, pp.185-224; Robert B. Winans, "Bibliography and the Cultural Historian: Notes on the Eighteenth-Century Novel", in William L. Joyce, David D. Hall, Richard D. Brown and John B. Hench, eds., *Printing and Society in Early America*, Worcester, Mass., 1983, pp.174-185; G. Thomas Tanselle, "Some Statistics on American Printing, 1764-1783", in Bernard Bailyn and John B. Hench, eds., *The Press & the American Revolution*, Boston, 1981, pp.315-364。

似乎过于笼统,难以令人满意。小说,就像资产阶级一样,似乎总是在增多;而曲线图在预期的时间点下降——最明显的是在莱比锡博览会的七年战争期间,以及在法国的第一次世界大战期间。大多数量词将它们的统计数据归为模糊的类别,如“艺术与科学”和“纯文学”,这不足以识别特定的现象,如继承权之争、詹森主义、启蒙运动或哥特式复兴——正是这些主题最受文学学者和文化史学家关注。书籍的量化历史必须细化其类别,突出其重点,才能对传统的学术流派产生重大影响。

然而,这些量词揭示了一些重要的统计模式,如果在一个国家和另一个国家之间进行更多的比较,它们的成就看起来会更加令人印象深刻。例如,统计数据表明,18 世纪末德国文化的复兴与一种流行性的阅读热有关,即所谓的阅读成瘾(Lesewut 或 Lesesucht)。莱比锡的目录直到 1764 年才达到三十年战争前的水平,当时它收录了 1200 种新出版的书籍。随着狂飙突进运动(Sturm und Drang)的出现,1770 年它上升到 1600 种;然后在 1780 年上升到 2600 种,1800 年达到 5000 种。法国人采取了不同的模式。在威斯特伐利亚和约(1648 年)之后的一个世纪里,图书产量稳步增长——从高乃依到《百科全书》,这是一个伟大文学的世纪,而这一时期正是德国衰落的时期。但在接下来的 50 年里,当德国的数据飙升时,法国的增长看起来相对温和。根据罗伯特·迪亚莱尔斯(Robert Estivals)的说法,1764 年,出版新书(特权和许可)的申请达到了 729 份,1770 年为 896 份,1780 年仅为 527 份;1800 年提交给法律仓库的新书总数为 700 本。可以肯定的是,不同类型的文件和衡量标准可能会产生不同的结果,官方消息来源排除了大量非法的法语图书的生产。但是,不管这些数字有什么不足之处,它们都表明,在经历了一个世纪的法国统治之后,德国文学生活实现了一次巨大的飞跃。德国也有更多的作家,尽管法语区和德语区的人口大致相同。德国文学年鉴《博学的德国》(*Das gelehrte Teutschland*)1772 年列出了 3000 位在世的作家,在 1776 年列出了 4300 位。在法国,类似的出版物《法国文学》(*La France Littéraire*)收录了 1757 年的 1187 位作家和 1769 年的 2367 位作家。当伏尔泰和卢梭步入老年时,歌德和席勒正在掀起一股文学创造力的浪潮,如果只考虑传统的文学史,这股浪潮的力量远远超出人们的想象。①

交叉统计比较也有助于绘制文化潮流图。弗朗索瓦·孚雷在将整个18世纪的图书特许经营权制成表格后发现,古老的学术分支出现了明显的衰落,根据亨利-让·马丹的统计,尤其是一个世纪前蓬勃发展的人文主义和古典拉丁文学。1750年以后,较新的体裁,如被归类为"科学和艺术"的书籍开始盛行。丹尼尔·罗什(Daniel Roche)和米歇尔·马里恩(Michel Marion)在调查巴黎公证档案时也注意到了类似的趋势。在贵族和富有的资产阶级的图书馆里,小说、游记和自然史著作往往会排挤经典著作。所有的研究都表明,宗教文学在18世纪出现了显著的衰落。它们证实了社会史其他领域的定量研究,例如米歇尔·伏维尔(Michel Vovelle)关于葬礼仪式的研究,以及多米尼克·朱莉娅(Dominique Julia)对神职人员任命和教学实践的调查。②

德语阅读的专题调查是对法语阅读的补充。鲁道夫·詹茨施(Rudolf Jentzsch)和阿尔伯特·沃德(Albert Ward)发现,在莱比锡和法兰克福的书展目录中,拉丁文书籍的数量大幅减少,小说的数量相应增加。根据爱德华·雷耶(Eduard Reyer)和鲁道夫·申达(Rudolf Schenda)的说法,到19世

① Estivals, *La Statistique bibliographique*, p.309; Paul Raabe, "Buchproduktion und Lesepublikum in Deutschland 1770-1780", *Philobiblin: eine Viertel-jahrs-schrift fiir Buch-und Graphiksammler*, 21, 1977, pp.2-16. 关于作家的比较统计是根据我自己的计算得出的。

② Francois Furet, "La 'librairie' du Royaume de France au 18ᵉ siècle", in Furet et al., *Livre et société dans la France du XVIIIᵉ siècle*, Paris, 1965, pp.3-32; Daniel Roche, "Noblesses et culture dans la France du XVIIIᵉ: les lectures de la noblesse", in *Buch und Sammler. Private und offentliche Bibliotheken in* 18. *Jahrhundert. Colloquium der Arbeitsstelle* 18. *Jahrhundert Gesamthochschule Wuppertal Universitat Miinster vom* 26-28. September 1977, Heidelberg, 1979, pp.9-27; Michel Marion, *Recherches sur les bibliothèques privées à Paris au milieu du XVIIIᵉ siècle*, *1750-1759*, Paris, 1978; Michel Vovelle, *Piété baroque et déchristianisation en Provence au XVIIᵉ siècle. Les attitudes devant la mort d'après les clauses des testaments*, Paris, 1973.

纪末,德国、英国和美国图书馆的借阅模式已经变得惊人地相似,70%至80%的图书来自消遣小说类别(主要是小说);10%来自历史、传记和旅行;不到1%来自宗教。在短短两百多年的时间里,阅读世界发生了翻天覆地的变化。小说的兴起平衡了宗教文学的衰落,几乎所有的转折点都可能发生在18世纪下半叶,特别是70年代,也就是狂热(Wertherfieber)的年代。与法国的《新爱洛伊丝》和英国的《帕梅拉》相比,《少年维特之烦恼》在德国的反响更为壮观。这三部小说都标志着一种新的文学敏感性的胜利,而维特的最后一句话似乎宣告了传统基督教文化的消亡以及新的阅读群体的到来:"工匠们把他抬走了,但是没有牧师相随。"(Handwerker trugen ihn. Kein Geistlicher hat ihn begleitet.)①

因此,尽管存在着多样性和偶尔出现的矛盾,但宏观分析研究提出了一些一般性的结论,类似于马克斯·韦伯的"世界的祛魅"。这似乎太过宽泛了,让人感觉不舒服。那些喜欢精确的人可能会转向微观分析,尽管它通常会走向相反的极端——过度的细节。从中世纪到现在,我们的图书馆里有数百本书单,任何人都没有耐心读完。然而,我们大多数人都会同意,通过私人图书馆的目录可以了解读者的某个侧面,尽管我们并没有读完我们拥有的所有书籍,但我们确实阅读了很多我们从未购买过的书籍。浏览蒙蒂塞洛图书馆的目录,就是在探究杰斐逊思想的构成,②而研究私人图书馆有一个好处,就是把"读什么"与"谁读的"联系起来。

法国人在这方面也处于领先地位。丹尼尔·莫尔内(Daniel Mornet)1910年的文章"私人图书馆的教训"(Les enseignements des bibliothèque privées)表明,对图书馆目录的研究可以得出一些挑战文学史常识的结论。

---

① Jentzsch, *Der deutsch-lateinische Büchermarkt*; Albert Ward, *Book Production, Fiction, and the German Reading Public 1740-1800*, Oxford, 1974; Rudolf Schenda, *Volk ohne Buch. Studien zur Sozialgeschichte der popularen Lesestoffe 1700-1910*, Frankfurt am Main, 1970, p.467.

② 关于杰斐逊为受过良好教育但并非特别博学的绅士设计的最小图书馆模型,请参阅 Arthur Pierce Middleton, *A Virginia Gentleman's Library*, Williamsburg, var, 1952。

在把 18 世纪的 500 个书目中的书名制成表格后,他只找到了一本将成为法国大革命圣经的书,即卢梭的《社会契约论》。图书馆里堆满了已经被完全遗忘的作家的作品,它们没有提供将某些类型的文学作品(例如哲学家的作品)与某些阶层的读者(资产阶级)联系起来的基础。70 年后,莫尔内的作品读起来仍然令人印象深刻,但围绕它已经形成了大量的文学作品。我们现在有关于贵族、治安官、牧师、院士、市民、工匠,甚至一些家庭佣人的图书馆的统计数据。法国学者对阅读进行了研究,涉及某些城市的社会阶层,比如让-克洛德·佩罗(Jean-Claude Perrot)研究卡昂、米歇尔·马里昂(Michel Marion)研究巴黎,以及整个地区的社会阶层,比如让·奎尼亚特(Jean Quéniart)研究诺曼底,马德琳·文特尔(Madeleine Ventre)研究朗格多克。在很大程度上,他们依靠的是死后的财产清单(inventaires après décès),即死者遗产中书籍的公证记录。因此,他们受到了文件中固有偏见的影响,这些文件通常忽略了没有什么商业价值的书籍,或者局限于"一堆书"这样的模糊陈述。但是公证人的眼光在法国比在德国更受欢迎。在德国,鲁道夫·申达认为,作为对普通人阅读习惯的指南,财产清单严重不足。德国最彻底的研究可能是沃尔特·维特曼(Walter Wittmann)对 18 世纪末美因河畔法兰克福财产清单的调查。它表明,100%的高级官员、51%的商人、35%的工匠和 26%的熟练工拥有图书。丹尼尔·罗什在巴黎普通民众中发现了类似的模式:在 1780 年左右的公证档案中,只有 35%的受薪工人和家政佣人拥有书籍。但罗什也发现了许多熟悉书面文字的迹象。到 1789 年,几乎所有的家政佣人都能在财产清单上签名了。很多人都有自己的书桌,上面全是书写工具,还有家庭文件。大多数工匠和店主在学校里度过了他们的童年时光。1789 年之前,巴黎有 500 所小学,每 1000 名居民就有一所,几乎都是免费的。罗什总结道,巴黎人是读者,但阅读并不是以财产清单中出现的书籍的形式呈现的。它包括小册子、公告、海报、私人信件,甚至街道上的指示牌。巴黎人在城市和生活中阅读,但他们的阅读方式在档案中没有

留下足够的证据,历史学家无法对其进行探究。①

因此,历史学家必须寻找其他来源。订阅列表一直是最受欢迎的,尽管它们通常只涵盖相当富有的读者。从 17 世纪末到 19 世纪初,英国的许多图书都是以订阅方式出版的,并附有订阅者的名单。泰恩河畔纽卡斯尔的历史作家生平录项目的研究人员利用这些名单来研究读者群体的历史社会学。德国也在进行类似的努力,特别是克洛普斯托克和维兰德的学者。大约 1/6 的德语新书是在 1770 年到 1810 年间通过订阅方式出版的,当时这种做法达到了顶峰。但是,即使在其全盛时期(Blütezeit),订阅列表也不能准确地反映读者群。根据莱因哈德·维特曼针对订阅列表研究提出的一些毁灭性批评,它们漏掉了许多订阅者的名字,把其他作为顾客而不是读者的人纳入其中,而且通常代表了少数企业家的销售技巧,而不是受过教育的公众的阅读习惯。华莱士·基尔索普的研究表明,这样的研究在法国可能会更成功,18 世纪末,订阅出版在法国也很繁荣。但是,和其他列表一样,法国的列表通常都青睐最富有的读者和最花哨的书籍。②

借阅图书馆的记录为研究文学流派和社会阶层之间的联系提供了更好的机会,但这些记录很少留存下来。最引人注目的是沃尔芬巴特尔公爵图书馆从 1666 年到 1928 年的借阅登记簿。根据沃尔夫冈·米尔德(Wolfgang Milde)、保罗·拉贝(Paul Raabe)和约翰·麦卡锡(John McCarthy)的说法,它们展示了 17 世纪 60 年代显著的阅读“民主化”过程:借书量翻了一番;借阅者来自较低的社会阶层(包括一些搬运工、侍从和军队中的下级军官);阅

① Daniel Mornet, “Les enseignements des bibliothèques privées(1750-1780)”, *Revue d'histoire litteraire de la France*, 17, 1910, pp.449-496.关于法国文学概论及参考书目,见 Henri-Jean Martin and Roger Chartier, eds., *Histoire de l'édition francaise*, Paris, 1982-1983。沃尔特·维特曼的研究和相关作品在申达的《没有书的人》(Schenda, *Volk ohne Buch*)第 461—467 页中进行了讨论。关于巴黎的普通读者,请参阅 Daniel Roche, *Le peuple de Paris. Essai sur la culture populaire au XVIII siècle*, Paris, 1981, pp.204-241。

② Reinhard Wittmann, *Buchmarkt und Lektüre im 18. und 19. Jahrhundert. Beiträge zum literarischen Leben 1750-1880*, Tubingen, 1982, pp. 46- 68; Wallace Kirsop, “Les mécanismes éditoriaux”, in *Histoire de l'édition francaise*, Paris, 1984, vol. 2, pp.31-32.

读内容变得更轻松,从博学巨著转向感伤小说(模仿《鲁滨孙漂流记》的小说尤其畅销)。奇怪的是,巴黎国王图书馆(Bibliothèque du Roi)的登记簿显示,它在这一时期的用户数量是相同的——大约每年50人,其中包括一位德尼·狄德罗。巴黎人不能把书带回家,但他们享受到了一个更加悠闲的年代的热情好客。虽然图书管理员一周只在两个早上向他们敞开大门,但在把他们赶出去之前会给他们提供一顿饭。今天国家图书馆的情况不同了。图书管理员不得不接受一条基本的经济学定律,即天下没有免费的午餐这回事儿。①

微观分析学家还提出了许多其他发现——事实上,这些发现如此之多,以至于面临着与宏观量词相同的问题:如何将所有这些整合在一起?文件(拍卖目录、公证记录、订阅列表、图书馆登记簿等)的差异并没有使这项任务变得更容易。结论的差异可以归因于资料来源的特殊性,而不是读者的行为。而且这些专著常常相互矛盾:工匠在这里看起来识字,在那里看起来不识字;旅游文学似乎在某些地方的某些群体中很受欢迎,在另一些地方却不受欢迎。对体裁、环境、时间和地点进行系统比较,看起来就像是试图推翻规则的例外阴谋。

到目前为止,只有一位图书历史学家足够勇敢地提出了一个普遍的模式。罗尔夫·恩格尔辛认为,18世纪末发生了一场"阅读革命"(*Leserevolution*)。根据恩格尔辛的说法,从中世纪到1750年之后的某个时期,人们"密集地"阅读。他们只有几本书——《圣经》、历书和一两本虔诚的著作——他们反复地读,通常是大声朗读,分组阅读,这样,一小部分传统文学作品就深深地烙印在他们的意识中。到了1800年,人们开始"泛"读。他们阅读各种各样的材料,特别是期刊和报纸,只读一遍,然后就匆匆忙忙地读下一篇文章。恩格尔辛没有为他的假设提供太多证据。事实上,他的大

① John A. McCarthy, "Lektiire und Lesertypologie im 18. Jahrhundert (1730-1770): Ein Beitrag zur Lesergeschichte am Beispiel Wolfenbüttels", *Internationales Archiv für Sozialgeschichte der deutschen Literatur*, 8, 1983, pp.35-82.

部分研究只涉及不来梅市民的一小部分样本。但它有非常吸引人的前后简单对照，为欧洲历史上早期和晚期的阅读模式提供了一个方便的对比公式。在我看来，它的主要缺点是它的单向性特征。阅读并没有朝着一个方向发展，那就是广泛性。它在不同时代的不同社会群体中呈现出许多不同的表现形式。男人和女人读书是为了拯救他们的灵魂，改善他们的举止，修理他们的机器，勾引他们的甜心，了解时事，以及纯粹为了娱乐。在许多情况下，特别是在理查森、卢梭和歌德的读者中，阅读变得更加密集，而不是相反。但18世纪末似乎确实代表了一个转折点，在这个时期，更多的阅读材料向更广泛的公众开放，人们可以看到，随着机械造纸、蒸汽动力印刷机、莱纳排铸机和近乎普及的识字率的发展，19世纪的大众读者人数将会增长到巨大的比例。所有这些变化都开启了新的可能性，不是通过降低阅读的强度，而是通过增加品种的多样性。①

因此，我必须承认对“阅读革命”有些怀疑。然而，研究书籍的美国历史学家大卫·霍尔，描述了1600年至1850年间新英格兰人阅读习惯的转变，所用的词汇几乎与恩格尔辛使用的完全相同。在1800年之前，新英格兰人阅读一小部分受人尊敬的“稳定的畅销书”，包括《圣经》、历书、《新英格兰入门读本》、菲利普·多德里奇(Philip Doddridge)的《宗教的兴起与进步》、理查德·巴克斯特(Richard Baxter)的《对未皈依者的呼唤》，并且反复朗读，大声朗读，分组朗读，强度极高。1800年以后，他们被各种各样的新书淹没了——小说、报纸、各种清新阳光的儿童文学，他们如饥似渴地通读，一找到新书就扔掉旧书。尽管霍尔和恩格尔辛从未听说过对方，但他们在西方世界两个截然不同的地区发现了类似的模式。也许阅读的本质在18世纪末发生了根本性的转变。这可能不是一场革命，但它标志着一个旧政

---

① Rolf Engelsing, “Die Perioden der Lesergeschichte in der Neuzeit. Das statistische Ausmass und die soziokulturelle Bedeutung der Lektüre”, Archiy fü Geschichte des Buchswesens, 10, 1969, 第944—1002卷，以及同上：*Der Bürger als Leser. Lesergeschichte in Deutschland 1500-1800*, Stuttgart, 1974。

权的终结——托马斯·肯比斯(Thomas Kempis)、约翰·阿尔特(Johann Arndt)和约翰·班扬(John Bunyan)统治时代的终结。①

阅读的"地点"比人们想象的更加重要,因为通过将读者放在他们的环境中,可以为他们体验的本质提供线索。莱顿大学挂着一幅1610年大学图书馆的印刷品。它展示了用链条锁在高高的书架上的书籍,厚重的对开本,这些书架从墙上伸出来,顺序由古典目录学的规则决定:法律、医学、历史等。学生们分散在房间里,在书架下面高与肩齐的柜台上看书。他们站着看书,用厚厚的斗篷和帽子御寒,一只脚放在栏杆上,以缓解身体的压力。在古典人文主义时代,阅读不可能是舒适的。在一个半世纪后创作的图画中,例如弗拉戈纳尔(Fragonard)的《阅读》(*La lecture*)和《读书少女》(*La liseuse*),读者斜倚在躺椅或软垫扶手椅上,双腿搁在脚凳上。她们通常是女性,穿着宽松的长袍,在当时被称为"读书的女子"(liseuses)。她们通常用手指捧着一本精美的十二开本的书,眼睛里流露出遥远的神情。从弗拉戈纳尔到莫奈(莫奈也画了一幅"读书的女子"),阅读从闺房走向户外。读者把书背到田野和山顶,在那里,他可以像卢梭和海涅那样与大自然交流。几代人之后,在第一次世界大战的战壕里,大自然似乎变得格格不入,来自哥廷根和牛津的年轻中尉们不知何故为几卷薄薄的诗集找到了空间。在我自己的少量藏书中,最珍贵的一本是霍尔德林(Hölderlin)的《人类模范赞歌》(*Hymnen an die Ideale der Menschheit*),题词是"阿道夫·诺埃尔,1916年1月,法国北部"——这是一位试图解释德国的德国朋友送给我的礼物。我仍然不确定我是否理解,但我认为,如果我们更仔细地思考阅读的插图和装备,包括家具和衣服,对阅读的总体理解会有所提高。②

背景中的人类要素必然影响了对文本的理解。毋庸置疑,格鲁兹

---

① David Hall, "The Uses of Literacy in New England, 1600-1850", in *Printing and Society in Early America*, pp.1-47.

② 关于阅读背景的类似观察,见 Roger Chartier and Daniel Roche, "Les pratiques urbaines de l'imprimé", in *Histoire de l'édition française*, vol. 2, pp.403-429。

(Greuze)在他的画作《给孩子们读〈圣经〉的父亲》(*Un père de famille qui lit la Bible à ses enfants*)中,感伤地表现了阅读的集体性。雷斯提夫·德拉布雷东在《我父亲的生平》所描述的家庭《圣经》朗读中可能也做了同样的事情:"我总是带着温情回忆起人们在聆听这些经文时的专注,它向整个大家庭传达了一种善良和博爱的基调。在家里我了解仆人们。我父亲总是以这样的话开头:'孩子们,静下心来,圣灵要说话了。'"但是,尽管他们多愁善感,这样的描述却源于一个共同的假设:对于近代早期欧洲的普通人来说,阅读是一种社会活动。它发生在车间、谷仓和酒馆。它几乎总是口头的,但不一定起到教化作用。1786年,克里斯蒂安·舒巴特(Christian Schubart)用一些玫瑰色的笔触描述了乡村客栈里的农民:

夜幕降临,
于是我只好喝了我的烧酒;
(此时)校长为我读
报纸上的新闻。①

旧制度时期最重要的通俗阅读机构是炉边聚会,在法国被称为守夜(Veillée),在德国被称为纺纱室(Spinnstube)。当孩子们玩耍,女人们缝纫,男人们修理工具时,同伴中一位能理解文本的人会用《艾蒙的四个儿子》(*Les quatre fils Aymon*)中的冒险故事、《蒂尔·欧伦斯皮格尔》(*Till Eulenspiegel*)或者从廉价的通俗读物的标准书目中挑选出来的其他一些最受欢迎的故事来取悦他们。其中一些早期的平装书是这样开头的,比如"你将要听到的……",意思是需要通过耳朵来理解。在19世纪,一群群的工匠,特别是雪茄制造商和裁缝,在工作时会轮流读书或者雇一名朗读者来娱乐自己。即使在今天,许多人通过电视节目主持人来获取新闻。电视可能不

① Restif de la Bretonne, *La vie de mon père*, Ottawa, 1949, pp.216-217. 舒巴特的诗引自申达的《没有书的人》第465页,可以翻译为:傍晚时分,/我总是喝我的那杯酒。/然后校长给我朗读/报纸上的新东西。

像人们通常认为的那样是与过去的决裂。无论如何,在历史的大部分时间里,对于大多数人来说,书籍是有听众的,而不是读者。它们被听到的机会比被看到的要多。①

对于少数有能力买得起书的受过教育的人来说,阅读是一种更加私密的体验。但他们中的许多人加入了阅读俱乐部、文学沙龙或阅读社团,在那里,他们可以在社交氛围中阅读几乎任何他们想要的东西,每月只需支付少量费用。弗朗索瓦·帕伦特-拉迪尔追溯了复辟时期这些俱乐部在巴黎的激增,②但它们可以追溯到18世纪。省级书商经常把他们的藏书变成图书馆,并且对频繁使用图书馆的权利收取费用。充足的光线,几把舒适的椅子,墙上的几幅画,再订阅半打报纸,就足以让任何一家书店成为一个俱乐部。从而,伦维尔的一位小书商P. J. 贝尔纳(P. J. Bernard)所宣传的文学沙龙是这样的,"一栋舒适、宽敞、光线充足且供暖的房子,每天都营业,从早上9点到中午12点,从下午1点到10点,从那时起,它将向业余爱好者提供2000册书,并且每年将增加400册"。到1779年11月,该俱乐部已经有200名会员,大部分是当地宪兵。一年只要花3个里弗的小钱,就能得到5000本书、13份报刊以及专门留给谈话和写作的房间(见附录)。

根据奥托·丹恩(Otto Dann)的说法,德国读书俱乐部为18世纪各种不同的资产阶级文化提供了社会基础。它们以惊人的速度涌现,特别是在北方城市。马丁·韦尔克(Martin Welke)估计,到1800年,大约每500名德

---

① 关于小册子及其在法国的公共使用,请参阅 Charles Nisard, *Histoire des livres populaires ou de la littérature du colportage*, Paris, 1854, 2 vols; Robert Mandrou, *De la culture populaire aux 17e et 18e siècles: la bibliothèque bleue de Troyes*, Paris, 1964;有关较新的学术实例,请参阅丹尼尔·罗什编辑、蒙塔尔巴出版的系列图书"蓝色丛书"(Bibliothèque bleue)。对德国通俗文学最好的描述仍然是申达的《没有书的人》,尽管它的解释受到最近一些作品的质疑,例如 Reinhart Siegert, *Aufklärung und Volkslektüre: exemplarisch dargestellt an Rudolph Zacharias Becker und seinem Noth-und Hülfsbüchelein*, Frankfurt am Main, 1978。关于工人互相朗读的例子,参见 Samuel Gompers, *Seventy Years of Life and Labor: An Autobiography*, New York, 1925, pp.80-81。

② Françoise Parent-Lardeur, *Les cabinets de lecture. La lecture publique à Paris sous la Restauration*, Paris, 1982.

国成年人中就有一人属于阅读社团。玛丽斯·普鲁塞纳(Marlies Prüsener)已经能够识别出400多家俱乐部,并对它们的阅读材料形成了一些想法。所有这些俱乐部都有基本的期刊供应,辅之以数量不均的书籍,通常涉及相当重要的主题,如历史和政治。它们似乎是咖啡馆的一个更严肃的版本,咖啡馆本身就是一个重要的阅读机构,从17世纪末开始在德国蔓延开来。到1760年,维也纳至少有60家咖啡馆。它们提供报纸、期刊和无休止的政治讨论场合,就像一个多世纪以来它们在伦敦和阿姆斯特丹所做的那样。①

因此,我们已经对阅读的制度基础有了充分的了解。对于"何人""何物""何地"和"何时"的问题,我们有了一些答案。但是关于"为什么"和"怎么做"的问题却让我们摸不着头脑。我们还没有设计出一种策略,来理解读者们理解字词的内在过程。尽管心理学家和神经学家努力追踪眼球运动并绘制大脑半球图,但我们甚至不了解自己的阅读方式。对于看象形文字的中国人和看线条的西方人来说,对于从右向左阅读没有元音的单词的以色列人,以及通过手指传递刺激的盲人来说,对于语言缺乏时态和空间顺序的东南亚人,以及最近其语言才被外国学者简化为文字的美洲印第安人来说,对于吟诵圣言的圣人以及在超市里研究标签的消费者来说,认知过程是否有所不同?这种差异似乎是无止境的,因为阅读不仅仅是一种技能,而是一种创造意义的方式,必须随着文化的差异而有所不同。如果指望能够找到一个可以解释所有这些变化的公式,那就太过分了。但是,我们应该有可能找到一种方法,来研究我们自己文化中阅读的变化。我想提出五种解决问题的方法。

第一,我认为应该有可能更多地了解过去阅读背后的理想和假设。我们可以研究当代小说、自传、论辩文章、书信、绘画和印刷品中对阅读的描

---

① 丹恩、韦尔克和普里塞纳的研究,以及其他有趣的研究,收录在 Otto Dann, ed., *Lesegesellschaften und bürgerliche Emanzipation: ein europäischer Vergleich*, Munich, 1981。

写，以揭示人们阅读时所想到的一些基本概念。例如，想一想 18 世纪末德国关于阅读热潮的大讨论。那些痛惜这种阅读狂热现象的人并没有简单地谴责它对道德和政治的影响。他们担心这会损害公众健康。在 1795 年的一篇文章中，J. G. 海因泽曼（J. G. Heinzemann）列出了过度阅读给身体造成的后果，“易患感冒、头痛、视力衰退、热疹、痛风、关节炎、痔疮、哮喘、中风、肺部疾病、消化不良、肠梗阻、神经紊乱、偏头痛、癫痫、疑病和忧郁”。辩论的正方，约翰·亚当·博格（Johann Adam Bergk）接受了对手的前提，但不同意他们的结论。他认为，一个人永远不应该在吃完东西或站起来的时候立即阅读，这是大家公认的。但是，通过妥善安排好身体，人们可以使阅读成为一种有益的力量。“阅读的艺术”包括用冷水洗脸，在新鲜空气中散步，以及集中注意力和冥想。没有人质疑阅读中存在物质因素这一概念，因为没有人能够明确区分物质世界和道德世界。18 世纪的读者试图“消化”书籍，用他们的整个生命、身体和灵魂来吸收书籍。这个过程的物理性质有时会在页面上显示出来。塞缪尔·约翰逊（Samuel Johnson）的图书馆现在归唐纳德·F. 海德夫人（Mrs Donald F. Hyde）所有，里面的藏书被弄得又弯又破，就好像约翰逊是费尽心机才读完的。①

纵观西方历史的大部分时间，尤其是 16 和 17 世纪，阅读首先被视为一种精神锻炼。但它是如何进行的呢？人们可以从耶稣会士手册和新教徒的诠释学论文中寻找指导。家庭《圣经》阅读活动发生在巨大的宗教分歧的两侧。正如雷斯蒂夫·德·拉·布列塔尼（Restif de la Bretonne）的例子所表明的那样，人们对《圣经》充满敬畏，甚至在一些天主教农民中也是如此。当然，薄伽丘、卡斯蒂利亚尼、塞万提斯和拉伯雷也为精英们开发了识字的

---

① 海因兹曼的话引 Helmut Kreuzer，“Gefährliche Lesesucht? Bemerkungen zu politischer Lektürekritik im ausgehenden 18. Jahrhundert”，in Rainer Gruenter, ed.，*Leser und Lesen im 18. Jahrhundert. Colloquium der Arbeitsstelle Achtzehntes Jahrhundert Gesamthochschule Wuppertal*，*24-26. Oktober 1975*，Heidelberg，1977。博格的观察散布在他的专著 *Die Kunst*，*Bücher zu lesen*（Jena，1799）中，其中还包含一些关于“消化”书籍的重要性的典型评论，见其标题页和第 302 页。

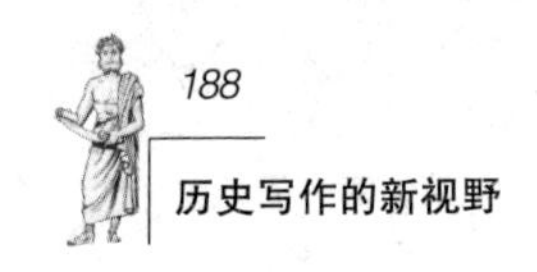

其他用途。但对大多数人来说,阅读仍然是一项神圣的活动。它让你在圣言面前,解开神圣的奥秘。作为一个有效的假设,似乎可以断言,时间越久远,你就越远离工具性阅读。不仅关于"怎么做"的书籍变得越来越稀少,宗教书籍变得越来越普遍,阅读本身也是不同的。在路德和罗耀拉时代,它提供了获得绝对真理的途径。

在更普通的层面上,关于阅读的假设可以从图书的广告和发售说明书中找到。因此,从纽伯里图书馆丰富的藏书中随机抽取的 18 世纪的发售说明书中,一些典型评论是这样的:一位书商正在出售《对安古穆瓦人习俗的评论》(*Commentaires sur la coutume d'Angoumois*)四开本的版本,他坚持认为,无论是排版还是内容,这都是一部优秀的作品:"关于习俗的文本是用粗罗马(gros-romain)字体印刷的,评注之前的摘要是用西塞罗字体印刷的,评注是用圣奥古斯丁字体印刷的。整本书都是用安古莱姆制造的非常漂亮的纸制成的。"①如今,没有出版商会梦想着在一本法律书籍的广告中提到纸张和字体。在 18 世纪,广告商认为他们的客户关心书籍的实物质量。买家和卖家都有一种印刷意识,这种意识现在几乎绝迹了。

审查员的报告也可能会有所启示,至少在近代早期法国的图书中是这样的,在那里,审查制度即便不是非常有效,也是高度发达的。一本典型的旅行书籍,J. -B. 拉巴特(J. -B. Labat)的《美洲之岛新航》(*Nouveau voyage aux isles de l' Amérique*,巴黎,1722 年),在特许经营权旁边有四个完整打印出来的"认可"字样。一位审查员解释说,这份手稿激起了他的好奇心:"在开始阅读时,很难不感到那种温和但强烈的好奇心,这种好奇心驱使我们进一步阅读。"另一位审查员推荐它,是因为它"简单而简洁的风格"以及它的实用性:"在我看来,对于旅行者、那个国家的居民、商人和研究自然历史的人来说,没有什么比这更有用的了。"还有一个人只是觉得这是一本好书:"我非常喜欢读它。它包含了许多奇特的东西。" 正如我们在回顾宗教裁判

---

① Newberry Library, Case Wing Z 45. 18 ser. la, no.31.

所和启蒙运动时倾向于假设的那样，审查员不是仅仅追捕异教徒和革命者。他们给一部作品加盖了皇家认可印章，这样他们就提供了关于如何阅读的线索。他们的价值观构成了衡量普通读物的官方标准。

但是普通读者是如何阅读的呢？我对解决这个问题的第二个建议是关于阅读的学习方式。玛格丽特·斯普福德在研究17世纪英国的读写能力时发现，大量的学习发生在教室之外，在工人们自学和相互交流的车间和田野里。在学校里，英国孩子们在学会写字之前就学会了阅读，而不是像现在这样，在开始接受教育的时候同时掌握这两项技能。他们通常在七岁之前就加入了劳动力大军，那时书写方面的指导就开始了。因此，基于书写能力的识字率估计可能太低了，而阅读的公众可能包括了很多不会签名的人。①

但是，对这些人来说，"阅读"的含义可能与今天的完全不同。在近代早期的法国，这三种技能是按照顺序学习的：先是阅读，接着是写作，然后是算术，就像在英国和西方所有其他国家一样。旧制度下最常见的初级读本——《耶稣的十字架》(*Croix de Jésus*)和《上帝的十字架》(*Croix de par Dieu*)之类的入门书——就像现代手册一样，都是从字母表开始的。但是这些字母的发音不同。小学生在每个辅音前发一个平元音，这样p读起来就像"eh-p"，而不是像今天的"pé"。当大声说出来时，这些字母在语音上并没有组合在一起，成为耳朵可以识别的单词的音节。因此，*pater*中的*p-a-t*听起来像"efp-ah-ent"。但语音的模糊性并不重要，因为这些字母的本意是作为一种视觉刺激，来触发对已经背熟的文本的记忆，而且文本总是用拉丁文写的。整个体系建立在法国儿童不应该一开始就用法语阅读的前提下。

① Margaret Spufford, "First Steps in Literacy: The Reading and Writing Experiences of the Humblest Seventeenth-century Autobiographers", *Social History*, 4, 1979, pp.407-435, and ead., *Small Books and Pleasant Histories: Popular Fiction and its Readership in Seventeenth-century England*, Athens, Ga., 1981. 关于19世纪和20世纪英国的大众阅读，参见R. K. Webb, *The British Working Class Reader*, London, 1955和Richard D. Altick, *The English Common Reader: A Social History of the Mass Reading Public 1800-1900*, Chicago, 1957。

他们直接从字母表转到简单的音节,然后再转到主祷文、圣母颂、信条和餐前祷告。在学会辨认这些常见的祈祷文后,他们通过印刷在标准小册子中的礼仪进行练习。在这个时候,他们中的许多人离开了学校。他们已经掌握了足够的印刷文字来完成教会对他们的期望,也就是说,参加教会的仪式。但是,他们从来没有阅读过一篇他们能理解其语言的文章。

有些孩子——我们不知道有多少,可能在 17 世纪是少数,在 18 世纪是大多数——在学校待了很长时间,学会了用法语阅读。然而,即使在那时,阅读通常也是一个认识已有知识的过程,而不是一个获取新知识的过程。几乎所有的学校都是由教会经营的,几乎所有的教科书都是宗教性的,通常是教义问答和虔诚的教科书,比如雅克·德贝滕科(Jacques de Batencour)的《堂区学校》(*École paroissiale*)。在 18 世纪早期,基督学校兄弟会(Frères des Écoles chrétiennes)开始向几个学生提供相同的课本,并将他们作为一个小组进行教学——这是朝着标准化教学迈出的第一步,而这一步在一百年后成为规则。与此同时,一些贵族家庭的导师开始直接用法语教授阅读。他们开发了语音技术和视听辅助工具,如伯索神甫(abbé Berthaud)的图画抽认卡和路易·杜马斯(Louis Dumas)的印刷处。到 1789 年,他们的榜样已经蔓延到一些进步的小学。但大多数孩子仍然通过站在老师面前背诵他们能拿到的任何课文中的段落来学习阅读,而他们的同学则在后排座位上努力阅读混杂的小册子。有些"教科书"会在晚上守夜(veillee)时再次出现,因为它们是蓝色丛书中的畅销书。因此,在炉边看书和在教室里看书有一些共同之处:那就是朗诵一篇大家都已经知道的课文。它并没有为新思想开辟无限的前景,而是可能保持在一个封闭的循环中,这正是后特伦托教会(post-Tridentine Church)想要保持的。然而,"可能"是这一观点中的主导词。我们只能通过阅读那个时代遗留下来的为数不多的入门读物和更少的回忆录来猜测早期教学法的本质。我们不知道教室里到底发生了什么。不管发生了什么,农民读者—听众对其教义问答和冒险故事的解读方式可能完全不是我们所能理解的。①

如果广大读者的体验超出了历史研究的范围,历史学家应该能够捕捉到阅读对于少数留下阅读记录的人来说意味着什么。第三种方法可以从最著名的自传体记述开始,例如,圣奥古斯丁、阿维拉的圣特蕾莎、蒙田、卢梭和司汤达的自传,然后转向不太熟悉的资料来源。J. -M. 古勒莫特(J. -M. Goulemot)用贾梅里-杜瓦尔(Jamerey-Duval)的自传展示了一个农民如何通过阅读和写作在旧制度的等级中获得晋升,丹尼尔·罗什发现了 18 世纪的玻璃匠雅克-路易斯·梅内特拉(Jacques-Louis Ménétra),他在一次典型的环法之旅中边旅行边阅读。虽然梅内特拉背后挎着的袋子里没有多少书,但他经常与旅伴和情人们交换信件。他在公演时挥霍了几个苏看公告(broadsides),甚至为他和其他工人上演的仪式和滑稽戏写了打油诗。当他讲述自己的人生故事时,他以流浪汉的方式组织他的叙事,将口头传统(民间故事和男人闲聊时程式化的吹牛)与通俗文学流派(蓝色丛书中的中篇小说)相结合。和其他平民作家——雷斯蒂夫、梅西耶、卢梭、狄德罗和马蒙泰尔不同,梅内特拉从未在文学界赢得过一席之地。但他证明了信件在普通人的文化中占有一席之地。②

这种地位可能是边缘的,但边缘本身就为普通读者的体验提供了线索。在 16 世纪,旁注以注释的形式出现在印刷品中,引导读者阅读人文主义文本。在 18 世纪,注释让位于脚注。读者是如何理解文本和页面底部或侧面的副文本之间的关系的？吉本(Edward Gibbon)通过巧妙地运用脚注,创造了具有讽刺意味的距离。仔细研究 18 世纪《罗马帝国的衰落和灭亡》的注

---

① 这个讨论是基于多米尼克·朱利亚(Dominique Julia)的研究,特别是他的"Livres de classe et usages pédagogiques", in *Histoire de l'édition française*, vol. 2, pp.468-497。又见 Jean Hébrard, "Didactique de la lettre et soumission au sens. Note sur L'histoire des pédagogies de la lecture", in *Les textes du Centre Alfred Binet*: *l'enfant et l'écrit*, 3, 1983, pp.15-30。

② Valentin Jamerey-Duval, *Mémoires. Enfance et éducation d'un paysan au XVIIIe siècle Jean-Marie Goulemot*, Paris, 1981; Daniel Roche, ed., *Journal de ma vie*, *Jacques-Louis Ménétra compagnon vitrier au 18e siècl*, Paris, 1982.

释本,可能会揭示吉本的同时代人对距离的看法。约翰·亚当斯在他的书上乱涂乱画。通过跟随他阅读卢梭的《论不平等的起源》,人们可以看到,在马萨诸塞州昆西的严肃氛围中,一位退休的革命者是如何看待激进的启蒙哲学的。因此,针对卢梭在第一个英文版本中的这段话:"在这种状态(自然状态)下,人与人之间没有任何道德关系;他们既不可能是好的,也不可能是坏的,既没有恶习也没有美德。因此,在我们考察了文明人中是否有更多的美德或恶习之前……暂停对他们的处境做出判断是正确的。"亚当斯在页边这样写道:"怪事儿层出不穷,悖论一个接着一个。卢梭先生有多么惊人的睿智!然而,这位能言善辩、自以为是的家伙,却以其独特的矫揉造作使人们对迷信和暴政感到不满。"

克里斯蒂安·伯克文斯-斯蒂夫林克(Christiane Berkvens-Stevelinck)在18世纪莱顿的藏书家普洛斯佩·马尔尚(Prosper Marchand)的旁注中找到了了解文坛信息的绝佳地点。其他学者则利用收藏家物品中的注释,如狄德罗的《百科全书》副本和梅尔维尔的《爱默生散文》副本,试图重读伟大作家读过的伟大著作,从而描绘出文学史的潮流。但是探究不需要局限在伟大的书籍上,或者根本不需要局限在书籍上。彼得·伯克目前正在研究文艺复兴时期意大利的涂鸦。在敌人的门上乱涂乱画时,它们常常起到仪式性的侮辱作用,界定了划分社区和宗族的社会冲突的界限。当被画在罗马著名的帕斯基诺雕像上时,这种公开的涂鸦就为浓郁的政治街头文化奠定了基调。阅读的历史也许能够实现从讽刺和艺术喜剧到莫里哀,从莫里哀到卢梭,从卢梭到罗伯斯庇尔的巨大飞跃。①

我的第四点建议是关于文学理论的。我同意,文学理论可能会让人望

---

① 亚当斯的页边注引自 Zoltan Haraszti, *John Adams & the Prophets of Progress*, Cambridge, Mass., 1952, p.85。关于评注和脚注,参见 Lawrence Lipking, "The Marginal Gloss", *Critical Inquiry*, 3, 1977, pp.620-631,以及 G. W. Bowersock, "The Art of the Footnote", *American Scholar*, 53, 1983-1984, pp.54-62。关于"普洛斯佩·马尔尚"的手稿,请参阅克里斯蒂安·伯克文斯-史蒂夫林克的两篇文章,"L'apport de Prosper Marchand au 'système des libraires de Paris'"和"Prosper Marchand, 'trait d'union' entre auteur et éditeur",载于 *De gulden Passer*, 56, 1978, pp.21-63, 65-99。

而生畏，特别是在局外人看来。它被令人印象深刻的标签包裹着——结构主义、解构主义、诠释学、符号学、现象学——它来得快去得也快，因为这些趋势以令人困惑的速度相互取代。然而，贯穿始终的是一种担忧——这可能会导致文学评论家和研究书籍的历史学家之间的某种合作——对阅读的担忧。无论是挖掘深层结构，还是摧毁符号系统，批评家们越来越多地将文学视为一种活动，而不是一个既定的文本体系。他们坚持认为，书籍的意义不是固定在页面上的，而是通过读者来解读的。因此，读者反应成为文学分析转向的关键点。

在德国，这种方法导致了文学史的复兴，在汉斯·罗伯特·尧斯（Hans Robert Jauss）和沃尔夫冈·伊瑟尔（Wolfgang Iser）的领导下，被称为“接受美学”（Rezeptionsästhetik）。在法国，罗兰·巴特、保罗·利科、茨维坦·托多洛夫和乔治·普莱的作品发生了哲学转向。在美国，它仍然处于大熔炉阶段。韦恩·布斯、保罗·德曼、乔纳森·卡勒、杰弗里·哈特曼、J. 希利斯·米勒和斯坦利·费什已经为一般理论提供了素材，但他们的辩论并未达成共识。尽管如此，所有这些批判性活动都指向一种新的文本学，所有的批评家在解释特定的文本时都有一种共同的工作方式。[①]

例如，考虑一下沃尔特·翁对《永别了，武器》前几句话的分析：

> 那年夏末，我们住在某个村庄的一所房子里，从那里可以越过河流和平原望向群山。河床上有鹅卵石和巨石，在阳光下干燥而洁白，河水湍急地流淌着，清澈而湛蓝。

哪一年？哪一条河？翁问道。海明威并没有说。通过非正统地使用定冠词“the river”而不是“a river”，以及对形容词的稀疏使用，他暗示读者不

---

① 关于读者反应批评的调查和参考书目，见 Susan R. Suleiman and Inge Crosman, eds., *The Reader in the Text: Essays on Audience and Interpretation*, Princeton, 1980，以及 Jane P. Tompkins, ed., *Reader-Response Criticism: From Formalism to Post-Structuralism*, Baltimore, 1980。这类批评中最具影响力的作品之一是 Wolfgang Iser, *The Implied Reader: Patterns of Communication in Prose Fiction from Bunyan to Beckett*, Baltimore, 1974。

需要对场景进行详细的描述。提醒一下就足够了,因为读者被认为已经在那里了。人们称呼他为知己和旅伴,只要提醒他一下,他就可以回忆起第一次世界大战期间意大利烈日的刺眼光芒、葡萄酒的粗劣味道和死者的恶臭。如果读者反对的话——人们可以想象得到很多回应,比如,"我是一位60岁的祖母,我对意大利的河流一无所知"——她将无法"理解"这本书。但是,如果她接受了修辞强加给她的角色,她虚构的自我就可以膨胀到海明威主人公的维度;她可以作为作者的战友贯穿整个叙事过程。①

早期的修辞通常以相反的方式运作。它假设读者对故事一无所知,需要通过丰富的描述性段落或介绍性观察来引导。《傲慢与偏见》就是这样开篇的:

> 凡是有钱的单身汉,总想娶位太太,这已经成了一条举世公认的真理。这样的单身汉,每逢新搬到一个地方,四邻八舍虽然完全不了解他的性情如何,见解如何,可是,既然这样的一条真理早已在人们心目中根深蒂固,因此人们总是把他看作自己某一个女儿理所应得的一笔财产。
>
> "我亲爱的班纳特先生,"一天,他的夫人对他说,"你听说尼日斐花园终于租出去了吗?"

这种叙述从一般到特殊。它把不定冠词放在首位,帮助读者逐步了解自己的方位。但它总是让他保持距离,因为他被认为是以局外人的身份进入故事,阅读是为了获得指导、娱乐或某种崇高的道德目的。就像海明威的小说一样,他必须发挥自己的作用,修辞才能奏效,但角色是完全不同的。

作家们想出了许多其他方法来引导读者进入故事。在帮助"向人类证明上帝之道"方面,梅尔维尔的"叫我以实玛利"与弥尔顿的祈祷有很大的区别。但每一种叙事都是以读者为前提,每一次阅读都是从文本中记录的协议开始的。文本可能会削弱自身的力量,读者可能会背道而驰,或者从熟

---

① Walter J. Ong, "The Writer's Audience Is Always a Fiction", *PMLA*, 90(1975), pp.9-21.

悉的词汇中创造出新的含义;因此才会有解构主义者提出的无穷无尽的解释可能性,才会有塑造了文化史的最初的解读,例如,卢梭对《恨世者》的解读,或克尔凯郭尔对《创世记》的解读。但是不管人们怎么看,阅读已经重新成为文学的中心事实。

如果是这样的话,那么将文学理论和书籍史结合起来的时机已经成熟了。这一理论可以揭示对文本的潜在反应的范围,也就是说,对修辞限制的潜在反应的范围,这些限制能够指导阅读但不能决定阅读。历史可以显示阅读实际上发生了什么——也就是说,在不完善的证据范围内。通过关注历史,文学评论家可以避免时代错置的危险,因为他们有时候似乎认为,17世纪的英国人读弥尔顿和班扬的作品时,就好像他们是20世纪的大学教授一样。通过考虑修辞,历史学家可能会发现一些行为的线索,否则这些行为会令人费解,比如由从《克拉丽莎》到《新爱洛伊丝》,从《少年维特之烦恼》到《勒内》(夏多布里昂发表的一篇小说)燃起的激情。因此,我主张采取双重策略,将文本分析与实证研究相结合。通过这种方式,应该可以将文本的隐性读者与过去的实际读者进行比较,并在这种比较的基础上,形成关于读者反应的历史和理论。

这样的历史可以通过第五种分析模式得到加强,一种基于分析目录的模式。通过将书籍作为实物进行研究,目录学家已经证明,文本的排版方式在很大程度上可以决定其含义和阅读方式。在关于康格里夫(Congreve)的一项杰出研究中,D. F. 麦肯齐指出,我们从17世纪末的四开本中认识的这位淫秽的新伊丽莎白时代的剧作家,在晚年经历了一次印刷上的重生,并以庄严的新古典主义作家的身份出现在1710年出版的三卷八开本作品中。从一个版本到另一个版本,单个的词汇很少改变,但书籍设计上的变化给剧本带来了一种全新的味道。康格里夫通过增加场景划分、人物分组、重新摆放台词和显示场景联系等方式,将他的旧文本融入源自法国舞台的新古典模式中。从四开本到八开本的转变就是从伊丽莎白时代的英格兰转移到乔治时代的英格兰。①

罗杰·夏蒂埃在弗朗西斯科·德·戈维多(Francisco de Quevedo)的西班牙经典小说《小偷生活史》(*History De La Vida Del Buscón*)的变化中发现了类似但更具社会学意义的含义。无论在1626年首次出版的西班牙,还是1633年以优雅译本问世的法国,这部小说最初都是为老练的公众准备的。但在17世纪中叶,特鲁瓦的乌多特和加尼尔家族开始出版一系列廉价的平装本,使其成为两个世纪以来被称为蓝色丛书的通俗文学的主要内容。受欢迎的出版商毫不犹豫地修改了文本,但他们主要专注于书籍设计,也就是夏蒂埃所说的"书本设计"(mise en livre)。他们将故事分解成简单的单元,缩短句子,细分段落,增加章节数量。新的排版结构意味着新的阅读方式和新的公众:卑微的人,他们缺乏设施和时间使自己沉浸于冗长的叙事中。短插曲是独立的,不需要通过复杂的副主题和人物发展联系在一起,因为它们提供的素材刚好足够填补一个守夜所需要的时间。因此,书籍本身就变成了一个个片段的集合,而不是一个连续的故事,它可以由每一个读者—听众以自己的方式组合在一起。这种"挪用"(appropriation)究竟是如何发生的仍然是个谜,因为夏蒂埃将他的分析局限于将书籍作为实体对象进行分析。但他展示了印刷术如何向社会学敞开大门,作者的隐性读者如何变成出版商的隐性读者,并且沿着旧制度的社会阶梯向下发展,进入在19世纪被称为"公众"(le grand public)的世界。②

一些富有冒险精神的目录学家和书籍史家已经开始推测书籍演变的长期趋势。他们认为,和对周围社会环境的反应相比,读者对文本实物组成的反应更加直接。因此,通过实践一种文本考古学,也许可以了解关于阅读的

---

① D. F. McKenzie, "Typography and Meaning: The Case of William Congreve", in Giles Barber and Bernhard Fabian eds., *Buch und Buchhandel in Europa imachtzchnten Jahrhundert*, Hamburg, 1981, pp.81-126.

② Roger Chartier, *The Cultural Uses of Print in Early Modern France*, Princeton, 1987, pp.265-342. 对阅读的一般思考又见该书第145—182页。

一些远古的历史。如果我们不能确切地知道罗马人是如何阅读《奥维德》的,我们可以假设,就像大多数罗马铭文一样,这首诗没有标点符号,没有分段,也没有词与词之间的空格。声音和意义的单位可能更接近于讲话的节奏,而不是印刷体的单位——对开、字和行。作为书籍单位的页码,其本身只能追溯到公元 3 世纪或 4 世纪。在那之前,人们必须展开一卷书才能阅读。一旦装订的页码(抄本)取代了卷轴(卷),读者就可以很容易地来回翻阅书籍,文本就分成了可以标记和索引的片段。然而,在书籍获得现代形式之后的很长一段时间里,阅读仍然是一种在公共场合进行的口头体验。在一个不确定的时刻,也许是在 7 世纪的一些修道院里,当然也会在 13 世纪的大学里,人们开始默默地独自阅读。转向无声阅读可能比转向印刷文本涉及更大的心理调整,因为它使阅读成为一种个人的内在体验。①

印刷术当然带来了不同,但它可能不如人们普遍认为的那样具有革命性。有些书有标题页、目录、索引、分页和出版商,在活字印刷术发明之前,出版商通过手稿制作了多份副本供广大读者阅读。在其存在的前半个世纪,印刷的书籍仍然是对抄本的模仿。毫无疑问,它是由同样的公众以同样的方式阅读的。但在 1500 年以后,印刷书籍、小册子、公告、地图和海报进入了新的读者群体,并激发了新的阅读方式。新书的设计越来越规范,价格越来越便宜,发行范围也越来越广泛,因而改变了世界。它不是仅仅提供了更多的信息,而是提供了一种理解方式,一种理解生活的基本隐喻。

所以在 16 世纪,人们掌握了"圣言"。在 17 世纪,人们开始破译"自然之书"。在 18 世纪,人们学会了自己阅读。在书籍的帮助下,洛克和孔狄亚克把心灵当做一块白板(tabula rasa)来研究,富兰克林为自己写下了这样的

---

① Paul Saenger, "Manières de lire médiévales", *Histoire de l'édition francaise*, vol. 1, pp.131-141, and id., "From Oral Reading to Silent Reading", *Viator*, 13, 1982, pp.367-414. 当然,人们可以发现早在 7 世纪之前就有个别人进行无声阅读的特殊情况,最著名的是圣奥古斯丁《忏悔录》中描述的圣·安布罗斯。有关阅读和书籍早期历史的进一步讨论,请参阅 Henri-Jean Martin, "Pour une histoire de la lecture", *Revue francaise d'histoire du livre*, NS 16, 1977, pp.583-610。

墓志铭：[①]

> 印刷商B. 富兰克林的身体
> 就像一本旧书的封面
> 里面的内容被撕掉了
> 连同刻字和镀金的条纹
> 躺在这里，成为虫子的美餐
> 但这部作品不会丢失
> 因为正如他所相信的
> 它会再次出现在
> 作者修正和改进过的
> 更优雅的新版本中

我不想对这个比喻做过多的解释，因为富兰克林已经多次重复了，而是想回到一个简单到我们可能不会注意的问题上来。阅读有着悠久的历史。它并不总是在任何地方都是一样的。我们可能认为这是一个从页面中提取信息的简单过程；但是如果进一步思考，我们会同意必须对信息进行筛选、分类和解释。解释方案属于文化形态，随着时间的推移，文化形态发生了巨大的变化。由于我们的祖先生活在不同的精神世界里，他们一定有不同的阅读方式，而阅读的历史可能和思考的历史一样复杂。事实上，它可能如此复杂，以至于这里建议的五个步骤可能会指向不同的方向，或者让我们无限期地围着这个问题打转，而不触及问题的核心。没有直接的路线或捷径，因为阅读不是一种独特的东西，就像宪法或社会秩序那样，可以穿越时间来追踪。这是一种涉及特殊关系的活动——一方面是读者，另一方面是文本。

---

① 关于世界作为一本可供阅读的书这一概念的长期历史，请参阅 Hans Blumenberg, *Die Lesbarkeit der Welt*, Frankfurt am Main, 1981。富兰克林的墓志铭实际上并没有出现在他的墓碑上。他可能写于1728年，当时他还是一名年轻的印刷工，是共读会俱乐部的一名智者，参见 *The Papers of Benjamin Franklin*, ed.Leonard W. Labaree, New Haven, 1959-vol. 1, pp.109-111。三个亲笔签名文本的措辞略有不同。

虽然读者和文本因社会和技术环境的变化而有所不同,但阅读的历史不应被简化为这些变化的年表,而是应该超越它们,直面问题核心的关系要素:不断变化的读者群是如何诠释不断变化的文本的?

这个问题听起来很深奥,但有很多地方悬而未决。想想看,阅读多少次改变了历史的进程——路德对保罗的解读,马克思对黑格尔的解读,毛泽东对马克思的解读。这些观点在一个更深、更广的过程中脱颖而出——人类无休止地努力在他周围的世界和他自己身上寻找意义。如果我们能够理解一个人是如何阅读的,我们就可以更深入地理解他是如何看待生活的意义的;这样,通过历史的方式,我们甚至可以满足自己对意义的某些渴望。

关于近期的阅读史(彼得·伯克)

在过去的十年里,我们看到关于阅读史的研究出现了名副其实的爆炸式增长,就像罗伯特·达恩顿在他的章节中所定义的那样,尽管关于书籍的古老历史也在继续蓬勃发展。一些新的研究是专题性的,但关于书籍的集体历史在英国和美国仍在进行中。法国的先驱们,特别是亨利-让·马丹、丹尼尔·罗什和罗杰·夏蒂埃,继续在为该领域做出贡献,而罗伯特·达恩顿本人则对他所说的"法国大革命前的畅销禁书"进行了一项新的研究,①关于意大利、德国、西班牙和其他国家的研究仍在继续,而最近的一些研究集中在英国的阅读上,比如图书馆的组织、私人或公共阅读场所,甚至读者的姿势,无论他们是站着、坐着还是躺着的。②

---

① H. -J. Martin, *The French Book: Religion, Absolutism and Readership, 1585-1715*, Baltimore, 1996; D. Roche, *Histoire des choses banales*, Paris, 1997; R. Chartier, *The Cultural Uses of Print in Early Modern France*, Princeton, 1987; id., *The Order of Books: Readers, Authors and Libraries between the Fourteenth and Eighteenth Centuries*, 1992: English trans. Cambridge, 1994; R. Darnton, *The Forbidden Best-Sellers of Pre-Revolutionary France*, New York, 1995.

② 概述载于 J. Raven, H. Small and N. Tadmor, eds., *The Practice and Representation of Reading in England*(Cambridge, 1996)的序言,第1—21页。

一个卓有成效的发展是更加重视个人的阅读实践。丽莎·贾丁(Lisa Jardine)和安东尼·格拉夫顿(Anthony Grafton)研究了加布里埃尔·哈维和他的圈子是如何阅读李维、凯撒以及其他"用于行动的"文本的,换句话说,就是寻求可以应用于当代政治的建议。威廉·谢尔曼(William Sherman)通过书中的下画线和旁注,将约翰·迪伊作为一名读者进行了研究。约翰·布鲁尔(John Brewer)分析了18世纪英国女性安娜·玛格丽塔·拉彭特(Anna Margaretta Larpent)的17卷日记,指出"她对女性作家和女性主人公作品的偏爱"。[①]

另一种分析策略是关注同一文本的不同读者。达恩顿本人曾根据写给出版商的尚存于世的信件,来考察读者对卢梭作品的反应。在缺乏这些资料来源的地方,历史学家可能会求助于对某一特定文本的翻译和模仿,例如巴尔达萨雷·卡斯蒂格利昂(Baldassare Castiglione)的《侍臣》或约瑟夫·艾迪生(Joseph Addison)和理查德·斯蒂尔(Richard Steele)的《旁观者》,作为关于读者反应的有记录的示例。[②]

按照已故的唐·麦肯齐提出的思路,人们一直在研究书籍的物理外观,以此作为阅读方式的线索,他称之为"文本社会学"。一个需要在讲台上研读的大对开本和一个可以装在口袋里或躺在床上阅读的小十二开本,提供了截然不同的阅读体验。所谓的"副文本",也就是序言、献词、目录、旁注和索引等相关内容,为读者提供了关于该书信息的许多线索。[③]

---

① L. Jardine and A. Grafton, "How Gabriel Harvey read his Livy", *Past and Present*, 189, 1990, pp.30-78; W. Sherman, *John Dee, The Politics of Writing and Reading in the English Renaissance*, Amherst, 1995; J. Brewer, "Reconstructing the Reader", in Raven et al., *Practice*, pp.226-245,引述出自第231页。

② M. -L. Pallares-Burke, "A Spectator in the Tropics", *Comparative Studies in Society and History*, 36, 1994, pp.676-701; P. Burke, *The Fortunes of the Courtier: The European Reception of Castiglione's Cortegiano*, Cambridge, 1995, pp.55-98.

③ D. McKenzie, *Bibliography and the Sociology of Texts*, London, 1986; P. Trovato, *Con ogni diligenza corretto: la stampa e'le revisioni editoriali dei testi letterari italiani, 1470-1570*, Bologna, 1991; B. Richardson, *Print Culture in Renaissance Italy: The Editor and the Vernacular Text, 1470-1600*, Cambridge, 1994; Burke, *Fortunes*.

最重要的新发展之一是将书籍史与科学史联系起来。例如,安·布莱尔(Ann Blair)研究了让·博丹的《自然剧院》(*Theatre of Nature*, 1596 年)被读者接受的情况,对现存的副本(超过 250 份)进行了考察,并分析了读者的注释,其中包括学者伊萨克·卡索邦(Isaac Casaubon)。阿德里安·约翰斯(Adrian Johns)研究了他所谓的近代早期伦敦“印刷书籍的文化”和“阅读生理学”,评估了阅读体验和阅读在个人智力发展中的地位,如大师罗伯特·波义耳(Robert Boyle)这样的个体。①

案例研究的成倍增长,即便没有推翻,也限制了关于阅读随着时间推移而发生变化的旧观点。中世纪的读者总是大声朗读书页上的文字,或是 18 世纪后期发生了一场“阅读革命”,用“广泛的”阅读(也称为“略读”)取代了对文本的深入研究,这些似乎不再像过去那样确定无疑了。现在看来,更有可能的是,根据书籍或场合的不同,一些读者至少使用了一种以上的上述阅读风格。埃里希·肖恩在一项极具原创性的研究中认为,1800 年左右仍然是阅读史上的一个分水岭,至少在德国是这样。除了其他主题,他还考察了照明、家具和一天安排的变化(比以前更清楚地划分为工作时间和休闲时间),以及更具同理心的阅读模式的兴起,特别是小说作品。②

在新的综合方面,或者至少在概述方面,也不乏其他的尝试。阿根廷作家阿尔贝托·曼格尔(Alberto Manguel)的一项综合研究以其魅力和给人以感官满足的方式而闻名,通过这种方式,作者唤起了“手持一本曾经属于另一位读者的书的快感,这种快感是通过页边空白处潦草写下的几个字的窃窃私语、扉页上的签名、作为记号留下的一片干树叶、能说明问题的葡萄酒渍,像幽灵一样被召唤出来的”。一部多卷本的《英国书籍史》正在编纂中,

---

① A. Blair, *The Theater of Nature: Jean Bodin and Renaissance Science*, Princeton, 1997; A. Johns, *The Nature of the Book*, Chicago, 1998.

② Erich Schön, *Der Verlust der Sinnlichkeit oder Die Verwandlungen des Lesers: Mentalitätswandel um 1800*, Stuttgart, 1987.

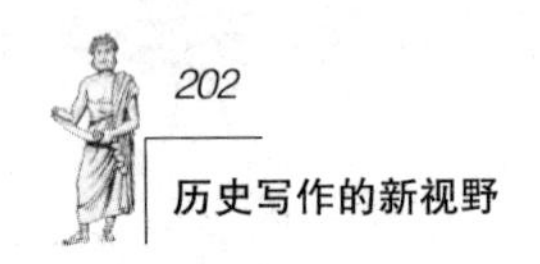

一本关于英国阅读史的论文集已经出版。[①]

要想全面了解该领域的现状,以及对未来发展的敏锐建议,很难比最近的一次国际冒险行动做得更好了,13 位学者共同撰写了从古希腊到现在的西方阅读史,其中提出一个事实,即 1450 年到 2000 年间至少有三次阅读"革命"。[②]

相比之下,非西方文化中的阅读历史被忽视了,尽管有迹象表明情况正在发生变化。就中国而言,最近一项关于"书籍文化"的研究引起了人们对 12 世纪理学哲学家朱熹制定的"读书之法"的关注。他谴责的坏习惯包括默读、读得太快、读得太肤浅,以及跳章阅读而不是连续阅读的做法。在日本,这些戒律也很受重视,18 世纪的一篇关于儿童教养的文章告诉读者,要事先洗手,跪下来虔诚地慢慢阅读,并禁止他们跨过书本,把书当作枕头,或者折叠书页。在阅读史上,就像在其他文化领域一样,如果认为创新是西方的垄断,那就大错特错了。[③]

附录:1779 年的一个省级文学沙龙(Cabinet littéraire)

下面这封通知函提供了一个难得的机会,让我们可以一窥大革命前法国的文学沙龙或阅读俱乐部。1779 年 9 月,伦维尔的一位书商 P. J. 贝尔纳(P. J. Bernard)给当地宪兵队的官兵们写了这封信。贝尔纳想说服宪兵购买他的文学沙龙会员资格,因而强调了这对于军官们很有用。但它很可能与散布在法国各省的类似机构相似。这份通知函来自瑞士纳沙泰尔公共和大学图书馆中的纳沙泰尔印刷厂(Société typographique de Neuchâtel dans la

① Raven et al., *Practice*.

② A. Manguel, *A History of Reading*, London, 1996; G. Cavallo and R. Chartier, eds., *A History of Reading in the West*, Cambridge, 1999.

③ Susan Cherniack, "Book Culture and Textual Transmission in Sung China", *Harvard Journal of Asiatic Studies*, 54, 1994, pp.5-102, at p.50; Peter Kornicki, *The Book in Japan: A Cultural History from the Beginnings to the Nineteenth Century*, Leiden, 1998, pp.251-269, at p.261.

Bibliothèque publique et universitaire de Neuchâtel)文献中的贝尔纳的资料汇编。它的拼写依然是古文的,也没有加以更正。

致宪兵先生们

先生们,

贝尔纳先生,宪兵队文学沙龙的所有者,在奥蒂尚侯爵先生的授权下,荣幸地代表您,在订阅者的支持和鼓舞下,他热切希望建立一个更大且更有用的机构。

他希望通过一种固定不变的订阅方式,让宪兵先生们可以在他这里找到所有他们希望的文学资源。一栋舒适、宽敞、光线充足且供暖的房子,每天都营业,从早上9点到中午12点,从下午1点到10点,从那时起,它将向业余爱好者提供2000册书,并且每年将增加400册。这些书宪兵先生们可以随便看,但不能将它们带出图书馆。

贝尔纳先生保证以普通支票购买:

两份林格特杂志

两份法国公报

两份水星报

两份莱顿公报

两份军事杂志

两份英美商业期刊

两份布鲁塞尔公报

两份下莱茵省的通讯

两份报纸精要

两份双桥市的通讯

两份欧洲的通讯

两份新闻简报

数学作品和仪器、地图、军事命令以及与军官有关的一切都将附在其中。

贝尔纳先生很注重在助人为乐的同时满足自己的特殊兴趣,规定每次订阅为每年三本书。

以下是他的房子的使用规则:

一楼的客厅和二楼的卧室将用于会客,其余的将留给公报、文学作品等的读者。

不论以何种借口,这都与任何游戏无关。

贝尔纳先生对宪兵队的认可,让他抓住一切手段来讨好他。他自以为宪兵先生们会对他的计划青眼相看,使他能够更好地履行已经向他们致以的永恒感激的义务。

贝尔纳请求这些宪兵先生中支持他的给他签名。

第八章

视觉史*

伊凡·加斯克尔

视觉材料

尽管历史学家使用各种各样的材料，但总的来说，他们所接受的训练使他们对书面档案的使用最为得心应手。一些历史学家采用专门的史学方法来使用视觉材料，为我们理解过去做出了宝贵的贡献，但许多历史学家只是简单地用这些材料来说明问题。艺术博物馆学者、艺术史家与美学家在讨论视觉材料时也很少考虑历史学家的观点。如果历史学家了解那些主要关注视觉材料的人在思想和实践中占主导地位的一些担忧，情况就不会继续如此了。这就是我希望在本章中，在一个令人叹为观止的研究领域，讨论一系列精选作品的背景下所要做的，包括自从本章作为“图像史”首次发表以来问世的那些出版物。

本章之所以题为“视觉史”而不是“艺术史”，原因主要在于，我希望在艺术领域之内，同时也越过其界限来看待和视觉材料有关的一些问题。事

* 我想再次感谢帕特丽夏·鲁宾(Patricia Rubin)对本章第一版的草稿所做的透彻评论，该章已作为“图像史”出版。同时也要感谢布伦丹·杜利(Brendan Dooley)，他对第二版的修订稿发表了评论。

实上,艺术与其他视觉材料之间的差别不仅仅是术语方面的问题,而且意味着不同类型的材料具有不同的地位或特权。在很大程度上,艺术史只关注艺术本身及其内在的质量等级观念,尽管近年来该学科的这种歧视性方面受到了越来越多的质疑。实际上,自本章首次写成以来,这种质疑就已经加速了,以至于至少某些艺术史家现在处理的材料类型比几年前要丰富得多。然而,艺术史和其他形式的视觉材料研究,例如美学、文化、媒体或博物馆研究,在很大程度上是漠视历史的,这一点可以理解。此外,很多关于艺术和其他视觉材料的解释性工作也并不采取书面形式,或不仅仅采用书面形式。博物馆和美术馆对视觉资料的呈现和解释使文本从属于对这些材料的现场布置。尽管伴随展览而发行的一些出版物往往是获得关于展览主题的最新学术知识的工具,但这类出版物与展览本身有着模棱两可的关系,在这种关系中,通过展品的挑选和陈列,解释完全是视觉化的。

在西方文化中,视觉材料的构成,以及同样重要的,它的内部边界和等级层次,是由各种各样令人困惑的人和机构的实践所定义的。这个看似不同的艺术世界实际上是一个复杂的系统,有许多相互依存的关系。这不仅包括学院、大学和艺术博物馆,也包括拍卖行、商业画廊和出版商。在它们的背后,还有政府部门和机构、基金会和信托公司、赞助商,以及个体和机构投资者。我们还应该考虑到收藏家、业余爱好者和自由职业的学者、编辑、分析科学家,甚至艺术家。这些机构或群体中的很多人喜欢彼此之间尽可能少地相互交往,并取得成功,尽管他们之间在许多层面都存在着大量的交换行为,从思想和假设的交流,到财物的交换。他们被交织到由共同的利益和竞争、尊重和蔑视所构成的复杂网络中。他们都是同一个系统的平等组成部分,但有着不同的限定。① 他们的行为在实践中以及在公认的看法中对视觉材料做了规定。在浩瀚而迥异的视觉材料中,最主要的差别存在于

---

① 关于这个问题,请进一步参阅 Ivan Gaskell, "Magnanimity and Paranoia in the Big Bad Art World", in Charles W. Haxthausen, ed., *The Two Art Histories: The Academy and the Museum*(即将出版)。

“艺术”和“其他”之间。在“艺术”中存在着“美的艺术”(作为个人创作的一种表现形式)与“装饰艺术”或“实用艺术”之间的差别,这种差别以致力于古典文学艺术研究而获得的文艺复兴人文主义标准为基础。“装饰艺术”或“实用艺术”主要被看作是机械的,而不是在智力方面有所创新,尽管通常来说,负责使一件手工艺品成形的那些人也参与构想了它。第三种是“设计”,这在很大程度上局限于现代,在这一领域,负责产品概念的设计师和那些通常借助机械实现产品概念的人之间被划分出一条明显的界限。这些区别充其量只能是模棱两可的。它们不断受到质疑,不仅在理论上(正如下文关于经典地位的讨论将要揭示的那样),而且在更广泛的艺术世界的普遍实践中,尤其是在拍卖行和交易商寻求进一步提高装饰艺术的地位和价值时。

站在“艺术”一方的是一种活动——建筑,这种活动的地位已经发生了某种变化,变得模棱两可。意大利文艺复兴时期的作家,如莱昂·巴蒂斯塔·阿尔贝蒂、乔治·瓦萨里等,追随罗马建筑师和理论家维特鲁威的观点,将建筑视为视觉艺术的顶峰,因为它将功能性和抽象性相结合,为个人创造力提供了空间。在随后的许多艺术史分析中,人们更少地强调建筑的实用性或社会功能,而是更多地强调创造力,几乎完全把结构和与其有关的规划看作个人艺术表达的工具,这种方法最终也源于维特鲁威(《建筑学》,II,ii)。另一方面,建筑业当前的实践通常被看作对一种独立行业的保留,这个行业的成员和评论家倾向于含糊地处理对实用性和表现力考虑之间关系做出的界定。现在有一种倾向,不是把建筑业目前的实践视为一门艺术(正如米开朗基罗依次通过雕刻塑像、绘画、设计建筑已经构想的那样),而是将其视为大规模的设计,尽管保留了其早期协会的残余声望。

在“艺术”和“其他”之间,摄影也处于一种奇特的悬而未决的地位,虽然其存在的方式与建筑截然不同。尽管这种技术所能产生的图像范围在某种意义上并不是很大,但它的文化含义是相当广泛的,因为一方面它被看作传递信息的一种透明方式,另一方面它被视为一种晦涩的艺术媒介。在过去的160年中,摄影的文化影响巨大,无论是摄影本身还是它所产生的移动视觉图像的形式,都彻底改变了全球大部分人口的视觉环境和信息交流手段。摄影潜移默化地、彻底而直接地改变了艺术史学科,以及整个艺术世界的实践,无论所关注的对象是在摄影术发明之前还是在之后被创造出来。几乎所有人每天都在使用摄影,无论是作为插图,作为记忆的辅助手段,还是作为用摄影进行描绘的物体的替代品。然而,艺术世界的大多数从业者都避免明确考虑摄影的后果,因为它影响了他们自己的工作,而且是一种范围更大的影响。[①] 从摄影和视频图像的模拟配准向数字技术转变的后果同样是意义深远的,它使互联网传输和无休止的操作成为可能。现在通过电脑屏幕越来越为人们所熟悉的、可以无限复制和修改的视觉艺术品,将在信息和认识论方面逐渐改变视觉艺术的地位。

在上文中被不适当地归入"其他"的那一类,在实践中主要由博物馆和商业活动界定。长期以来,由于对当地历史的关注,地方博物馆和历史协会一直是文物的保存地。除了艺术作品、考古发现和自然历史作品——这些是英国在1845年《博物馆法》发布后建立的以及美国地方历史学会建立的那些地方博物馆的特色——还展出了令人想起过去的习俗、惯例乃至社会关系的过时的家居用品。几十年前,人们就开始认真对待具有民间风格的物品,最早的机构是聚集在某个地方的露天建筑博物馆,例如1891年建于瑞典斯德哥尔摩斯堪森(Skansen)的博物馆。在美国,1947年伊莱克特拉·哈夫迈耶·韦布(Electra Havemeyer Webb)在佛蒙特州建立的谢尔本博物馆是致力于民间风格艺术品的一个杰出例子。然而,自20世纪70年代以来,人们对"大众"和"物质文化"的更多关注,赋予这些艺术品更加严格的历史意义。整个领域是从民俗研究的边缘发展起来的,在对大众文化

① 一个明显的例外是盖蒂艺术史信息项目(Getty Art History Information Prgram)和布朗大学信息与学术研究所(IRIS)对艺术史家方法的研究,其中一个主题是学者们对原始艺术作品和摄影复制品的态度:Elizabeth Backwell, William O. Beeman, Carol McMichael Reese and Marilyn Schmitt, eds., *Object. Image. Inquiry: The Art Historian at Work*, Santa Monica, 1988。

的重新审视中占据了一席之地,这种审视与历史写作的同步发展密切相关,在英国,以彼得·伯克的《近代早期欧洲的大众文化》(1978)为代表;在美国,以一些博物馆所推动的学术成就为代表,特拉华的温特图尔博物馆是其中的佼佼者。[①] 关于过去社会中非精英阶层的非考古材料遗迹研究,与其相符合的新地位集中体现在博物馆陈列方面,以巴黎的国立艺术与传统博物馆的奢华修建为代表。玻璃橱窗里陈列着各种形态各异的能够体现姓氏不明的能工巧匠的技艺价值的农具和手艺工具,印刷品陈列室则是一个充斥着无名氏的大幅海报和廉价印刷品的仓库,这些印刷品是16世纪以来为大众消费而制作的。不仅在博物馆,而且在学术出版界,物质文化领域在过去的十年里蓬勃发展,在世界范围内产生了大量的书目。

越来越多的学者参与到关于这些物品的文化意义的辩论中来,这当然不能说明商业活动与这种广泛的“其他”视觉材料的结合。即使是主要的拍卖行,也在大力开发被称作“收藏品”的领域(粘贴锅盖、摇滚纪念品、玩具等)。实际上,商业对视觉环境领域以及人们对过去的看法的影响可能要超过博物馆工作人员和社会史家学术成就的影响。尽管过去十年间学术界对收藏现象的关注急剧上升,约翰·埃尔斯纳(John Elsner)和罗杰·卡迪纳尔(Roger Cardinal)的选集《收藏的文化》(1994)就是这方面的一个例子,但情况依然如此。收藏的主题见证了各种不同兴趣的叠合。第一,它唤起了一种秩序感,并作为关于审计和交换的商业技术的一种娱乐对应物;但是,与收藏者的商业利益不同,它确保了最终的完成和结束。集邮是其中的一个范例。第二,“收藏品”吸引了另一种商业冲动,通过完成规定的集合和对投资回报的预期来增加价值。第三,收集建立在一个隐含概念上,也就是说,关于对象的知识表面上是有限的,解释的可能性并没有进入思维定式。第四,对历史学家来说也是最重要的一点,这类收藏暗示着和过去的一

① 例如,请参阅 M. G. Quimby, ed., *Material Culture and the Study of American Life*, the 21st Winterthur Conference, 1975, New York, 1978。

种特殊关系。它有两个构成要素,一个是基于物体被感知到的同喻性特征的怀旧情绪(例如,一个火柴盒玩具使人想起20世纪50年代英国人的童年),一个是由于和某位杰出人物或令人敬畏的人物之间的亲密接触而假定具有的对某种永恒品质的坚持(例如,埃维斯·普雷斯利或第一任惠灵顿公爵拥有的一双靴子)。事实上,由于它的传播越来越广泛,当这种带有同情心魔力的态度变得约定俗成时,我们可能想知道,比如说,是否可以区分格雷斯兰和阿普斯利·豪斯,因为这两者都意味着,对由伟人(很少是女性)主宰的过去存在一种根深蒂固的不可分析的态度,通过仔细研究他们身边的物品,可以了解这些伟人的本质。

在对大量的视觉材料("艺术",尚未解决的地位问题,例如建筑和摄影;以及"其他",包括某些种类的艺术品和"收藏品")进行了一些探索之后,从对著名人物约定俗成的呈现中(普雷斯利是"猫王",惠灵顿是"钢铁公爵")找到所有这些现象的结合点,或许是解决以下问题的关键:如何建立关于视觉材料的知识,以便将其用于各种各样的目的(娱乐、宣传、赚钱,以及在过去和现在之间建立联系)。在对选定的重要出版物所做的诸多推测中,我试图探索其中的三个方面:作者身份、经典地位和解释。

然而,在开始讨论第一个问题之前,我们最好牢记一个理论问题,这个问题在过去十年中变得越来越尖锐。它关系到"视觉材料"范畴内客体的性质以及使用这些客体的主体的特点。许多当代批判理论提出了统一的、连贯的、个体的人类主体的解体,例如吉尔·德勒兹(Gilles Deleuze)和费利克斯·瓜塔里(Félix Guatari)的 *Qu'est-ce que la philosophie?*(1991),被译为《什么是哲学?》(1994),这已经影响了某些艺术史家和文化研究专家关于客体的制造者和使用者的概念,这些概念反过来又取决于对客体本身的构成要素更为复杂的理解。阐明客体及其在某种意义上所涉主体的特征的各种各样的、有时相互排斥的尝试,都采取了将能动性(agency)归于这些客体的策略。在仿效这种做法(尽管方式迥异)的艺术史家最近所展开的讨论中,最有趣的是詹姆斯·埃尔金斯(James Elkins)的《对象的反视:论看的本质》(1996)、迈克尔·安·霍利(Michael Ann Holy)的《回视:历史想象与图像修辞》(1996),以及维克多·I. 斯托伊奇塔的 *L'instauration du tableau. Métapeinture à l'aube des temps modernes*(1993),译为《自我意识意象:近代早期元绘画透视》(1997)。值得一提的是,这种策略源于一个真实的难题,即对客体令人费解的概念、知觉和情感的复杂性进行界定。我们的任务必须是,找到一种方法来定义这种复杂性,而不必借助于特征(例如能动性)的归属,那只会让人误入歧途,而且只会有修辞上的功效。为了我们历史讨论的目的,只要注意到下面一点就够了:一个可以被归为视觉材料的物体,绝不仅仅是一个人所看到的,也不是其他人已经看到的那样。

作者身份(Authorship)

在主体和客体之间不断被提出的一种关系是作者身份,这种关系令人极为困惑。正如一些怀疑论者所坚持的那样,寻求确定作者身份并不仅仅是艺术品市场价值的结果(也就是说,梵高的一幅画要比一幅看起来像梵高,但实际上不是梵高的画更有价值)。相反,这是西方传统中艺术家的观念以及他(偶尔她)对艺术的感知关系的结果。人们所能找到的争议最大的领域之一是欧洲古老艺术大师的油画、素描和雕刻。在这里,一个人所特有的个人创意的运用,似乎始终是创作客体本身的限定条件之一。当代关于个体主体(individual subject)的概念似乎完全符合创造客体的条件,尽管在过去十年中,无论从实用还是理论角度,这个假设都越来越容易受到挑战。

用加里·舒瓦茨的话来说,鉴赏力(connoisseurship)——学者们通过单个艺术品的外观来推测其作者身份的技术——是“艺术史自我的本我”。[1]正如大卫·菲利普斯在一次详细的研究(《展示真实性》,1997)中曾经指出

① G. Schwartz, “Connoisseurship: The Penalty of Ahistoricism”, *International Journal of Museum Management and Curatorship*, 7, 1988, pp.261-268.

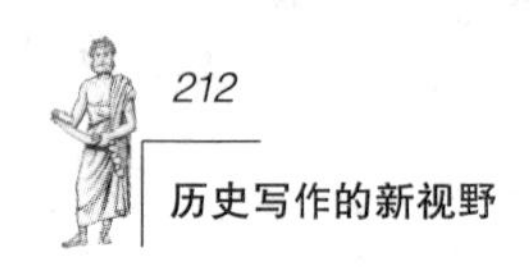

的那样,鉴赏家容易把客体的品质和客体对他们作为观赏者的影响这方面的考虑混为一谈。① 我将把我的评论限制在对前者的思考上,但即便如此,还是出现了许多问题。

鉴赏力的辩护者不由自主地暴露了其内在矛盾。人们为庆祝菲利普·庞塞(Philip Pouncey)的长期博物馆生涯及其作为研究意大利文艺复兴时期绘画的学者而举办了一次展览会,在这次展览会的目录《一位鉴赏家的成就:菲利普·庞塞》(1985)中,约翰·基尔(John Gere)描述了庞塞"清晰、精确、简洁和准确的表达,注重意义的深浅,假设与事实、相关与无关之间的区别,以及用渐进的术语表达同意和异议"。他接着指出,"庞塞先生是一位学者,对他而言……精确不是一种美德,而是一种责任"。然而,翻过这一页,基尔揭示了鉴赏力的双重标准,他说,"得出令人满意的归因是一回事,对其进行令人满意的解释则是另一回事",他接着描述了庞塞在回答这个问题时采取的姿势,"令人难忘的是,即使30年后,他在本次展览中把自己摆成画中圣塞巴斯蒂安的姿势,展示了19号作品的'相关性'"。无法清晰阐明鉴赏家意见的原因是视觉和语言最终不可调和的结果,我们应该同情地对待这个问题。然而,对于许多艺术史家来说,形体动作以及更为严肃的"绘画衬纸上的简要评注"应该是鉴赏家的主要表达方式(被基尔描述为"他[庞塞]一生中最杰出作品的有形纪念碑"),这一事实因其对理性论据的回避和对个人声誉的诉求而受到损害。许多人发现很难接受作为学术研究成果的纯粹断言。结果,一些在大学里身居要职的艺术史家和理论家公然诋毁鉴赏行为,称其为一种不值得信任的活动,不过是为了支撑艺术市场,并通过专注于细枝末节来回避重大问题。作为回报,现在集中于艺术博物馆和艺术行业的许多鉴赏家,很少关心艺术史家,因为艺术史家们的推测在作者身份之外还涉及其他问题。意识形态上的两极分化是存在的。

---

① David Phillips, *Exhibiting Authenticity*, Manchester and New York, 1997,尤其是 pp.32-41。

鉴赏力值得人们对其进行更仔细的考察,而不是不予理会,我们首先应该承认论证一个完全依赖于细微的、纯粹视觉的区别的论点所固有的困难。在上文所引述的引言中,基尔对传统鉴赏力概念给出了一个极好的定义,值得全文引用。(为了便于以后参考,我对基尔的标准进行了编号)

> 鉴赏力,在鉴定艺术品作者的技术意义上,并不完全是一门科学,在作为从可验证数据中推理的一种理性体系的意义上,它也不完全是一门艺术。它介于两者之间,需要一种思想特性的独特结合,其中一些的科学性大于艺术性,另一些的艺术性大于科学性:(1)对作品和作品细节的视觉记忆,(2)对所涉学派或时代的详尽知识,(3)对所有可能答案的认识,(4)某种艺术品质感,(5)评估证据的能力,(6)对每位艺术家创作过程的移情能力,(7)对他作为个人艺术人格的积极构想。

如果人们同意鉴赏是一种必要的活动(我确实同意,尽管这是达成各种目的的一种手段,而不是目的本身),那么第1、2、5条标准似乎不会引起争议。然而,正如所表达的那样,第3条是一种合理的不可能性,在我看来,他希望表达的对似乎合理的可能性的熟悉程度,实际上通过他的前两条标准已经尽可能地被人们理解了,希望我的这个建议并没有对基尔造成伤害。人们可能认为,第4条提出了各种重要问题,但在目前的情况下,也许仍然是可以接受的。真正的问题在于第6、7两条,尤其后者,成为人们普遍设想的鉴赏力的基础。每一位艺术家都不可避免地以一种独特的方式,通过下意识的风格特征(鉴赏家能够识别这些风格特征)来暴露他或她自己——正是这种想法构成了鉴赏力的基础。基尔承认,“对意大利绘画的鉴赏几乎完全基于内在的、创作风格方面的证据”,因此,对于参与者来说,只能在一组循环定义的论据中,对能够感知到的不一致性进行细化和讨论。它本质上是一个封闭的、自我确认的系统,因此除了虚构之外,没有任何可证明的东西(然而,我并不否认虚构能够表达一种真实)。此外,第6、7条标准背后的争论本身就是不可论证的。可以想象,单个艺术家作品的风格参数要比使鉴赏体系得以维持的范围宽泛得多,这种鉴赏体系是以令人费解的细节之间的表面区别为基础的。根据观察到的相似性和不同点,可以对作品进行不同的分组,但这种做法本身并没有提供必要的或充分的理由,将那些表现出相似特征的作品归属于同一位艺术家。这样做无异于赞同一种未被承认的随心所欲的体系,而这种体系却不一定与现实相对应。

这种程序背后的个性模式在特定的历史环境下可能是合适的,例如,15 世纪末和 16 世纪初的意大利。然而,由于我们越来越多地了解不同时期、不同文化的艺术家工作坊中本质上属于协作的工作方法,无论对等级划分多么恭顺,当我们把在这些情况下创作的任何特定物品归属于一位可以识别的伟大艺术家时,都应该谨慎。例如,珍妮弗·蒙塔古(Jennifer Montagu)关于 17 世纪罗马雕塑家工作室的著作——《罗马巴洛克雕塑:艺术的产业》(1989)和《黄金、白银和青铜:罗马巴洛克时期的金属雕塑》(1996)——已经促使其他研究者极为谨慎地对待与合作实现大型艺术项目相关的个人作者身份问题。[1] 这些模式的实践者们不仅要认识到普遍使用的鉴赏体系的特征,而且要认识到其有效适用的偶然性。学者们不应该在不考虑艺术家工作方法的情况下应用它,而是应该调整这些模式,以适应特定的历史环境。例如,对贝尔尼尼的鉴赏可能会涉及与对米开朗基罗的鉴赏完全不同的标准。

过去 20 年,其数量多到足以产生影响的鉴赏家们已经有了新的方向。在对关于精妙、老练的"眼睛"的神话保持沉默的同时——人们已经明确承认,这些眼睛以某种接近于直觉的方式起作用——新鉴赏家们开始相信技术和科学的检验手段。保存方法的发展和科学技术在分析艺术品成分中的应用使这一点成为可能。将其他领域的分析技术应用于对艺术作品的研

---

① 请参阅 Ivan Gaskell and Henry Lie, eds., *Sketches in Clay for Projects by Gian Lorenzo Bernini*, Cambridge, Mass., 1999。

究,以便增加能够为鉴赏家所使用的数据,这种做法可以追溯到几十年前。从 1928 年起,福格艺术博物馆的阿兰·巴勒斯(Alan Burroughs)开创性地把 X 射线照相术应用于绘画,然而直到最近,才形成一种临界质量,以至于现在实践者们在谈起技术艺术史时,都把它当作学科的一个独立分支。例如,红外反射成像技术对特定范围的不可见光谱特别敏感,通过这种方法,人们可以看到隐藏在许多早期荷兰板画(底图)下的详细素描。计算机图像采集和融合的最新进展使研究人员能够制作出整个底图的单一图像,这些图像实际上构成了用于鉴赏和其他学术形式的新艺术品。这反过来又改变了艺术史家对 15 世纪和 16 世纪初荷兰绘画的个人责任的看法:工作室和"团体"在相当程度上已经取代了个人。在许多方面,开创性的文本是 J. P. 费来德·科克主编的《荷兰早期绘画的科学考察》,[①]同时,自 1979 年以来,天主教鲁汶大学已经出版了重要的丛书"绘画的草图"(Le dessin sous-jacent dans la peinture)。博物馆大大增加了这一知识体系,越来越多地将技术材料纳入对物品的广泛讨论中。那部专注于波士顿美术博物馆某幅绘画的著作《罗吉尔·范德韦登,"画圣母的圣路加":文选》(1997)只是其中的重要一例。

在鉴赏项目中,伦勃朗的研究项目长期以来是非常卓越的。25 年来,一小群荷兰学者(很少有变动)合作研究伦勃朗·范瑞恩的画作,积累了大量的技术资料。自 1982 年以来,已经出版了一份五卷本的已被认可作品的编年目录(考虑到有疑问的作品和一些先前被团队否定的作品)。[②] 1993 年,该项目由于五名成员中有四名退出而受到影响,随后,该团队在组织和管理理念上进行了不同的重组。团队内部对其已发布的鉴赏结果的质疑

---

① J. P. Filedt Kok, ed., *Scientific Examination of Early Netherlandish Painting: Applications in Art History*, Nederlands Kunsthistorisch Jaarboek, 26, 1975; Bussum, 1976.

② J. Bruyn, B. Haak, S. H. Levie, P. J. J. van Thiel and E. van de Wetering, *A Corpus of Rembrandt Paintings*, vol. 1, *1625-1631*, The Hague and Boston, 1982; vol. 2, *1631-1634*, The Hague and Boston, 1986; vol. 3, *1634-1639*, The Hague and Boston, 1989.

(更不用说来自团队外部的质疑)也损害了团队的权威。[1] 更严重的是,整个项目的基本前提似乎越来越值得怀疑,也就是说,确定一部伦勃朗本人创作的作品集,以便和他的学生、助手、追随者以及当代模仿者的作品区分开来,这样做不仅是可取的,也是可能的——这种假设本身有待商榷。有趣的是,与 1968 年该项目的发起者所设想的相比,现在项目的可取性和可行性都变得越来越没有把握,这在很大程度上是由于团队本身工作上的粗枝大叶。现在的问题是,如果"伦勃朗的作品"是一个由不断变化的成员组成的作坊的产物,而伦勃朗本人是唯一不变的要素,那么,试图单独鉴定伦勃朗的绘画作品是否合适(即使这是可能的),鉴于鉴赏技巧的局限性,在这种情况下,鉴赏技巧是否只能依赖于内部风格和技术证据?然而,我们在文化上不愿意放弃,或者至少不愿意将艺术家的概念定性为本质上的个体创作者,其独特的活动("创作过程")和特点("艺术个性")能够被感同身受的观察者辨别出来(比较上文基尔的第 6、7 条标准)。在伦勃朗研究项目参与下举办的伦勃朗自画像展览——"伦勃朗自画像"(伦敦国家美术馆以及海牙莫瑞泰斯皇家美术馆,1999 年)及其随附的目录说明,正是这种不情愿的例证。

技术检验对系统的鉴赏过程到底有怎样的贡献?许多技术检验实际上是进一步寻求艺术家表面上独一无二的痕迹:他(偶尔她)的笔触和个人缩写。尽管把一幅作品置于更广泛的分类中,例如大致的日期和可能的产地,这样做是有帮助的,但结果通常只支持否定的而不是肯定的陈述("分析表明,没有使用对一幅 17 世纪的绘画来说属于年代错误的任何材料")。比较分析能够确立艺术创作室的惯用风格。例如,如果不能从一幅画布在显微镜检验下的绘画层剖面中识别出一种独特的双层底纹,这幅画布就不太

① 见 J. 布鲁因,B. 哈克,S. H. 利维,P. J. J. 范 · 蒂埃尔写给编辑的信,载 *Burlington Magazine*, 135, 1993, p.279,以及 E. 范 · 德 · 韦特林写给编辑的信,载 *Burlington Magazine*, 135, pp. 764-765;还有 Ernst van de Wetering and Paul Broekhoff, "New directions in the Rembrandt Research Project, Part I: the 1642 self-portrait in the Royal Collection", *Burlington Magazine*, 138, 1996, pp. 174-180。

可能是在伦勃朗艺术工作室里制作的。所有可用的技术,从自动射线照相技术到 X 射线衍射分析,都能够用于并且正在用于各种参数的建立,以便能够通过正规的比较和排除过程来讨论作品。尽管如此,艺术史家和美术策展人对这些结果进行解释的主要目的几乎总是确立或取消个体艺术家的主体资格,即使模棱两可的说法越来越容易被人们接受。① 当能够充分获得技术资料时,得出鉴赏结果的过程基本上保持不变,唯一的区别是鉴赏家能够利用的数据越来越多。然而,这样做的意义很少恰恰是他或她所需要的,但是,一个重要影响是,鼓励一些艺术品修复人员提出鉴赏意见,甚至有时公开提出与策展人相反的意见。众所周知,1995 年,当纽约大都会艺术博物馆举办"大都会艺术博物馆的伦勃朗/非伦勃朗:鉴赏的方方面面"展览时,目录被分成两卷出版,包括两套目录条目,以便照顾策展人与某位艺术品修复员相互矛盾的观点。

技术分析的使用继续升级,但缺乏对认识论含义的适当考虑。作为后来技术和科学检验的结果,伦勃朗研究项目提出的一些建议已经受到质疑,例如,1988—1989 展览会目录《制作中的艺术:伦勃朗》中发表的针对伦敦国家美术馆的伦勃朗藏品提出的那些建议。② 其隐含的意义是,伦勃朗研究项目所使用的那些广泛而详细的技术信息实际上是不充分的。果真如此,人们应该在哪里止步,又应该在何时做出决定呢?伦敦国家美术馆研究团队无法使用中子活化自动射线照相技术(这种技术在一系列射线照相图像中显示了单个颜料成分的配置),然而,许多伦勃朗的画作已经用这种方式进行了分析,足以提供比较材料。对伦敦国家美术馆绘画作品的类似检验是否会推翻对其归属的假设?或者更确切地说,是否应该对鉴赏力的局限(无论鉴赏家所

---

① "为了学术起见,现在似乎更可取的做法是,提出所有支持和反对伦勃朗作品归属的论据,而不必强迫将个别画作贴上简单的'是'或'否'的标签",恩斯特·范·德·韦特林,上页注释①所引用的信,第 765 页。关于提出降低个人重要性并强调工作坊责任的不同范式的方法,见 *Sketches in Clay for Projects by Gian Lorenzo Bernini*。

② David Bomford, Christopher Brown and Ashok Roy, *Art in the Making: Rembrandt*, National Gallery, London, 1988-1989.

掌握的技术数据多么广泛)进行检验,并且在此之后,整个归因推测(attributive speculation)计划是否应该在新的基础上继续进行(在这个基础上,假设被认为是正确的,观点不再被作为确定无疑的知识而提出)?[①]

在构建复杂的艺术史论据时,当那些必然没有把握的信息与通过更值得信任的过程所确立的知识(例如,从相互印证的来源得出的推论)一起被人们使用的时候,从鉴赏中获得的那些知识的认识论地位问题就变得尤为尖锐。如果让鉴赏力的证据在重要性方面等同于从这些结构中更可靠地确立的证据,这些结构就必然经不起推敲。人们必须考虑证据性质的质量,而不是仅仅在个别情况下的证据的质量。由此看来,鉴赏力证据就其本质而言,不可能像其他类型的证据那样具有说服力。承认这一点并不是说应该不予理会或排除鉴赏力证据的使用,而是要适当、慎重地使用。

在考虑仅涉及鉴赏力的论证形式时,不同类型证据的相对权重问题不会以同样的方式出现。然而,承认鉴赏力在认识论方面的局限性几乎无法满足艺术界既得利益的需要。重点的转移是不可能实现的,因为在这个圈子里,尤其那些与市场直接相关的部分,人们渴望看到的是,每个个体物品的地位都不应该受到质疑。结果,知识的贫乏常常得到了以可靠知识为幌子、以名誉和权威为后盾而提出的意见的补偿。承认无知往往被视为失败,应该受到责备,这种态度影响了该领域的惯常做法。对于参与者来说,承认这种现状的风险太大了:地位,(无论个人还是机构的)声望,以及最重要的——金钱。

从那些关心过去和现在之间关系的人的角度看,我们应该指出,必须将仅凭鉴赏力就可以确立的对过去实践的界定视为一种虚构,无论它在论证时多么具有说服力。我们也应该指出,必须谨慎对待那些过于强调鉴赏力的艺术史论据,因为它们即便不是彻头彻尾的缺陷,也很有可能包含一些缺乏说服力的因素。接受这种看法可能造成的后果之一是,个人的作者身份

① 1993年,伦勃朗研究项目的负责人恩斯特·范·德·韦特林承认了鉴赏家归因的假设性质——无论技术材料能提供多么丰富的信息。

问题将不再像以前那样迫切需要解决,即使对客体物理特征的详细关注实际上得到了加强。然而,即使我们承认,艺术家实践的变化至少部分源于行使个人主观能动性的那些主体所做出的有动机的选择,这些选择的效果随后又能通过影响(可以包括效仿和模仿)而扩散,个人的作者身份问题也永远无法被完全取代。

经典作品

当然,上一节提到的知识和观点之间在修辞上的夸张差别,远不足以分析涉及思考视觉材料的批评和历史程序。将知识和观点分离并非一件简单的事,就像弗兰克·克莫德(Frank Kermode)在《注意力的形式》(1985)中考察文学和视觉艺术中经典作品的形成和延续时指出的那样。他表明,信息闭塞的观点和时尚(而不是高质量的批判性评论),可以造成艺术家被"重新发现"的情况,他或她的作品可以被纳入材料的经典,反复接受学术性和批判性的重新审查。克莫德描述了桑德罗·波提切利的例子,他的绘画在 16 到 19 世纪后期基本上被人忽视。克莫德令人信服地指出,如果大众文化没有发生迎合了波提切利作品趣味的转变,那么,无论是通过鉴赏和档案研究对波提切利绘画的主体进行了大量界定的赫伯特·霍恩(Herbert Horne),①还是在自己关于文化史系统理论的背景下对波提切利作品的方方面面进行考察的阿比·瓦尔堡(Aby Warburg)②,都不会对此产生兴趣。霍恩和瓦尔堡实际上都是在迎合 19 世纪末的颓废潮流。其结果是,波提切

① H. Horne, *Alessandro Filipepi called Scandro Botticelli*, *Painter of Florence*, London, 1908; 新版由约翰·波普-轩尼诗作序(John Pope-Hennessy, London, 1980)。

② A. Warburg, *Sandro Botticellis "Geburt der Venus" und "Frühling": eine Untersuchung über die Vorstellungen von der Antike in der italienischen Frührenaissance*, Hamburg, 1893。瓦尔堡的作品被编成两卷题为《异教的古典时代的复兴》(*Die Erneuerung der heidnischen Antike*, Leipzig, 1932),但直到 1999 年才有英译本问世:*The Renewal of Pagan Antiquity: Contributions to the Cultural History of the European Renaissance*, trans. David Britt, Los Angeles, 1999。

利的作品(总的来说)适当地与其同时代画家、学生和模仿者的作品区分开来(这项成就不可低估),并且确立了一种“艺术人格”。[①]

被称作波提切利的杰作的那些绘画,特别是著名的《维纳斯的诞生》和《春天》(都被收藏在佛罗伦萨的乌菲齐美术馆),通过多种形式的复制,被列入大众熟悉的被大规模复制的图像的图腾群。《春天》被奉为乌菲齐美术馆无可争议的“最伟大的珍宝”,其主要女性形象出现在游客手册的封面上,以多种文字出版。1982 年,人们完成了对这幅画漫长而全面的保护处理。它作为“方法与科学:修复中的操作与研究”(*Metodo e scienza. Operatività e ricerca nel restauro*)展览(佛罗伦萨的韦奇奥宫,1982—1983 年)的高潮呈现在公众面前。当它在一个黑暗的房间里独自展出时,它像电影屏幕一样被戏剧性地照亮,这是一场精心设计的、令人敬畏的奇观。在本次展出所附目录中,该条目(第 207—250 页)是迄今为止在这类出版形式中对单幅绘画进行技术描述篇幅最长的一次。我们已经看到技术信息被用于鉴赏目的。然而,尽管在展示一幅作品的物理构成方法时,向公众介绍其技术研究发现是使其去神秘化的一种手段,但如果这种做法似乎进一步增强了某位艺术家创作过程的难以言喻性,并给予作品本身特殊待遇的话,就仍然可以提升这幅作品的神秘感和地位。然而,在 18 世纪,到乌菲齐参观的游客都希望把《美第奇的维纳斯》(*Venus de' Medici*)作为“最伟大的珍宝”来欣赏,波提切利陈列室现在取代了特里布纳(尽管它有复古主义倾向),成为大众艺术朝圣的最终目标,《春天》成为其指定的最引人注目的藏品。至少在某种程度上,这是一个精心设计的发展过程,在此过程中,美术馆的工作人员有意扮演了主导角色。[②]

---

① Ronald Lightbown, *Sandro Botticelli: Life and Work with Complete Catalogue*, 2vols., Berkeley, Cal., 1978 是目前的标准文本,由同作者的 *Sandro Botticelli: Life and Work*, New York, 1989 予以补充。

② 在几大欧美艺术博物馆策展人和其他学者的圆桌讨论中,这一点得到了明确的体现,1982 年关于乌菲齐历史和未来的会议以这次讨论为结束。一份经过修订的副本随后在乌菲齐美术馆出版,*Gli Uffizi. Quattro secoli di una galleria*, ed., *Paola Barocchi and Giovanna Ragioneri*, Florence, 1983, vol. 2, pp.557-635。

因此,我们可以看到,当思考经典作品的本质时,几个复杂的、相互交织的问题就出现了。其中有两个问题与被公认的创始文本——乔治·瓦萨里的《艺术家的生活》对艺术史的贡献密切相关。[①] 这两个问题是,首先,它与文学研究相一致,主要是把个人的生活工作作为思考的基本单位。正如我们所看到的,这种态度受到许多关于鉴赏力的基本假设的支持。其次,基于作者身份的经典作品通过瓦萨里的写作方式(除其他手段外)得以延续。经典作品也有修改的余地:瓦萨里本人在其《生活》的第二版中开创了一个先例。[②] 无论是否带有民族偏见,艺术家(凡·曼德尔、贝洛里、德皮勒)随着职业的发展被补充进来。由于女权运动,最近人们对近代早期几位在职业生涯中获得成功的欧洲女性画家的关注,在本质上也没有什么不同。[③] 艺术家,或他们所属的"流派",时而受到冷落(比如圭多·雷尼和17世纪的波伦亚画派),时而被发现(比如波提切利,或最近的卡拉瓦乔)。这些变化影响了包括市场和艺术博物馆在内的更大艺术世界的转变,同时也受到这些艺术世界转变的影响。对待这些转变的一种方式,以及在任何时候衡量学术界对经典作品的态度与更广泛的公共事务(主要表现为私人和机构收藏)之间差异的一种方式,是最近几年发展迅速的一个学术领域:品味的历史。

品味史的主要倡导者是弗朗西斯·哈斯克尔(Francis Haskell)。哈斯克尔的《艺术中的再发现:英国与法国趣味、时尚和收藏的某些方面》(1976)以及《品位和古玩:古典雕塑的魅力,1500—1900》(1981,与尼古拉

---

① 最初见其第二版,G. Vasari, *Le vite de' piu eccellenti pittori*, *scultori ed architettori*, 1568。

② 尤其请参阅 Lee Rubin, *Giorgio Vasari: Art and History*, New Haven, Conn. And London, 1995。

③ 在许多方面,创始文本是 Rozsika Parker and Griselda Pollock, *Old Mistresses: Women*, *Art*, *and Ideology*, London, 1981,尽管在它之前有展览会《女性、艺术家,1550—1950》的目录,作者为安·萨瑟兰·哈里斯与琳达·诺克林(Ann Sutherland Harris and Linda Nochlin, *Women*, *Artists*, *1550-1950*, Los Angeles County Museum of Art, 1976)。琳达·诺克林的许多作品,如 *Women*, *Art*, *and Power and Other Essays*,都以一种不同于 Mary D. Garrard, *Artemisia Gentileschi: The Image of the Female Hero in Italian Baroque Art*, Princeton, N. J., 1989 之类作品的方式,打破了瓦萨里的假设。

斯·佩妮[Nicholas Penny]合著)促进了一种意识的形成,即公认的艺术卓越的经典之作是历史的偶然,是由多种因素决定的,其中一些因素不一定主要和艺术问题有关。哈斯克尔所研究的客体的生命,是在它们被创造和起初消费之后(即对补正艺术史的关注,将在下文讨论),以及目前在它们可能产生积极影响之前(评论的素材和艺术博物馆的职责之一)。然而,这项工作并不仅仅是简单地强化对艺术所处环境的历史态度,它还有助于对博物馆过去艺术的呈现进行彻底的批判性重新评估。可以把公共艺术机构中的这种发展看作是对待经典地位(canonicity)的一种固有的、有时非常明显的非现代主义态度。例如,如果没有弗朗西斯·哈斯克尔和阿尔伯特·博伊姆等人的作品[①]——这些作品在巴黎的奥塞博物馆对非现实主义的19世纪的详细阐述中达到了顶点——人们对19世纪法国学院艺术中严肃的艺术史和博物馆学的兴趣的复兴将很难想象。尽管举办了很多大型展览会(比如1995—1996年在巴黎、伦敦和费城举办的献给塞尚的展览会[②]),但支撑现代主义项目(赋予库尔贝、莫奈、印象派和塞尚以回顾性的批评特权)的技术不再受到坚定的支持。对于参观奥赛博物馆和纽约大都会艺术博物馆(1993年全面重新布置)中的19世纪欧洲绘画及雕塑画廊等场馆的新一代游客来说,库蒂尔、杰罗姆和布格洛的名字可能会获得经典的地位。[③]

品味史的发展意味着对待经典地位的一种新态度。它自相矛盾地把一种新的折中主义(这种折中主义含蓄地挑战了目的论的艺术史经典作品)

---

① Albert Boime, *The Academy and French Painting in the Nineteenth Century*, London, 1971; *Thomas Couture and the Eclectic Vision*, New Haven, Conn. And London 1980. 最近布瓦姆在关注美国艺术:*The Magisterial Gaze: Manifest Destiny and American Landscape Painting, c. 1830-1865*, Washington, D. C., 1991 以及 *The Unveiling of the National Icons: A Plea for Patriotic Iconoclasm in a National Era*, Cambridge and New York, 1998(关于从自由女神像到越南纪念馆的公共纪念碑)。

② Francoise Cachin and Joseph Rishel, *Cézanne*, Grand Palais, Paris; Tate Gallery, London, Philadelphia; Museum of Art, 1995-1996.

③ 请参阅大都会博物馆负责重新布置的策展人加里·丁特罗(Gary Tinterow)的出版物:*The New Nineteenth-Century European Paintings and Sculpture Galleries*, New York, 1993。

与个人收藏的僵化(petrification)结合在一起,例如伦敦的华莱士收藏馆和波士顿的伊莎贝拉·斯图尔特·加德纳博物馆,以便产生经典地位的替代标准,即收藏本身。近年来,其他一些方法结合起来对经典作品进行修正,在大学和艺术博物馆,其运作方式往往大相径庭。在一般的艺术史背景下,学者们极为注重的不是专门的、内省式的研究,而是视觉材料类型的拓宽,包括艺术博物馆里大量的装饰艺术,以及大学环境中通常被称为"物质文化"的东西。这种拓宽沿着两条轴线发生。一条是对文艺复兴时期美术和实用艺术的区别可以不言而喻地适用于所有时代这种观点的隐含怀疑,另一条则包含为社会精英阶层创作的高雅艺术和由非精英群体创作(或为非精英群体创作)的低俗艺术之间的批判性和社会性区别的瓦解。例如,一旦人们认为金匠的手艺对发明和抽象的依赖程度不亚于雕刻家的手艺,那么,机械艺术和自由艺术之间的区别似乎充其量是模棱两可的。一旦艺术家至高无上的个性因其与学徒、学生、工作室助理和合作大师之间的关系而受到质疑,而这些关系是实现雕塑项目或绘画装饰方案所必需的,那么,优秀艺术家的全员创作室与挂毯或陶瓷工作坊之间的区别就会大大减少。最后,一旦赞助人和收藏家的兴趣建立在历史的基础上,更加重视他们的房屋结构或宝石,而不是他们的绘画,那么,基于偶然审美标准的价值体系就会很容易让位于由历史补正(historical retrieval)标准认可的一套新的、感知的相对价值。[①] 艺术博物馆内的研究,乃至装饰艺术各方面的交易,都在暗中影响着这种差别的瓦解。其进程可以很方便地从最近三本关于银器的目录中看出:埃勒诺·奥尔康(Ellenor Alcorn)的《波士顿美术博物馆中的英国银器,卷I:1697年之前的银器》(1993)、克里斯托弗·哈托普(Christopher Hartop)的《胡格诺的遗产:阿兰和西蒙·哈特曼收藏的1680—1760年间的英国银器》(1996),以及贝丝·卡弗·韦斯(Beth Carver Wees)的《斯特林

---

① 例如,请参阅 D. S. Chambers, *A Renaissance Cardinal and His Worldly Goods: The Will and Inventory of Francesco Gonzaga(1444-1483)*, London, 1992 以及 Clare Robertson, *Il Gran Cardinale: Alessandro Farnese, Patron of the Arts*, New Haven, Conn., and London, 1992。

和弗朗辛·克拉克艺术学院的英格兰、爱尔兰和苏格兰银器》(1997),这三本目录中的每一本都是该领域富有创新精神的出版物。作者不仅关注这些银器的细节,而且他们的学识是从各种历史资料中获得的,建立在档案研究和出版物研究的基础上,并且充分考虑了社会和经济问题。实际上,在艺术博物馆中,关注物体和关注社会历史之间的隔阂现在非常脆弱,正如我们刚刚列举的那些作品或是卡罗琳·萨根森(Carolyn Sargentson)的《商人和奢侈品市场:18 世纪巴黎的"服饰用品商"》(1996)所展示的那样。这些隔阂影响到大学里的历史学家对商品史的研究,在这类研究中,审美差异对于社会和经济问题来说是次要的。其结果进一步拓宽了对视觉材料日益扩大的范围的关注,并使其复杂化。

对大众文化艺术品的关注也有类似的激增现象,在大学里,很多首创工作是由文化和媒体研究院系完成的,而不是由艺术史家完成的。在对美国视觉材料的研究中(大多归为"物质文化"类),这种激增非常典型。例如,作为对富兰克林·D. 罗斯福政府的联邦计划的进一步关注,卡尔·安·马琳(Karal Ann Marling)在《格雷斯兰:和猫王一起回家》(1996)以及《迪斯尼主题公园设计:放心的建筑风格》(1997)中探讨了流行文化的表现形式。在美国物质文化方面,同样重要的是民族自豪感和独特性的高涨,特别是引起了对美国土著人、拉丁裔美国人和非裔美国人视觉材料的普遍关注。例如,非裔美国人的藤雕传统在博物馆背景下受到了学术界的关注,[①]但与此同时,学术界对非裔美国人的艺术成就发表了更广泛的综合报道,例如理查德·鲍威尔(Richard Powell)的《20 世纪的黑人艺术与文化》(1997)。

就视觉材料的研究和经典作品的扩展而言,美国在单一政治体制内的文化多样性使其在某些方面成为世界的一个选择性缩影。近年来,为了颠覆和取代以欧洲为中心的学术传统,世界艺术史的发展取得了长足的进步。

---

① 请参阅 Ramona M. Austin, "Defining the African-American Cane", in George H. Meyer with Kay White Meyer, *American Folk Art Canes: Personal Sculpture*, Museum of African Folk Art, New York, 1992, pp.222-227。

实用主义的成功要么取决于非常老练地处理艺术在世界范围内是什么这个问题,要么取决于完全回避这个问题。一方面艺术史家和人类学家之间的关系,另一方面艺术史家和考古学家之间的关系(更不用说它和历史学家之间的关系),往往是相互矛盾的,即使他们之间的对话已经导致了各自对有关视觉材料的经典作品的扩展。其他因素在修改或破坏经典作品和经典地位的概念中也发挥了作用。其中一些集中在关于解释、意义和意图的概念上。

解　释

现在,我将从作者、收藏以及社会或文化标准所界定的经典作品,转而论述意义和解释。在这里,我们将再次面对一些现在已经熟悉的主题。"如果历史决定论盛行,"《伯灵顿杂志》的一篇社论认为,"那么,个人艺术作品就会被锁定在它所处的时代,无法突破以满足当代人的需求。"①视觉材料的直接呈现越来越受到"品味史"标准应用的影响。然而在学术话语中,它几乎没有自己的位置;相反,争论的界限(大体上)是在历史补正(试图将视觉材料解释为最初制作时的样子,无论是由制作者、他或她的同时代人,还是两者兼而有之)和几种往往不可调和的因素直接的重要参与之间。这些包括,第一,允许直接、直观地接近"艺术个性"和"创作过程"(我们在关于鉴赏力的部分遇到过这个问题)的可能性的方法;第二,关注以符号学、解构主义或精神分析理论为基础的视觉诠释学;第三,强调基本的艺术连贯性的态度,这使过去任何时期的艺术,如果超出与当前艺术实践的联系背景并延伸到任何视觉媒介,都不能够被人们所理解。

解释方面的冲突越来越带有政治色彩。其征兆是一篇题为"英国艺术

① "The Hanging's too good for them", *Burlington Magazine*, 131, 1989, pp.3-4.

史之死”[①]的慷慨激昂的文章,在这篇文章中,学术艺术历史学家迈克·罗森塔尔(Michael Rosenthal)在谴责学术界未能参与基础广泛的文化和政治辩论的背景下,回顾了艺术界事件的政治色彩。罗森塔尔重新考察了1982年伦敦泰特美术馆关于18世纪英国风景画家理查德·威尔逊的作品的展览所引起的轰动。展览本身做了一种谨慎的尝试,大卫·索尔金在展览随附的目录中,以一种透彻的学术方式,将威尔逊的理想景观置于其创作和最初消费的社会和文化背景当中。[②] 这种做法遭到一些有影响力的机构的谴责,包括伦敦的一家日报——《每日电讯报》,谴责其为马克思主义的颠覆。两年前,文学学者约翰·巴雷尔(John Barrell)在《风景的阴暗面:1730—1840年英国绘画中的农村穷人》(1980)中,对18世纪乡村题材绘画作品进行了类似的质疑性历史考察。巴雷尔研究了托马斯·盖恩斯伯勒、乔治·莫兰和约翰·康斯特布尔绘画作品中所隐含的意识形态,表明他们的状况是自然的,而不是由社会决定的。他反对怀旧的神话,并呼吁历史,主张“我们应该重新审视自然这个概念,根据这个概念,有些人应该工作,有些人则不需要,这似乎是非常‘自然的’”(第164页)。由于其文本的学术性,还因为他并不是特别了解艺术传统在图像生成中所起的作用,巴雷尔的著作不同于索尔金的展览,在公众眼前几乎没有留下什么印象。尼尔·麦克威廉(Neil McWilliam)和亚力克斯·波茨(Alex Potts)敏锐地解释了为什么索尔金对社会艺术史的贡献没有同样简单地受到忽视[③]:索尔金通过渗透“在主要的国家美术馆举办享有盛誉的绘画大师的展览会”这一制度,已经打破了规则。麦克威廉和波茨继续指出,“即使已经褪色的文化瑰宝,比如英国人对风景的欣赏,以及人们想象中乔治王时代的品位和精致,如果在它

---

① *Art Monthly*, 125, April 1989, pp.3-8.

② David Solkin, *Richard Wilson: The Landscape of Reaction*, Tate Gallery, London, 1982.

③ 请参阅其论文“The Landscape of Reaction: Richard Wilson(1713? -1782) and his critics”, in A. L. Rees and Frances Borzello, eds., *The New Art History*, London, 1986, pp.106-119 的新序言部分,最初发表于 *History Workshop*, 16, 1983, pp.171-175。

们看上去仍然不太可信的领域受到挑战,也必须得到保护。”

1991 年,在华盛顿特区的美国艺术博物馆举办的“1820—1920 年的美国西部地区:对边疆形象的重新解读”展览引发了一场类似的、但更为公开的争吵,就像理查德·威尔逊的展览一样,国家博物馆重温了一个话题,其神话仍然作为某种社会信仰在流行。它涉及欧洲血统的人在西部拓荒,并将其并入美利坚合众国的“天定命运论”。尽管学术界早就改变了这种观念,但当这些挑战从学术文本蔓延到博物馆墙上的标签时,那些受到冒犯的人会反应迅速、谩骂不已。[1] 这种经历可以看作美国 20 世纪 90 年代持续的文化战争的一部分。1995 年,当通过国会和退伍军人群体表达的政治压力导致史密森尼学会为纪念第一颗原子弹在广岛坠落 50 周年而举办的展览被取消时,它们再次在视觉领域爆发。另一种不言自明的观点——认为轰炸是一种战略上的必要性——据说将在国家博物馆受到质疑。

对待视觉材料的历史态度并不局限于意识形态意义的归属,就像上文提到的三场展览会的组织者及其评论者所发现的那样(无论正确与否)。创作时的意义超出了消费者在社会政治意识形态方面通常存在的无意识的一致性,还包括当今时代不容易引起政治关注的感知方式。他们的阐释有着悠久而卓越的历史,迈克尔·波德罗(Michael Podro)在更广泛的艺术史背景下,在《艺术批判史学家》(1982)中对其进行了考察,迈克尔·安·霍利(Michael Ann Holly)以理论上更容易引起争议的方式,在《回视》(上文提到过)中对其进行了研究。这类补正艺术史的最重要的实践者之一是迈克尔·巴森德尔(Michael Baxandall),他的《15 世纪意大利的绘画和经验》(1972)的副标题很有说服力:“关于绘画风格的社会史入门”。巴森德尔试图超越简单的图像分析,他写道,“人们用来组织其视觉经验的一些思想素养是不同的,这些不同的思想素养大多与文化有关,从某种意义上说,是由

---

① 墙上的标签——一种很难承认意见表达的层次性的流派——是引起愤怒的原因,而不是威廉·H. 特鲁特纳编辑的更为微妙的争论目录。

影响其经验的社会决定的”。因此,历史学家的任务是去揭示“时代之眼”,即特定于文化的观察方式,比如说,16世纪早期德国南部椴木雕刻家和他们的客户所特有的文化视角,正如巴森德尔在《文艺复兴时期德国的椴木雕刻家》(1980)中尝试的那样。其他学者也把自己对巴森德尔的理解应用于其他视觉文化,其中最受争议的是斯韦特兰娜·阿尔佩斯(Svetlana Alpers)对17世纪荷兰艺术的考察:《描述的艺术》(1983)。阿尔佩斯指出,17世纪荷兰人的特点是,通过精确的图像描述,包括绘图、显微镜观察以及对所观察到的现实的写实主义具象模仿,从分类的角度来认识世界。她指出,在解读荷兰的视觉材料时,这一点应优先于任何影射或讽喻,她的这种观点在该领域引起了与其他学者的激烈辩论。[①] 这场辩论表明,与试图通过物体的相互比较及其与现代文本的比较来说明单个作品最初的图像意义(这是一种正统的艺术史程序)相比,对被取代的认知过程的推测更具争议性。

所有这些补正艺术史的形式都受到来自三个值得注意的方向的攻击。一些对视觉解释学感兴趣的人质疑这样一种观念,即文化意义可以用视觉材料进行编码,然后由后来的解释者解码,以产生某种适当的“意义”。例如,汉斯·贝尔廷(Hans Belting)在《艺术史的终结?》(*Das Ende der Kunstgeschichte?* 1983)中记录了这种表面上对称的编码和解码过程如何蜕变为文艺复兴时期图像学的“人文主义者的起居室游戏”。在图像学中,人们认为可以通过参照表面上对等的文学文本(通常是人文学者为转化装饰图案中的图形术语而设计的程序)来理解图像。此外,图像解释模式来自埃尔文·帕诺夫斯基对前图像研究(pre-iconographic)、图像研究和图像学层面

---

① 关于荷兰著名的图像学家埃迪·德·容(Eddy de Jongh)对阿尔佩斯的敌对反应,请参阅其评论(*Simiolus*,14, 1984, pp.51-59)。我自己的评论被其他人认为是同情阿尔佩斯的,但实际上是批评的,尽管并不是沿着“党派路线”进行的(*Oxford Art Journal*, 7/1, 1984, pp.57-60)。关于概述,请参阅 Egbert Haverkamp-Begemann, *The State of Research in Northern Baroque Art*, *Art Bulletin*, 69, 1987, pp.510-519,尤其 pp.510-511。

的区分[①];它在理论上早已被这样一种认识所取代,即外延最终无法与内涵区分,即使最简单的含义(例如,烟斗的图像代表“烟斗”)在文化上都是不确定的(例如,参见罗兰·巴特的开场白,*S/Z*,1970,以及米歇尔·福柯的《这不是一只烟斗》,1973)。其中最有趣的一个观点是(虽然这肯定会使历史学家感到绝望),过去的视觉材料,特别是它的艺术,只能通过创造新的视觉材料(艺术作为表现行为领域的一部分)才能得到充分的解释,这些视觉材料是受到严格的概念约束的。在此前提下,文化理论家和艺术家才能成为一体。维克多·布尔金(Victor Burgin)——他的作品被克里斯·米勒(Chris Miller)恰当地描述为“在意识形态上反对滥用从广告中‘挪用的图像’”[②]——和约瑟夫·科苏斯(Joseph Kosuth)是两个既是艺术家又是这类理论家的例子。布尔金的出版物包括《两者之间》(1986)、《艺术理论的终结:批判与后现代性》(1986)以及《在/不同的空间:视觉文化中的位置与记忆》(1996)。科苏斯从1966年起的作品在1991年集结为《哲学之后的艺术及以后》出版,但他的大多数理论作品都以视觉形式出现在博物馆和美术馆,例如1992年关于他就职于布鲁克林博物馆的作品《无名氏的戏剧》。[③]

对补正艺术史的某些质疑也来自更加正统的艺术史来源,其中包括迈克尔·巴森德尔。在《意图的模式:图片的历史解释》(1985)中,巴森德尔描述了乔治·瓦萨里使用一种可能是历史小说的手法,对皮耶罗·德拉·弗朗西斯卡绘画作品中帷幔的样子提出纯粹的批评:

---

① Erwin Panofsky, “Introductory”, in *Studies in Iconology: Humanistic Themes in the Art of the Renaissance*, New York, 1939 以及同作者的“Iconography and Iconology: an Introduction to the Study of Renaissance Art”, in *Meaning in the Visual Arts*, Garden City, N. Y., 1995。“前图像研究”是指观众对所表现的对象或行为的认知;“图像研究”是指某种表现形式在一系列惯例中的位置,以产生可识别的特定意义(例如,圣人的个人属性);“图像学”是指艺术家在文化背景下对题材的创新或独特处理,从而产生隐含的意义,需要观众做出富有想象力的回应,以进行阐释。

② *European Photography*, 8/3, 1987, p.47.

③ 伴随 David Freedberg, *The Play of the Unmentionable: An Installation by Joseph Kosuth at the Brooklyn Museum*, 1992 的出版。

> “皮耶罗非常喜欢做泥塑模型,他会用许多折叠的湿布将其覆盖起来,然后用于绘画和类似的目的。”……任何关注瓦萨里的读者都会把这类评论看作瓦萨里在拿他的推理手段冒险:他不太可能有这种做法的证据,使我们今天对如此坚定地发表声明感到高兴。这无关紧要。瓦萨里自己的普通性格使他无论关于什么的评论都成为一种批判的真理,比方说,当人们把它和(比如)《基督受洗》(*Baptism of Christ*)中站在中间的白衣天使进行比较时就会明白,瓦萨里同时代的其他读者不会对其历史真实性产生怀疑。的确,瓦萨里在批评和历史之间的游刃有余令人羡慕;但在这些问题上,我们生活在缺乏灵活性的时代,如果现在我非常直截了当地对皮耶罗做出这样的评论,你们有理由期望我拥有一种真实的担保,而这种担保是我无法提供的。(第 117 页)

在其关于鉴赏力的文章中,加里·舒瓦茨评论道:“艺术史家从一开始就接受过在历史和非历史的艺术方法之间来回切换的训练,似乎从来没有注意到它们之间的基本矛盾。”①人们可能会从巴森德尔的文本中推断出,这种矛盾可以通过承认以下事实得以调和:历史的真实性是有条件的,将历史标准应用于对视觉材料的研究,所产生的虚构在认识论上未必能与不顾史实的批判性评价区分开来。因此,把对艺术的讨论置于历史的框架内,只不过是巴森德尔所说的一种“特殊品味”的东西:历史补正和批判性评价从本质上看相差无几;事实上,只要历史补正仍然建立在偶然性标准上,它就只是批判性评价的一种特殊形式。因此,人们可能会认为,与表面上纯粹的历史叙述相比,那些公开涉及当前文化和社会问题、不宣称能够无可置疑地获得普遍和永恒“真理”的批评,可能不太容易误导观众和读者。或许我们只能了解现在的艺术,其中一些是从过去继承下来的,这些艺术为我们了解过去提供了最脆弱、最不可信的渠道。视觉材料的意义发生了变化;在不同的时间和文化界限内,其解释也不尽相同:我们所知道的只能是我们自己创造

---

① Schwartz, “Connoisseurship”, p.265.

的。不过,也许这种猜测过于悲观,过于含蓄地依赖有缺陷的相对主义。首先,偶然性可以包括很长的时间,也可以是相对短暂的一段时间:几千年或仅仅一代人的时间。倘若并非如此,那么诸如柏拉图的对话对我们来说就将成为古董珍品。其次,假定所有的价值观和前提都必然是狭隘的地方性的,从实用主义和伦理的角度看,这似乎都是无效的。我们探索视觉材料和过去,在理想情况下不是为了证实我们自己的偏见,而是为了挑战它们。历史认识的发展是接近普遍真理的一种手段,无论这些真理是多么的短暂和难以接近。即使按照一般惯例,艺术史的补正产生了虚构,历史理解依然是能够获得的:至少,如果我们充分考虑到关于假定在过去和现在之间存在着一种不假思索的可转化性的警告时,情况就是如此。

艺术有别于其他类型视觉材料的一个特点是,它容易引起观众的情感反应。这些情感反应的一个范围就是美学领域,但情感反应并不局限于这一领域。它们可以在文化上得到广泛应用,可以留存很久,以至于人们可能会认为,某些类型的情感反应实际上是普遍存在的。人类和视觉材料之间的这种关系是大卫·弗雷德伯格(David Freedberg)的复杂著作《图像的力量:关于反应的历史和理论研究》(1989)的主题。然而,对视觉材料的即时情绪反应的概念容易受到篡改和滥用。滥用的一种形式是,提出通过对视觉材料的即时情绪反应,或者通过"遗产产业",即经常利用即时情绪反应的产业,是可以轻易了解过去的。在《遗产产业:衰退中的英国》(1987)一书中,罗伯特·休森(Robert Hewison)对"遗产"的增长提出了尖锐的批评,认为"遗产"是英国文化结构中的一种社会因素,也是一种日益增长的政治因素。我只想提及休森在书中提出的两个观点:"遗产"是完全无法分析的,它意味着,历史作为一种变化过程,已经或者应该结束。培养只能从怀旧和爱国主义角度看待历史的民众,有助于确保政治上的顺从。

在英国,遗产的素材是"珍宝",它的范例是乡村别墅。乡间别墅不仅具有社交方面的神秘感,而且具有审美方面的神秘性。例如,在伴随大型展览"英国的珍品别墅:500年的私人赞助和艺术收藏"(华盛顿特区国家美术馆,1985—1986年——这是一个联邦政府机构,但它本身也建立在私人赞助和艺术收藏的基础上)而刊印的目录的封底,人们可以发现“作为一种集体艺术品,乡村别墅是英国对西方文明最重要的贡献之一”的字样。这次展览被《经济学人》描述为“对英国遗产的无耻推销”。[①] 其他人则不那么明目张胆地兜揽财富:通常使用稍加掩饰的政治术语,通过暗示乡村别墅是一种受到威胁的公共建筑,来激起人们的同情。1988—1989年在英国国家博物馆举办的国家遗产纪念基金展览会“国家的瑰宝:保护我们的遗产”的展览目录中,首篇文章的开场白写道:“几乎一个星期过去了,人们还没有看到拍卖人关于某个大地产即将出售和协议终止的通知。”马库斯·宾尼(Marcus Binney)继续引用W. G. 霍斯金斯的话,“这栋房子被拆建承包商没收,其庭院被侵占,遭到肆意破坏”等等。由罗伊·斯特朗(Roy Strong,在展览及其目录“乡村别墅的破坏”中,伦敦维多利亚和阿尔伯特博物馆,1974)等博物馆显贵和帕特里克·科马克(Patrick Cormack,《濒危的遗产》,1976)等政客发起的关于毁灭的神话,为权力和特权的继续运作提供了便利的烟幕。约翰·马丁·罗宾逊(John Martin Robinson)在《最新的乡村别墅》(1984)中透露,二战以来英国已经新建了200多座乡村别墅。对于那些享有私人财富的人来说,扮演“国家遗产”的守护人是非常深谋远虑的(而且或许会带来税收优惠),这些“国家遗产”的一部分是作为良好品味的缩影和一个永恒的“美好”过去而展示给公众的,应该不加批判地永远保存下去。没有解释,只有支持某种社会和审美现状的积累。

相较之下,美国的情况有所不同,但从本质上看是多变的。变化是个人生活和社会生活中值得期待,甚至值得珍视的方面。财富的周转和展示被认为是理所当然的,包括一代人之后或几代人之间所发生的没落。炫耀乡村别墅或种植园的(可能最接近英国的情况)是南部地区,这些地区使人联想起怀旧、向往以及文化生活方式的丧失,这种生活方式在1865年随着南

① 引自 Robert Hewison, *The Heritage Industry*, London, 1987, p.52。

部邦联的失败而彻底改变。它与连续性无关。与之形成鲜明对比的是新英格兰。间断性受到了更加微妙的掩饰。19 世纪纽约富豪在罗德岛州纽波特的“夏季别墅”和其他星罗棋布的乡村地产(例如芝加哥管道工程巨头小理查德·泰勒·克兰在马萨诸塞州伊普斯维奇建造的城堡山大别墅),是由纽波特郡保护协会、保留地受托机构(英国国家信托基金以此为原型)以及新英格兰古迹保护协会等慈善组织管理的。在很大程度上并不存在情感投资,这是为与爱国主义政治自豪感相联系的遗址保留的,比如波士顿的保罗·里维尔故居,但即便如此,它也是缄默的,甚至可能遭到蓄意破坏。普利茅斯种植园就是这种情况,它是五月花号乘客在马萨诸塞州海岸第一个定居点的重建,在那里,穿着当时服饰的解说员完全缺乏对导致共和国诞生的目的论的了解,这让很多游客感到惊讶。对视觉材料的即时情绪反应似乎是民主的,尊重财富及其变化无常,但通常会选择其他渠道。例如,很少有人可以在国家历史公园护林员的带领下参观第二次世界大战驱逐舰“卡西杨”号(这艘船作为一座浮动的博物馆停泊在波士顿),而不会对这艘船上服役的官兵产生强烈的情感同情,而这种情感同情有助于深刻理解 20 世纪中叶海战的性质及其社会影响。

海军驱逐舰大小的步入体验式(walk-through)视觉艺术品是我们正在探讨的视觉材料中规模最大的一个。照片在这些视觉材料中是最不起眼的。摄影是这样一种视觉媒介,人们认为,通过它可以经由即时情绪反应最大限度地理解过去的事件。这是因为照片与拍摄对象之间存在着实质性的因果关系。我们对照片的部分反应是作为事件的真实痕迹。新闻摄影的辩护者甚至认为,照片所传达的任何特定事件的信息都能使我们对它有重要的认识。事实上,人们越来越通过偶然的、瞬间的图像来理解最近的历史。正如前新闻报纸主编哈罗德·埃文斯(Harold Evans)所说,“我们对重大和复杂事件的印象可能会被一张单一的新闻图片永久地塑造出来”——在英国布拉德福德国家摄影影视博物馆展览“目击者:世界新闻摄影 30 年”(1989)的介绍性展板中引用了上述观点。然而,某些观点现在变得更加明显,并且被反复阐述过了,尤其在那家博物馆的永久性展览中:被捕捉到的瞬间几乎不需要告诉观察者关于一件迟早要发生的事情的信息;照片可能会经过各种形式的处理(删除人物、裁剪和调色,以影响观察者的解释),通常来说,只有通过与标题的结合才能得出容易理解的意思。同一张照片的不同标题通常会产生完全不同甚至相反的含义。照片所提供的某些信息可能会被不相干地用于对过去事情的分析描述,然而,通过保存一个可能会被忽略的细节,对过去的好奇心可能会打开新的思路,严格地说,这些好奇心不一定是历史的。例如,1963 年 11 月 22 日,约翰 · F. 肯尼迪遇刺后,在空军一号上主持林登 · 约翰逊总统宣誓仪式的那位女性,为什么把她的大拇指放在他拿着《圣经》的那只手的小指上?人们可以在塞西尔 · 斯托顿(Cecil Stoughton)拍摄的关于这一事件的照片上看到这一幕。

关于新闻摄影和纪实摄影最有趣的讨论领域之一是摄影师在他或她描绘的事件中扮演的角色。可以说,"纯真之眼"的概念已经站不住脚了,相机永远是一种侵入性的存在。一张照片可能会被解释为以侵扰为主题,例如,1983 年 9 月,当大韩航空 007 航班坠入大海时,三上贞行(Sadayuki Mikami)在一艘船上拍摄的悲痛的遇难乘客亲属的照片;镜头对准哭泣的亲属的脸,还含蓄地包括这张照片的制作者的脸。刺刀刺进受害者的腹部是因为有摄影师(米歇尔 · 劳雷亚特[Michel Laureat])在场,还是在任何情况下都会发生?或者说摄影师的出现阻止了潜在的袭击者将更多刺刀刺入更多受害者的腹部?无论在任何给定的情况下答案是什么,都很难不把摄影师看作其中的参与者。

历 史

从前面的内容中,读者可能会推测,我并不认为历史学家最适合处理视觉材料:他或她很自然地会首先考虑对历史进行解释,而不是考虑当前的视觉实践和评论问题。然而,历史学家以独特的方式提出了关于视觉材料的问题,这些问题能够提醒那些主要关注艺术和其他视觉材料的人,过去的所有材料都有可能作为潜在的证据为历史学家所采用。

鲍勃·斯克里布纳(Bob Scribner)的《为了普通人的利益:德国宗教改革的大众宣传》(1981)就是一个例子,说明历史学家的目光可以给大量的材料(16世纪早期的德国木刻)带来令人耳目一新的拉平效应(levelling effect),艺术史家不得不根据感知到的艺术价值,用一种分等级的方式来对待这些材料。斯克里布纳试图阐明图像和形式惯例,使支持和反对宗教改革的图像宣传能够被普通人理解。他呼吁图像宣传能够揭示改革者可以借鉴的文化理解的范围和其中的观念(反基督,世界颠倒)。对他来说,使用和杜勒以及克拉纳赫夫妇同时代人的出版物一样的措辞来对待他们的作品是非常合适的,这些出版物可能会被艺术史家当作劣质的、几乎没有内在兴趣的东西而不予考虑;即使人们在估计图像可能取得的成功的时候(根据对主题和视觉图案的模仿或仿真),也应该考虑质量、艺术性以及现有视觉传统的作用,还应该考虑不同质量的图像可能存在的不同市场。

在一部著作中,历史学家熟练使用了视觉材料的第二个例子是西蒙·沙玛(Simon Schama)的《富庶的窘境:黄金时代荷兰文化解释》(1987)。在他对荷兰中产阶级关于国家认同,家庭美德,妇女、家仆以及抚养孩子的责任等社会习俗和信仰的描述中,沙玛使用了范围广泛的材料,包括诗歌、地方图志、旅行日志、公证书、法庭记录、印刷品和绘画。他在这样做的时候,表现出对荷兰艺术进行解释的艺术史辩论的了解,并产生了我在其他地方称之为“根据现代历史和艺术史造诣,沿着人类学的思路,对19世纪轶事古物学进行的巧妙重新排序”。①

当前不可避免的对媒体操纵的了解以及视觉形式上可立即吸收的政治宣传,有助于提醒历史学家关注政治形象构建的早期实例。彼得·伯克在他对法国皇家文化建构的详细研究《制造路易十四》(1992)的结论中,明确

① *Burlington Magazine*, 130, 1988, pp.636-637.

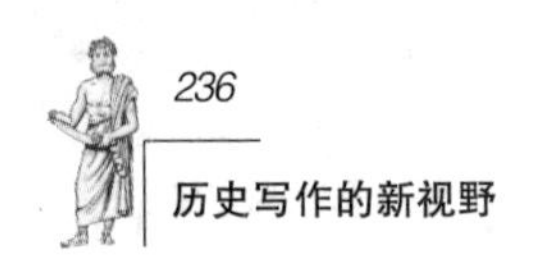

进行了这种类比。在这里,困扰美国总统的形象塑造尝试(正如伯克所指出的,延伸到林登·约翰逊的私处),在大量精心设计的视觉材料(雕像、勋章、绘画、印刷品)中有其对应物,这些都是为了颂扬法国君主,伯克对此进行了详细的历史分析。

虽然我很真诚地希望历史学家越来越多地把注意力转向视觉材料,但我也很遗憾地看到,到目前为止,几乎没有历史学家表现出对必然会涉及的问题或者对处理这类材料时所需要的特定技巧有所了解。或许,人们对这种使用视觉材料的悠久传统的史学意识的增强,将鼓励更多的历史学家冒险一试,就欧洲传统而言,弗朗西斯·哈斯克尔《历史及其图像:艺术和对过去的解释》(1993)中对此做出了精彩的、全面的描述。或许,历史学家最有资格对视觉材料研究做出的贡献是,将视觉材料的生产和消费作为社会、经济和政治活动进行讨论。一些尝试,例如丽莎·贾丁的《世界商品:新文艺复兴史》(1996),由于其简化的解释而受到损害。一些视觉材料很可能是商品,因此接受检查是有利可图的,但是,用商品来描述艺术,远远无法穷尽它的历史(相对于它的艺术史)意义。艺术及其用途不能完全用社会和经济术语来解释,探索与艺术相关的社会和经济因素的历史学家最好承认这一事实,即使他们提出了有益的和激励人心的假设。

历史学家已经取得重大进展的一个领域与图像消费的一种特殊形式有关:蓄意破坏或者捣毁圣像。对于大多数艺术史家来说,捣毁圣像仍然是非主流的,因为文物无法保存下来,或者被破坏的是珍品。[①] 但这并不能阻止宗教历史学家或社会历史学家。在对宗教改革中的圣像破坏主义进行研究时,社会历史学家掌握了主动权,因为这是一种活动,在这种活动中,不仅精英理论,而且没受过教育的、通俗的观点(尤其关于图像的魔力)和行为(与

---

① 大卫·弗里德伯格是一个例外;例如,David Freedberg, *Iconoclasts and Their Motives*, Maarssen, 1985。还请参阅 Hans Belting, *Bild und Kult. Eine Geschichte des Bildes vor dem Zeitalter der Kunst*, Munich, 1990 中对拜占庭圣像破坏运动的讨论,埃德蒙·杰普科特将其译为 *Likeness and Presence: A History of the Image before the Era of Art*, Chicago, 1994。

狂欢节或庆祝活动有关)往往似乎都是可以理解的。这导致了一种倾向,即把偶像崇拜看作一种不变的现象,人们把注意力放在各种事件的共同因素而不是它们之间的差异上。现在,社会历史学家越来越多地转向所谓的微观政治学,或者对个别事件的研究,根据这些研究,他们正学着修改理论框架,以便对细微差别给予更多的关注。例如,人们可以在李·帕尔默·万德尔(Lee Palmer Wandel)的作品中看到这一点,他的著作《贪婪的偶像和暴力的手:文艺复兴时期苏黎世、斯特拉斯堡和巴塞尔的圣像破坏运动》(1995)阐述了不同城市捣毁圣像实践中存在的区别。

经济学家约翰·迈克尔·蒙蒂亚斯(John Michael Montias)的著作提供了不那么引人注目但同样有价值的例子,说明历史学家如何将视觉材料置于生产和消费的社会经济背景中。他的研究《代尔夫特的艺术家和工匠:17世纪的社会经济研究》(1982)提醒读者,美术绘画是一个由阶级决定的经济机会问题,无论对购买者还是从业者来说都是如此。除了考察代尔夫特画家的命运,蒙蒂亚斯还描述了由该地印刷工和彩陶师组成的原工业资本主义组织。与后两种手工艺的实践者相比,画家在资本投资方面需要的资金很少;然而,蒙蒂亚斯发现,这并不是一种开放的职业,六年学徒制的费用实际上将入行者局限在最富裕的工匠、公证人、律师以及画家本人的子女之内。相比之下,孤儿院资助的儿童更有可能成为彩陶师的学徒,尽管和画家属于同一行业公会,但他们却不太可能跳出新兴的无产阶级圈层。

正如蒙蒂亚斯的著作所表明的,能够将历史学家和艺术史家的不同兴趣最好地融合起来的那类研究似乎是在微观层面,而不是在宏观层面。这一点在同一作者后来的著作中进一步得到了证实:《维梅尔和他所处的环境:社会史网络》(1989),该书考察了代尔夫特画家约翰内斯·维梅尔及其家人和同事所处的社会经济环境。蒙蒂亚斯不仅描绘了一位鲜有文献记载的伟大艺术家的历史肖像,还描述了这样一个社会:在这个社会中,人们对保存在公证记录中的书面誓言的效力抱有极大的信心。个体艺术家不必成为这种微观历史研究的唯一主题:工艺技术和材料能够提供窥探整个社会

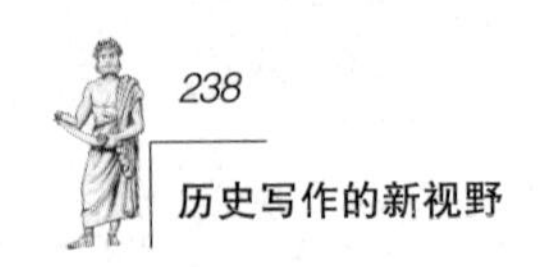

的一扇窗户，正如苏珊·B. 巴特斯(Suzanne B. Butters)在其研究著作《瓦肯的胜利：雕刻师的工具、斑岩和佛罗伦萨公爵领地的王子》(1996)中所展示的那样。自古以来，斑岩就是一种备受推崇的石头，虽然极难开采和加工，但它提供了一个主题，不仅展示了人类在技术发展方面的聪明才智，而且展示了社会、政治和艺术抱负的交集。

因此，总而言之，我们可以看到，没有一种专业能够垄断，或者在我看来应该垄断对视觉材料的解释。如果说历史学家在这个领域有很多方面要去学习，他们也有很多重要的观点要去传授。更糟糕的是，在那些从事艺术专业的人的实践中，也出现了更严重的不足。许多艺术史家和艺术博物馆学者已经习惯于被告知，他们还没有把握符号学、大众传播学和媒介理论所提出的问题，更不用说告诉自己如何处理摄影、表演艺术、电影、电视、视频和计算机生成的图像。尽管现在大学里的正统观念更倾向于那些与基于语言学的符号学相关的实践，但仍然有一些艺术史家和策展人致力于更实际的问题：对久经考验的分析技术的提炼、进一步应用和传播，包括鉴赏力、对经典作品的打磨以及图像解释的不同形式。虽然持批评态度，但我并不认为我们应该对那些练习这些技能的人失去耐心。因为只有在他们的帮助下，才能回答当代(和不可预料的未来)人们所关心的某些问题，例如视觉材料的不可避免性。

第九章

政治思想史

理查德·塔克

在20世纪60年代,一些政治思想史学家(巧合的是,他们中的许多人都与剑桥大学有关,这既令人愉快也非常方便)发表了对其专业活动的一般特征的反思。其中有三篇文章获得了持久的声誉——约翰·波考克(John Pocock)的《政治思想史:方法论的探索》、[1]约翰·邓恩(John Dunn)的《思想史的同一性》[2]和昆汀·斯金纳(Quentin Skinner)的《思想史中的意义和理解》。[3] 在这三个人中,斯金纳的文章引起了最多的讨论,部分原因是它的篇幅和广度要大得多,但很大程度上是因为,与波考克和邓恩不同,斯金纳的目标非常精确,并给它们起了名字。斯金纳在下面的段落中描述了主要目标,也是后来的作家们最渴望捍卫的目标。

> 我首先要考虑的是,文本本身应构成独立的探究和理解对象这个主张所要求的方法论。因为正是这种假设继续支配着大量的研究,提出了最广泛的哲学问题,并引起了最多的困惑。在思想史上,这种方法本身与更严格的文学研究一样,从逻辑上说,是与开展研究本身某种特

---

① J. Pocock, "The History of Political Thought: A Methodological Enquiry", in Peter Laslett and W. G. Runciman eds., *Philosophy*, *Politics and Society*, series II, Oxford, 1962, pp.183-202.

② J. Dunn, "The Identity of the History of Ideas", *Philosophy*, 43, 1968, pp.85-104;转载于Dunn, *Political Obligation in Its Historical Context*, Cambridge, 1980, pp.13-28。

③ Q. Skinner, "Meaning and Understanding in the History of Ideas", *History and Theory*, 8, 1969, pp.85-104;转载于James Tully ed., *Meaning and Context*, Oxford, 1988, pp.26-67。

殊形式的正当性联系在一起的。典型的说法是,研究过去的哲学著作(或文学作品),其重点必须是,它们(用一句受欢迎的话来说)包含"永恒的元素",以"普遍思想"的形式存在,甚至是一种"经得起时间检验的智慧",具有"普遍适用性"。

现在,采纳这种观点的历史学家实际上已经致力于如何更好地理解这种"经典文本"。因为,如果这样一项研究的全部意义都是从恢复"伟大著作"中提出的"永恒的问题和答案"的角度来考虑的话,那就是为了证明它们的持续"相关性"。对历史学家来说,专注于每一位经典作家对这些"基本概念和永恒问题"的看法,不仅是可能的,而且是必要的。简言之,其目的必须是"在完全脱离历史发展的背景下,重新评价经典著作,将其作为确立关于政治现实的普遍命题的长期重要尝试"。相反,认为社会语境知识是理解经典文本的必要条件,就等于否认经典文本中确实包含了任何永恒不变的兴趣元素,因此就等于取消了研究经典文本内容的全部意义。(第30页)

这段话的脚注中列出了一系列(主要是美国的)政治学家:彼得·默克尔、汉斯·J. 摩根索、马尔福德·Q. 西布利、威廉·T. 布鲁姆、G. E. G. 卡特林、安德鲁·哈克、R. G. 麦克洛斯基、卡尔·雅斯贝尔斯、伦纳德·纳尔逊、查尔斯·R. N. 麦考伊、列奥·施特劳斯和约瑟夫·克罗普西。[1]

虽然邓恩没有发布任何类似的人员名单,但很明显,当他在前一年做出以下抱怨时,显然已经考虑到了他们的方法:

思想史的分支很少被写成活动史。复杂的思想结构,以尽可能接近(通常比证据所允许的更加接近)演绎系统的方式排列,几个世纪以来在不同的时间点进行了审查,并且对它们的形态进行了追踪。人们把某个伟人更容易理解的观念的具体化重建与其他伟人的观念进行了

---

① 请参阅 Tully, *Meaning and Context*, pp.291-292。

> 比较；因此，特别是在政治思想史上，出现了一种奇怪的写作倾向，那就是，哪些经典著作中的哪些命题让作者想起了其他哪些经典著作中的哪些命题。（邓恩，《思想史的同一性》，第 25 页）

作为另一种选择，斯金纳和邓恩都强调，正确的方法是将历史文本理解为历史产物，其中作者的实际意图（只要可以合理地重建）应该是我们用来解释文本为什么会采取某种特定形式的主要指南（当然，他们都不认为意图是一种充分的指南，因为失败也需要承认和解释）。

虽然波考克的初衷并不是要进行这样的论证，但他六年前的文章可以被纳入这项事业。斯金纳一直慷慨地承认波考克的影响，还有 R. G. 柯林武德、阿拉斯代尔·麦金太尔（Alasdair MacIntyre）和彼得·拉斯莱特（Peter Laslett）的影响。波考克的文章实际上是思想史专业内部的一种呼吁，要求人们认真对待从特定社会获得的关于政治的整套著作或其他产品，并将其作为需要理解和解释的材料——他称之为“刻板印象”和“语言”，以及后来称之为“范式”的东西。他自己的著作《古代宪法与封建法》（1957）就是一个令人眼花缭乱的例证，说明了他的想法，即只能在相当详细的、特定的语言实践历史背景下，对主要的政治哲学家进行解读（在这里，是指历史假设在普通法传统中的实践），只有这样，才能理解他们的原创性或传统性。的确，波考克承认：

> 由于政治讨论中所使用的语言越来越具有理论概括性，因此，思想家论证的说服力，与其说取决于他是否成功援引了传统的符号，不如说取决于他在政治话语的某些领域所做的陈述的合理连贯性，在这些领域，人们认为具有广泛理论概括性的陈述是可能的。在这里，我们的历史学家迟早必须放弃他作为社会语言的思想学者的角色，而成为哲学的思想学者——也就是说，因为哲学有能力做出通俗易懂的一般性陈述……[但是，由于历史学家是通过研究更广泛的语言来接近哲学家的，他]现在可以思考抽象的层面，在这个层面，思想家的语言会让他

> 行动,思想家的关注往往会让他使用思想家的语言。他现在可以给这个模糊的短语一些精确的含义——每个思想家都在一个传统中运作,他可以研究思想家和传统对彼此提出的要求。(第200—201页)

这个关于20世纪60年代的故事现在已经被讲述了很多次,学生们已经获得了关于这场学院方法论竞赛所涉及问题的大量摘要。[①] 许多人对邓恩、波考克和斯金纳有着略带不满的回应,三人本身也有一些防御性反驳。但是,对我们这些年轻一代的人来说,这场斗争具有一种奇怪而遥远的性质(兄长们的事情总会具有这样的性质),难题总在于,要弄清对思想史进行非历史性(按照邓恩的意思)研究的意义何在。对我们来说,很明显(正如30年前柯林武德所说的那样),如果一个人想了解某件事的历史,他实际上必须做好相关的调查取证工作,弄清当事人的意图。

> “笨蛋!”哈姆雷特说,“你觉得我比烟斗更容易被人玩弄吗?”那些著名的哲学家,罗森·克兰茨和吉尔登·斯特恩,简单地认为只要读一读就可以发现巴门尼德是什么意思;但是如果你把他们带到豪斯代德的南门,并且说,“请区分这里不同时期的建筑,并解释每个时期建造者的目的是什么”,他们会抗议说,“相信我,我不能”。难道他们认为巴门尼德比一座腐败的罗马小堡垒更容易理解吗?笨蛋![②]

如果这一点在1939年就已经如此明显,为什么还要在1969年再提一次呢,即使是出于不同的哲学思考?

在关于这些问题的评论家中,只有冈内尔处理过这个问题,把它(正确地)看作一个关于20世纪中叶政治科学性质的问题。但是,冈内尔对这个问题给出的具体答案就不那么可信了,我将提出另一个不同的答案。作为

---

① 其中最好的是 John Gunnell, *Political Theory: Tradition and Interpretation*, Cambridge, Mass., 1979; Conal Condren, *The Status and Appraisal of Classic Texts*, Princeton, 1985; James Tully ed., *Meaning and Context*, Oxford, 1988。

② R. G. Collingwood, *An Autobiography*, Oxford, 1970, pp.39-40.

对该问题处理方法的一部分,冈内尔勾勒出了一段历史,在这段历史中,20世纪五六十年代政治学中“行为主义”的发展导致了对政治思想史写作的抨击,认为这是一项无关紧要的活动。冈内尔在1951年引用大卫·伊斯顿的话,抱怨传统的西方政治思想已经被政治思想史的调查所取代,政治思想史是一种“寄生”于过去思想之上的活动,不再寻求提供适当的实证政治科学或构建“价值参照系”(冈内尔,《政治理论》,第4页)。

“行为主义”在这里代表了一个广泛的实证政治学概念,①其特点是(通常是定量的)对人类行为的一般准科学规律的研究,以及事实和价值之间的严格分离——“伦理评价和经验解释涉及两种立场,为了清楚起见,应该在分析上保持不同”(同上,第7页)。冈内尔认为,伊斯顿批评政治思想史的主要观点是,含蓄地呼吁实证政治学成为政治思维的主导模式;他推测,“对于行为主义者就研究传统的重要性提出的挑战,政治理论史学家的反应不仅是重申它与政治科学和政治学都相关,还坚持认为它现在绝对是至关重要的”(同上,第26页)。冈内尔认为,西欧政治辩论的伟大传统,现在成了批判伊斯顿及其伙伴所代表的那种现代态度的场所;他们对政治思想史的否定变成了一种历史性的对抗,其中,一种政治思维方式只能用从柏拉图到马克思的经典文本中所捕捉到的文明语言加以表达,另一种思维方式则是用系统分析的伪科学或任何“行为主义”理论所支持的方式来表达。像施特劳斯、沃格林或阿伦特这样的作家,是冈内尔关于支持这种传统观念的理论家的主要例子,当然,至少在施特劳斯的例子中,这种传统的存在以及它的内容不可简化为一些直截了当的客观、现代的话语,确实是政治愿景的核心。

冈内尔因此解释了斯金纳、邓恩和波考克抨击的这场运动,认为这是对战后政治科学对政治思想史写作的敌意回应,也是对非量化、非行为主义政

① 正如伊斯顿本人所承认的:请参阅 David Easton, *A Framework of Political Analysis*, Englewood Cliffs, N. J., 1965, pp.19-22。

治科学持续相关性的断言。然而,冈内尔的叙述有两个问题。首先,他认为,斯金纳和其他人的主要目标正是这种“传统”的观念,因此,他批评他们关于方法论的评论,认为他们没有看到施特劳斯等人著作中隐含的对现代性和现代政治学的批判的意义(同上,第24页)。事实上,正如我们所看到的那样,虽然他们的言论适用于施特劳斯或阿伦特,但他们直言不讳的批评对象通常是20世纪60年代的平凡人物,这些人用传统的政治科学观点撰写政治思想史,比如默克尔和哈克(同上,第24页)。

冈内尔的叙述存在的第二个问题是,他自己认识到并且充分证明了这样一个事实,即伊斯顿抨击的那种关于政治思想史的写作,本身就是一种实证主义的、实际上是“行为主义的”政治观的产物,至少可以追溯到20世纪初。这方面有许多引人注目的例子,其中一个最好的例子是乔治·卡特林(1969年被斯金纳选中进行抨击的作者之一)的作品,他既写了一部关于政治哲学家的历史①,也写了一些实证主义著作,探讨了对政治进行真正“科学”研究的可能性。因此,正如冈内尔所承认的那样,“直到20世纪40年代末,无论是政治理论史上的学术品格,还是形成这种学术品格的意图和担忧,在这部文献中都很难看出伊斯顿的描述的来源”(第21页);这使得50年代所谓的行为主义者对政治思想史的猛烈攻击,以及反实证主义者对伟大传统的报复性坚持,都显得毫无意义。

冈内尔的错误,以及许多作家在这些问题上所犯的错误,并不在于认真对待像伊斯顿这样的行为主义者的主张,即研究政治必须同时涉及事实和价值,而是在于,这些属于逻辑上截然不同的两个领域——事实和价值的区分,这可以追溯到康德(以其强有力的形式),是现代人文科学的重要基础。诚然,大多数人文科学家把他们的日常专业实践看作对这一区别“事实”方面的探索,但他们在更多的反思时刻都承认,政治“价值观”也必须以某种方式产生。这种承认与一种非常微弱的尝试相结合,实际上是在考虑价值

---

① George Catlin, *A History of the Political Philosophers*, London, 1950.

观如何产生或被证明是合理的，这是 20 世纪上半叶英美（尤其是美国）政治学最显著的特点。我们可以把它描述为没有康德伦理理论的康德主义，尽管参与者自己更经常地把它描述为人本主义（Humeanism），[①]也就是说，接受经验性陈述和评价性陈述之间的逻辑区别，但是否认道德的先验演绎，后者实际上可以在《道德形而上学的基础》中找到。

最常见的是，这些人文科学家假设“公民”会以某种多多少少不明确的方式做出决定。

> “情人眼里出西施”是一句警句，提醒我们，对好坏的判断涉及主观评价。但这并不否认，一个人的鼻子在客观上可能比另一个人的鼻子短。同样，在特定的经济形势下，也有一些合理的现实因素，不管识别和孤立它们有多么困难。没有哪种经济学理论只适用于共和党人，不适用于民主党人，只适用于工人，不适用于雇主，只适用于俄罗斯人，不适用于中国人。在关于价格和就业的许多基本原则上，大多数（不是全部！）经济学家的意见都相当一致。
>
> 这种说法并不意味着经济学家在政策领域达成了一致意见。经济学家 A 可能不惜任何代价支持充分就业。经济学家 B 可能认为它没有物价稳定那么重要。关于要追求的是非目标的基本问题，单靠科学本身是无法解决的。它们属于伦理和“价值判断”的范畴。公民必须最终决定这些问题。专家们所能做的就是指出可行的替代方案以及不同决策中可能涉及的真实成本。但是，头脑仍然必须将属于心灵领域的东西交给心灵。因为，正如帕斯卡所说，心灵有着理性永远不会了解的理由。[②]

这段引人注目的话表明，20 世纪早期的人文科学家认为价值本质上是

---

① George Sabine, *A History of Political Thought*, 3rd edn, London, 1983, p.v.

② Paul Samuelson, *Economics*, Englewood Cliffs, N. J., 1976, pp.7-8；一部主要撰写于 20 世纪五六十年代的教科书。

心灵的问题,而不是理性的问题——它们不可能有系统和理性的基础。但是,所有人都会拥有它们,作为"公民"会在决策中使用它们。鉴于这种观点,公民无法从空气中随意抽取自己的价值观,现在他们又不能从先验推理中得出自己的价值观,这显然具有某种实际意义;而研究政治思想史的主要目的,正如一本又一本的教科书所阐明的那样,是为了向读者(通常是一位美国大学生,他首先被视为一个未来的公民)提供一套他自己无法产生的可能的政治态度(它们是"天才"的作品),但他可以用一种有节制和管理得当的方式,在其中做出回应和选择。

事实上,令人震惊的是,这些教科书中有多少非常不愿意对其所考虑的政治理论的真伪做出任何断言:萨宾明确表示,"作为整体,某种政治理论很难说是正确的"。① 他们认为,作者一般不应该提供对真正理论的见解(在这方面,这些20世纪早期的政治思想史家与他们同时代的自然科学史家有所不同),而应该成为特定的西方政治思想传统的来源,读者们被带着参与其中,然后对教科书中所描述的各种思想进行反思。②

重要的是,必须认识到,这种观点否认了真正普遍或客观真实的政治理论的存在,但断言了伟大文本所处理的问题的普遍性,或者至少相关性——正是这一点构成了它们的持续效用。我们必须将这种态度与施特劳斯或汉斯·摩根索等作家的态度区分开来,后者(明确反对他们在美国政治学系的同事)坚称,"无论何时何地"都存在政治理论的真理。③ 每一种观点都在暗示,只有文本需要研究,因为它们代表了"伟大的思想家"对一系列长期存在的问题的反应,20世纪50年代的美国大学生和古希腊城邦的公民对此同样熟悉;但是,有一种观点对各种答案的优点采取了相当中立的态度,只想把它们放在广泛的西方伦理文化中,而另一种观点则对长期存在的问

---

① George Sabine, *Political Theory*, London, 1937, p.v.

② 例如,这似乎是彼得·默克尔的观点,请参阅他在《政治连续性和变革》(*Political Continuity and Change*, New York, 1967, pp.26-56)中的评论。

③ Hans Morgenthau, *Dilemmas of Politics*, Chicago, 1958, p.39.

题有自己的明确答案。总体而言,后一种态度可能对政治理论史不太感兴趣,因为它具有道德正直的跨历史的标准(因此摩根索对这门学科非常挑剔)。[①] 然而,施特劳斯是一个特例,因为他相信(我已经说过),这个标准只适用于那些沉浸在传统及其文本研究中的人。

从长期政治文化的标准来看,这两种观点中的第一种,对价值观在政治生活中的作用采取了一种奇怪的、不受约束的、官僚主义的态度,伊斯顿1951年的文章引起了人们的注意,大概正是因为它具有这种无法令人满意的特点。[②] 其想法是,可以通过一套看似合理但又不太异国情调的特定文本来教育公民,向其灌输一套截然不同的价值观,这些文本在激发智力的方式上各有不同。然后,这种完全不同的组合可以通过某种制度过程在社会内部得到调和,在这个制度过程中,公民将决定他们的社会应该遵循的原则。大多数"伟大文本"的作者自己都会认为,这是一种荒谬的从政治原则出发的观点,但是,它从现代人文科学的堡垒内部清楚地证明了说服英美政治科学家是荒谬的。这个证明是由肯尼思·阿罗用他著名的"定理"提供的(具有讽刺意味的是,这与伊斯顿1951年的文章是同一年)[③],在这个定理中,他证明了没有一种中立的、程序性的方法可以将个人价值观整合到一套社会原则中,而不违反几乎所有公民都可能做出的一些绝对明显和基本的假设(例如,城市中的任何一位成员都不应该成为其他人的独裁者)。阿罗的著作暗示了,认为由政治科学专家组成的中立官僚机构在某种程度上可以指望其公民就政治进程中将要实施的价值观做出有效决定的那些人,现在可能被认为是在虚张声势。

阿罗的著作在1963年《社会选择与个人价值观》第二版修订出版后变得特别有影响力,其严谨的方法论给最"严厉"的政治科学家留下了深刻的

---

① Hans Morgenthau, *Dilemmas of Politics*, Chicago, 1958, p.24.

② David Easton, "The Decline of Modern Political Theory", *Journal of Politics*, 13, 1951, pp. 36-58.

③ Kenneth Arrow, *Social Choice and Individual Values*, London, 1951.

印象,并且使他们相信,他们对价值观的社会性质所做的模糊假设应该得到修正。在这样做的过程中,它符合20世纪60年代中期(尤其在美国)一种日益流行的观点,即应该重新书写一种明显传统的政治哲学。我认为,新政治哲学最杰出的倡导者约翰·罗尔斯应该将自己视为、并且被广泛认为是一位康德主义者,这并非一种巧合,因为在20世纪上半叶,最有可能摆脱美国原始的康德主义的途径是通过建立一种新的、成熟的康德主义。但是,如果说在美国政治科学的伦理图景中,多种不确定的价值观不再有任何意义,那么,政治思想史在美国文化中的传统作用就被削弱了。邓恩和斯金纳在20世纪60年代末就意识到了这一点,他们对传统政治思想史的争论伴随着一种明确的感觉,即现代和系统的政治哲学至少是可能的。斯金纳正是这样说的:①

> 我只想强调,每当有人说,对这类问题进行历史研究的意义在于,我们可以从答案中直接学习,我们就会发现,在不同的文化或时期中,算得上答案的东西通常看起来差异如此之大,以至于即使继续认为,相关的问题在所要求的意义上是“相同的”,也几乎毫无用处。更加直截了当地说:我们必须学会自己思考。

因此,“新”政治思想史与20世纪70年代和80年代英语世界的“新”政治哲学相对应:它已经把教育公民的责任转化成了政治价值观,沿着学院的走廊,进入哲学家们的房间,后者再次做好了承担这一重任的准备。

具有讽刺意味的是(鉴于冈内尔的理论认为,施特劳斯、沃格林或阿伦特是这段新历史的主要目标),正如我们已经看到的那样,像施特劳斯和他的追随者这样的作家比默克尔等实证主义者的盟友更有能力抵制这种退位。事实上,只有通过对伟大文本的深奥解读才能提炼出一种单一的真正的政治哲学(这一说法显然与施特劳斯最为相关),这在逻辑上并不是不可

① 请参阅 Tully, *Meaning and Context*, p.66。

能的(正如声称台伯河右岸有绝对可靠的道德学说来源一样)。从某种意义上说,施特劳斯和罗尔斯都试图为他们的读者提供一种单一的、有效的政治哲学,尽管他们使用的方法截然不同。因此,施特劳斯主义在北美政治科学系的制度化生存就不足为奇了。

应该说,为现代美国(以及类似情况的社会)提供一套连贯的价值观,这种新政治哲学的理想在1990年看来似乎没有1970年那么可信。20年来,令人印象深刻的哲学活动在很大程度上强调了现代价值观的不同性质,尽管一些自由主义理论家对此有着令人震惊的自满情绪。正如在阿罗的著作问世之前那样,人们又开始寻找一种能够容纳激进的价值多元化的理论(尽管现在没有人认为“公民”将决定或应该决定这件事)。在这种背景下,如果人们开始相信,反思现有的政治文献是思考政治价值观的方法,并且使自由社会中形形色色的人群达到某种广泛的智力平衡,这并不令人惊讶;事实上,这或多或少就是理查德·罗蒂提出的(尽管对他来说,相关文献比萨宾所涵盖的要广泛得多)。尽管罗蒂谈论“反讽”的修辞手法(恰如其分地)不同于萨宾等作家扭捏的相对主义,但尚不清楚两者之间是否存在他可能认为的那样大的智力鸿沟。①

我所讲的故事显然是关于英语语言理论家的,而英语语言政治理论在20世纪初的衰落和20世纪60年代末的复兴在其中起到至关重要的作用。在20世纪60年代的这些争论中,法国或德国不同思想传统中争论的问题(一开始)所起的作用很小,斯金纳、邓恩和波考克一直温和地抵制任何将他们的工作与赫希(他利用了这些辩论)或科塞勒克等理论家的工作联系起来的企图。其主要原因是,从他们的观点来看,重要的一点是思想史和其他人类活动史在方法论上的相似性。这就是斯金纳一再试图将政治理论话语作为“言语行为”(speech acts)加以分析的核心所在,从而以更世俗的历史学家对待其他类型“行为”的方式来对待它们。我们如何从历史的角度

① 尤其请参阅 Richard Rorty, *Contingency, Irony, and Solidarity*, Cambridge, 1989, pp.80-81。

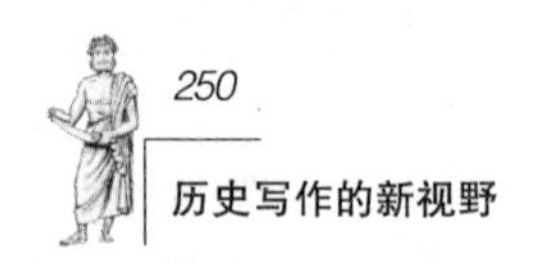

理解人类活动这一更广泛的问题,并不是他们关注的中心。

然而,在欧洲大陆,这是一个关键问题,而人类历史由行为和话语组成,这个事实通常被认为是理所当然的。例如,狄尔泰在《人文科学中的历史世界建构》一书中明确指出,"理解"和"解释"是诠释学传统的主体,涉及三种"表达":"概念、判断和更大的思想结构""行动"和"情感表达"。[①] 在德国关于诠释学的辩论中,他的领导(或者更确切地说黑格尔的领导)受到所有参与者的追随。因此,英国的方法论辩论与欧洲大陆的方法论辩论是站在一个角度上的,因为斯金纳将话语同化为行动可以在(比方说)哈贝马斯的阵营或者伽达默尔的阵营中找到归宿。事实上,由于它明确提到了柯林武德,它代表着英国公开恢复了对德国诠释学古老的尊重传统。

因此,正如大卫・霍林格所观察到的那样,[②]从后结构主义的角度对斯金纳的批评(例如大卫・哈伦的德里达式的抱怨[③])没有抓住要点,因为如果我们必须有一部解构的思想史,那么,我们必须以同样的方式解构一切历史,假设前提是真实的,斯金纳大概会对这个结论感到高兴,因为严格地说,他的方法论是中立的。另一方面,他的专业实践和他的一些直言不讳的言论表明,他至少认为,有可能获得对历史主体的所作所为的真正理解;或者说,这种理解是一种如此深刻的程序性假设,以至于质疑任何其他人的任何行为(尤其是像戴维森这样的作家的观点)的真实性,只是采取了一种根本怀疑的观点,而这种观点实际上没有人能够接受。[④]

我们现在可以明白,为什么实际上在这种方法论背景下撰写的政治思想史,在批评者看来往往没有他们从方法论宣言中所预期的那样具有原创

---

① W. Dilthey, *Selected Writings*, ed.H. P. Rickman, Cambridge, 1976, p.219.

② D. Hollinger, "The Return of the Prodigal: The Persistence of Historical Knowing", *American Historical Review*, 94, 1989, pp.610-621.

③ D. Harian, "Intellectual History and the Return of Literature", *American Historical Review*, 94, 1989, pp.581-609.

④ Quentin Skinner, "A Reply to my Critics", in Tully, *Meaning and Context*, 特别是 p.238 和 pp.246-248。

性和令人震惊。任何理性的历史学家都会接受任何证据,作为解释历史代理人为什么会做某事的一部分,现代政治思想史家也会接受这些证据,而且往往没有明确和单一的方法来确定什么是相关证据。在这方面,一个很好的例子是政治思想史家通常要处理的一个问题,即同一作者在其一生中的不同时期,所创作的作品之间是否存在实质性的差异。这就是马克思的阿尔都塞式叙述中所谓的"认识论断裂"(coupure épistémologique)问题:这是马基雅维利的《君主论》和他的《罗马史论》之间的关系问题,是霍布斯政治理论的各种修正之间的关系问题,是洛克早期和后来关于宽容的著作之间的关系问题,是柏拉图的《理想国》和《法律篇》之间的关系问题,以及如此类推(正如这份清单所示,这对于几乎所有主要的政治理论家来说都是一个重大问题)。

很明显,相关文本的一些解读方法将使其相互协调,而另一些则要求它们分开。协调的可能性本身似乎是某种解读理由的一部分,但分开的可能性也是如此,例如,它可以解释为什么一位作者应该两次接触同一份材料。无论哪种情况都没有先验的推定(在这方面,文本之间的一致性可能被认为不同于文本内部的一致性,关于后者,一些人认为举证责任在于那些认为文本内部不一致的人)。但是,很难看出什么才是足够的后验论证。无论是内部证据还是外部证据都不太可能解决问题。如果理解上的宽容要求我们假设作品之间存在着一致性,那么被视为内部证据的东西就会发生变化,而外部证据,在作者对作品之间的关系没有一种明确、毫不含糊的可信陈述(我不知道有哪位伟大的理论家有过这样的陈述)的情况下,不会推翻对它们的任何看似合理的解读。

任何关于如何解释文本的理论都不会涵盖这种情况,因为这里的关键是文本的同一性。有一种观点可能认为,文本是作者就某个主题发表的一整套话语(特别是如果所讨论的作品在某一时刻是由作者一起传播的,例如马基雅维利就是如此),另一种观点认为,每个文本都是被单独命名并分开装订的作品。还有一种观点认为,文本是分开表达的每一个话语。为什么一部历时多年的作品(如《资本论》)比几篇在较短时间内写成的独立作品(如密尔关于自由和功利主义的论文)更应该被视为一个整体?

这些观察的目的并不是要质疑明智而敏感地撰写政治思想史的可能性,而是要强调,历史学家最终将不得不对如何讲述其特定故事做出一些判断,并且判断在这些情况下,一个人的哪些行为方式似乎是合理的,而这些判断无法针对其他一系列不同的判断做出决定性的证明。1969 年以前造就一位优秀历史学家的智力品质与 1969 年之后没有什么不同,而在 20 世纪 70 年代和 80 年代产生的更好的政治思想史,(总体上)相当轻描淡写地履行了它们对方法论的承诺,这并不令人感到惊讶。然而,不能掉以轻心的是,他们坚信他们所写的是历史,而不是对 20 世纪末一套公民价值观的阐述。

思想史及其竞争对手(彼得・伯克)

理查德・塔克在本章中讨论的英美思想史有两个主要对手。一个是在法国实践的"集体心态史",与年鉴学派有关,这在第一章提到过,在第二章讨论过。这种方法侧重于普通人的日常思想、情感或未加言说的假设,目前正处于向更广泛的"表征"历史转变的过程中,也就是表象社会史(l'histoire de l'imaginaire social),包括图像和文字。

第二种与之竞争的方法是在德国发展起来的。它被称为概念史(Begriffsgeschichte),是介于语言史和社会史之间的"概念史"。概念史可以追溯到 20 世纪 60 年代三位讲德语的历史学家之间的讨论。年长的伙伴是奥地利中世纪史专家奥托・布鲁纳(Otto Brunner),他因批评其中世纪史研究同行不合时宜的思想以及他之前的纳粹党成员身份而臭名昭著。其次是海德堡大学的社会历史学家沃纳・康泽(Werner Conze)。三人中最年轻的是康泽的学生科塞勒克,他也曾师从哲学家卡尔・施密特、马丁・海德格尔和汉斯-格奥尔格・伽达默尔。

布鲁纳、康泽和科塞勒克策划了一部政治和社会概念的集体历史，其中特别提到了 1750—1850 年间的德国，这段时期后来被称为“鞍型时期”(Sattelzeit)，也许用另一个比喻来翻译可能更好，比如“分水岭”；无论如何，这一时期是向现代性过渡的时期。他们成立了一个合作者小组，召开了会议，并且在 1972 年至 1993 年间出版了八卷本的《历史基本概念》(与雷蒙德·威姆斯使用的“关键词”概念相去不远)。[①] 尽管三人及其合作者的其他研究也很重要，但关于概念史的讨论自然集中在这本历史词典上，在大约 7000 页的篇幅中讨论了大约 120 个概念。这项集体事业有两个特点特别鲜明。首先，这是一部相对精确意义上的“思想的社会史”，它使用了能够阐释日常实践的材料，并且强调了基本概念的变化对日常生活的影响。其次，这个研究小组从语言学家那里学会了如何把特定的词汇放在更广阔的“语言领域”(Sprachfeld)，包括它们的反义词和同义词。

直到最近，在英语世界中，无论是集体心态史还是概念史都没有得到非常认真的对待。抵制的一个迹象是，一些英国历史学家习惯于谈论心理(mentalité)而不是“心态”，从而清楚地表明，他们认为这种观点是异类的。概念史被提到的次数更少。当我在 20 世纪 80 年代末策划这本书的时候，我仍然找不到一个学者，准备将思想史和它的两个竞争对手进行比较。

然而，今天有迹象表明，情况正在发生变化。英语世界对集体心态史的接受程度越来越高，这应该与“文化史”(包括与之相关的术语和方法)的兴起有关。这种增长的证据包括最近出现的关于姿态、幽默和旅行的文化史，以及对文化遭遇的更普遍的关注，这在 1992 年欧洲人“发现”美洲的纪念活动中尤为明显。[②] 法国人也在朝这个方向发展。1988 年，罗杰·夏蒂埃

---

① O. Brunner, W. Conze and W. Koselleck, eds., *Geschichtliche Grundbegriffe*, 8 vols, Stuttgart, 1972-1993; R. Williams, *Keywords*, London, 1976.

② J. Bremmer and H. Roodenburg, eds., *A Cultural History of Gesture*, Cambridge, 1991; ibid, eds., *A Cultural History of Humour*, Cambridge, 1997; J. Elsner and J. -P. Rubies, eds., *Voyages and Visions: A Cultural History of Travel*, London, 1999.

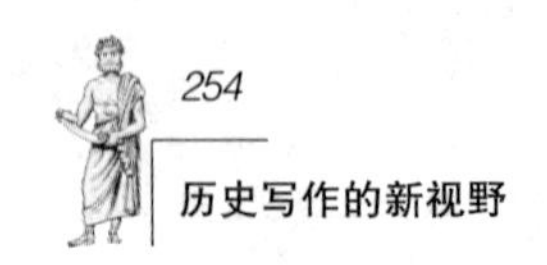

以《文化史》为题出版了他的论文集。1993 年,一部重要的新法国史的第四卷以《文化的形式》为题出版,而在 1997 年,两位法国历史学家发表了一份文化史宣言。①

至于概念史,1985 年,美国一家著名的大学出版社以《过去之未来》为题出版了一部科塞勒克的论文集。十年后,美国一位杰出的政治思想史家撰写了一部批判性的政治与社会概念史导论,对集体心态史给予了认真对待,并且用更多的篇幅来研究概念史。② 最近,英美研究群体和德国研究群体之间进行了卓有成效的接触。③

---

① R. Chartier, *Cultural History between Practices and Representations*, Cambridge, 1988, 最初以英文出版; A. Burguière, ed., *Les formes de la culture*, Paris, 1993; J. P. Rioux and J. F. Sirinelli, *Pour une histoire culturelle*, Paris, 1997。

② R. Koselleck, *Futures Past*, 1979: English trans. Cambridge, Mass., 1985; M. Richter, *The History of Political and Social Concepts*, New York and Oxford, 1995.

③ H. Lehmann and M. Richter, eds., *The Meaning of Historical Terms and Concepts*, Washington, D. C., 1996.

第十章

重思身体史

罗伊·波特

几年前,特里·伊格尔顿曾经指出,“现在很少有文学文本能够成为新历史主义的经典,除非它们至少包含一具残缺的身体”。[①] 马克·詹纳将这位文学评论家的话应用于历史领域,润色如下:

> 从出版商的目录以及一系列文化评论家和富有想象力的艺术家来看,我们生活在一个身体时代。现在看来,“身体”这个词有着诱人的吸引力。当一所英国大学的讲师为他们成功的“医学社会史导论”模块设置了“身体的历史”的新标题时,学生的人数翻了一番。事实上,“身体”似乎已经成为英美智力活动中一种新的组织原则。[②]

詹纳的反思发表于1999年,读起来很有趣。十年前,当我为这本书的第一版撰写这篇文章的最初版本时,还没有“身体史”这一类的东西,事实上,我这篇文章的目的是呼吁创建身体史。[③]

在我称之为“身体史 I”的文章中,我解释了对身体历史的忽视,这是因

---

① T. Eagleton, *The Ideology of the Aesthetic*, Oxford, 1990, p.7. 由于篇幅所限,这里的引文必须缩短;它们的选择也反映了英国近代早期历史学家的偏见。

② Mark S. R. Jenner, “Body, Image, Text in Early Modern Europe”, *Social History of Medicine*, 12, 1999, pp.143-154.

③ 我在《思想的主体:18 世纪英国关于身体的思考》(Roy Porter, “Bodies of Thought: Thoughts about the Body in Eighteenth Century England”, in J. Pittock Wesson and Andrew Wear, eds., *Interpretation and Cultural History*, London, 1990)中也发出了类似的呼吁,第 82—108 页。

为西方文化中对肉体的根深蒂固的蔑视。特别是通过柏拉图式的“人的双重性”(*homo duplex*)概念,即人作为思想高于物质的层次结构的二元模型,希腊哲学留下了持久的文化遗产,它珍视高贵的理性,同时斥责身体是无序的。[①] 就其本身而言,犹太-基督教文化遗产随后将堕落者的肉欲与圣人进行对比,并且(特别是通过修道制度)建立了促进禁欲的制度。[②]

文艺复兴时期的价值观反过来又对宇宙心灵(Cosmic Mind)的灵性表示敬意,并促使人们重新塑造对后来的笛卡尔理性意识宣言(“我思”,*cogito*)至关重要的心身等级,这种理性意识是人类独有的能力——人的神性,或机器中的幽灵。[③] 尽管浪漫理想主义是反理性主义的,但它后来却支持意识(灵魂、想象力和创造性天才)的至高无上地位,并反对庸俗的物质主义,而维多利亚主义本身则宣称,高尚的思想或高雅的情操凌驾于“卑鄙的身体”之上。[④] 即使是挑战这些正统观念的运动,也最终以激进的方式重申了非肉体的优越性。因此,这种典型的反维多利亚式的助推力——精神分析,在解释精神障碍时优先考虑意识/无意识二重奏(幻想、压抑),拒绝

---

① 这当然是用一种极端简单化的方式来处理一个极其复杂的情况。关于这些文化遗产的智力基础,请参阅 Bennett Simon, *Mind and Madness in Ancient Greece*, Ithaca, NY, 1978; E. R. Dodds, *The Greeks and the Irrational*, Berkeley, 1951; H. North, *Sophrosyne: Self-knowledge and Self-Restraint in Greek Literature*, Ithaca, NY, 1966; F. Bottomley, *Attitudes to the Body in Western Christendom*, London, 1979。另请参阅 Drew Leder, *The Absent Body*, Chicago; London, 1990,该书处理了现代哲学中的问题。

② Peter Brown, *The Body and Society: Men, Women and Sexual Renunciation in Early Christianity*, New York, 1988.

③ 虽然这经常被误解。有关更正,请参阅 S. Tomaselli, “The First Person: Descartes, Locke and Mind-Body Dualism”, *History of Science*, 22, 1984, pp.185-205; T. Brown, “Descartes, Dualism and Psychosomatic Medicine”, in W. F. Bynum, Roy Porter and Michael Shepherd, eds., *The Anatomy of Madness*, 2 vols, London, 1985, vol. 2, pp.40-62; R. B. Carter, *Descartes' Medical Philosophy*, Baltimore, 1983。

④ 当然,传统的拘谨、鲍德勒主义等加剧了对它的蔑视。参见 P. Fryer, *Mrs Grundy: Studies in English Prudery*, London, 1963; M. Jaeger, *Before Victoria*, London, 1956; E. J. Bristow, *Vice and Vigilance*, Dublin, 1977; M. Quinlan, *Victorian Prelude*, New York, 1941; E. Trudgill, *Madonnas and Magdalens*, London, 1966。

基于神经学或遗传退化的权威医学解释。[①]

我现在要补充的是,福柯学派和后现代主义者在近几十年里所提出的一个类似于弗洛伊德悖论的观点。在攻击笛卡尔的"我思故我在"神话及其所包含的一切(单一主体、始创者/天才、内在性等等)的同时,这种批判的推进已经用同样非物质的话语领域取代了它们。在极端情况下,响亮的德里达宣言"文本之外别无他物(Il n'y a pas de hors text)"已经被恰当地用来质疑客观外部现实的常识性经验概念(最引人注目的是大屠杀)。因此,虽然在某些方面具有颠覆性,但新后现代主义可能被解读为旧(伯克利亚)唯心主义的变体。[②]

我并不是在暗示对这个尘世(mortal coil)的蔑视是铁板一块的。一直以来都有反潮流试图通过肉体的髓骨来揭开灵性和智性的神秘面纱。拉伯雷喜剧使物质成为现实的试金石,是对高度的文化自命不凡的惩罚。[③] 在后期阶段,拉梅特里、狄德罗和霍尔巴赫等前卫启蒙思想家在很大程度上借鉴了科学革命的"微粒"自然哲学,通过感官体验,使具身化(embodiment)成为哲学唯物主义的重要部分。[④] 对于传统上对精神的尊崇和对肉体的不

---

① 关于弗洛伊德,请参阅 William J. McGrath, *Freud's Discovery of Psychoanalysis*, Ithaca, NY, 1986; H. F. Ellenberger, *The Discovery of the Unconscious: The History and Evolution of Dynamic Psychiatry*, New York, 1971; F. Sulloway, *Freud: Biologist of the Mind*, New York, 1979; J. M. Masson, *The Assault on Truth: Freud's Suppression of the Seduction Theory*, New York, 1983; Janet Oppenheim, *Shattered Nerves: Doctors, Patients and Depression in Victorian England*, Oxford, 1991; Tom Lutz, *American Nervousness*, *1903: An Anecdotal History*, Ithaca, NY, 1991。一些精神分析学家不仅否认"精神"疾病的基础,而且否认任何疾病的基础:请参阅 G. Groddeck, *The Book of the It*, London, 1950; *The Meaning of Illness*, London, 1977。

② 注意现代性批判中的神秘张力,它同样敌视唯物主义:M. Berman, *The Re-enchantment of the World*, London, 1982 和 F. Capra, *The Turning Point: Science, Society and the Rising Culture*, New York, 1982。对于后现代主义否认任何事物都存在于文本之外的含义的担忧,请参阅 Richard Evans, In *Defence of History*, London, 1997。

③ Mikhail M. Bakhtin, *Rabelais and his World*, trans. H. Iswolsky, Cambridge, Mass., 1968; P. Stallybrass and A. White, *The Politics and Poetics of Transgression*, Ithaca, NY, 1986.

④ A. Vartanian, *Diderot and Descartes: A Study of Scientific Naturalism in the Enlightenment*, Princeton, 1953; Ann Thomson, *Materialism and Society in the Mid-eighteenth Century: La Mettrie's Discours preliminaire*, Geneva and Paris, 1981; J. Yolton, *Thinking Matter: Materialism in Eighteenth Century Britain*, Minneapolis,1983; *Perceptual Acquaintance from Descartes to Reid*, Minneapolis, 1984.

信任,我们也不应该过分简化。毕竟,尽管基督教对欲望是恐惧的,但它是一种对化身神、圣餐和肉体复活的独特信仰。[①] 拉丁基督教徒对诺斯替教和摩尼教感到畏缩;禁欲主义是一种手段,而不是目的;这种否认原则本身就需要严格遵守。[②] 类似地,虽然古典哲学将心灵凌驾于物质之上,但它通常也要求健全的心灵应该寓于健康的身体中(mens sana in corpore sano)——认为对腐朽的肉体的折磨对于艺术创造来说是不可或缺的,这种观念是一种放荡不羁的世纪末(fin de siècle)异端邪说。[③] 但是,虽然这些限定条件(qualifications)必须被记录下来,但我们的文化遗产确实是一种系统地将身心两极分化的文化遗产,并对后者推崇备至。

因此,十年前,我认为,按照维柯和其他神话学家的建议,欧洲人的思想似乎已经走上了一条世俗的"去人格化"的道路。[④] 当时身体是最重要的,因为身体是早期人类所了解、经历和控制的一切。其他的一切——社会、环境、宇宙——都是用身体(微观世界/宏观世界)作类比来解释的:身体很适合用来思考。[⑤] 随着时间的推移,人类的扩展(文明、技术)使身体相形见

---

① 基督教中肉体和灵魂之间的复杂关系在 Rosalie Osmond, *Mutual Accusation: Seventeenth-century Body and Soul Dialogues in Their Literary and Theological Context*, Toronto,1990 中得到了很好的例证。

② 关于诺斯替教(gnosticism)重要性的推测观点,见 Morris Berman, *Coming to Our Senses: Body and Spirit in the Hidden History of the West*, New York, 1990。

③ Michel Foucault, *Histoire de la Sexualité*: vol. 2, *L'usage des plaisirs*, Paris, 1984; Trans. Robert Hurley, *The Use of Pleasure*, New York, 1985; *Histoire de la Sexualité*: vol. 3, *Le souci de soi*, Paris, 1984; trans. Robert Hurley, *The Care of the Self*, New York, 1986. 有关"退行性疾病患者"的精神病学和艺术,请参阅 Max Nordau, *Degeneration*, New York, 1895; W. R. Bett, *The Infirmities of Genius*, London, 1952; T. B. Hyslop, *The Great Abnormals*, London, 1925; Roger L. Williams, *The Horror of Life*, London, 1980; Jean Pierot, *The Decadent Imagination*, Chicago, 1981。

④ Peter Burke, *Vico*, Oxford, 1985; Ernest Gellner, *Plough, Sword and Book: The Structure of Human History*, London, 1991.

⑤ Donald G. MacRae, "The Body and Social Metaphor", in J. Benthall and T. Polhemus, eds., *The Body as a Medium of Expression: An Anthology*, New York, 1975, pp.59-73. 有关文艺复兴时期通过身体思考世界和通过世界思考身体的传统,请参阅 J. B. Bamborough, *The Little World of Man*, London, 1952; Leonard Barkan, *Nature's Work of Art: The Human Body as Image of the World*, New Haven, 1975。

绌，人类不再是衡量一切事物的尺度；事实上，形势发生了逆转。人类的扩展开始主宰身体：例如，社会不再被视为一个有机体，身体和心灵同样被类比为机器（机械形态学说）。① 在晚期工业社会，即使作为力量、劳动和价值的来源，身体也被抢了风头，这种发展允许消费资本主义中身体自恋的第二次、补偿性的出现（对美丽、性感、健康身体的开发）。②

由于占主导地位的西方知识传统贬低了身体，所以（我在"身体史 I"中提出）身体的历史被忽视是不足为奇的。《心灵》杂志创刊于一百多年前，《思想史杂志》已经兴盛了半个世纪，但与之相应的《身体史杂志》在哪里呢？

在呼吁补救的同时，我也警告不要走弯路。重要的是，首先，要避免将身体史简化为历史生物学的一篇论文，而历史生物学本身就是社会生物学的滑坡路。③ 然而，我坚持认为，试图构建不受语言、隐喻和文化影响的关于身体的"科学"，那将是愚蠢的；但我告诫人们，要警惕同样但相反的危险：符号学和解释学对经验数据的轻视，特别是缺乏确凿历史背景、受理论驱动的荒诞的推断。④

---

① O. Mayr, *Authority, Liberty and Automatic Machines in Early Modern Europe*, Baltimore, 1986; David E. Leary, ed., *Metaphors in the History of Psychology*, Cambridge, 1990; Graham Richards's *On Psychological Language and the Physiomorphic Basis of Human Nature*, London, 1990, 阐明了通过语言和身体的意象构建自我，以及通过对更广阔世界的精神占有来理解身体。

② M. Featherstone, "The Body in Consumer Culture", *Theory, Culture & Society*, 1, 1982, pp. 18-33; R. Jacoby, "Narcissism and the Crisis of Capitalism", *Telos*, 44, 1980, pp.58-65; C. Lasch, *The Culture of Narcissism*, New York, 1979; Peter Falk, *The Consuming Body*, Thousand Oaks, Calif., 1994; Bryan S. Turner, "Recent Developments in the Theory of the Body", in Mike Featherstone, Mike Hepworth and Bryan S. Turner, eds., *The Body: Social Process and Cultural Theory*, London, 1991, pp.1-35.

③ 最近的一个例子是 Frank Sulloway 的 *Born to Rebel: Birth Order, Family Dynamics, and Creative Lives*, New York, 1996，这本书将创造性和政治能动性等问题简化为兄弟姐妹之间的出生顺序。

④ 我在我的警示故事 Francis Barker 的 *The Tremulous Private Body*, London, 1984 中使用了这一点。通过对关键文本的看似随意的样本（《哈姆雷特》《伦勃朗的解剖课》《佩皮斯的日记》等）的"解构主义"语言分析，巴克的结论是，在 17 世纪的资产阶级文化中，传统上是"公共"物品的身体逐渐"私有化"，成为自恋的耻辱对象，事实上，身体作为一种色情媒介完全"消失"了，取而代之的是"书"。从如此少的材料中得出宏伟的结论，事实上，这些结论的有效性（转下页）

我认为,没有必要放弃通过可靠的经验方法来研究身体的历史。毫无疑问,在许多问题上,我们的信息仍然是无法弥补的匮乏。在更早的几个世纪里,人们做爱的频率有多高?他们采取了什么姿势?我们几乎不知道。[①]日记和信件基本上是没有记录的,我们必须不去相信色情印刷品或咨询手册等来源提供的证据:处方和实践之间的关系原本就有问题。[②]尽管存在这些困难,但堆积如山的可靠信息仍然存在,可以据此建立关于过去身体的可信的概况。洗礼和埋葬登记簿提供了可靠的生命统计数据,包括不断变化的出生和死亡率、繁殖力、生育力以及与疾病相关的死亡危机等等。[③]糟糕的法律和医院记录同样为了解体力、疾病和辛劳造成的损失打开了一扇窗户。[④]例如,玛丽·费塞利用丰富的资料来源,提供了18世纪布里斯托尔地区贫困劳动人口的绝佳全景图。[⑤]

同样,我们拥有一个可以追溯到一个半世纪前的种群外貌及其周围环境的摄影记录。再一次,我们没有必要大肆宣扬天真地相信视觉图像真实性的危险:相机会撒谎,或者更准确地说,照片不是现实的快照,而是像绘画

(接上页)被一种似乎故意忽视现有背景知识的策略所削弱。例如,关于伦勃朗,巴克的学术成就在J. R. R. Christie, "Bad News for the Body", *Art History*, 9, 1986, pp.263-270中被否定。克里斯蒂证明,巴克对伦勃朗的解读完全被William Schupbach的*The Paradox of Rembrandt's Anatomy of Dr Tulp*, London, 1982所推翻。

① 请参阅Tim Hitchcock, *English Sexualities 1700-1800*, Basingstoke, 1997。

② 在性的问题上,关于从处方推知实践的危险性的讨论,请参阅Karen Louise Harvey, "Representations of Bodies and Sexual Difference in Eighteenth-Century English Erotica", Ph. D. thesis, University of London, 1999; Roy Porter and Lesley Hall, *The Facts of Life: The History of Sexuality and Knowledge from the Seventeenth Century*, New Haven, 1994。

③ 对英国来说,奠基性的是剑桥人口小组的工作:E. A. Wrigley and R. S. Schofield, *The Population History of England 1541-1981: A Reconstruction*, London, 1981; E. A. Wrigley, R. S. Davies, J. E. Oeppen and R. S. Schofield, *English Population History from Family Reconstitution 1580-1837*, Cambridge, 1997。

④ Guenter B. Risse, *Hospital Life in Enlightenment Scotland*, Cambridge, 1985.

⑤ Mary E. Fissell, *Patients, Power, and the Poor in Eighteenth-Century Bristol*, Cambridge, 1991.

一样，把传统符号编码给有准备的观众的文化艺术品。[①] 尽管如此，摄影记录揭示并证实了很多关于现代身体变化（衰老、畸形、营养不良等）的信息，以及戈夫曼所说的“自我呈现”（肢体语言、手势和物理空间的占用）的内容。[②]

我重申，身体史不仅仅是一个处理生命统计的问题，也不仅仅是一套解读“表征”的技术。相反，这是一种呼吁，要求理解它们之间的相互作用。鉴于现有的大量证据，我们对个人和社会群体如何体验其具体自我这一点仍然知之甚少。他们是如何与作为自我和社会之间中介的身体进行协商的？十年前，当时的研究前沿充其量只是一片阴影，而我们大部分时间都被蒙在鼓里。

那么，正如我引述伊格尔顿和詹纳的开场白所说的那样，一切都在以极快的速度猛烈地发生变化。身体史已经成为当今的史学菜肴。[③] 翻阅任何出版商的目录或会议计划，就会发现“身体”几乎比其他任何词都多，通常与性和性别研究有关。实际上，我们现在有一本杂志，主要是关于身体史的研究——《身体与社会》。[④]

我可能会忍不住回首往事，不仅相信自己拥有预言的能力，还会自以为是地认为，“身体史 I”助推了“身体史”事业的飞速发展。然而，在现实中，

---

① 关于照片作为视觉证据的优缺点的讨论，请参阅 Daniel M. Fox and Christopher Lawrence, *Photographing Medicine: Images and Power in Britain and America since 1840*, New York, 1988；以及更广泛的，关于视觉证据的讨论，Christopher Lawrence and Steven Shapin, eds., *Science Incarnate: Historical Embodiments of Natural Knowledge*, Chicago, 1998。

② 请参阅 Erving Goffman, *Stigma: Notes on the Management of Spoiled Identity*, Harmondsworth, 1968; *The Presentation of Self in Everyday Life*, Harmondsworth, 1969; *Strategic Interaction*, Oxford, 1970; *Interaction Ritual*, London, 1972。关于手势，Jan Bremmer and Herman Roodenburg, eds., *A Cultural History of Gestures from Antiquity to the Present Day*, Cambridge, 1991 令人钦佩。

③ 具有里程碑意义的是 Michel Feher, *Fragments for a History of the Human Body*, 3 vols, New York, 1989 的出现，尽管学者对它的政治正确性提出了质疑，但学术界对此反应冷淡；例如，请参阅 Colleen Ballerino Cohen and Karen Robertson in *History of Sexuality*, 3, 1992, pp.129-140，他们抱怨说，该书缺乏“对其分析项目中隐含的和再现的阶级、种族、性别和异性恋假设进行明确的批判性分析”。

④ 《身体与社会》（*Body and Society*）创刊于 1970 年，由世哲出版社（Sage）每季度出版一次。

可以从其他方面得到解释。艾滋病甚至将注意力吸引到现代身体的脆弱性上。[①] 在我们这个多元文化、身份政治日益突出的社会,对建制派意识形态的攻击正以颠覆性的身体表现形式呈现出来:“新时代”的时尚宣言、装饰、文身、身体穿孔等等,所有这些都与消费资本主义形成了爱恨交织的漩涡。[②] 不仅如此,在正在进行的女性同性恋运动中,性别的生理基础受到了挑战和重新谈判(例如,关于变性主义、同性婚姻和法律)。[③] 所有这些当代趋势都不可避免地引发了历史性的质疑。

不管怎样,我对身体史的任何邀功都会被这个家庭手工业似乎并不顺利的事实所冲淡。伊格尔顿的这番话一开始就被引述,意在抨击另一股风潮,而詹纳在对最近的贡献进行深入回顾时,即使不是正面的尖锐批评,基本上也是持怀疑态度的。他认为,许多身体史既缺乏方法论的复杂性,又缺乏学术上的严谨性。作者们草率地将身体表现与历史现实混为一谈,未能区分历史学家通常开发的虔诚和礼仪手册中关于身体调节的处方,以及过去有文献记载的社会实践。[④] 此外,他抱怨说,身体史常常被用来认可原始的社会控制理论或是在知识-权力(savoir-pouvoir)体系内征用身体的伪福柯模式:身体史因此变得公式化,简化为追溯身体被调查、规范、约束、监管和惩罚的更多方式。[⑤] 时代误植存在着更大的危险:时髦的学者理所当然

---

① 请参阅 Cindy-Patton, *Inventing AIDS*, New York and London, 1990; Simon Watney, *Policing Desire: Pornography, AIDS, and the Media*, Minneapolis, 1987; id., *Practices of Freedom: Selected Writings on HIV/AIDS*, London, 1994。

② M. Featherstone, “The Body in Consumer Culture”, *Theory, Culture & Society*, 1, 1982, pp. 18-33; Pasi Falk, *The Consuming Body*, Thousand Oaks, Calif., 1994.

③ Jane Arthurs and Jean Grimshaw, eds., *Women's Bodies: Discipline and Transgression*, London, 1999; Julia Epstein and Kristina Straub, eds., *Body Guards: The Cultural Politics of Gender Ambiguity*, London, 1992. 鉴于当代人们对性别可变性的认识,出现了一些考察历史前因的重要研究:Nelly Oudshoorn, *Beyond the Natural Body: An Archaeology of Sex Hormones*, London, 1994。

④ 在这方面,詹纳特别批评了 S. Dixon, *Perilous Chastity: Women and Illness in Pre-Enlightenment Art and Medicine*, Ithaca, NY, 1995。

⑤ Mark S. R. Jenner, “Body, Image, Text in Early Modern Europe”, *Social History of Medicine*, 12, 1999, pp.143-154.

地认为,(例如)弗洛伊德或拉康的概念自动适用于过去的身体。[①] 最重要的是,詹纳抗议说,"身体史"这个概念本身就包含了极端的具体化、简化和还原论——就好像只有一个身体,其单一的历史正在被追溯,而这个身体被不加思考地假设为大多数学者所浏览的高雅印刷文本中所呈现的那个身体。他的结论是,这个身体的历史必须让位于所有身体的历史。

过去十年,身体史的激增如此具有爆炸性,以至于在剩下的篇幅中尝试进行"从石器时代到新时代"的调查是非常愚蠢的,甚至是人为地突出关键的争议。为了应对这种研究的泛滥,我将以我在"身体史 I"中提出的"议程",作为对近十年发展进行评论的起点。我在那里提出了一个未来调查的七点方案;我将对此进行简要回顾,有选择地审查每一类别的发展情况。

作为人类状况的身体

世界上的宗教、哲学和文学作品对人类的状况,包括出生、交配和死亡进行了探讨。但是,特定时期的宗教教义或艺术气质与具体生活的实际体验有哪些具体和直接的联系(如何反映或补偿后者)? 提出这些问题后,我在"身体史 I"中思考,是否应该将赫伊津哈所说的"中世纪的衰落"这种痴迷于死亡的文化解读为对黑死病现实的一种本能反应。或者,继坎波雷西之后,我们是否可以更好地将中世纪晚期基督教的恐怖元素——对圣徒不朽身体的迷恋等等——视为热爱生命脉动和迷恋肉体的一种表现?[②]

---

① 这是盖尔·克恩·帕斯特《尴尬的身体:近代早期英格兰的戏剧与耻辱克制》(Gail Kern Paster, *The Body Embarrassed: Drama and the Disciplines of Shame in Early Modern England*, Ithaca, NY.1993)的主要缺陷之一,该书假定了拉康精神分析范畴的普遍适用性。有关帕斯特的进一步讨论,请参阅下文。其他的研究示范性地使用了弗洛伊德的范畴,请参阅 Lyndal Roper, *Oedipus and the Devil*, London, 1994。

② J. Huizinga, *The Waning of the Middle Ages*, Harmondsworth, 1972; Piero L. Camporesi, *The Incorruptible Flesh: Bodily Mutation and Mortification in Religion and Folklore*, Cambridge, 1988.

事实上,近年来,身体的宗教表征已被证明是一个特别富有成果的研究领域。最重要的是,卡罗琳·沃克·拜纳姆的修正主义著作坚持认为,中世纪晚期和近代早期天主教的巨大吸引力在于,它虔诚地强调圣母和幼年基督的具体形象。信仰的人性化通过肉体的脆弱性表现出来,将基督教从一种世俗的父权制转变为一项大众化的事业。在《分裂与救赎》一书中,拜纳姆探讨了中世纪晚期的教义是如何经常赋予因性别而异的身体以价值的。[①] 最近,在《肉体的复活》(1995)中,她争辩说,“尽管西方基督教怀疑肉体和欲望,但它并没有憎恨或贬低肉体”。[②]

拜纳姆认为,一旦早期基督徒对即将到来的第二次降临的期望开始消退,个人复活的教义就有了新的重要性。面对诺斯替派的迅速高涨,以及后来几个世纪清洁派教徒的再次出现,早期的教父们感到,有必要强调复活的肉体性,以免似乎过于轻易地将造物遗弃给魔鬼。相比之下,他观察到,标志着从末世论向哲学过渡的中世纪高等经院哲学,需要在亚里士多德关于使人个性化的是物质还是形式的辩论背景下构建关于天堂生活的戒律:是我们的身体还是我们的灵魂保证了我们在来世的独特人格?[③]

与皮耶罗·坎波雷西开发的主题类似,拜纳姆不仅借鉴了教士的著作,还利用祭坛画和壁画的视觉证据,来探索普遍存在的不确定性,并展示了教会重视在信徒中灌输真正教义的关键作用。《路加福音》21:18(“但你们的头发一根也不会朽坏”)常常被引用来宽慰那些担心个人生存的信徒,但是,究竟自己的哪一个身体会复活,这个问题从未得到令人满意的解决,无数的难题(食人悖论或重新组装在战场上被摧毁的身体部件的困境)继续

① Carolyn Walker Bynum, *Fragmentation and Redemption: Essays on Gender and the Human Body in Medieval Religion*, New York, 1991.另请参阅 Linda Lomperis and Sarah Stanbury, eds., *Feminist Approaches to the Body in Medieval Literature*, Philadelphia, 1993。

② Caroline Walker Bynum, *The Resurrection of the Body in Western Christianity, 200-1336*, New York, 1995, p.11.

③ 例如,请参阅 Piero Camporesi, “The Consecrated Host: A Wondrous Excess”, in M. Feher, ed., *Fragments for a History of the Human Body*, vol. 1, New York, 1989, pp.220-237。

困扰着那些提出复活的字面教义的人。

也许正是由于这个原因,更松散、更能唤起人们回忆的复活寓言(种子的形象或腐烂和重生的季节性循环)长期以来享有突出地位。通过描绘形体完整、肉质红润,甚至苗条柔软的身体,以一种近乎芭蕾般的运动优雅地从尘世上漂浮起来,文艺复兴时期的人文主义艺术也有助于掩盖教义上的模糊性——拜纳姆指出,尽管中世纪晚期有某些令人毛骨悚然的倾向,但在进天堂的过程中,只有骨头几乎从未被抓住过。

拜纳姆作品的一大优点是,从不赞许复活神学(这对我们来说往往很奇怪);她也不认为这是"外来的",完全不符合现代人的感受。从人类学和精神分析学所熟悉的原型和象征形式来看,早期基督徒对来世物质现实的关注,可以被视为对此时此刻的身份问题,尤其对整体性观念的真实而持久的尊重。尽管如此,持怀疑态度的读者,如果担心被误导到这些中世纪教义甜蜜的合理性的错误感觉之中,阅读拜纳姆的叙述时,最好与坎波雷西对反常的神学教义和民间信仰的介绍一起阅读。拜纳姆强调的是基督教肉体生存学说的合理性和情感满足性,而坎波雷西则以骇人听闻的细节描述了焦虑和通常随之而来的群体性歇斯底里:他认为,这样的信仰如此奇怪和极端,以至于人们肯定会怀疑中世纪晚期的社会通常高度依赖致幻食品。拜纳姆对身体学说的"温和"解读与坎波雷西的"荒诞"观点之间出现了一场引人入胜的辩论。

在提出她的论点时,拜纳姆与艺术史家利奥·斯坦伯格针锋相对。在一本颇具挑衅性的书中,斯坦伯格提请人们注意这样一个事实:在文艺复兴时期盛行的绘画传统中,基督通常被描绘成触摸他的阴茎或是以其他方式吸引人们注意他的阴茎。艺术史家通常忽略了这一点:事实上,基督身体的性欲被隐藏了。[①] 拜纳姆向斯坦伯格提出了挑战:认为基督的手势与性有

① Leo Steinberg, *The Sexuality of Christ in Renaissance Art and Modern Oblivion*, New York, 1983.

关,这是一种典型的现代解读,实际上是不合时宜的。被标记的不是救世主的色情化,而是一种人性化。其他著作,特别是米里·鲁宾对圣餐的研究,也同样关注大众基督教的内在和人文因素,而不是先验因素。[①]

身体形态

在艺术中,在创造性写作中,在科学和医学中,但同样也在谚语和陈词滥调中,身体呈现出视觉的一面。瘦,胖,美,丑;宇宙的镜子,动物的典范,尘土的精华,每一幅画都在讲述它的故事,并融入了一种价值体系。我在"身体史 I"中坚持认为,到目前为止,很少有历史学家将语言(例如,包含在关于活着和死亡的隐喻中的语言)作为一种载体,来传递关于身体的隐藏信息。除了艺术史家,很少有人深入思考过,身体的视觉图像(在肖像、葬礼上的模拟像,甚至在快照相册中)作为历史证据的重要性。[②]

过去十年,在恢复历史主体的物质性方面取得了巨大的进步。如上所述,军队等机构保存了大量关于以前人口统计的数据。在此基础上,基于伊曼纽尔·勒华·拉杜里的早先工作,尝试了新的人体测量学研究,该研究有望解决更广泛的历史问题。[③] 让我们来回答一个关键的历史问题:工业革命是使其劳动力状况好转还是恶化? 当然,这场"生活水准之争"是历史上最古老的话题之一。文学证据两方面都有,因此长期以来,定量研究的学者们一直在寻找数字指标,以精确地反映生活质量的假设变化。主要使用了

---

① Miri Rubin, *Corpus Christi: The Eucharist in Late Medieval Culture*, Cambridge, 1991; Sarah Coakley, ed., *Religion and the Body*, Cambridge, 1997.

② 我在"Review Article: Seeing the Past", *Past and Present*, 118, Feb. 1988, pp.186-205 一文中更详细地提出了这些观点。

③ Jean-Pierre Aron, Pierre Dumond, Emmanuel Le Roy Ladurie, *Anthropologie du conscrit français*, The Hague, 1972. 这一领域是由巴西历史学家吉尔伯托·弗莱尔开创的:*Casa granda e sensala*, Rio de Janeiro, 1933,在他的 *O Escrava nos anuncios de jornais brasileiros do seculo xix*, Recife, 1963 中发展起来。

两种证据：死亡率和工资率。然而，两者的不足之处都是众所周知的。

因此，罗德里克·弗洛伊德、安娜贝尔·格雷戈里和肯尼斯·瓦克特在发表关于人体测量学的专论《身高、健康和历史：1750—1980 年英国的营养状况》时，才会有激动人心的承诺。[①] 人类生物学家确信，在其他条件相同的情况下，身高的变化反映了幸福感的差异，身高可以代表"营养状况"。

那么，有没有可能重构英国人不断变化的身材呢？弗洛伊德等人声称，对男性来说这是可以做到的，因为自 18 世纪末以来，他们的生命统计数据被认真登记在征兵记录中。当然，人们可以反驳说，士兵不具有代表性。也许，他们是一个异常结实的样本？还是社会渣滓？弗洛伊德等人反驳说，并非如此；在对征兵模式的合理重构中，他们认为，志愿者是典型的工人阶级的小伙子，在艰难时期寻找工作。而且他们认为，从统计学上讲，有一些可靠的方法可以将"士兵"转变成"公民"。

那么，这揭示了什么呢？18 世纪劳动人口的身高基数很低，可能不到 5 英尺 4 英寸。直到 19 世纪 40 年代左右，才有了缓慢的增长；但这些增长后来在下一代人身上消失了；直到 19 世纪 70 年代，身高才开始以连续的曲线上升，直到今天。士兵一度比他们的军官矮 5 到 6 英寸：上层（或者更好的说法是，身材更高的）阶级确实瞧不起下层阶级。然而，从长远来看，阶级和地区的身高差异正在缩小。

如果我们可以从身高到健康，再到生活质量来推断，这些都是具有挑战性的发现。他们与"悲观主义者"相反，后者认为工业化的到来正在侵蚀工人阶级的生活水平。这些悲观主义者提出，在 19 世纪中叶，尽管工资有所提高，但生存前景可能会变得更糟——作者认为，这是由维多利亚时代早期

---

① Roderick Floud, Annabel Gregory and Kenneth Wachter, *Height, Health, and History: Nutritional Status in the United Kingdom, 1750-1980*, Cambridge, 1990；类似的研究请参阅 John Komlos, *Nutrition and Economic Development in the Eighteenth Century Habsburg Monarchy*, Princeton, 1989; Mark Nathan Cohen, *Health and the Rise of Civilization*, New Haven, 1989。

“休克镇”日益恶化的住房和卫生条件造成的。他们削弱了世纪末优生学家的地位,散布关于国家恶化和种族自杀的谣言。他们间接支持了托马斯·麦基翁的观点,即健康状况的逐步改善主要归功于更好的营养。[①] 因此,在评估生活水平的变化时,体质可能是比工资更好的指标。

过去的十年也带来了创新的研究成果,将身体外观视为一种交流符号系统。除了已经提到的关于手势历史的著作,还出现了对相貌的新研究;[②] 肖像画的社会意义得到了重新评估[③];关于死亡的肖像学也是如此。[④] 特别是多产的美国历史学家桑德·吉尔曼出版了一系列的书,解释了有争议的身体形象:疯狂的身体、色情的身体、黑人、犹太人、歇斯底里的女性等等:他问道,作为更广泛的政治或性别、种族和民族的一部分,黝黑、美丽、健康或疾病意味着什么?更具体地说,是什么构成了疯狂与理智、美丽与丑陋、正常与病态的视觉语言?[⑤]

在19世纪末的欧洲,犹太人和非犹太人之间的区别是不言而喻的,或者说看起来是这样的;然而,这种区别是基于什么呢?是宗教?还是语言、历史、心理或文化?还是种族生物学?在《犹太人的身体》中,吉尔曼探讨了关于犹太人的论述,以确定身体本身在多大程度上刻上了(也许是不可磨灭的)犹太人的烙印。[⑥] 这是一个特别耐人寻味的讨论领域,因为正如吉

---

① T. McKeown, *Medicine in Modern Society*, London, 1965.

② 例如,Martin Porter, “English ‘Treatises on Physiognomy’ c.1500-c.1780”, D. Phil. thesis, University of Oxford, 1997; Christopher Rivers, *Face Value: Physiognomical Thought and the Legible Body in Marivaux, Lavater, Balzac, Gautier, and Zola*, Madison, Wis, 1994。

③ Marcia Pointon, *Hanging the Head: Portraiture and Social Formation in Eighteenth-Century England*, New Haven, 1993; Kathleen Adler and Marcia Pointon, eds., *The Body Imaged: The Human Form and Visual Culture since the Renaissance*, Cambridge, 1993.

④ Nigel Llewellyn, *The Art of Death: Visual Culture in the English Death Ritual c.1500-c.1800*, London, 1991.

⑤ Sander L. Gilman, *Seeing the Insane: A Cultural History of Madness and Art in the Western World*, New York, 1982; id., *On Blackness without Blacks: Essays on the Image of the Black in Germany*, Boston, 1982; id., *Difference and Pathology*, Ithaca, NY, 1985; id., *Inscribing the Other*, Lincoln, Nebr., 1991; id., *Health and Illness: Images of Difference*, London, 1995.

⑥ Sander Gilman, *The Jew's Body*, New York, 1991.

尔曼所证明的那样,种族生物学思想(烙印在皮肤上的犹太人的印迹)决不是雅利安人(以及假定的反犹太主义者)作家的专利。无数犹太医生、科学家和人类学家沉浸在犹太人身份的问题中,已经做好了对其形成种族成见的充分准备。但是,有一个微妙的转折。因为他们声称,从根本上说,关键的区别不是雅利安人和犹太人之间的区别,而是雅利安人和“好犹太人”与“坏犹太人”之间的区别。他们的科学“证明”了犹太人特有的特征——扁平足、罗圈腿、皮肤病(纠发症,plica polonica)、鼠尾草般的头发、鼓出的眼睛、鹰钩鼻——都是足够真实的。但他们通常继续辩称,这些特征主要是“东方”或“亚洲”犹太人的缺陷,由于某种社会达尔文主义,这些疾病在进步的现代西方犹太人中正在消失。

这个项目是关于犹太人特点的一门犹太科学,可能会导致或强化犹太人的“自我仇恨”,对此,吉尔曼在其他地方写得很有启发性:一种令人费解的自卑,这在奥托·韦宁格(Otto Weininger)的《性与性格》中尤为明显,该书大肆宣扬犹太人=同性恋=女人的等式。事实上,正如吉尔曼所证明的那样,犹太性本身可以被视为一种疾病,即包皮环切的阴茎,这是所有疾病中最“畸形”的,它不可避免地与手术切割有关,并因此间接地与梅毒感染有关。换句话说,犹太人的身份不可抗拒地指向这样一个事实,即犹太人被他们的性欲所摧残。

当然,弗洛伊德试图超越这种自我仇恨,通过他对现实的心理动力学解读,将犹太人的地方特性变成人类心理的永久关注点。对鼻子大小的担忧变成了阳具的不安全感;对割礼的担忧意味着阉割的焦虑,因此出现了俄狄浦斯危机——而俄狄浦斯是希腊人,因而可以有把握地说,这是“普遍存在的”。然而,弗洛伊德始终未能完全消除他在普世科学的伪装下对犹太人的不安;这仍然表明——毕竟,俄狄浦斯自己也有一只跛脚。

在最近关于整形和整容外科的研究中,吉尔曼进一步考察了在过去的一百年来,人们试图通过改变身体外观来掩盖假想的缺陷,或是编造一个关于美丽或正常的理想(必须是特定于时间、地点和文化的)。[①]

人体解剖学

在“身体史 I”中,我坚持认为,身体既是外在凝视的对象,面向外部世界,也是主观的,是内在自我的一部分。我认为,我们需要更多地了解个人和文化如何赋予体质、四肢、肉体和器官以意义。皮肤和骨骼的情感和存在形态是什么？当人们无论从字面上还是通过比喻,谈论他们的血液、心脏或肠道,他们的精神和他们的幽默时,他们想表达什么意思？这些器官和功能是如何体现情感、经验和欲望的？私人意义和公共意义、主观含义和医学内涵之间的循环是什么？在使用“人体解剖学”这个短语时,我暗示了这样一个事实,解剖学作为一门医学专业从 16 世纪开始兴起,为身体外部和内部之间提供了新的联系。令人高兴的是,在过去的十年里,解剖学的实践和仪式受到了广泛的关注。[②] 这在许多关于身体外部和内部联系的卓越研究中取得了成果。

盖尔 · 克恩 · 帕斯特的《尴尬的身体》富有想象力地再现了传统体液身体的秩序。[③] 作为文艺复兴时期文学的专家,帕斯特教授仔细研究了莎

---

① Sander Gilman, *Creating Beauty to Cure the Soul: Race and Psychology in the Shaping of Aesthetic Surgery*, Durham, NC, 1998; id., *Making the Body Beautiful: A Cultural History of Aesthetic Surgery*, Princeton, 1999. 比较 S. Paige Baty, *American Monroe: The Making of a Body Politic*, Berkeley, 1995。

② K. B. Roberts and J. D. W. Tomlinson, *The Fabric of the Body*, Oxford, 1992; David Hillman and Carla Mazzio, eds., *The Body in Parts: Discourses and Anatomies in Early Modern Europe*, London, 1997; Christopher Lawrence, “Alexander Monro Primus and the Edinburgh Manner of Anatomy”, *Bulletin of the History of Medicine*, 62, 1988, pp.193-214; Ruth Richardson, “‘Trading Assassins’ and the Licensing of Anatomy”, in Roger French and Andrew Wear, eds., *British Medicine in an Age of Reform*, London, 1991, pp.74-91; Jan C. C. Rupp, “Matters of Life and Death: The Social and Cultural Conditions of the Rise of Anatomical Theatres, with Special Reference to Seventeenth Century Holland”, *History of Science*, 28, 1990, pp.263-287.

③ Gail Kern Paster, *The Body Embarrassed: Drama and the Disciplines of Shame in Early Modern England*, Ithaca, NY, 1993.

士比亚及其同时代的戏剧中身体某些方面的表现。她巧妙地展示了体液的无处不在。与某些早期文学研究不同的是,她的研究对体液学说(humoralism)的深层次影响非常敏感,而早期研究认为,体液学说只不过是一种性情和肤色的组合(暴躁、忧郁等)。她证明了这样一种信念所起的关键作用,即肉体主要是包裹在皮肤包膜中的液体集合,尤其在讨论女性是“渗漏的管子”时——无论在生理上(月经、哭泣、哺乳),还是心理上(根据剧作家的说法,女性一直在喋喋不休),都是渗漏的。不仅如此,她还分析了体液理论如何鼓励“可互换性”的概念,即一种液体转化为另一种液体,以及用一种器官或孔口替代另一种器官或孔口。本来可能是血的东西可能会变成母乳;精液可能会变成汗水;或者,在低俗喜剧中,分娩可以用排泄的俗语来表现——拉伯雷笔下的巨人无法以正常方式出生,是通过他母亲加加梅尔的左耳出生的。

帕斯特有益地借鉴了米哈伊尔·巴赫金的观点,强调了“体液”术语的“幽默的”(往往是淫秽的)潜力,并且继诺伯特·埃利亚斯之后,强调了身体机能在近代早期如何受到“文明化进程”的影响。因此,体液学不仅是一种生理学,而且是一种道德,它指出并解释了肉体的哪些部分和过程是高贵的还是堕落的,是高尚的还是肮脏的,并且用羞耻和尴尬的习语将它们铭刻下来。

当解剖学实践侵入传统的体液意义世界,成为乔纳森·索迪《被装饰的身体》的主题时,发生了什么?[1] 索迪认为,近代早期对人体产生影响的重要的新活动是解剖行业。通过宏伟的解剖剧场,解剖也成为公民和医疗力量联盟一种引人注目的庆祝活动。其结果——除了解剖医学本身的进步外——是对关于身体及其与心灵、灵魂、自我的关系的传统比喻的诋毁,而这些关系长期以来一直主宰着中世纪的基督教世界。首先,一旦解剖变得司空见惯,关于身体及其神圣不可侵犯性的古老禁忌,几乎从定义上讲,就

---

① Jonathan Sawday, *The Body Emblazoned: Dissection and the Human Body in Renaissance Culture*, London, 1995. 索迪的书因其投机性而受到詹纳的严厉批评。

不复存在了。这意味着，身体在某些方面退化了，沦为被好奇目光所侵犯的对象，被砍杀，被肢解，被实验，而不是作为按照上帝的形象创造的神秘整体受到尊敬。然而，在其他人，比如托马斯·布朗爵士（Sir Thomas Browne）这样的人看来，它同样可以受到尊崇：不再是教宗神学家所唾骂的那一袋狗屎，也不再是巴赫金式的怪诞，身体很快被奉为机械的杰作，是神的设计的明证。

被解剖的身体的多义性是索迪项目的核心。最近易受攻击的身体作为一种隐喻和刺激，在其他很多方面起到强有力的作用。由于从规范上说，外科医生解剖的尸体都是被处决的罪犯的尸体，所以解剖工作就具有了惩罚性质，特别是在德国和荷兰，解剖师往往被视为刽子手或屠夫的对等物而声名狼藉。刀子残忍的侵犯性与其他新出现的引人注目的控制模式相似，并且有分歧，尤其是新大陆的血腥殖民统治，或是征服女性的厌女主义宫廷文化。

“解剖”成为一种流行的文学和哲学流派，从某种意义上说，它既可以像罗伯特·伯顿（Robert Burton）的《忧郁的解剖》（*Anatomy of Melancholy*，1621）那样，通过形式上的分割和划分来把握一个主题，也可以像菲利普·斯塔布斯（Philip Stubbes）的《虐待行为剖析》（*Anatomy of Abuses*，1583）那样，在表面之下窥探，揭开隐藏的真相，刺伤溃烂的伤口。一种新的文学兼宗教流派开始流行：自我解剖，对自己身体的反省（字面意义的尸检）。约翰·多恩（John Donne）在他的《祷告》（*Devotions*）中宣称：“我已经把我自己解剖了”“解剖了我自己，他们一定会理解我的”。索迪认为，这种自我鞭笞、自我反省的技巧（认识自我，nosce te ipsum）具有发自内心的强烈力量，直到弗洛伊德出现时才被再次感受到。

然而，解剖学不仅意味着穿透性，而且，人们忍不住要说，意味着“解构”。它同样涉及公开展示。解剖剧场的解剖是名副其实的奇观——字面意义上的剧场；它们与其他各种各样的肉体展示相媲美，特别是“夸示”（blazon）传统中对女性美的夸张展示，诗人会把他情妇的身体部位炫耀成（同性社交中）色情崇拜的战利品。带着矛盾的含义，伊丽莎白女王设法将这个传统用于自己的目的，使自己大放异彩，并将自己的身体，带着一点诗意的放纵,变成一个国家的象征(荣光女王,正义女神)以及一个准宗教的色情偶像。在查理时代的诗人和保王党诗人中,对女性身体部位的赞美与偷窥和淫秽的精神脱衣密不可分:随着被解剖的女人实际上变成了一尊半裸美人像,关于解剖的阴暗的色情潜台词变得明显起来。

《被装饰的身体》最大胆的一面在于,它试图追溯17世纪30年代医学、哲学和艺术在荷兰共和国中的共生关系。最重要的是,画家们将解剖场景融入他们的剧目中,在他们演绎解剖师石板上的尸体时,大胆地暗指受难基督的圣母怜子(pieta)传统。描绘身体就是用艺术家的刀而不是用外科医生的刀来解剖身体。在《尼古拉斯·图普博士的解剖学课》中,伦勃朗试图进一步把身体作为本质上是一种机械装置来呈现,由离散的部件组成,从而发展和体现了"新哲学"的机械论观点。索迪问,笛卡尔也差不多同一时间住在阿姆斯特丹屠宰区附近,而且他自己也做解剖,这难道纯粹是巧合吗?

解剖学的传统在威廉·哈维(William Harvey)身上达到顶峰。他在《心血运动论》(1628)中关于心脏只是一个泵的论证,摧毁了古老的对应和原型(心脏是君主),也证实了身体(最终有了科学依据,但此时被当作一种独立的实体对待)与心灵(从还原论中解救出来,但失去了它的停泊处)的二元论笛卡尔式的分离,尽管哈维个人持保守态度。如果解剖是不可避免的,那么意识必须是无形的,或者至多只是机器里的鬼魂①。在它们之间,哈维、笛卡尔和伦勃朗——或者更确切地说他们共同的心态——意识到了邓恩的洞察力,他在《狂喜曲》中指出,身体"是我们的,可它们不是我们"。

很明显,以前也有过类似的论据。但这本书的新奇之处在于,避免了传统医学史的必胜主义("维萨里革命"),或是与T. S. 艾略特的"情感分离"有关的怀旧说教。因为索迪的解剖学并没有带来一个有机宇宙的可悲死亡,也没有带来值得称道的科学胜利。相反,解剖文化创造了新的视角,同

① 喻指身心有别或身心独立论,通常是二元论的批评者用来指身心有别论的贬抑用语。——译者注

样适用于皇家学会和神秘诗人托马斯·特拉赫内(Thomas Traherne)。

身体、心灵、灵魂

在“身体史 I”中,我坚持认为,至少在生物学上,心灵和身体的领域不是固定的。它们的界限可以通过特定的价值观、判断和责任体系进行协商。自我意识——一个被划分为不同官能和职能的整体,一个有意识的身体和一个具体化的心灵,彼此往往相互矛盾——显然是伦理理论、法理学准则、教学计划的核心,更广泛地说,是关于人类在自然界中地位的观念的核心。精神和身体、经验和损伤之间的桥梁和界限,显然在疾病和健康的历史中同样重要,正如歇斯底里症和疑病症等“心身”疾病所证明的那样。

关于帕斯特和索迪著作的讨论已经表明,在过去十年,对这种“具身化的自我”(embodied self)的研究有了显著激增。诸如歇斯底里症、疑病症的历史,以及如今被视为心身疾病和行为的其他模式的话题,引起人们的热切关注。① 同样,关于个人对他或她自己具身化的自我的感觉,也有许多细致的描述,尤其是(在作家的例子中)通过他们的小说进行的描述,例如威尔特希尔对简·奥斯汀的研究和吉尔曼对作为病人的卡夫卡的描述。② 疾病

① 例如,Edward Shorter, *From Paralysis to Fatigue: A History of Psychosomatic Illness in the Modern Era*, New York, 1992; Sander L. Gilman, Helen King, Roy Porter, G. S. Rousseau and Elaine Showalter, *Hysteria beyond Freud*, Berkeley, 1993; Mark Micale, *Approaching Hysteria: Disease and Its Interpretations*, Princeton, 1995, 这些作品对此类历史做了很好的介绍。

② John Wiltshire, *Jane Austen and the Body: "The Picture of Health"*, Cambridge, 1991; Sander Gilman, Franz Kafka, *The Jewish Patient*, New York, 1995. 类似的研究包括:John Wiltshire, "Fanny Burney's Face, Madame D'Ar-blay's Veil", in Marie Mulvey Roberts and Roy Porter, eds., *Literature and Medicine during the Eighteenth Century*, London, 1993, pp.245-265; Roger Cooter, "Dichotomy and Denial: Mesmerism, Medicine and Harriet Martineau", in Marina Benjamin, ed., *Science and Sensibility: Gender and Scientific Enquiry, 1780 -1945*, Oxford, 1991, pp.144-173; Jon Mukand, ed., *Articulations: The Body and Illness in Poetry*, London, 1994; Aileen Douglas, *Uneasy Sensations: Smollett and the Body*, Chicago, 1995; Carol Houlihan Flynn, *The Body in Swift and Defoe*, Cambridge, 1990。文学研究层出不穷。

产生了大量关于自我想象的文献，而病理学正逐渐成为一个不断扩大的领域。[1]

性与性别

多亏了女权主义者的研究，我在“身体史 I”中写道，性和性别的构成和重建成为为数不多的身体分析领域之一。主要是女性的身体，既有吸引力又受到污染，既令人向往又十分危险，受到了仔细的审视。我注意到，即使在那时，也完全不可能讨论这门学问所涵盖的主题范围（道德禁忌、生殖、性行为、从属地位的物质基础），这一点在今天更加适用，无论如何，本书第三章关于“女性史”的文章都涵盖了这些主题。

十年前，我提请人们注意“男性史”被忽视的事实。然而，从那时起，男性的身体得到了迟来的关注。[2] 正如在身体史中常见的那样，艺术和现实之间的辩证法被证明是至关重要的。在此背景下，有两个贡献较为突出。在《肉体与理想：温克尔曼和艺术史的起源》一书中，亚历克斯·波茨展示了一种新的男性自我审美观是如何在18世纪被创造出来的，而不是在同性恋的现代观念正在形成的时候偶然出现的。[3] 在一系列宏大研究中，已故的乔治·莫斯还追踪了希腊理想中的高贵男性向法西斯独裁者及其宣传追

---

① 它在《文学与医学》（*Literature and Medicine*）杂志中有突出的表现。值得参考的是关于疼痛历史的最新著作，包括：David B. Morris, *The Culture of Pain*, Berkeley, 1991; Lucy Bending, “The Representation of Bodily Pain in Late Nineteenth-Century English Culture”, D. Phil. dissertation, University of Oxford, 1997。

② Susan Bordo, “Reading the Male Body”, in Laurence Goldstein, ed., *The Male Body: Features, Destinies, Exposures*, Ann Arbor, 1994; Victor J. Seidler, *Rediscovering Masculinity: Reason, Language and Sexuality*, London/New York, 1989; id., *The Achilles Heel Reader: Men, Sexual Politics, and Socialism*, London, 1991; id., *Recreating Sexual Politics: Men, Feminism, and Politics*, London, 1991.

③ Alex Potts, *Flesh and the Ideal: Winckelmann and the Origins of Art History*, New Haven, 1994；关于同性恋，比较 Ralph Trumbach, *Sex and the Gender Revolution*, vol.1, *Heterosexuality and the Third Gender in Enlightenment London*, Chicago, 1998。

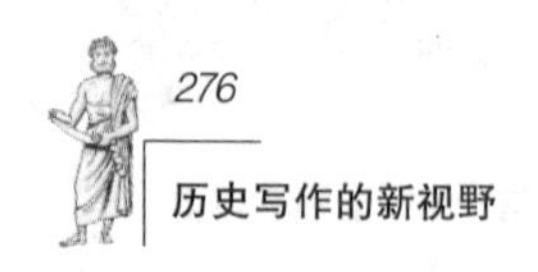

随者所钟爱的大男子主义形象的转变(腐败)。[①]

莫斯的书名必须从字面上理解,这是他最关心的问题。《人的形象:现代男子气概的创造》主要考察了男性形体的塑造,包括艺术和宣传、漫画和刻板印象,并进一步阐释了这些图标所传达的信息。[②] 最让他印象深刻的是对一个基本刻板印象的非凡坚持——书名中的单数是相当刻意的。通过对英雄和勇士、掷铁饼者和体操运动员的雕像和艺术刻画,希腊艺术确立了后来倍受推崇的男性形象的原型:直立、健壮、柔韧、沉着。随着18世纪希腊的复兴,德国唯美主义者温克尔曼的开创性著作使这一独特的男子汉形象得以恢复和普及。

这种身体形象,肌肉发达,像大理石一样,体现了一种性格类型和一种社会存在。经过新古典主义的过滤,希腊的理想表现出一种以独立、自制、坚毅、无畏和公平竞争为标志的男性魅力,简言之就是男子气概:身体的美丽标志着灵魂的伟大。莫斯认为,这种形象满足了法国大革命后宣称至高无上并逐渐掌权的资产阶级新秩序的需要,这种秩序既拒绝平民的兽性,也拒绝贵族的颓废,希望看到自己的道德优越感——体现在轮廓分明外观上的粗犷的个人主义——化身为一种借鉴了希腊健身模式的"为正义而战"的强健派基督教。19世纪占主导地位的男性群体——德国的体操队、英国公立学校的橄榄球队,通过推广增强身体形象的新的锻炼方式,来展示他们优越的男子气概。

莫斯认为,从那以后,这种单一的性别形象一直支撑着男子气概,尽管它表现得五花八门,包括强壮的维多利亚时代的冒险家,在帝国中肩负着白人的重担,或者第一次世界大战中为国王和国家征召的英勇的志愿者。外表整洁,胡子刮净,下颚强壮,皮肤白皙,最好是金发,而且是异性恋,这个完

---

① George L. Mosse, *Nationalism and Sexuality: Respectability and Abnormal Sexuality in Modern Europe*, New York, 1985; id., *Masculinity and the Decadence*, in Roy Porter and Mikuláš Teich, Sexual Knowledge, Sexual Science: The History of Attitudes to Sexuality, Cambridge, 1994, pp.251-266.

② George Mosse, *The Image of Man: The Creation of Modern Masculinity*, New York, 1996.

美的形象体现了现代西方人的梦想：真正的坚忍不拔，然而又有一种由克制、正派、保护弱者和骑士精神所磨炼出来的力量。

这种占主导地位的形象需要一个“他者”来诋毁。1900年前后，一系列所谓的反常或变态的男性类型浮出水面——贪图享乐的诗人、波西米亚艺术家、衰弱的颓废者，在普鲁斯特笔下巴黎同性恋者的小圈子里，或者在柏林的同性恋节日尤宁斯巴莱（Urningsbälle）中，都可以看到。所有这些反派类型都受到理查德·克拉夫特-埃宾（Richard Krafft-Ebing）等精神病学家和塞萨尔·隆布罗索（Cesare Lombroso）等犯罪学家的显微镜观察，将其诊断为腐化堕落，对活力、美德和国家构成了威胁。但他们也“出柜”了，也就是说，在“世纪末”，越轨的男性开始炫耀自己的越轨行为，把自己描绘成第三种性别（囚禁在男性身体中的女性灵魂）。他们对被认可的性别类型的蔑视也得到了“新女性”的认同，这些“新女性”主张政治和性解放，同时设计了与之相匹配的激进体形：剪短的头发、扁平的胸部、男性化的衣服、嘴里叼着一支烟。

所有这些对男子气概的威胁——不受传统拘束的摩登女郎、神经质的犹太人（正如吉尔曼所描述的）、前卫的颓废者、危险的性混乱——激起了一种新的超级男子气概的反应，这是一种放大了的古老的男子气概。莫斯坚持认为，从20世纪初的几十年开始，普通人通过夸张地描述传统男子气概来寻求安慰，他们对钢铁般的坚韧、盲目的爱国主义、勇气的交融和死亡的命运有了新的强调。在两次世界大战所带来的机遇中，当然还有战争期间的残酷政治，这种毫不妥协的新观点（有时借鉴了达尔文主义）得以大显身手，作为一个老犹太难民，莫斯在这一时期的作品特别有见地。

第一次世界大战后，政治进步人士试图将这种硬汉形象社会化为工人。德国的社会民主主义海报将强大的无产阶级男性理想化，而苏联的现实主义艺术则在颂扬斯达汉诺夫式的布尔什维克。尤其是，犹太人试图抛弃他们令人厌恶、近亲繁殖、性行为可疑的老教唆犯的刻板印象：“新犹太人”

(巴勒斯坦的犹太复国主义定居者)的宣传照片显示,他们光膀子,肌肉发达,皮肤古铜色,在集体农场上耕地,几乎令人怀疑地再现了雅利安男子气概的宣传形象,正如莫斯嘲讽地暗示的那样。

但是,这种英勇的、非暴力的工人偶像却被一种更可怕的突变抢了风头:新的法西斯极端分子,他们认为真正的男子气概需要(男性)意志的胜利,还有什么比这更高尚?必须摒弃家庭、基督教道德和其他这类弱化的联系;必须接受男性的排他性社会,接受献身于祖国这一不容置疑的服务的肌肉力量之美。在《我的奋斗》中备受赞誉的希腊掷铁饼者,袒露着胸膛,或病态地扭曲着,成了冲锋队员。

独裁者的失败意味着,战后的男性形象可能会融入某种不那么可怕的东西(如果性别歧视不那么严重的话),某种更不起眼的、轻松的战后优越感,即坚强而沉默的类型。更极端的大男子主义表现形式被保留在边缘——约翰·韦恩的牛仔(在过去,在边境)、詹姆斯·迪恩的少年反叛者(成人仪式)或兰博(通常在遥远的越南)。20 世纪 60 年代,当沙文主义的至上地位面临新的挑战时,这种对男性规范压力的放松被证明是有意义的,当时,旧的"颓废"以男女不分的花朵力量嬉皮士(flower-power hippies)的形式复活,紧接着是女性解放和同性恋解放。在莫斯看来,其结果是,与一个世纪前的同类威胁相比,这些威胁遭遇的阻力明显减少。随之而来的对中性的明显沉迷和性别界限的模糊引起了莫斯的兴趣,因为这似乎预示着自温克尔曼开始的那个时代的结束。他认为,使 20 世纪晚期的性别偏移(gender-bending)真正有别于早期(也不太成功)反主流类型的是,尽管世纪末的性激进分子致力于少数群体的政治激进活动,但相比之下,现代的双性同体主义本质上是一种时尚产品,是资本主义消费者的自恋产物。

在性别方面,过去十年,另一个重大发展和争论是,超越男女身体的具体形象,探讨性和性别差异观念本身的历史。这方面的开创性文本是托马斯·拉克尔的《制造性》。[1] 拉克尔声称追溯了性别化性行为的定义概念的转变,从希腊的性别差异观念(他称之为单性别等级模式)到现代人们熟悉的双性别差异模式,分水岭是18世纪。正如对医学科学和哲学著作的细致分析所记载的那样,古典解剖学并没有教导我们在公认的智慧中不可或缺的"异性"概念:男性和女性也没有被视为截然不同的"类型"。相反,有影响力的希腊作家认为,只有一个人类原型,那就是男性。男子气概包含了人类目标完善所必需的所有属性:男性在体育和战争方面拥有更大的耐力,而他们明显优越的头脑使其适合从事政治和哲学。女性虽然缺乏这种更高的素质,却是必要的附属品,被用来满足性需求、装饰和生育。

在科学诞生之初,"女性"并不以自己的身份存在。从亚里士多德和盖伦到1700年左右,基本的假设是,只有一种真正的性别:男性。生物学和医学的创建人教导人们,这个物种的女性只不过是一个粗制滥造的男人。与弗洛伊德不同的是,早期的生物学并不认为她真的失去了阴茎,而是她的阴茎从一开始就没有正常生长。随着器官在子宫内的发育,胚胎男孩的阴茎成熟并挤压出来。但如果怀孕期间出了什么问题,阴茎就永远不会"长出来"。它牢牢地留在婴儿体内,变成了一个"阴道"。根据亚里士多德一些追随者的说法,这种未成形的或畸形的男孩被称为女孩——事实上,是个"怪物"。通过调查医学教学,他发现女性甚至没法以自己的生殖器为荣:例如,卵巢被贴上了女性"睾丸"的标签。拉克尔将这一传统理论命名为"单性别等级模式",以区别于双性别("不同但平等"),后者是现代医学所支持的人类性观念。当然,这样的理论强调了一个可耻的事实,即在历史上,男性医生利用(或歪曲)科学的威望,将女性贬为较低的物种。

然而,偏见有着奇怪的含义。毋庸置疑,"单性别"模式——第二性是名副其实的"次品"——让女性处于非常不利的地位。但它也间接给了她们一些权力。因为如果女人是不完整的男人,她们至少像男人。而且,在情

① Thomas W. Laqueur, *Making Sex*, Cambridge, Mass., 1990.

色方面,这意味着她们的欲望一定很强烈。此外,如果阴道是一个“由外而内的”阴茎,那么女性肯定和男性一样有性高潮,她们也必须“射精”。事实上,早期的作家们就教导过,如果没有相互的、同步的性高潮,怀孕是不可能发生的。因此,在《性的快乐》问世之前的几个世纪里,男性沙文主义科学自相矛盾地支持了现代女权主义者所倡导的“解放”:女性性高潮。

三个世纪前的性爱手册告诉丈夫们,他们必须是体贴周到的情人,并建议他们进行专业的前戏,这离我们公认的曾祖母形象相去数光年,众所周知,她们被教导“躺下来,想想英格兰”。作为其美德的证明,一个维多利亚时代的女人注定得是性麻木的。在维多利亚时代“双重道德标准”的全盛时期,女人们要和男人们完全不同。

到了19世纪,对性别的思考确实发生了重大变化。认为女人(完全是字面意思)是进化不完整的男人的旧观念已经不复存在了。相反,19世纪的医生教导我们,女人几乎是一个不同的物种。是什么原因造成了这种变化?拉克尔认为,新的科学思想发挥了作用。女性作为“由外而内”的男性的旧生理学从来都不是没有问题的。很容易把阴道想象成一个内翻的阴茎——拉克尔从医学教科书上复制了一些奇怪的插图,就说明了这一点。但是阴蒂呢?子宫本身呢?在那里,镜像的相似特征被打破了。

研究探索了女性生殖系统。人们越来越认识到,女性是按照内在的节律自发排卵的。这种排卵显然不是男性所做的任何事情的错误版本:它是女性独有的。对月经周期的调查表明,女性可以在没有性高潮的情况下怀孕——事实上,女性完全可以在没有性兴奋的情况下怀孕(例如在强奸过程中)。生物学似乎证明了,在性方面,男性和女性是两个截然不同的世界,而女性也许是她们子宫的囚徒。

因此,女性和男性一样的科学形象(因此是性欲很强的),屈服于维多利亚时代女性和男性不一样的模式(因此突然转向了性冷淡)。拉克尔强调,在这种转变中,社会变革的重要性不亚于医学教学。维多利亚时代的模范妻子注定要待在家里,做一位多产的母亲,在玩偶之家里当天使,成为在

外掌管工业或统治帝国的丈夫的装饰品。大自然一定会为这些不同的角色安排不同的男人和女人,这是理所当然的。“隔离领域”(separate spheres)不就意味着不同的生理机能吗?

不仅如此,拉克尔的著作强调了我们对自己、对我们的身体和性别的意识发生了多么大的变化。我们认为最基本的分类结果却是最易变的。女人曾被认为是低人一等的男人。然后,在维多利亚时代人的眼中,女人和男人是互补的,但又有所不同。那今天呢?这会给我们的性别政治留下怎样的影响?女权主义指出了两个方向:要么走向融合(合为一体),要么走向分离主义。这些选择都是政治性的。[①] 然而,正如拉克尔挑衅性地表明的那样,这样的选择取决于我们如何将自己的身体概念化。拉克尔的研究受到了来自经验和概念两方面的批评。尽管如此,强调这一点非常重要:从历史和文化的角度看,可以被轻易视为关于身体的固定生物学事实的东西,实际上是如何被建构的。[②]

身体与身体政治

我在“身体史 I”中提到,长期以来,关注政治思想和文学的历史学家一直在研究身体政治的隐喻及其相关和衍生的概念,例如“国王的两个身体”——尽管他们这样做的时候往往有点不耐烦,从 17 世纪就期望看到,这些古怪的、据说已经过时的隐喻被一种更具哲理性的语言赶出舞台。

---

① 有关高度批评性的评论,请参阅 Sally Shuttleworth, *Journal of the History of Sexuality*, 3, 1993, pp.633-635; Alan Bray, *Journal of British Studies*, 32, 1993, pp.189-194; Dorinda Outram, *Isis*, 84, 1993, pp.347-352。

② 同样重要的是朗达·谢宾格和唐娜·哈拉维的工作,他们展示了自然科学范畴内的人类性别差异:请参阅 Londa Schiebinger, *Nature's Body: Gender in the Making of Modern Science*, Boston, 1993; *The Mind Has No Sex? Women in the Origins of Modern Science*, Cambridge, Mass., 1989; “The Anatomy of Difference: Race and Sex in 18th-Century Science”, *Eighteenth-Century Studies*, 23, 1990, pp.387-405; Donna Haraway, *Primate Visions: Gender, Race and Nature in the World of Modern Science*, Berkeley, 1989; *Simians, Cyborgs and Women: The Reinvention of Nature*, London, 1991。

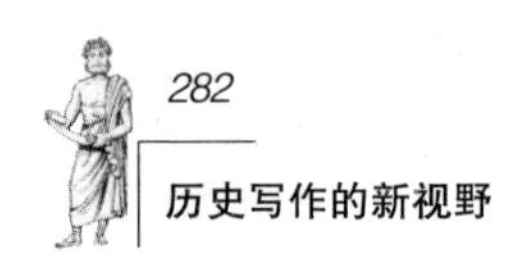

我接着提到,政治当局实际上用来管理身体本身的技术受到的关注要少得多。

这种情况已经改变了。一方面,我们现在对王权的化身和权力的物理人格化仪式有了新的研究。[①] 另一方面,人们还调查了政府对人口的控制,特别是对死刑和肉体惩罚的管理,这是福柯提出的课题。[②] 理查德·埃文斯的《报应仪式:1600—1987 年德国的死刑》就是这种新趋势的典范。[③] 福柯后期作品中对权力的呈现——不是作为一种消极力量,而是作为一种促进作用——进一步丰富了对国家管制与个人愿望之间的共谋的研究。[④] 例如,科内利·厄斯本(Cornelie Usborne)的《魏玛德国的身体政治》就强调了一个致力于满足其民主支持者的身体政策要求(例如,合法避孕、堕胎或婴儿护理)的政权的暧昧政治,但它本质上只是按照自己的意愿行事。

身体、文明及其不满

历史是一个未完成的文明化过程,正如人类学家所说,这是一场为确认

---

① Peter Burke, *The Fabrication of Louis XIV*, New Haven, 1992; Paul Hammond, "The King's Two Bodies: Representations of Charles II", in Jeremy Black and Jeremy Gregory, eds., *Culture, Politics and Society in Britain, 1660-1800*, Manchester, 1991, pp. 13-48; Sara E. Melser and Kathryn Norberg, *From the Royal to the Republican Body Incorporating the Political in Seventeenth-and Eighteenth-Century France*, Berkeley, 1997; Philippa Berry, *Of Chastity and Power: Elizabethan Literature and the Unmarried Queen*, London, 1989.

② M. Foucault, *Discipline and Punish: The Birth of the Prison*, Harmondsworth, 1979; Pieter Spierenburg, *The Spectacle of Suffering: Executions and the Evolution of Repression: From a Preindustrial Metropolis to the European Experience*, Cambridge, 1984.

③ Richard J. Evans, *Rituals of Retribution: Capital Punishment in Germany, 1600-1987*, Oxford, 1996;另请参阅 Lionello Puppi, *Torment in Art: Pain, Violence and Martyrdom*, New York, 1991。还有 Dorinda Outram, *The Body and the French Revolution: Sex, Class and Political Culture*, New Haven, 1989; M. Ignatieff, *A Just Measure of Pain: The Penitentiary in the Industrial Revolution, 1750-1850*, New York, 1978; Richard van Dilmen, *Theatre of Horror: Crime and Punishment in Early Modern Germany*, Oxford, 1990。

④ Cornelie Usborne, *The Politics of the Body in Weimar Germany: Women's Reproductive Rights and Duties*, London, 1992。

人与自然的区别而进行的斗争。然而,正如在"身体史 I"中所指出的那样,长期以来,文明史的写作一直以高雅的文化艺术品为中心。我们需要一种不同类型的文化适应的历史,一部以诺伯特·埃利亚斯的方式,关注道德规范、禁忌、禁令,以及将纪律和欲望、礼貌和监管联系起来的价值体系的隐喻性外衣的历史。关于衣着、清洁、饮食、化妆品等方面的故事,留给业余爱好者的时间太长了。①

我们再次高兴地注意到,这种情况一直在发生变化。一大批新的研究涉及感官文明②,从消化到排便和肮脏,不一而足。③ 特别是在殖民地研究中,分析了身体外貌和举止作为文明指数的作用,尤其关注帝国和本土身体之间的截然对立。④

沿着这些思路,过去十年中出现的最具雄心壮志的研究可能是理查

① Norbert Elias, *The Civilizing Process*, vol. 1, *The History of Manners*, New York, 1978; vol. 2, *Power and Civility*, New York, 1982; vol. 3, *The Court Society*, New York, 1983; Stephen Mennell, *Norbert Elias: Civilization and the Human Self-Image*, Oxford, 1989.

② Constance Classen, *Worlds of Sense: Exploring the Senses in History and across Cultures*, London, 1993; A. Corbin, *Le miasme et la jonquille l'odorat, et l'imaginaire social,18e-19e siècles*, Paris, 1982;英译本:*The Foul and the Fragrant: Odour and the French Social Imagination*, Cambridge, 1986; id., *Le temps, le désir et l'horreur: essais sur le dix-neuvieme siècle*, Paris, 1991,让·伯雷尔译为 *Time, Desire and Horror: Towards a History of the Senses*, Cambridge, 1995; Piero Camporesi, *The Anatomy of the Senses: Natural Symbols in Medieval and Early Modern Italy*, trans. A. Cameron, Cambridge, 1994。

③ M. S. R. Jenner, "Early Modern English Conceptions of 'Cleanliness' and 'Dirt' as Reflected in the Environmental Regulation of London, c.1530-c.1700", D. Phil. thesis, Oxford University, 1991,尤其是第二章。非常期待这篇论文出版成书。

④ Elizabeth Collingham, "From Nabob to Sahib: The Construction of the British Body in India, c.1800-1914", Ph. D. thesis, University of Cambridge, 1997; John Barrell, *The Infection of Thomas De Quincey: A Psychopathology of Imperialism*, New Haven, 1991——巴雷尔分析了将亚裔外国人视为怪物这一概念对某位作家的意义;Nandini Bhattacharya, *Reading the Splendid Body: Gender and Consumerism in Eighteenth-Century British Writing on India*, London, 1998; Harriet Guest, "Curiously Marked: Tattooing, Masculinity, and Nationality in Eighteenth-Century British Perceptions of the South Pacific", in John Barrell, ed., *Painting and the Politics of Culture: New Essays on British Art 1700-1850*, Oxford, 1992, pp.101-134; S. Aravamudan, "Lady Mary Wortley Montagu in the Ham-mam: Masquerade, Womanliness, and Levantinization", *ELH*, 62, 1995, pp.69-104。

德·森内特的《肉体与石头:西方文明中的身体与城市》。[1] 这项研究试图追溯从古代雅典到当代纽约,城市(无论是现实的还是理想化的)和人体之间的相似之处,或许还有相互影响。森内特认为,城市为人体提供了形象(反之亦然),同时,它也成为人体发挥作用的环境。例如,哈维的血液循环学说(如上所述)促进了现代城市的愿景,其中交通的流通变得至关重要。森内特的研究弥漫着一种极度悲观的疏离感。在古代,城市提供了一个公共空间,整个人类都可以在其中繁衍生息。现代城市的建立仅仅以人体的科学模式为依据,使人与人彼此疏远。在森内特的著作中,束手无策的道德家和经验主义的历史学家在不确定的联盟中共存。

结　论

我十年前的“议程”强调了这样一些领域,在这些领域中,身体史随后的发展在数量和质量方面都令人印象深刻。然而,除了错过真正的当代历史,该议程也完全忽略了身体史写作中飞速发展的领域——理论层面,这是非常短视的。借助于批判理论、后现代主义、后福柯主义和其他体现了语言学转向的“主义”,以及女权主义、性别、同性恋哲学和许多其他方面,一个颇具挑战性的身体理论体系已经出现了;然而,从历史观点来说,它往往是教条的或是有缺陷的。[2] 经验和理论的一致性还有待完成。尽管如此,所有迹象都表明,作为一个整体性和跨学科的研究领域,身体史有着光明的前景。

---

① Richard Sennett, *Flesh and Stones: The Body and the City in Western Civilisation*, London, 1994.

② 这个题目本身就是一篇文章!有关介绍,请参阅 Mike Featherstone and Roger Burrows, “Cultures of Technological Embodiment: An Introduction”, *Body and Society*, 1, 1995, pp.1-20; Scott Lash, “Genealogy and the Body: Foucault/ Deleuze /Nietzsche”, in Mike Featherstone, Mike Hepworth and Bryan S. Turner, eds., *The Body: Social Process and Cultural Theory*, London, 1991, pp. 256-280。关于后现代电子、虚拟现实世界中的身体,请参阅 Juniper Wiley, “No BODY is ‘Doing It’: Cybersexuality as a Postmodern Narrative”, *Body and Society*, 1, 1995, pp.145-162。

第十一章

环境史

理查德·H. 格罗夫

当我们今天使用“环境史”这个词的时候，它不是关于人类个体的生死的历史记载，而是关于社会以及物种（就其与周围世界的关系而言）的生死的历史记载，包括其他物种和人类自身。作为一个自觉的研究领域，其知识起源或许可以追溯到17、18世纪的西欧人（尤其是博物学家、医务人员和行政人员）与极为陌生的热带环境的相遇，以及西欧人对这些环境的破坏。[①]从19世纪中叶到20世纪中叶，它主要以“历史地理学”的形式发展，并于1956年随着W. L. 托马斯主编的《人在改变地球面貌中的作用》一书的出版而达到高潮。[②]

直到20世纪70年代初，“环境史”实际上是地质学家和考古学家在讨论自然环境的第四纪和史前变化时惯常使用的一个术语，而且它很少涉及历史上人类与环境的相互作用。[③] 从那以后，这个词越来越多地被历史学家和其他一些人通过一种新的方式加以使用，因为历史学家（以及其他一些学科的实践者）认为，有必要在历史解释中考虑环境因素，而在此之前，历史学家很少这样做。在某种程度上，通过傲慢地宣称该术语已经至少被

---

① R. H. Grove, *Green Imperialism: Colonial Expansion, Tropical Island Edens and the Origins of Environmentalism, 1600-1860*, Cambridge and New Delhi, 1995.

② W. L. Thomas, ed., *Man's Role in Changing the Face of the Earth*, Chicago, 1956. 撰稿人包括卡尔·索尔（Carl Sauer）、M. 贝茨（M. Bates）与L. 芒福德（L. Mumford）。

③ 请参阅，例如Alan C. Hamilton, *Environmental History of East Africa*, London, 1982。

两门其他学科使用,历史学家设法打击了一个非常特殊的学者群体,即历史地理学家的自尊。长期以来,后者实际上一直占据着学术和分析的位置,对此,大多数历史学家认为认真对待会有失身份。事实上,直到最近几年,环境历史学家(以他们新的身份,而且他们以前并非全部是历史学家)才开始重视历史地理学家及其志趣相投的其他学科的同行们已经在从事的全部工作。实际上,历史学家最近不得不在很大程度上借鉴历史地理学家的研究工作,就像早些时候他们从经济学家那里获取帮助一样。因此,本文的任务之一就是澄清环境史的起源,并且介绍环境史的一些不同研究议程在区域和全球范围内的发展情况。

毫无疑问,我们今天称之为环境史的东西非常重要。在当代全球环境危机日益严重的背景下,新的环境史学派(就像其青春焕发的历史地理学兄弟那样)已被赋予了重大的生存动力和坚实的基础意义。但必须强调的是,对环境史问题的敏感并非 20 世纪的新发明。实际上,这是那些非同寻常、卓有远见的人的一个主要特征,他们敢于对迫在眉睫的环境危机提出警告,试图将环境的恶化公之于众,并且试图争取各国和各帝国的努力与之抗争。因此,从 18 世纪末开始,我们发现,环境保护主义的主要先驱们都对环境变化有着深刻的历史观,而且往往对环境随时间迅速发生变化的历史证据有着广泛的、学术上的重视。[①] 在这些人中,值得一提的有富兰克林·本杰明·霍夫(Franklin Benjamin Hough),一位鲜为人知的美国林地与自然保护的先驱;约翰·斯图亚特·密尔(John Stuart Mill),英国环境保护的院外活动家;休·克莱霍恩(Hugh Cleghorn),印度森林保护的先驱;美国的乔治·珀金斯·马什(Goorge Perkins Marsh),全球环境变化的预言家和历史学家;南非的约翰·克劳比·布朗(John Crumbie Broun);亚历山大·冯·洪堡(Alexander von Humboldt),尤其他的《宇宙》(*Cosmos*);以及同样重要的,澳大利亚维多利亚殖民地的冯·穆勒男爵(Baron von Mueller)。

---

① 请参阅 R. H. Grove, *Green Imperialism*。

所有这些人都属于环境历史学家,尽管他们各有自己独特的研究方式,他们的实地观察和敏锐的历史感使其成为环境预言家,有时甚至成为厄运的先知。他们中至少有一位,富兰克林·本杰明·霍夫,不仅是医生、人口统计学家、博物学家,实际上也是一位职业历史学家,著有30多篇关于殖民地时期美国和内战史的历史论文。今天,这种历史观使环境历史学家得以找到自己的位置,就像经济史学家对主流经济学家的位置那样。受益于一种更宽广的视域,也往往得益于更好地掌握了显著的事实,以及更有能力做出明智的预测,或是对做出过于简单化的预测提出警告,他们成为了批评家和凶事预言者。

由于环境史学科相对年轻,我们还不可能获得任何关于这门学科发展的完整或可靠的叙述。到目前为止,历史学的叙述倾向于坚持对前因和主题范围的狭隘解释。或许,其部分原因是环境史的发展以非常特别的方式受到环境危机状况的推动。无论如何,就其最近的表现来说,环境史多年来一直由美国学者主导,他们的世界观相对有限,目光短浅,正如人们对于一个将千年孤立主义视为第二天性的国家可能会期待的那样。尽管自相矛盾的是,该国的环保主义者一直是应对全球和地区危机的领军人物和倡导者。

缺乏对环境史的史学或学科综合也是由于历史学家不愿意接受这样一个事实,即早在1978年约翰·奥佩(John Opie)创立《环境评论》(后来的《环境史》)之前,这门学科的基本材料和关注点已经在其他学者那里得到了很好的发展,而历史学家们却喜欢将其看作一门新兴学科。因为事实上,历史地理学和环境史的先驱者在关注的中心和范围方面,都具有非常明显的帝国主义和边缘主义色彩,其程度要比其他历史领域大得多,顺便说一句,也比其他历史领域更具热带性。"环境史"这个新名称最初相当于北美学者对一门早已确立的学科的狭隘接管,尽管这门学科缺乏严格的界限,并且在生态学家、地理学家和人类学家的行列中,以及在少数杰出的历史学家那里找到了支持者。在几十年里,历史学家们实际上表现出了一种信号和一种尴尬的倾向,即忽视任何环境对历史的影响,1970年后,一些美国学者

声称要从环境行动中分一杯羹。

环境史上坚持否认它受惠于历史地理学的态度甚至持续到今天，这种状况由于 1967 年克拉伦斯·格拉肯的《罗德岛海岸的痕迹：从古代到 18 世纪末西方思想中的自然与文化》的出版而更加恶化。① 这本书不仅是迄今为止环境史写作中最为深刻的著作，而且可能也被认为是 20 世纪最伟大的非虚构文本之一。虽然格拉肯著作的问世实际上可以作为今天我们所知道的现代环境史诞生的标志，但这种观点直到最近才被历史学家接受。因此，值得称道的是，西蒙·沙玛在其公开承认的衍生作品《风景与记忆》中，坦然承认受到格拉肯的影响。但沙玛并非唯一受到格拉肯影响的人。路易斯·乌特加是西班牙环境史的一位领军人物，也是杰出的《荒芜的土地》（对 18 世纪伊比利亚自然保护区历史的第一次重要论述）的作者，他也承认，格拉肯是他的主要灵感来源。② 1967 年，格拉肯成为伯克利分校的地理学教授，他的作品被加州大学出版社出版——该州培养了地球之友、塞拉俱乐部和嬉皮士，并对煽动反越战做出了重大贡献——这绝非偶然。但我们应该注意到，格拉肯本人非常谨慎地以一种更加沉稳和部分古典的传统来确定自己的史学背景。事实上，我们可能会注意到，经典著作对培养环境历史学家做出了重大贡献，最近两个比较突出的例子是拉塞尔·梅格斯（Russell Meiggs）和唐纳德·休斯（Donald Hughes）。

20 世纪 60 年代，格拉肯所代表的那种新兴环境保护主义的历史地理学的发展，由于地理学定量技术的兴起而受到严重的阻碍，这种定量技术基本上是一条死胡同，令人欣慰的是，由于后现代主义的出现，其活力和信念正在逐渐消失。我认为，二战后历史地理学受到欧洲中心论的阻碍，就像 20 世纪 70 年代环境史受到美国中心论的阻碍一样。这两门学科都在努力摆脱这些偏见，其结果是，现在我们有了生机勃勃的美国、英国、法国、澳大

---

① C. Glacken, *Traces on the Rhodian Shore*, Berkeley, 1967.

② Luis Urteaga, *La tierra esquilmada*, Barcelona, 1987.

利亚、印度、非洲、中国和太平洋环境史学派以及其他学派。但我认为,这些学派的起源是牢固建立在两个相互联系的环境基础上的:帝国的背景,以及20世纪在边缘地区、赤道地区以及半干旱地区发生的环境迅速变化的背景。[①]

在很大程度上,环境史是非城市的,并且令人惊讶的是,在汤因比宏大理论的意义上,它也是非政治性的。顺便提一句,任何研究汤因比的鸿篇巨制《历史研究》的人,如果希望在其索引中找到诸如土壤、降雨、牛、鱼、疾病或灭绝这些条目,都会感到失望。奥尔德斯·赫胥黎查阅了汤因比巨著第六卷的索引,发现了关于波庇利乌斯·拉纳斯(Popilius Laenas)的五条引文,关于巴坦尼亚的波尔菲里(Porphyry of Batanea)的两条引文,"但是,在这些名称中,你想找到的那个词——人口,却因为它的不存在而引人注目"。[②] 不过,不得不说,汤因比的最后一部著作《人类与大地母亲》无疑是在向一种公开的生态方向探索。[③]

正像我在其他地方详细指出的那样,在殖民地外围环境发生变化的情况下,特别是在19世纪40年代以后,环境保护主义首次让人感觉到它的存在,它的支持者首次利用历史证据来说明生态变化,并成为事实上的环境历史学家。[④] 维多利亚时代的文本,例如斯切莱茨基(Strzelecki)的《新南威尔士的自然描述》、克莱霍恩(Cleghorn)的《南印度的森林与花园》、里宾特洛普(Ribbentrop)的《英帝国的林业》、布朗的《南非水文学》及马什的《人与自然:人类活动所改造的地球》,不仅对环境保护主义的兴起至关重要,也是环境史上的优良著作。其中有一件事最为突出,这就是人们关于人类对气

---

① 然而,一门专门的"欧洲"学科却遇到了许多困难。因此,欧洲环境历史协会的繁荣程度远不及美国、印度尼西亚和中国的类似协会。此外,欧洲环境史上最有用的书仍然是两位英国人写的:Piers Blaikie and Harold Brookfield, *Land Degradation*, London, 1987。但现在布鲁克菲尔德正在澳大利亚练习他的技艺!

② Aldous Huxley, *Tomorrow and Tomorrow and Tomorrow and Other Essays*, New York, 1956, p.221.

③ Arnold Joseph, Toynbee, *Mankind and Mother Earth: A Narrative History of the World*, New York, 1976.

④ Grove, *Green Imperialism*.

候潜在影响的日益增长的兴趣，特别是担心人类活动，尤其砍伐森林，可能会造成全球干旱。这种恐惧随着帝国主义的扩张变得越来越强烈，并被国际机构灌输到后殖民时代的环境恐惧中。它也严重影响了环境史的早期方向。对气候的首要关注可能在很大程度上归功于将气候与文明、种族与气候联系起来的古老观点。尤其在 19 世纪 60 年代以后，这种联系鼓励并激发了这样一种观点：人类历史和环境变化可能是紧密相连的。但直到第二次世界大战以前，历史学家本身在这个发展过程中只起到很小的作用，或者根本没起作用；他们只是在二战后成为一种成熟思想的继承者。那么，环境史（或者说历史地理学的那些部分，以及同类的其他研究）如何形成它的议程，并且产生了我们现在可以视其为重要的历史里程碑的那些东西呢？

很明显，我不同意最近阿尔弗雷德・克罗斯比所信奉的观点。他认为，直到 1962 年雷切尔・卡森（Rachel Carson）出版了《寂静的春天》之后，环境史以及接受它的读者才得以成为现实。[①] 对于发展相对较晚的北美环境史来说，情况可能是这样的，但在其他地方却不是这样，无论是在法语国家还是在旧世界讲英语的学术领域。即使在美国的情况下，我认为萨缪尔・海斯、卡尔・索尔以及克拉伦斯・格拉肯的著作也都和克罗斯比的解释相背离。问题其实与命名有关，美国历史学家把环境史限定在他们对环境历史的研究起步太晚。

历史地理学家（首先）应该被公认为从事某种世界历史的研究，在其中，历史文献、生态知识以及地理洞见相结合，创造出一种整体历史，这种历史由于帝国统治的交流、关注、条件及其不安全感而成为可能，当然，这些先决条件与深受孤立主义影响的美国历史传统，或长期以来主要局限于牛津剑桥和索邦的英法历史传统没有太大关联。相比之下，人们经常发现，法国

① Alfred Crosby, "The Past and Present of Environmental History", *American History Review*, Oct.1995, pp.1177-1189.

和英国（甚至美国）的地理学家遍及世界各地，尤其在热带地区，在那里，他们经常受雇于殖民帝国，或者与其有着密切的联系，就像他们今天仍然处在“发展”的背景下一样。

干燥情结与环境史的早期发展

在1900年之前的几年里，人们重新开始对千年全球干旱理论产生兴趣。在这群学者中，早期的一个主要例子是美国人埃尔斯沃思·亨廷顿（Ellsworth Huntington），一位环境决定论者，他的观点是通过他在中亚的旅行（以及智力活动）形成的。他的主要著作《亚洲的脉搏》于1907年出版，为干燥论（desiccationism）和环境决定论确立了议程。亨廷顿与克罗波特金（Kropotkin，后者在1904年发表于《地理杂志》上的一篇里程碑式的论文中）都受到当代热带地区环境焦虑情绪的上升以及对历史气候解释日益浓厚的兴趣的极大影响。

同时，在大都会中心，一小群地理学家越来越受到他们与遍布全球的殖民科学家和地理学家专业联系的影响，开始思考环境变化、政治权力与社会变化之间的全球关系，尽管这是一种具有高度帝国主义特色的惯用语。这一场景是由哈尔福德·麦金德爵士（Sir Halford Mackinder）的《英国与不列颠海》（1902）设定的，这部著作是对自然、地理、超级大国政治经济的高度选择性的历史解读，该书是在H. B. 乔治（H. B. George）高度创新的作品《地理与历史的关系》（1901，这部著作到1924年已经出到第五版）问世仅一年后出现的。人们对第一次世界大战对人类破坏性的普遍厌恶，似乎很有可能反映在对世界范围内人类环境破坏性的认识的增强。这将有助于解释20世纪20年代初出现的关于干旱与人类活动之间联系的殖民出版物和委员会的激增。

威廉·贝纳特和大卫·安德森等学者已经深入探讨了20世纪30年代

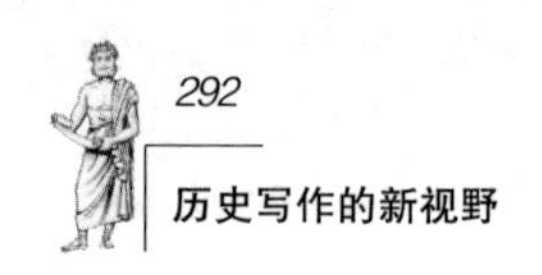

北美关于"沙尘暴"的思考对非洲殖民地保护思想的影响。[①] 然而，这种影响可能被夸大了，因为它对殖民资源政策的影响甚微，对法国殖民政策的影响甚至不如英国。

虽然在某种程度上，殖民地环境思想(尤其干燥论者)的议程占据了20世纪30年代的学术辩论，但历史地理学的发展势头仍然强劲，有些与殖民地环境有关，但绝非全部。对英语历史地理学影响最大的是法国人。在这方面最具影响力的著作是J. 布吕纳(J. Brunhes)的《人文地理学》(1920)、L. 费弗尔的《地理历史导论》(1924)以及P. 维达尔·德·拉·布拉什(P. Vidal de La Blache)的《人文地理学原理》(1926)。然而，到了20世纪30年代初，一种全新的殖民主义影响通过澳大利亚人维尔·戈登·柴尔德(Vere Gordon Childe)的作品逐渐为人所知。他在《欧洲文明的曙光》之后，紧接着出版了《对最古老东方的更多认识》(1933)和《人类创造了自身》(1936)。这些法国和澳大利亚的权威人士对亨利·克利福德·达比陆续出版的作品集产生了高度影响，他将与卡尔·索尔、克拉伦斯·格拉肯一起成为历史地理学的主要影响人物。[②]

因此，到20世纪30年代中期，我们能够观察到由地理学家、人类学家、以及(如我们所见)新学派的生态学家撰写的描述性或分析性环境史的创新性融合。既然在确定20世纪30年代环境史和地理学形态的过程中，殖民主义背景和殖民地土地资源评估议程起到如此决定性的作用，人们可能会问，为什么像达比这样的历史地理学家，似乎将其关注范围(也就是说，除了战时受雇于海军情报机构)局限在末日审判和中世纪景观史这个显然非常地方性的、集中的兴趣领域。但实际上，达比也非常接近于殖民地景观

---

① W. Beinart and P. Coates, *Environment and History: The Taming of Nature in the USA and South Africa*, London, 1995; D. M. Anderson, "Depression, Dustbowl, Demography and Drought: The Colonial State and Soil Conservation in East Africa during the 1930s", *African Affairs*, 83, 1984, pp. 321-344.

② 见H. C. Darby, *Historical Geography of England before 1800*, 1936; *A Scientific Survey of the Cambridge Region*, 1938; *The Draining of the Fens*, 1940 以及 *The Medieval Fenland*, 1940。

研究和民族志的某种培根式的关注和模式。他对中世纪土地利用的系统考察,与那些在英国殖民地工作的学者们在态度和方法上的发展是相似的,我们今天可以毫无疑问地将这些学者中的一些人归为环境历史学家,他们既受过生态学也受过地理学的训练。

或许,其中最有趣的一位是L. 达德利·斯坦普(L. Dudley Stamp)。斯坦普早年在缅甸工作,是殖民地雇佣的生态学家。通过在缅甸的工作,斯坦普追随了气候历史学家J. C. 麦肯齐的事业,后者于1913年发表了一篇开创性的论文《缅甸历史上的气候》。[①] 当然,在缅甸潮湿的气候条件下,对历史的干燥论解释就不那么明显了。相反,斯坦普更多受到亚瑟·坦斯利(Arthur Tansley)的新生态学和继承主义传统的影响,实际上,他的首篇论文于1923年发表于坦斯利新创办的《生态学杂志》)上。[②] 1923年至1944年间,斯坦普继续发表了一系列论文,从各种不同角度论述了缅甸山地部落、土地利用、森林、迁徙耕作与气候之间的关系。[③] 然而,他的重点主要在于,绘制人与土地利用随时间变化的关系图。但是,斯坦普给这种综合性的、也许史无前例的研究带来了一种全新的维度,而这在1920年以前或许是不可能实现的:航空摄影在土地利用航测中的应用,他在《生态学杂志》中报道了这项技术的使用。[④] 当然,这是一种在第一次世界大战空战和轰

---

① J. C. Mackenzie, "Climate in Burmese History", *Journal of the Burma Research Society*, 3, 1913, pp.40-46.

② L. D. Stamp and Leslie Lord, "The Ecology of Part of the Riverine Tract of Burma", Journal of Ecology, 2, 1923, pp.129-159.

③ 见L. D. Stamp, "Notes on the Vegetation of Burma", *Geographical Journal*, 43, 1924, pp. 231-233(在此斯坦普讲述了木材贸易与迁徙耕作的历史);*The Vegetation of Burma from an Ecological Standpoint*, University of Rangoon Research Publication, 1;"Burma: A Survey of a Mansoon Country, Geographical Review", 20, 1930, pp.86-109;"The Irrawaddy River", *Geographical Journal*, 95, 1940, pp.329-356。"Siam before the War", *Geographical Journal*, 99, 1942, pp.209-224;"Basic Land Resources of Burma", Sarpay Beikam Press for the Burma Research Society, Fiftieth Anniversary Publication, 1, Rangoon, 1961, pp.458-480。

④ L. D. Stamp, "The Aerial Survey of the Irrawaddy Delta Forests", *Burma*, *Journal of Ecology*, 15, 1924, pp.262-276.

炸战略的过程中发展起来的技术,但斯坦普在和平时期为这种技术找到了用途,用它辅助研究缅甸的环境史和地理。斯坦普研究的基本方法是对景观中植被类型随时间推移发生的演替变化的一种坦斯利式的关注。这种方法似乎已经扩散到斯坦普对景观和社会历史的整体态度上。此外,他逐渐认识到全国范围内系统调查的效用,这又和达比在英国的想法非常相似。

第二次世界大战的影响

到第二次世界大战爆发时,人类学家、生态学家,尤其地理学家,在研究环境史以及与之相关的社会互动的方法上,已经实现了引人注目的综合。这种新自信的最好例子体现在戈登·伊斯特(Gordon East)的《历史背后的地理》中,这部著作首次印刷于1938年,再版了6次,最后一次是在1942年的战争期间。伊斯特是H. C. 达比的老师,在伦敦政治经济学院讲学,热衷用极为危言耸听的、环保主义的线索来刺激他的研究。“即便今天,”他写道,

> 如果仅仅通过更具戏剧性的干预措施,无情的自然就能够使我们痛苦地意识到人类群体占有和利用地球的不确定性条件就好了。当我们回忆起屡次折磨中国北方农民的洪水和饥荒,1927年密西西比河的毁灭性洪水,最近被冰雪摧毁的横跨尼亚加拉河的景观瀑布桥,关于中非“沙漠正在移动”的断言,非洲部分地区和美国中西部地区广泛的水土流失,以及笼罩着世界上大片谷物种植地区的持续不断的干旱威胁(这在美国、加拿大和俄罗斯南部地区都一样)的时候,那种关于人类已经成为地球主人的普遍的自吹自擂,就成了一种空洞的说法。这些情况连同类似的事件或先兆共同强调了以下事实:即使对物质文化已经达到很高水平的人来说,自然环境依然是一个名副其实的潘多拉盒子,随时准备打开,并且向世界散播它的有害内容。①

---

① Gordon East, *The Geography behind History*, London, 1938, p.11.

当伊斯特的书问世时,新的世界大战和大屠杀已经迫在眉睫了,人类将要做的不仅仅是改变风景或充当地理代理人。七年之内,一个核装置会在新墨西哥州沙漠地带的阿拉玛戈多爆炸,随后很快被用在日本人民身上。伊斯特在《历史背后的地理》一书中的叙述无疑反映了这类事件所引发的巨大焦虑,实际上,在他吸收古代文明史学家的权威典籍时,伊斯特似乎已经对人类不仅毁灭自然,而且毁灭自己和社会的能力表达了最深切的忧虑。正如我们已经看到的,对人与自然相互作用的历史和当代分析直接受到大灾难和第一次世界大战后果的影响,这种反应如果存在的话,在第二次世界大战期间和之后更加明显。在他的著作中,就像1864年马什提倡保护自然时曾经做过的那样,伊斯特利用那些过早结束的早期文明的可怕教训,来威吓并引诱他的学术听众尝试一种全新类型的历史。当1956年一位美国人威廉·托马斯(William Thomas)编纂了他那部辉煌的著作《人在改变地球面貌中的作用》的时候——这是纪念乔治·珀金斯·马什生平的一次会议的记录——非殖民化已经开始了。托马斯的编著标志着一段时期的开始,这段时期一直持续到最近几年,在这段时期,美国学术界在对环境和历史的深入研究中变得越来越自信,地理学家和历史学家也在争夺环境史的地盘。毕竟,帝国的接力棒已经传下来了,战时扩张和战后影响的机遇在几年内激发了美国更具全球化的可能性。一个典型例子是克拉伦斯·格拉肯,他是托马斯编著的主要撰稿人之一。

格拉肯曾经在冲绳的军队中服役过一段时间。这段经历不仅为他提供了撰写博士论文(以及他的第一部著作)的素材,也为他的杰作《罗德岛海岸的痕迹》提供了灵感。[①] 可能是在太平洋一个孤岛上、处于一种陌生文化中与世隔绝的经历(就像早期的环保主义者那样),促使他产生了一种比北美通常情况下更加超然、更有远见、更客观的全球话语。但格拉肯也像唐纳

① Clarence J. Glacken, *Studies of Okinawan Village Life*, Washington, D. C., Pacific Science Board, National Research Council, 1953; *The Great Loochoo: A Study of Okinawan Village Life*, Berkeley, 1955.

德·休斯、拉塞尔·梅格斯、奥利弗·拉克姆等其他环境历史学家一样,接受过经典著作的训练。①

随着 W. L. 托马斯主持的芝加哥大会的开幕和格拉肯首部重要著作的问世,1955 年成为后殖民时代环境史兴起的关键一年。然而,就在那一年,英国出现了另一本重要的新出版物,即 W. G. 霍斯金斯的《英格兰景观的形成》。这部书将对澳大利亚环境史的未来起到尤为重要的作用,它为迈克·威廉姆斯(Michael Williams)1974 年的著作《南澳大利亚景观的形成》提供了灵感和方法。霍斯金斯在英国地方史学家学派中声名鹊起,该学派由赫伯特·P. 芬伯格(Herbert P. Finberg)于 20 世纪 50 年代初在莱斯特大学英国地方史系创建。该学派公开承认,借鉴了亨利·克利福德·达比及其关于末日审判的研究成果,注重在处理地方历史和物质文化的细枝末节中,创新历史资源。但是莱斯特学派还有其他来源,主要是费尔南·布罗代尔的思想体系(他的第一部重要著作出版于 1949 年)以及法国年鉴学派,该学派于 20 世纪 50 年代初公开活动,强调地方研究的重要性,轻视宏大理论。布罗代尔关于地中海的重要著作发表于 1949 年,受到战后新环境意识的影响。他对物质文化史的新认识使同时代的人大吃一惊,他对自然环境、陆地和海洋、山地和森林都给予了极大的关注。他的成就是巨大的,就研究地中海环境而言,50 年后只有同时出版于 2000 年的两部关于地中海盆地环境史的著作才可以与之相提并论。但布罗代尔的画卷是一幅奇怪的静态画,未能记录人类对景观的破坏与改造所产生的巨大影响。

因此,1955 年《英格兰景观的形成》一书的出版具有极为重要的意义,因为它标志着一位训练有素的历史学家首次实质性地、充满活力地进入了以前曾经属于地理学家、生态学家和人类学家的领地,他们都在各自学科的边缘(或许是最前沿)从事研究。实际上,很难坚持认为我们现在所了解的

① 见 Russell Meiggs, *Trees and Timber in the Ancient Mediterranean World*, Oxford, 1982; D. Hughes, "Theophrastus as Ecologist", *Environmental Review*, 4, 1985, pp.296-307。

环境史跨学科领域到1955年底还没有开始。莱斯特学派很快又培养出了更多的地方历史学家,他们吸收了历史地理学和布罗代尔学派的许多方法论,特别是琼·蒂尔斯克(Joan Thirsk)和玛格丽特·斯普福德(Margaret Spufford)的景观与地方史研究。[①] 事实上,当女性闯入这一领域时,她们似乎不那么反对跨越学科界限,更愿意以一种特别包罗万象的、创造性的方法来借鉴和创新。像霍斯金斯一样,这些女性不怕效仿其地理学同行,她们使用霍斯金斯在他后来的著作《地方史的田野调查》(1967)中总结的技巧,展开了深入细致的当地实地调查。(迄今为止,与更主流的历史相比,女性在环境史中的比例失调仍然是一个未经研究的话题,但这是一个重要话题。)最近,霍斯金斯学派创作了关于森林史的新的地方性著作,包括维克多·斯基普关于阿登森林的社会和生态史的见解深刻的著作。[②] 同时,在英国沼泽地区,康沃尔郡历史学家杰克·拉文斯代尔将霍斯金斯的方法与H. C.达比的旧研究领域进行巧妙的结合,1977年他的《水灾隐患》问世,这本书讲述了17世纪使用沼泽排水系统前后兰德比奇村及其周边地区的历史。[③]

但是,莱斯特学派也给那些更多承袭生态学家达德利·斯坦普的传统进入该学科的研究者们带来灵感,也就是说,这些研究者是直接来自自然科学的。在这些新的狂热者中,最杰出的一位研究者是奥利弗·拉克姆(Oliver Rackham),我们将来或许可以称其为环境史的"李约瑟"。拉克姆最初是作为一名非常成功的细胞生理学家接受训练的(就像李约瑟成为科学史学家之前一样)。但他的主要爱好一直是收集菌类,记录古老森林中的稀有植物。这很快使他在业余时间着手阅读中世纪的法庭卷宗,其中记载了他感兴趣的古代林地的历史。拉克姆的工作像格拉肯一样辛苦,他第

---

① 请参阅 J. Thirsk, ed., *The Agrarian History of England and Wales*, Cambridge, 1985,第5卷;M. Spufford, *Contrasting Communities*, Cambridge, 1972。

② Victor Skipp, *Crisis and Development: An Ecological Case-study of the Forest of Arden, 1570-1694*, Cambridge, 1978.

③ J. Ravensdale, *Liable to Floods*, Cambridge, 1977.

一部关于环境史(或“生态史”,就像他喜欢称呼的那样)的著作是《海利森林:历史与生态》,直到1975年才问世。继之而来的是一系列关于英国古代林地和景观的著作,这些书都是以霍斯金斯的方式写的,但又巧妙地展示了受过正规生物学训练的优势。起初,拉克姆似乎不愿意承认自己在知识上的传承,但他最终像他之前的迈克·威廉姆斯那样,在1994年出版的《克里特景观的形成》中指明了这一点,这是他首部偏离英国主题的重要著作。[①]

确立霍斯金斯环境史学派的这些后期发展非常重要,因为它们在世界许多其他地区,尤其在澳大利亚,成为环境史的主要根基。此外,我们应该牢记,在其早期的后殖民阶段,环境史主要局限于英国、法国、美国、澳大利亚、南亚和东非,尽管并非全部。毫无疑问,在1975年以前的阶段,英国和澳大利亚是两个最强大的传统。人们可能会推测,两国孤立的地理状态,加上各自环境运动的相对强度,是一个主要解释因素。但并非所有学派都有共同的根源,法国学派在其来源和灵感方面就显得与众不同(尤其体现在勒华·拉杜里的著作中,他的《盛宴时代,饥馑时代》给英国人和美国人都留下了深刻的印象[②])。勒华·拉杜里本人对气候变化与气候极端事件对当地社群的历史影响特别感兴趣。这种气候史已经成为环境史中越来越重要的元素,其发展背景值得探讨。

从20世纪20年代初开始,一些历史地理学家和年鉴史学家积极宣传气候因素在历史分析中的作用,其中最主要的是乔治·勒费弗尔(Georges Lefebvre)、C. E. 拉布鲁斯和勒华·拉杜里本人。[③] 这一发展最初的主要结果是,1250至1900年间的“小冰河期”影响开始渗透到西欧(如果不是其他

---

① O. Rackham and J. Moody, *The Making of the Cretan Landscape*, Manchester, 1994.

② Emmanuel Le Roy Ladurie, *Times of Feast*, *Times of Famine: A History of Climate since the Year 1000*, London, 1972.

③ 对勒费弗尔方法的评价,请参阅 Marcel Reinhard, *Revue Historique*, 223, 1960, pp.1-12; 关于拉布鲁斯最相关的作品,请参阅 C. E. Labrousse, *Esquisse du movement des prix et des revenues en France au xviiie siecle*, 2 vols, Paris, 1933; 关于曼利对勒华·拉杜里开创性作品的影响的评价,请参阅 Le Roy Ladurie, *Times of Feast*。

地方的话)一些经济历史学家的研究议程,这在很大程度上应该归功于古斯塔夫·厄特斯特罗姆(Gustaf Utterstrom)的鼓动。[①] 在那些最早充分注意到有可能将小冰河期纳入他们对历史变迁的解释的历史学家中,有一些是亚洲学学者和非洲学学者,这一点或许很有意义。[②]

法国经济史上有一个正在发展中的学派,尤其关注气候多变性与(例如)作物产量变化对社会变革和危机的影响,在20世纪40年代之后,主流历史学家起初对此不予理会。这种否定气候在社会和经济变化的历史解释中的重要性的倾向,逐渐发展成为一种模式,在历史学科内部,只有勒华·拉杜里真正打破了这种模式,拉杜里自己受到了古斯塔夫·厄特斯特罗姆和戈登·曼利(Gordon Manley)著作的影响,尤其是1955年厄特斯特罗姆发表的一篇题为《近代史早期的气候波动与人口问题》的重要文章。[③] 这篇文章总结了当时能够获得的关于中世纪和近代历史中气候影响的大量数据。当然,它关注的几乎完全是不同时期的气候恶化对地处温带的西方世界经济萧条的影响。直到最近几年,极地和温带以外主要气候波动的历史影响在很大程度上仍然被人们忽视。

就其本人来说,勒华·拉杜里在1972年的《盛宴时代,饥馑时代》中形成了自己的观点。这个出版日期具有某些讽刺意味。这一年也标志着1972至1973年的厄尔尼诺事件的开始,我们现在从事后看来,该事件既标志着对厄尔尼诺现象全新科学关注的开始,也标志着公众开始重新认识厄尔尼诺现象可能对影响世界气候的极端事件所产生的影响。这主要是因为西非萨赫勒地区,尤其是埃塞俄比亚干旱造成的痛苦和高死亡率的画面

---

① Gustaf Utterstrom, "Climatic Fluctuations and Population Problems in Early Modern History", *Scandinavian Economic History Review*, 3, 1955, pp.1-47. 关于该阶段最好的综合考察,请参阅 J. M. Grove, *The Little Ice Age*, London, 1988。

② 例如,请参阅 Robert Marks, "'It Never used to Snow': Climatic Variability and Harvest Yields in Late-imperial South China, 1650-1850", in M. Elvin and Liu Ts'ui-jung, eds., *Sediments of Time: Environment and Society in Chinese History*, Cambridge, 1998, pp.411-446。

③ 见本页注释②。

(主要通过电视媒体)给西方公众带来了冲击。当然,早些时候的严重干旱或饥馑事件也对西方国家造成了一定影响,尤其是1966年比哈尔邦的那场饥荒,我们现在知道,这场饥荒也是由厄尔尼诺现象引起的。勒华·拉杜里对非温带世界不太感兴趣,即使他感兴趣,他也不像我们现在这样,可以从深入了解我们刚开始获得的厄尔尼诺过程和年表中获益,这些知识有助于我们理解对人类历史产生深刻影响的至少部分极端事件和反常事件的原因。历史学家也不再可能将"环境决定论者"妖魔化,或是宣称气候资料不足以对历史解释工作做出重大贡献,尤其当有关厄尔尼诺事件影响和模式的新信息已经开始出现的时候。

在我们讨论的大部分时间里,从1955年到20世纪60年代末,克拉伦斯·格拉肯一直在从事《罗德岛海岸的痕迹》的写作。该书最终于1967年问世,就在1968年环境意识爆发的前一年。人们可能会再次合乎情理地认为,这是对另一场重大战争的反应,这一次是越南战争。《痕迹》从其创作的时间来看几乎具有预言性质,它的写作时期正好与20世纪60年代环境意识的兴起同步。但伯克利地理系主任卡尔·索尔教授已经认识到了这本书的重要意义,他在格拉肯撰写这部不朽著作的过程中,一直小心翼翼地保护着格拉肯,使其避免受到失去任期的威胁。同时,索尔本人也在1966年创作了自己的主要作品《早期西班牙污水系统》,正如当代一些评论指出的那样,"由地理学家撰写的历史,尤其像索尔教授这样有学识的地理学家,是一种丰富的经历",并且,"它肯定会被列为卡尔·索尔迄今为止的重要出版物……20世纪学术界的一座里程碑"。①

实际上,在这一时期,北美唯一一家准备大胆出版新环境史著作的主要出版社是加利福尼亚大学出版社,它同时接受了索尔和格拉肯的著作。但我们可以注意到,1963年出版了人类学家克利福德·格尔茨的《农业的内

---

① C. Sauer, *Early Spanish Main*, Berkeley, 1966, 出版商的简介引用了《美洲人》以及《职业地理学家》上的评论。

卷化:印度尼西亚的生态变化过程》,这本书在商业上逐渐取得了巨大的成功,原因很明显,20 世纪 60 年代美国对东南亚的兴趣与日俱增。但这确实是一次冒险。正如格尔茨在序言中指出的那样,跨学科研究“永远是一场赌博”。[①] 但格尔茨也暗示了,加利福尼亚州的一些历史学家逐渐开始对其从事跨学科研究的同事们的工作产生越来越大的兴趣。格尔茨引用马克·布洛赫的话指出,“正如疾病的发展向医生展示了人体的秘密活动那样,一场大灾难的进展也向历史学家提供了关于一个受到重创的社会的性质的宝贵信息”。[②] 然而,正如我们将要看到的,加利福尼亚州的许多历史学家对几英里外他们在伯克利分校的非历史学家同行们实际上在做什么,似乎一无所知。

1967 年,罗德里克·纳什(Roderick Nash)出版了《荒野与美国人的思想》。这部著作在加利福尼亚州公众,尤其学生团体中立即获得了成功。它的成功鼓励纳什进一步研究,更重要的是,1970 年春,他在加州大学圣巴巴拉分校与教务主任一起开设了一门新课程。这门课程名为“美国环境史”。纳什本人似乎重新创造了环境史这个词,幸运的是,他显然没有意识到这个词曾经被地质学家和考古学家使用过。就像纳什后来在 1972 年所揭示的那样,

> 我原以为我是在回应对环境负责的呼声,这个呼声在那一年的头几个月达到高潮。我也很高兴能帮助这所大学,尤其是历史系,更加敏锐地应对社会问题。最后,我的“目标很明确”。此外,我以前从事的美国思想史研究,尤其是使《荒野与美国人的思想》得以出版的那些研究,使我对美国人及其环境之间相互影响的大致模式非常熟悉……但在我回办公室的路上,我开始担心了。在接下来的两周内,随着 450 名学生选修这门尚不成熟的课程,这种担心变成了非常严重的焦虑。我

---

① C. Geertz, *Agricultural Involution*, Berkeley, 1963, p.vii.

② Ibid., p.vi.

> 能和他们一起做些什么？答案几乎无处可寻。就我所知，学校从未开设过类似的课程。同样缺乏的是阅读材料的主体。①

对于一位在加利福尼亚州执教的学者来说，这里的最后一句话实在是非同寻常。纳什似乎认为，有必要从头开始。“环境史”，他写道，仿佛发现了什么新东西，将“指人类与整个生存环境过去的联系”。纳什不顾一切地寻找一个术语或一种对比，他接着说，“环境历史学家，和生态学家一样，会从整体、社区、相互关系和平衡的角度考虑问题。他应该把约翰·缪尔的话作为首要原则：‘当我们试图单独考察某一事物时，会发现它与宇宙万物息息相关。’”最后，纳什并没有对这句话做出任何真正的辩护，他总结道，“在真正意义上，环境史符合新左派历史的框架。它将确实成为‘自下而上的’历史，只是这里所使用的素材是生物群和土地本身”。

我认为他的最后几句话实际上泄露了整个秘密。很明显，纳什认为自己是“环境史”的缔造者。但我们应该指出，它显然不是一部以任何平衡方式处理人与自然关系的历史。相反，它是图腾式的，用大写字母“N”来关注自然本身，尤其以缪尔的方式，纳什已经承认了这一点。纳什接着描述了这门课程的内容，正如后来出现的那样。值得注意的是，纳什几乎没有提到北美以外的背景材料，除了马什早在1864年就这个主题所说的话，因为马什就出现在阅读书目里。然而，这并没有阻止纳什在同一年向赫伯特·J. 巴思(Herbert J. Bass)主编的题为《美国史现状》的论文集贡献了“环境史现状”一章。纳什将“环境史”等同于美国史，这并非偶然。令人感到不舒服的事实是，纳什明显缺乏对美国以外，甚至加利福尼亚州历史以外文献的了解。这个缺陷非常重要，因为纳什和他的一些同事接着编辑了一期《太平洋历史评论》关于“环境史”的文章(再一次的，这些论文仅限于美国的情况)，然后，他们脱离美国历史协会，另行组建了美国环境史协会，其会刊

---

① Roderick Nash, “American Environmental History: A New Teaching Frontier”, *Pacific Historical Review*, 41, 1972, pp.362-372.

《环境评论》两度更名,最近一次是在 1996 年。

澳大利亚环境史模式

但是,当加州人开始对环境进行新的民族主义史学研究时——这可能是寻找一种新的后越战和后帝国主义身份的努力的一部分,其他地方发生了什么?澳大利亚的情况在这方面特别具有启发性,因为在澳大利亚,与英国和南亚一样,环境历史实际上正在成熟,但其范围远没有美国那么狭隘。[1] 1944 年强厄尔尼诺事件及其导致的澳大利亚东部大部分地区的严重干旱,已经为战后澳大利亚公众对环境危机的敏感度,特别是对种植边缘地区环境危机的敏感度奠定了基础。[2] 该国战后的环境史反映了对气候的这种关注。尤其值得一提的是,澳大利亚第一部关于环境史的重要著作是由一位来访的美国地理学家 D. 梅尼格(D. Meinig)撰写的,而且,实际上,这本书是在芝加哥出版的,芝加哥是加州大学伯克利分校之外的美国地理研究中心。明显受 20 世纪 30 年代干燥论传统的影响,梅尼格把他的著作命名为《地球边缘:南澳大利亚小麦边界》。紧随其后,希斯科特(Heathcote)的著作《在伯克背后》于 1965 年出版,1967 年巴克斯顿(Buxton)出版了《里韦利纳:1861—1891》,这本地方地理学显然受到年鉴学派和法国区域地理的影响。埃里克·罗尔斯(Eric Rolls)与基思·汉考克爵士(Sir Keith Hancock)接着分别推出自己的经典著作《他们都疯了》(1969)和《探索莫纳罗》(1972)。这些对相对较小地区的极为详细的研究,实际上可以和英国地方历史学家提供的一些材料相媲美,罗尔斯和汉考克对这些材料都非常熟悉。

① 关于澳大利亚环境史上最有用的论文集和文献回顾,请参阅 Stephen Dovers, *Australian Environmental History: Essays and Cases*, Melbourne, 1994。对于任何外部评论员来说,这本出版物可能太迟了,无法从任何真实的角度看待这部作品。

② 请参阅蒂姆·博尼哈蒂关于公众对 1944 年一些事件媒体报道的反应的一篇文章(Tim Bonyhady, *Sydney Morning Herald*, 1995)。

但事后想来,澳大利亚环境史上第一部真正意义重大的著作,也是第一部获得全球读者群的著作(例如,它很快成为英国大学的指定读本),是关于南澳大利亚的另一部著作。这就是迈克·威廉姆斯的《南澳大利亚景观的形成》,一部通过其标题,公开宣称传承了霍斯金斯1955年关于环境史的开创性著作的作品。此外,威廉姆斯非常谨慎地表明了自己从达比和G. P. 马什那儿获得的影响,他对后者的传承尤其明显。[①] 威廉姆斯提醒读者注意马什对澳大利亚的浓厚兴趣,认为澳大利亚是考察人类作为地理代理人的影响的场所:"或许,澳大利亚是我们有权期待对这些困难的、充满争议的问题做出最充分解释的国家……在这里……有更完善的设备和更强烈的动机来仔细研究所讨论的问题,这是在任何其他欧洲殖民地的舞台上所没有的。"当然,对于一个经常容易受到气候变化无常的影响、对气候变化非常敏感的国家来说,马什的话是特别恰当的。事实上,直到最近我们才开始真正认识到,澳大利亚的气候和经济在历史上是多么密切地受到一种单一气候因素的影响的,这就是厄尔尼诺洋流的各种变化及其相关的现象,即南部的振荡。[②] 奇怪的是,澳大利亚的经济史学家过去在计量中几乎完全忽略了这个强大的变量,在一个如此众多的农民年复一年只能依靠政府的旱灾补助金勉强度日的国家,这更加值得注意。

正如威廉姆斯转述的那样,马什的挑战很快被约瑟夫·鲍威尔(Joseph Powell)所接受,这位出生在利物浦的历史地理学家现在已经成为澳大利亚环境史的资深专家。鲍威尔1976年出版的著作并非他的首部作品,该书扉

---

① 他在序言中引用了达比的一句话:"作为地理学家,当我们环视四周时,一个问题引起了我们的注意,它表现为不同的形式:'为什么乡村看起来像现在这样?是什么赋予了这块土地现在的特性?'在我们提出这个问题的那一刻,我们就致力于以一种或另一种形式研究历史地理学。"Darby, "On the Relations of Geography and History", *Transactions of the Institute of British Geographers*, 19, 1953, p.9, 引自 Michael Williams, *The Making of the South Australian Landscape*, London, 1974, p.1。

② 请参阅 Grove, *The East India Company, the Australians and the El Nino*, ANU Discussion Papers in Economic History, 1995。

页表明了他跨学科的双重特性。这本书的目的是,他写道,“简要介绍澳大利亚环境史上一些重要的主题”。[①] 在这本书的序言中,甚至没有提到历史地理学这个词,鲍威尔指出,当他使用“环境史”这个词时,他对美国的历史流派没有具体的概念。无论这个名称是以何种知识通道传到墨尔本的,鲍威尔的权威著作,尤其关于殖民地和定居对澳大利亚环境影响的那些著作,仍然是迄今为止出版的关于澳大利亚大陆环境史最杰出的著作。实际上,随着他1976年那本书的出版,以及随后关于维多利亚、昆士兰、默里盆地和西澳大利亚的那些作品的问世(并且,随着威廉姆斯离开之后去了哈尔福德·麦金德爵士在牛津地理学院的旧帝国母校!),鲍威尔已经成为单门独户的环境历史学派,从那以后,他的综合方法被后来的许多作家用来研究大洲范围的主题。威廉姆斯和鲍威尔都非常敏锐地意识到殖民主义和国际主义思想的影响,这些影响有助于塑造澳大利亚定居环境的演变,在这一点上,他们与威廉·克罗农(William Cronon)、卡罗琳·梅特克(Carolyn Merchant)、理查德·怀特(Richard White)、唐纳德·沃斯特(Donald Worster)等同时代的美国学者极为不同。威廉姆斯的《美洲人和他们的森林》也有同样的全球参照意义,在我看来,这是迄今为止北美最好的一部整体环境史,这不仅仅是因为,它能够清楚表达出全球环境背景,在这种背景下,美国的环境事件应该被人们恰当地看待。在鲍威尔的例子中,他对澳大利亚,尤其对其早期森林史的论述,由于他对来自其他殖民地的人员、环境话语和思想传播的理解而变得更加深刻,特别是印度,鲍威尔很快认识到,印度是殖民地土地管理思想体系的根源。

近些年来,澳大利亚吸引了一些更具全球思维的美国环境历史学家的注意,其中包括斯蒂芬·派恩(Stephen Pyne)和托马斯·邓拉普(Thomas Dunlap)。对派恩来说,澳大利亚非常有吸引力,他发现了许多土著群体的火文化,能够理想地证明他的信念:在生态学和历史学文献中,火是一种被

---

① J. Powell, *Environment Management in Australia, 1788-1914*, Melbourne, 1976, p.ix.

严重忽视了的景观改变因素。派恩的著作《澳大利亚火灾史》深入细致而又博采众长地使用了科学和人类学文献，与莱恩斯《开垦南方大地》(1991)、卡里和巴尔《褐色土地的绿化》(1992)中的决定论先入之见形成了鲜明对比，与威廉姆斯和鲍威尔制定的标准相比，这两部书都不是原创性作品。相反，殖民地/入侵后环境史的两个主要研究方向有望产生更令人激动的思想果实。这些方向是，首先，汤姆·格里菲斯(Tom Griffiths)等学者们从事的各种细致的区域研究；[①]其次，一些学者正在进行的强有力的专题研究，包括约翰·达尔加维尔(John Dargarel，关于森林和森林管理的历史)、詹妮弗·麦克库洛赫(Jennifer MacCulloch，关于物种保护的历史)、蒂姆·博尼哈蒂(Tim Bonyhady，关于1788年到现在的环境保护主义历史)，以及格雷厄姆·斯诺克斯(Graham Snooks，关于1788年以来自然资源使用的详细核算)等。尤其值得指出，博尼哈蒂作品的一个讽刺之处在于，它试图(在一块巨大而精细的画布上)完成一个研究项目，这在美国或英国都未曾有过真正的尝试，迄今为止，关于环境保护主义在19世纪兴起的有说服力的、经过适当研究的报道，因为在英美的缺失而引人注目。

实际上，这有助于我们在今天所谓的边缘地区确定环境史研究中一个非常显著的方面，也就是说，就像在帝国时代一样，远离英美宗主国的半干旱和热带地区迄今为止创造了环境史上最有趣、最具创新性的作品。在某种程度上，这是殖民地外围相对欠发达的边境或荒野对欧洲人来说更具内在吸引力和新奇感的必然结果。然而，在加利福尼亚和美国其他地方，“荒野”情结一度造成环境史上美国认同危机和图腾崇拜发生同化和混淆的局面，澳大利亚(以及南亚和南部非洲)的环境史，在揭示殖民扩张与文化冲突的过程和对话中，表现出一种不那么民族主义，但更具综合性、外向性和比较性的方法。有人可能会认为，战争时期(尤其第一次世界大战)的经历

---

① T. Griffiths, *Secrets of the Forest: Discovering History in Melbourne's Ash Range*, Melbourne, 1992.

是澳大利亚认同感的决定性组成部分,而战争恐惧、帝国扩张、文化冲突和气候关注是环境史的决定性组成部分,这两者之间的密切联系使后者成为未来理解澳大利亚社会背景的一个特别合适的工具。

此外,随着世界环境史的发展,而且令人欣慰的是,越来越不以美国为中心,它的重心进一步东移,我们可以期待更多源于澳大利亚的那种更加开放的比较研究。作为一位非洲学学者和南亚学学者,我对此别有企盼。但是,人们不仅从非洲和亚洲(尽管还不是太平洋地区)环境史令人惊叹的迅速发展中看到该进程的开始,也可以从最近出版的深思熟虑的比较环境史著作中看到这一点。贝纳特和科茨最近的著作《环境与历史:美国和南非对自然的驯服》,或许可以成为一个有用的范例。[①] 涉及澳大利亚环境的两种相关研究方法非常有价值,一种是关于生物史的主题,另一种是关于比较殖民历史的更直截了当的思路。尽管如此,克罗斯比 1986 年在《生态帝国主义》中表达的生物殖民主义理论被过度夸大了,不可避免地受到以美国为中心的影响,这提醒我们理解人类导向的动植物扩散的文化和经济影响的重要性。但是,美洲和太平洋中南诸岛的作物与其他植物种类对非洲、东南亚和中国生态史的巨大影响(与克罗斯比描述的方向相反),在很大程度上仍然是一个未解之谜。人们只要提到,随着玉米在中美洲、非洲和中国的传播,关于大面积土壤流失(部分原因是坡地种植)的证据越来越多,就可以明白这一点。同样,澳大利亚桉树和非洲、南亚其他植物物种的传播也产生了相当大的经济和美学影响,但仍未得到充分的研究。[②] 或许最引人注目的是,缺乏南部非洲和澳大利亚的比较环境史,鉴于这两个地区气候和地理的相似性,该计划将具有非常重要的意义。

在结论中直接引用澳大利亚环境史先驱约瑟夫·鲍威尔的话似乎非常合适,因为他试图预测未来并提出建议。在某种更宽泛的意义上,尤其当他

---

① Beinart and Coates, *Environment and Hiatory*.

② 但是,请参阅 G. L. Shaughnessy, "Historical Ecology of Alien Woody Plants in the Vicinity of Cape Town, South Africa", Ph. D. dissertation, University of Cape Town, 1980。

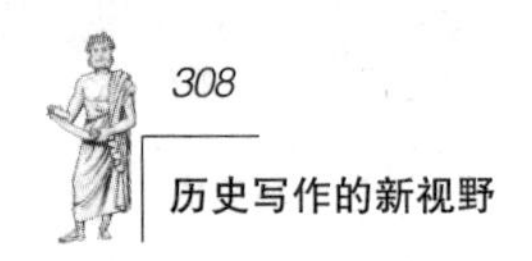

提到“错综复杂的私人话语”的危险时，他的观点和环境史的议程非常相关。从民族主义的角度看，正是这个问题把美国早期环境史带入了一个死胡同，而澳大利亚人(还有其他人！)最好小心提防。

> 澳大利亚历史地理学与后来出现的澳大利亚史并行不悖，最近作为对“环境史”扩张的反应，这两个领域重新达成了宝贵的互惠关系。到目前为止，每个群体似乎都接受了自然作为“独立”动力的至高无上地位。这种信念深深扎根于澳大利亚独特的经历中，与同样为人们所共识的基于美学、科学和本土概念的相互竞争的主张交相辉映。每个群体都在努力应对学术使命与全球和国家公民身份要求之间的紧张关系，并以不同的方式容忍和促进对当前环境问题前因的“可以接受的”解释。环境史在澳大利亚的广泛宣传中高度重视历史地理学家在资源评估和环境管理方面的“核心”利益，尽管地理学家已经为环境变化的跨学科分析做好了充分准备，并坚持不可避免的国际合作意识，但环境的独特性仍在继续挑选并回馈澳大利亚的历史学家。只要摈弃那些错综复杂的私人话语的自我陶醉，更为密切的合作似乎是有可能的，这个过程将导致“应用型”学术成就真正、持久的融合，实现更广泛的社会沟通。[①]

---

① 约瑟夫·鲍威尔，对其论文《历史地理学与环境史：澳大利亚界面》(Joseph Powell, *Historical Geography and Environmental History: An Australian Interface*, International Conference of Historical Geographers, Perth WA, July 1995)的个人总结。

第十二章

事件史与叙事的复兴*

彼得·伯克

叙事与结构

和历史一样,历史学似乎也会重演——只是有些不同。早在我们这个时代之前,在启蒙时代,书面历史应该是对事件的叙述的假设就遭到了攻击。攻击者包括伏尔泰和苏格兰社会理论家约翰·米勒(John Millar),后者写了"引起庸俗历史学家注意的事件的表面"。从这个角度来看,19世纪初由利奥波德·冯·兰克领导的史学界所谓的"哥白尼革命",看起来更像是一场反革命,因为它把事件带回了舞台中心。①

对事件史的第二次攻击是在20世纪初发起的。在英国,刘易斯·纳米尔和R. H. 托尼除了建议历史学家应该分析结构,而不是叙述事件,几乎没有达成其他共识。在法国,摒弃被贬低为"以事件为中心的历史(histoire événementielle)"研究,转而支持结构史,是所谓"年鉴学派"的主要纲领,从吕西安·费弗尔到费尔南·布罗代尔,后者和米勒一样,认为事件是历史海

---

* 这篇文章最初是一篇演讲稿,现在的版本在很大程度上得益于不同听众的评论,从牛津到坎皮纳斯,从伊萨卡(纽约州)到东京。我还要感谢卡洛·金兹伯格、马克·菲利普斯(Mark Phillips)和伊恩·克肖对早先草稿的评论。

① 我试图在"Ranke the Reactionary", *Syracuse Scholar*, 9, 1988, pp.25-30 中支持这一论点。

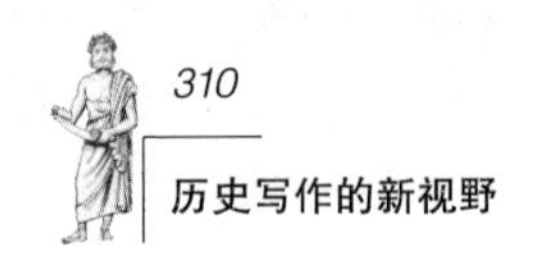

洋的表面,重要的只是它们可能揭示的更深层次的洋流。① 如果通俗历史仍然忠实于叙事传统,那么学术史就越来越关注问题和结构。法国哲学家保罗·利科在 20 世纪 70 年代谈到过历史叙事的"衰落",他无疑是正确的。②

利科继续争辩说,所有的书面历史,包括与布罗代尔和"年鉴学派"相关的所谓"结构"历史,都必然采取某种叙事形式。对这个论点,人们可能会回答说,把结构历史描述为一种叙事,是在淡化叙事的概念,使其几乎毫无用处。无论如何,在我们这个时代或其他任何时期的历史著作中,区分人们所说的叙事性程度无疑是非常重要的。阐明这些区别是本章的主要目的之一。

多年来,有迹象表明,在相当强烈的意义上,历史叙事正在卷土重来。甚至一些与年鉴有关的历史学家也在朝着这个方向发展,例如,已故的乔治·杜比发表了一份关于布汶战役的研究报告,伊曼纽尔·勒华·拉杜里的《狂欢节》讲述了 1579 年至 1580 年间在罗马小镇上发生的事件。③ 这两位历史学家的明确态度与布罗代尔的观点相去甚远。杜比和勒华·拉杜里关注特定事件,不是因为事件本身,而是因为它们揭示了所处的文化。尽管如此,他们把整本书都用在特定事件上,这个事实表明,他们与布罗代尔的立场有一定的距离,而且无论如何,勒华·拉杜里已经在其他地方讨论了他称之为"创造性事件"(événement matrice)的重要性,这类事件摧毁了传统的结构,并且用新的结构取而代之。④

这种新趋势已经开始影响其他学科,特别是社会人类学。已故英国历

① F. Braudel, *The Mediterranean*, 1949: English trans. London, 1972-1973, 序言。

② P. Ricoeur, *Time and Narrative*, 1983: English trans., 3 vols, Chicago, 1984-1988, 第 1 卷,第 138 页起。

③ G. Duby, *The Legend of Bouvines*, 1973: English trans. Cambridge, 1990; E. Le Roy Ladurie, *Carnival*, 1979: English trans. London, 1980.

④ E. Le Roy Ladurie, "Event and Long-Term in Social History", 1972: English trans. in his *The Territory of the Historian*, Hassocks, 1979, pp.111-132.

史学家劳伦斯·斯通在1979年发表的一篇文章“叙事的复兴”中分析了这一趋势,这篇文章至今仍经常被引用。[①] 自1989年以来,一些最有名的历史出版物继续例证了斯通的论点,其中一些将在下文得到更详细的讨论。

区分历史学家对叙事的两种兴趣可能是有用的。首先,他们自己对撰写叙事很感兴趣。其次,历史学家已经开始把他们的许多资料来源看作特定人物讲述的故事,而不是对过去的客观反映。斯通没有提出这一点,但自从1979年以来,这一点已经变得显而易见了。因此,娜塔莉·戴维斯在一部题为《档案中的虚构》的书中,分析了一系列赦免请求书,这些上诉是被控犯有谋杀罪的人向法兰西国王提出的,他们为了得到宽恕而讲述了自己如何杀人的故事。最近的社会史研究通常以法庭记录为基础,将这些文件作为关于强奸、争吵、巫术、儿童谋杀等的叙述加以研究。[②] 它们强调了人们在多大程度上“生活在”故事中(正如伊懋可[Mark Elvin]在最近一篇关于19世纪和20世纪中国的研究中所说的那样),强调了人们为了理解自己的经历一直在对自己和他人讲述故事的程度。[③]

一些历史学家采用了“文化叙事”这个短语,来指代在特定文化中重现的情节,比如沙皇杀死儿子的故事,这个故事发生在伊凡雷帝统治时期,在彼得大帝时代再次上演。[④] 小说、报纸或电影中讲述的叙事如何影响人们

---

① L. Stone, “The Revival of Narrative”, *Past and Present*, 85, 1979, pp.3-24;参见E. J. Hobsbawm, “Some Comments”, *Past and Present*, 86, 1980, pp.3-8;参见J. Boon, *The Anthropological Romance of Bali*, Cambridge, 1977,以及E. M. Bruner, “Ethnography as Narrative”, in V. Turner and E. Bruner, eds., *The Anthropology of Experience*, Urbana, Ill., and Chicago, 1986,第6章。

② N. Z. Davis, *Fiction in the Archives*, Stanford, Calif., 1987; M. Chaytor, “Husband(ry); Narratives of Rape in the Seventeenth Century”, *Gender and History*, 7, 1995, pp.378-407; D. Purkiss, “Women's Stories of Witchcraft in the Seventeenth Century”, *Gender and History*, 7, 1995, pp.408-432; L. Gowing, *Domestic Dangers: Women, Words and Sex in Early Modern England*, Oxford, 1996; M. Rubin, *Gentile Tales: The Narrative Assault on Late Medieval Jews*, London, 1999.

③ M. Elvin, *Changing Stories in the Chinese World*, Stanford, Calif., 1997,特别是第5页起。

④ S. Maza, “Stories in History: Cultural Narratives in Recent Works in European History”, *American Historical Review*, 101, 1996, pp. 1493-1515; A. Besancon, *Le tsarévitch immolé: le symbolique de la loi dans la culture russe*, Paris, 1967.

感知自己或邻居行为的方式也引起了历史学家的注意。① 一些历史学家现在写的是关于叙事的叙事。

斯通声称,他所做的不过是“试图绘制在历史时尚中观察到的变化”,而不是做出价值判断,但是,看到他所说的历史写作“从分析模式向描述模式……的转变”,我们很难不为这位专注于解释过去的先锋社会史家感到遗憾。20 世纪 80 年代发表的一些最著名的历史研究成果证实了他的观点。

例如,1989 年出版的西蒙·沙马的《公民》,是一部关于法国大革命的研究报告,它将自己描述为回归“19 世纪编年史的形式”。对这种描述不需要过于认真地对待,因为作者在将大革命的新文化史元素(例如,对演讲风格的关注)融入他的故事中时表现出了高超的技巧,就像他添加了一些相对不知名的人的微观史一样,比如“喜欢老鼠的人”、“骑士”拉图德。尽管如此,沙马的故事还是回归了 19 世纪的历史写作模式,拒绝用制度结构来解释大革命,而倾向于用个人的决定来解释。②

斯通文章的标题及其论据都很有影响力,有助于使历史叙事成为一个值得争论的问题。③ 更确切地说,历史叙事已经成为至少两场辩论的主题,这两场辩论一直在独立进行,尽管彼此之间存在着相关性。将这两场辩论联系起来是本章的主要目的。④

---

① R. Harris, *Murders and Madness: Medicine, Law and Society in the Fin de Siècle*, Oxford, 1989; M. MacDonald and T. R. Murphy, *Sleepless Souls: Suicide in Early Modern England*, Oxford, 1990, pp.301-337.

② S. Schama, *Citizens*, London, 1989, pp.xv, 63, 162-170, 394—399;参见 A. B. Spitzer, “Narrative's Problems: The Case of Simon Schama”, *Journal of Modern History*, 65, 1993, pp.176-192。

③ 参见 B. Bailyn, “The Challenge of Modern Historiography”, *American Historical Review*, 87, 1982, pp.1-24。

④ 参见 Ricoeur, *Time*; M. Phillips, “On Historiography and Narrative”, *University of Toronto Quarterly*, 53, 1983-1984, pp.149-165;以及 H. Kellner, *Language and Historical Representation*, Madison, Wis., 1989, 特别是第 12 章。

首先，有一场众所周知且由来已久的运动，反对像布罗代尔这样主张历史学家应该更认真地对待结构而不是事件的人，以及那些仍然相信历史学家的工作是讲述故事的人。在这场运动中，双方目前都在各自的立场上站稳了脚跟，但都以牺牲对方为代价，提出了一些重要观点。①

一方面，结构历史学家已经表明，传统叙事忽略了过去的重要方面，从经济和社会框架到普通人的经验和思维方式，这些是它根本无法容纳的。②换言之，叙事在历史写作中并不比在小说中更加单纯。在叙述政治事件的情况下，很难避免强调领导人的行为和决定，而忽略了它们无法控制的因素，因为这些行为和决定提供了清晰的故事线。至于集体实体——德国、教会、保守党、人民等等，叙事史学家被迫在完全省略它们和将其拟人化之间做出选择，我同意伟大的荷兰历史学家约翰·赫伊津哈的观点，即拟人化是历史学家应该尽量避免的一种修辞手法。③ 拟人化模糊了领导者和追随者之间的区别，并且鼓励缺乏想象力的读者假设在经常发生冲突的群体之间存在着共识。

尤其是在军事方面，英国历史学家约翰·基根（John Keegan）曾经指出，传统的战争叙事在“高度重视领导能力”和“将士兵沦为棋子”方面具有误导性，因此需要摒弃。④ “自下而上的历史”（上文讨论过，见第二章）现在包括了战争史。尽管如此，我们还是很难放弃传统的战争叙事，这一点可以从科尼利厄斯·瑞安（Cornelius Ryan）对诺曼底登陆日的著名研究中得到说明。⑤

---

① 关于不同观点的讨论，请参阅 J. Kocka and T. Nipperdey, eds., *Theorie und Erzahlung in der Geschichte*, Munich, 1979。

② 最后一点在 E. 奥尔巴赫的《模仿论》（E. Auerbach, *Mimesis*, 1946; English trans. A Princeton, 1953）中得到了很好的阐述，见第 2 章和第 3 章（讨论塔西佗和普林尼）。

③ J. Huizinga, “Two Wrestlers with the Angel”, in his *Men and Ideas*, New York, a 1959. 对比一下凯尔纳在 *Language*（特别是第 5 章，关于米歇尔）中对拟人化的辩护。

④ J. Keegan, *The Face of Battle*, 1976; Harmondsworth, 1978 edn, pp.61ff.

⑤ C. Ryan, *The Longest Day*, London, 1959.

瑞安开始写士兵的战争，而不是将军的战争。他笔下的历史是他作为战地记者工作的延伸：其来源主要是口头的。他的作品很好地传达了双方战斗的感觉，生动而富有戏剧性——实际上，就像一部古典戏剧一样，是围绕地点（诺曼底）、时间（6月6日）和行动三个“统一体”组织的。另一方面，这本书被分成了几个独立的片段。不同参与者的经历并不一致。为了将它们联系起来，作者不得不强加一个从“上层”衍生出来的模式，从而回到他试图逃离的将军们的战争。瑞安的书比大多数人更清楚地说明了这个问题，但问题并不仅仅是他一个人的。这种偏见可能是叙事组织中所固有的。

另一方面，支持叙事的人指出，结构分析是静态的，因此在某种意义上是非历史的。以我们这个时代最著名的结构史为例，尽管布罗代尔的《地中海》（1949）为事件和结构找到了空间，但人们常常注意到，作者几乎没有提出他所关注的三个时间尺度之间可能存在什么联系：长时段、中时段和短时段。无论如何，布罗代尔的《地中海》都不是一个结构史的极端例子。[①]尽管他在序言中谈到了事件的肤浅，但在其研究的第三部分，他继续用几百页的篇幅来讨论这些事件。然而，布罗代尔的追随者们在模仿的过程中倾向于缩小他的规划（不仅是在地理意义上）。从20世纪50年代到70年代末，以年鉴学派的方式进行的区域研究，其经典形式包括两部分的划分，第一部分涉及结构，第二部分涉及一般趋势（*conjoncture*），在严格意义上几乎没有或根本没有为事件留出空间。

这两大阵营的历史学家，无论是结构派还是叙事派，不仅在选择他们认为对过去有意义的事情上有所不同，而且在偏爱的历史解释模式上也有所不同。传统的叙事史学家倾向于根据个人性格和意图来做出解释，这并不完全是偶然的。他们喜欢这样的解释：“因为菲利普二世拿不定主意该怎么办，所以马德里的命令迟迟才来”，或者正如英国哲学家所说，“窗户碎

---

① 利科（《时间》）甚至声称这是一个带有“准情节”的历史叙事（第298页及以后）。

了,是因为布朗朝窗户扔了一块石头”。另一方面,结构历史学家更喜欢这样的解释:“窗户破裂是因为玻璃易碎”,或者(引用布罗代尔的著名例子),“马德里的命令迟迟才来,是因为16世纪的船只需要几个星期才能穿越地中海”。正如斯通所指出的那样,所谓的叙事复兴与人们越来越不信任第二种历史解释模式有很大关系,这种模式在上一代人中经常被批评为还原论和决定论。

叙事历史学家和结构历史学家之间这场旷日持久的壕沟战已经持续得太久了。通过比较1978年发表的两项关于19世纪印度的研究,可以感受到这场冲突的代价,以及它所涉及的潜在历史理解的丧失,这两项研究集中在1857年所谓的“印度兵变”上,现在被称为“大起义”。① 克里斯托弗·希伯特(Christopher Hibbert)以宏大的方式,创作了一部传统叙事的、固定套路的(set-piece)历史,其中有几章的标题是“密鲁特兵变”“兵变蔓延”“勒克瑙围城”“袭击”等。他的书丰富多彩,的确扣人心弦,但也很肤浅,因为它未能让读者更多地了解事件发生的原因(可能是因为它是从英国人的角度撰写的,英国人自己也感到惊讶)。另一方面,埃里克·斯托克斯(Eric Stokes)仔细分析了起义的地理和社会学、地区差异和当地背景,但在最后的综合分析中又退了回来。如果有人交替阅读这两本书,也许就会像我一样,被是否可能存在第三本书的问题所困扰,这本书可能会把叙事和分析结合起来,并将地方事件与社会结构变化更紧密地联系在一起。

现在是时候研究如何避免叙述者和分析家之间的冲突了。我们可以从批评双方都有一个共同的错误假设开始,即认为区分事件和结构是一件简单的事。我们倾向于宽松地使用“事件”这个词,不仅指耗费数小时的事件,如滑铁卢战役,也指法国大革命这样的事件,其过程持续了好几年。用“事件”和“结构”这两个术语来指代整个可能性范围的两个极端可能是有

---

① C. Hibbert, *The Great Mutiny*, London, 1978; E. Stokes, *The Peasant and the Raj*, Cambridge, 1978.

用的,但我们不应该忘记这个范围中间的存在。马德里的命令姗姗来迟的原因,不必局限于地中海地区的通讯结构,也不必局限于菲利普二世在某个特定场合没有下定决心。国王可能长期犹豫不决,而议会制的政府结构可能进一步延缓了决策过程。

根据这种模糊的定义,正如马克·菲利普斯所建议的那样,我们应该“把叙事和非叙事模式的多样性看作一个连续的存在。[1] 我们也不应该忘记探寻事件和结构之间的关系。在这个中心区域工作,也许可以超越这两种对立的立场,达成某种综合”。

传统叙事与现代叙事

对于这种综合,第二场辩论中所表达的意见很可能会对此做出有益的贡献。这场辩论始于 20 世纪 60 年代的美国,世界其他地区的历史学家还没有把它当回事,也许是因为它看起来“仅仅”是一种文学上的辩论。它不是关于要不要写叙事的问题,而是关于要写什么样的叙事的问题。20 世纪 60 年代,电影历史学家西格弗里德·克拉考尔(Siegfried Kracauer)似乎率先提出,现代艺术,尤其是乔伊斯、普鲁斯特和弗吉尼亚·伍尔夫的“时间连续性的分解”,为历史叙述者提供了挑战和机遇。[2] 顺便提一下,关于这种分解,一个更明显的例子是奥尔德斯·赫胥黎(Aldous Huxley)的《加沙的盲人》(1936),这部小说由 1902 年至 1934 年间标注日期的短小篇目组成,这些篇目无论逻辑如何,都绝对不是按照时间顺序排列的。

海登·怀特比克拉考尔更受关注,他指责历史专业忽视了自己时代的文学见解,仍然生活在 19 世纪文学“现实主义”的伟大时代。[3] 同样,莱昂

---

① Phillips, “Historiography”, p.157.

② S. Kracauer, *History: The Last Things before the Last*, New York, 1969, p.178f.

③ H. V. White, “The Burden of History”, *History and Theory*, 5, 1966. 转载于他的 *Tropics of Discourse*, Baltimore, 1983, pp.27-50。

内尔·戈斯曼(Lionel Gossman)也抱怨说,“我们今天很难看出,作为一个作家,谁是现代史学的乔伊斯或卡夫卡”。[①] 尽管如此,历史学家戈洛·曼(Golo Mann)似乎从他的小说家父亲的叙事实践中学到了一些东西。将戈洛·曼对老瓦伦斯坦思想的描述与《魏玛的洛特》中唤起歌德意识流的著名章节相提并论,这并不完全是空想,显然是想比乔伊斯做得更好。在他称之为“一部过于真实的小说”的研究中,戈洛·曼遵循了历史证据的规则,并且明确表示,他提出的是一种假设性的重建。与大多数小说家不同的是,他并不声称能够读懂他的主人公的思想,而只是读懂了他的信。[②]

与怀特和戈斯曼不同的是,我并不认为历史学家仅仅因为生活在20世纪就必须进行文学实验,或者必须模仿特定的作家,因为他们的技术是革命性的。寻找新的文学形式的目的当然是要意识到旧的形式不足以满足自己的需要。

有些创新可能是历史学家最好要避免的。我会把某人发明的意识流也包括在内,尽管它可能是有用的,原因和历史学家拒绝使用著名的编假话的经典手段是一样的。我也更愿意避免在《加沙的盲人》以及其他地方发现的时间顺序的混乱。然而,其他实验受到了比之前提到的更广泛的现代作家的启发,可能会为历史学家长期以来一直在努力解决的问题提供解决方案,特别是三个问题。

首先,遵循小说家从多个角度讲述故事的模式,可能会使内战和其他冲突更容易理解。奇怪的是,这种方法在赫胥黎、威廉·福克纳的《喧哗与骚动》(1931)以及劳伦斯·杜雷尔的《亚历山大四重奏》(1957—1960)中非常有效,更不用说18世纪的书信体小说了,历史学家却没有更加认真地对待

---

① L. Gossman, “History and Literature”, in R. H. Canary and H. Kozicki, eds., *The Writing of History*, Madison, Ill., 1978, pp.3-39.

② G. Mann, *Wallenstein*, Frankfurt, 1971, pp.984f, 993f; T. Mann, *Lotte in Weimar*, 1939, 第7章;参见G. Mann, “Plädoyer für die historische Erzählung”, in Kocka and Nipperdey, *Theorie*, pp.40-56, 特别是他主张历史叙事不排斥理论意识。

它,尽管对其进行修改以处理集体观点和个人观点可能是有用的。这种手法将允许从各种角度来解释冲突,而这些解释本身可能也是相互冲突的。为了让逝者"各种不同的和对立的声音"再次被人们听到,历史学家需要像小说家一样练习异语(heteroglossia)。[①]

例如,在美国人类学家兼历史学家理查德·普莱斯(Richard Price)的一项杰出研究中,18 世纪苏里南的历史是以四种声音对话的形式呈现的。有黑奴,他们的观点是从他们后代的记忆中重建的,通过口述历史的方法加以收集。有荷兰殖民管理者,他们的观点贯穿于官方文件中。有前来改变萨拉马卡人宗教信仰的摩拉维亚传教士,他们留下了许多经文。最后是历史学家自己的声音,不是作为最后的合成,而是简单地作为其中一个声音出现。在同一本书中使用四种不同的字体,使读者更容易识别在某个故事中(更确切地说,在所有故事中)的任何时候是谁在说话。[②]

作者拒绝告诉我们他的故事的"真正"含义是什么,这可能会让一些读者和一些评论家感到震惊。从某种意义上说,这是一种责任的放弃,但它也表明,包括历史学家在内,人类是从特定的角度看问题的。这项工作的主要目的是展示和陈述黑人和白人、官员和传教士、过去和现在之间的立场差异,以及不同群体为强加他们对局势的特殊定义而产生的误解和斗争。人们很难模仿这一特定的历史重建的杰作,但普莱斯理应激发一系列的研究灵感。

其次,越来越多的历史学家开始意识到,他们的作品与其说再现了"实际发生的事情",不如说从某个特定角度再现了它。要向历史的读者传达这种意识,传统的叙事形式是不够的。历史叙述者需要找到一种方法,让自

---

① 参见 G. Wilson, "Plots and Motives in Japan's Meiji Restoration", *Comparative Studies in Society and History*, 25, 1983, 它使用了海登·怀特的术语,但主要关注行为者观点的多样性;以及 R. Berkhofer, *Beyond the Great Story: History as Text and Discourse*, Cambridge, Mass., 1995, pp. 170-201。

② R. Price, *Alabi's World*, Baltimore, 1990.

己在叙事中变得可见，不是出于自我放纵，而是为了告诫读者，他们并不是无所不知或不偏不倚的，除了他们自己的解释之外，还可能有其他解释。[①] 在一篇引人注目的自我批评中，戈洛·曼认为，历史学家需要"同时尝试做两件不同的事情"，"随波逐流"和"从后来更了解情况的观察者的角度分析这些事件"，将这两种方法结合起来，"从而产生一种同质化的外观，而不会使叙述分崩离析"。[②] 文学理论家最近一直在讨论"不可靠的第一人称叙述者"的虚构手法。[③] 这种方法对历史学家可能也有一定的用处，但前提是不可靠性必须明确。

海登·怀特认为，历史叙事遵循四个基本情节：喜剧、悲剧、讽刺和浪漫。例如，兰克（有意识或无意识地）选择"以喜剧方式"书写历史，换言之，遵循"从表面上的和平状态，通过揭露冲突，到建立真正和平的社会秩序以解决冲突……这种三元情节的进展"。[④] 如果叙事的结尾方式有助于影响读者的理解，那么不妨效仿某些小说家，如约翰·福尔斯（John Fowles），提供另一种结局。例如，如果故事 1919 年在凡尔赛结束，那么关于第一次世界大战的叙事史会给人一种印象，如果故事延伸到 1933 年或 1939 年，就会给人另一种印象。因此，在鼓励读者就所叙述事件的重要性得出自己的结论这个意义上，另类的结局会使作品更加"开放"。[⑤]

---

① 蒂埃里和米歇尔已经讨论过这个问题。参见 G. Pomata, "Overt and Covert Narrators in Nineteenth-Century Historiography", *History Workshop*, 27, 1989, pp.1-17。

② *Wallenstein*, London, 1976 英译本的前言。曼承认，在他自己的书中，"第一种方法占优势"。

③ W. Riggan, *Picaros, Madmen, Naifs and Clowns: The Unreliable First-Person Narrator*, Norman, Okla., 1981.

④ H. White, *Metahistory*, Baltimore, 1973, pp.176ff.

⑤ 参见 M. Torgovnick, *Closure in the Novel*, Princeton, 1981, 参见 U. Eco, "The Poetics of the Open Work", in his *The Role of the Reader*, London, 1981, 第 1 章。菲利普斯在《历史编纂学》中预测了将朝着更开放的历史叙事的方向发展（Phillips, *Historiography*），第 153 页。一个有趣的例子是乔纳森·沃克（Jonathan Walker）即将发表的一篇文章，内容是一名前威尼斯驻英国大使被秘密处决。在这篇文章中，作者认真对待了小说家伊塔洛·卡尔维诺关于洗牌并以不同方式排列的比喻。

最后,这是本章剩余部分的主题,即一种新的叙事方式可能比旧的叙事方式更好地满足结构历史学家的要求,同时比他们的分析更好地理解时间的流动。

深度的叙事

20 世纪 70 年代,人类学家克利福德·格尔茨创造了"深描"一词,是指通过对特定行为或事件精确而具体的描述来解释外来文化的一种技术,在他的例子中,就是对巴厘岛斗鸡的描述(见上文第五章)。[①] 和描述一样,叙事也可能或多或少地被描述为"浅"或"深"。在"浅"的一端,我们在《盎格鲁-撒克逊编年史》之类的年鉴中有这样一句直截了当的话:"在这一年,塞奥武夫被剥夺了王权。"在另一端,我们发现了一些故事(到目前为止还很少见),这些故事被刻意构建以承载沉重的解释压力。

我在这里要讨论的问题是如何使叙事足够深厚,不仅要处理事件的顺序以及参与者在这些事件中有意识的意图,还要处理结构(制度、思维模式等等),无论这些结构是作为事件的制动器还是作为加速器。这样的叙事会是怎样的呢?

这些问题虽然与修辞有关,但本身并不是修辞。我们可以根据小说家或历史学家创作的文本和叙事来讨论它们。解决这些问题的历史小说不难找到。我们可以从《战争与和平》开始,因为托尔斯泰可能和布罗代尔一样,认为事情是徒劳的。事实上,许多著名的小说都关注特定社会的重大结构变化,从它们对少数个体生活的影响来看待这些结构变化。

岛崎藤村的《黎明之前》(1932—1906)是西方文化之外的一个杰出例子。[②] 书名中的"黎明"是指日本的现代化(工业化、西方化),这本书讲述

---

① C. Geertz, "Thick Description: Towards an Interpretative Theory of Culture", "Deep Play: Notes on the Balinese Cockfight", 载于他的 *The Interpretation of Cultures*, New York, 1973。

② Shimazaki Toson, *Before the Dawn*, English trans. Honolulu, 1987.

了1868年帝国复辟前后的那几年，当时还不清楚日本将走哪条道路。这部小说生动详细地展示了“每个人在生活中如何感受到日本对世界开放的影响”。[①] 为了做到这一点，作者选择了一个人，青山半藏，他是京都和东京之间主干道上一个村庄的驿站管理员。半藏的工作使其随时与事件保持联系，但他并不只是观察事件。他是国民学习运动的一员，致力于用地道的日本解决方案来解决日本的问题。这部小说的情节在很大程度上是关于社会变革对个人及其家庭影响的故事，通过不时打断他的故事来叙述1853年至1886年日本历史上的主要事件，藤村强调了这一点。

历史学家很有可能从托尔斯泰或岛崎藤村这样的小说家的叙事技巧中学到一些东西，但还不足以解决他们所有的文字问题。由于历史学家不能自由地创造他们的人物，甚至这些人物的文字和思想，他们不太可能像小说家们经常做的那样，把一个时代的问题浓缩成一个关于家庭的故事。有人可能希望这部所谓的“非虚构小说”能为历史学家提供一些东西，从杜鲁门·卡波特(Truman Capote)的《冷血》(1965)到托马斯·肯尼利(Thomas Keneally)的《辛德勒方舟》(1982)，这部小说启发了电影《辛德勒的名单》，并且声称“用小说的质感和手法来讲述一个真实的故事”。然而，这些作者并没有解决结构问题。看来，历史学家将不得不为他们的“事实作品”发展自己的“虚构技巧”。[②]

幸运的是，有迹象表明，一些历史学家正在这样做。一本名为《反思历史》的新杂志正在成为人们进行和讨论叙事实验的论坛。最近的历史研究提供了一种新的叙事形式，或者说许多形式，区分其中的五种形式可能是有用的。其中一种模式已经成为时尚，而另外四种模式可能各以一本书为代表。

① Shimazaki Toson, *Before the Dawn*, English trans. Honolulu, 1987, p.621.

② W. R. Siebenschuh, *Fictional Techniques and Factional Works*, Athens, Ga., 1983讨论了过去是如何做到这一点的，特别提到了博斯韦尔的约翰逊生平。参见R. W. Rader, “Literary Form in Factual Narrative: The Example of Boswell's Johnson”, in P. B. Daghlian, ed., *Essays in Eighteenth-Century Biography*, Bloomington, Ind., 1968, pp.3-42。

第一个答案可能会被描述为“微观叙事”(与通常所说的“宏大叙事”相对,即关于国家崛起、自由发展、经济现代化等的故事)。微观叙事是一种微观历史,是在当地背景下讲述普通人的故事。从某种意义上说,这种技巧在历史小说家中已经司空见惯,而且从司各特和曼佐尼的时代开始就是如此,他们的《未婚妻》(1827年)当时就受到了攻击(正如最近自下而上的历史受到的攻击一样),因为它专注于评论家所说的“一个无名村庄的悲惨编年史”。[①]

然而直到最近,历史学家才采用了微观叙事。最近的著名例子包括卡罗·西波拉(Carlo Cipolla)关于1630年瘟疫对托斯卡纳的普拉托市的影响的故事,卡洛·金兹伯格关于16世纪磨坊主梅诺奇奥·斯坎德拉的传记,以及娜塔莉·戴维斯关于16世纪的浪子马丁·盖尔的故事,他回到法国南部的家中,发现他在农场(以及在自己妻子床上)的位置被一个自称马丁本人的入侵者抢走了。[②]

规模的缩小本身并不能够丰富一段叙事。关键在于,社会史家已经将叙事作为阐释结构的一种手段,在卡罗·西波拉的例子中,是对待瘟疫的态度和与之抗争的制度,在卡洛·金兹伯格的例子中,是反宗教改革教会与传统农民文化之间的冲突,在娜塔莉·戴维斯的例子中,是法国南部农民家庭的结构,等等。更确切地说,戴维斯想要描述的与其说是结构本身,不如说是“农民”的希望和感受,他们体验夫妻、父母和孩子之间关系的方式,他们体验生活中的限制和可能性的方式。[③] 当然,这本书可以简单地当作一个好故事来读,是对过去一些个人的生动再现,但作者确实有意地反复提到了这个社会的价值观。例如,在讨论为什么马丁的妻子伯特兰德承认入侵者

---

① 引自 A. Asor Rosa, ed., *Letteratura Italiana*, vol.5, Turin, 1986, p.224。

② C. Cipolla, *Cristofano and the Plague*, London, 1973; C. Ginzburg, *The Cheese and the Worms*, 1976: English trans. London, 1981; N. Z. Davis, *The Return of Martin Guerre*, Cambridge, Mass., 1983.

③ Davis, *Martin Guerre*, p.1.

是她的丈夫时,戴维斯评论了女性在法国农村社会中的地位和她们的荣誉感,重建了她们行动时所受到的约束。

另一方面,作者的评论故意不引人注目。就像她解释的,“我……选择通过叙述的顺序、细节的选择、文学的声音和隐喻,来推进我的论点,就像通过主题分析一样”。其目的是,“将这个故事嵌入16世纪法国乡村生活和法律的价值观和习惯中,用它们来帮助理解故事中的核心元素,并用故事来评论它们”。[①] 从人类学家使用的术语来说,马丁的故事可以被视为一部“社会戏剧”:一个揭示潜在冲突从而阐明社会结构的事件。[②]

微观叙事似乎会继续存在,越来越多的历史学家正在转向这种形式。尽管如此,也不能错误地视其为灵丹妙药。它不能解决前面概述的所有问题,而且产生了自己的问题,特别是将微观历史与宏观历史、局部细节与总体趋势联系起来的问题。正是因为直接解决了这个重大问题,史景迁的《天安门》才是一本典范之书。

史景迁是一位研究中国的历史学家,长期以来一直对文学形式的实验感兴趣。他最早的著作之一是康熙皇帝的传记,或者更确切地说是一幅皇帝的肖像,实际上,这是一种自画像,试图通过对散落在官方文件中的个人言论进行马赛克或蒙太奇拼接,将其安排在“儿子”“统治”或“变老”等标题下,来探索康熙的思想。这种效果与玛格丽特·尤瑟纳(Marguerite Yourcenar)的著名小说《哈德良回忆录》的中文版没有什么不同。很难想象有什么研究能够比皇帝的自画像更值得被描述为“自上而下的历史”,但史景迁随后又写了一篇感人肺腑的“自下而上的历史”文章。《王氏之死》是一部以西波拉或戴维斯的方式创作的微观历史,通过四个故事或形象的描

---

① N. Z. Davis, “On the Lame”, *American Historical Review*, 93, 1988, pp.575, 573. R. 芬莱(R. Finlay)对批评的回复,“The Refashioning of Martin Guerre”, *American Historical Review*, 93, 1988, pp.553-571。

② 关于这一概念,V. 特纳:《戏剧、场景及隐喻》(V. Turner, *Dramas, Fields and Metaphors*, Ithaca, NY, 1974),第1章。

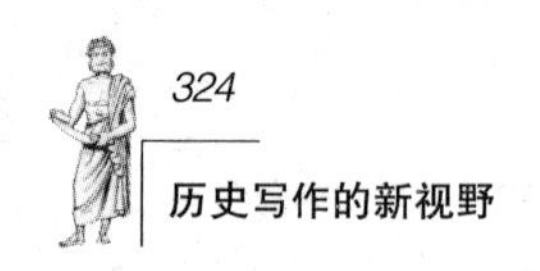

绘,揭示了17世纪后半叶山东社会动荡不安的状况。在《利玛窦的记忆宫殿》中,史景迁再次改变了表现形式,以牺牲时间顺序为代价,围绕大量的视觉图像来组织他对这位著名的耶稣会来华传教士的记述。①

《天安门》则更像一部传统的历史,讲述了1895年至1980年中国革命的起源和发展。然而,作者对传记和历史快照的兴趣再一次得到了证明,他的书是围绕少数个人而写的,特别是学者康有为以及作家鲁迅、丁玲。这些人在革命事件中没有发挥主导作用。从这个角度来看,他们可以与匈牙利评论家乔治·卢卡奇所说的沃尔特·司各特爵士小说中的"平庸英雄"相提并论:一个平凡的英雄使读者能够更清楚地看到当时的生活和社会冲突。②

在史景迁的例子中,主人公之所以被选中,是因为正如作者所说,他们"以特别的'敏感性'描述了他们的希望和悲伤",也因为他们的个人经历"有助于定义他们所处时代的性质"。用这种方式展示中国的历史确实会带来问题。从一个个体到另一个个体的交叉有可能会让读者感到困惑,在长征或1949年革命之类事件的所谓"公共"时间和主要人物的"私人"时间之间的来回转换也是如此。另一方面,史景迁确实以生动而感人的方式讲述了在这些动荡岁月中生活(或者实际上没能活下去)的经历。他将微观叙事与宏观叙事、个人叙事与一般叙事相结合,这种模式在近年来一些最成功的历史叙事中一直被沿用,无论这些作者是否意识到了史景迁的实验。其中之一,西蒙·沙马的《公民》已经被讨论过了。另一部是奎兰多·菲格斯(Orlando Figes)的《人民的悲剧》(1996),这是一部俄国革命史,用作者的话说,其中一些人的个人历史,无论是著名的个人(例如作家马克西姆·高尔基),还是默默无闻的个人(例如农民谢尔盖·塞门诺夫),都"交织在叙事之中"。第三个例子是菲利普·费尔南德兹-阿迈斯托(Felipe Fernández-

---

① J. Spence, *Emperor of China*, London, 1974; *The Death of Woman Wang*, London, 1978; *The Gate of Heavenly Peace*, London, 1982; *The Memory Palace of Matteo Ricct*, London, 1985.

② G. Lukacs, *The Historical Novel*, 1936: English trans. London, 1962, pp.30ff.

Armesto)的《千年》(1995),是关于过去一千年的世界史,它在宏观和微观层面的事件之间来回切换。

可能还有第三种方式能够比历史学家通常所做的更紧密地将结构与事件联系起来。它是倒着写历史,就像 B. H. 萨姆纳(B. H. Sumner)在《俄罗斯历史概览》(按主题组织)或者诺曼·戴维斯(Norman Davies)在波兰近代史《欧洲的心脏》(1984)中所做的那样,后者是一部叙事,聚焦于作者所说的"波兰现在的历史"。[①] 故事从"耻辱的遗产:第二次世界大战以来的波兰"开始,然后追溯到"失败的遗产""幻灭的遗产"(1914—1939)、"精神统治的遗产"(1795—1918)等。在每一种情况下,作者都暗示,如果不知道在其之前发生了什么,就不可能弄清楚在某个章节中所叙述事件的来龙去脉。这种组织形式有它的困难,最明显的问题是,即使各章按相反的顺序排列,每一章都必须顺着读。另一方面,这个实验的最大好处是,允许甚至强迫读者感受到过去对个人和群体的压力(结构的压力,或者说,已经凝结成结构的事件的压力,或者正如利科所说,"沉淀"到结构中的压力)。戴维斯并没有像他可能做的那样充分利用这一优势。他没有认真努力地将一章的结尾与下一章的开头联系起来。很难想象,他的倒叙方式会以微观历史的方式流行起来。尽管如此,这是一种非常值得认真对待的叙事形式。

第四种可能是在同一本书中用不同的方式讲述同一个故事,不是根据历史行为者的不同观点(就像理查德·普莱斯的《阿拉比的世界》那样),而是根据对待过去的不同态度。例如,保罗·柯文(Paul Cohen)在他的《历史三调》中,像他的同事史景迁与伊懋可一样,考察了中国历史上的一个重大事件,即 19 世纪末兴起的"义和团"(这个名字来自这场运动与武术的联系)。柯文是一位研究中国的历史学家,对叙事形式的实验感兴趣。在他的书的第一部分,柯文将义和团的崛起作为"事件"来考察,在参与者相互竞争的叙述中,以传统历史学家的方式创造了自己的叙事。在第二部分,他

① N. Davies, *Heart of Europe: A Short History of Poland*, Oxford, 1984.

将义和团的崛起视为一种“经验”。在这里,他没有消除故事之间的差异,而是强调它们,以显示当代观点的多样性,即外国外交官和传教士以及义和团成员自身的观点,并恢复他们对经历这些戏剧性事件的感受。第三部分,也就是第三个“调子”,是关于作为“神话”的义和团的崛起,换句话说,是关于它后来的反响、记忆和历史。[1]

关于结构和事件之间关系的第五种分析可以在一位美国社会人类学家的著作中找到,它将把我们带回年鉴学派,从而完成整个循环。这位人类学家是研究夏威夷和斐济的马歇尔·萨林斯(Marshall Sahlins),他对现代法国思想(从索绪尔到布罗代尔,从布尔迪厄到列维-施特劳斯)非常感兴趣,但他比这些思想家中的任何一个都更加重视事件。[2] 萨林斯提出了两个不同但互补的观点。

首先,他认为事件(特别是1778年库克抵达夏威夷)具有“独特的文化特征”,即它们是“按照文化排序的”,也就是说,特定文化的概念和类别塑造了其成员感知并解释所处时代发生的任何事情的方式。例如,夏威夷人认为库克船长是他们的神洛诺的化身,因为他显然很强大,而且他是在一年中与神的出现联系在一起的时间到来的。因此,这一事件可以作为某种揭示文化结构的试金石来研究(正如布罗代尔所建议的那样)。

然而,萨林斯也认为(与布罗代尔相反),事件和结构之间存在着辩证关系。正如他所说,每次用类别来解释不断变化的世界时,它们都“处于危险之中”。在整合事件的过程中,“文化被重新排序”。例如,禁忌制度的终结就是与英国人接触的结构性后果之一。洲际贸易的兴起也是如此。的确,在不止一种意义上,库克并没有像他发现夏威夷那样离开夏威夷。萨林

① P. A. Cohen, *History in Three Keys: The Boxers as Event, Experience and Myth*, New York, 1997.

② M. Sahlins, *Historical Metaphors and Mythical Realities*, Ann Arbor, 1981; id., *Islands of History*, Chicago, 1985. 这些书在彼得·伯克的“人类学岛屿和历史学家的领地”中有所讨论(P. Burke, “Les îles anthropologiques et le territoire de l'historien”, in C. Descamps, ed., *Philosophie et histoire*, Paris, 1987, pp.49-66)。

斯故事的寓意是,结构历史学家需要认识到事件的力量。

总结一下。我曾试图证明,像托尼和纳米尔、费弗尔和布罗代尔这样的历史学家,他们对传统历史叙事形式的反叛是正当的,因为这种叙事形式不适合他们认为重要的结构历史。历史写作因其题材的拓展和“总体史”的理想而得到极大的丰富。然而,现在许多学者认为,历史写作也因为放弃了叙事而变得贫乏,人们正在寻找新的叙事形式,以适应历史学家愿意讲述的新故事。如果他们正在寻找将日常生活的结构与非同寻常的事件并置的叙事模式,以及自下而上的视角,历史学家最好转向 20 世纪的小说,包括电影。关于历史叙事,最有趣的讨论之一可能是一位电影历史学家的作品(克拉考尔的作品,已经被引用),这可能很有意义。同样有意义的是,继上面讨论的两本书——《辛德勒的方舟》和《马丁 · 盖尔归来》——之后,都有同样题材的电影问世。

黑泽明的《罗生门》(1950)采用了多视角的手法,由强盗、武士、武士的妻子和伐木工人讲述了一个强奸(或做爱)和谋杀(或自杀)的故事。人类学家现在谈论“罗生门效应”。[①] 匈牙利导演米克洛斯 · 扬索(Miklós Jancsó)对俄罗斯内战(1967)的叙述中隐含了这种手法,在这场战争中,红军和白军轮流占领同一个村庄。[②] 吉洛 · 彭特科沃(Gillo Pontecorvo)将历史进程本身作为他的电影主题,一部是关于阿尔及利亚独立斗争的电影《阿尔及尔之战》(*La Battaglia di Algeri*,1966),另一部以 19 世纪加勒比海岛屿为背景(《奎马达政变》,1969),而不是像许多导演那样,简单地讲述那些碰巧穿着历史服装的人的故事。

从历史学家的角度来看,值得注意的是,史景迁使用了“蒙太奇”的语言,而《电影对我们历史观念的挑战》一书的作者罗伯特 · 罗森斯通(Robert Rosenstone)则用“特写镜头”之类的短语来指代自己的历史技巧,并引用了

---

① K. G. Heider, “The Rashomon Effect: When Ethnographers Disagree”, *American Anthropologist*, 90, 1988, pp.75-81.

② M. Jancsó, *Csillagosok*, *Katonák*, 1967,以“红与白”的标题在英国展出。

电影导演让-吕克·戈达尔(Jean-Luc Godard)的话,大意是故事的开头、中间和结尾不必按照顺序讲述。[①] 倒叙、交叉、场景和故事的交替,这些都是电影(或实际上是文学)技巧,可能会被人们肤浅地拿来炫耀,而不是用来阐明,但它们也可以帮助历史学家完成他们的关键任务,即揭示事件和结构之间的关系,呈现历史行为者的对立观点。罗森斯通是《反思历史》杂志的编辑,该杂志最近发起了一项呼吁,号召读者投递一些尝试叙事的文章,并引起了热烈的反响。这种发展如果继续下去,可能会被视为不仅仅是斯通所说的叙事的"复兴",而是一种重建或再生。

---

① R. A. Rosenstone, *Visions of the Past: The Challenge of Film to our Idea of History*, Cambridge, Mass., 1995.